ENFERMAGEM FORENSE

ENFERMAGEM FORENSE

Organizadores

Genival Fernandes de Freitas
Taka Oguisso
Magali Hiromi Takashi

MANOLE

Produção editorial: Soares Gestão Editorial
Projeto gráfico e Diagramação: Estúdio Castellani
Capa: Ricardo Yoshiaki Nitta Rodrigues
Imagem de capa: www.istock.com

CIP-BRASIL. CATALOGAÇÃO NA PUBLICAÇÃO
SINDICATO NACIONAL DOS EDITORES DE LIVROS, RJ

E46

Enfermagem forense / Genival Fernandes de Freitas, Taka Oguisso, Magali Hiromi Takashi. – 1. ed. – Santana de Parnaíba [SP] : Manole, 2022.

384 p. ; 23 cm.
Inclui bibliografia e índice
ISBN 9786555762617

1. Enfermagem forense. 2. Diagnóstico em enfermagem. 3. Vítimas de crime violento – Cuidados médicos. I. Freitas, Genival Fernandes de. II. Oguisso, Taka. III. Takashi, Magali Hiromi.

21-71840 CDD: 610.73
CDU: 616-083:340.6

Leandra Felix da Cruz Candido – Bibliotecária – CRB-7/6135

Edição – 2022

Editora Manole Ltda.
Alameda América, 876
Tamboré – Santana de Parnaíba – SP – Brasil
CEP: 06543-315
Fone: (11) 4196-6000
www.manole.com.br | https://atendimento.manole.com.br/

Impresso no Brasil
Printed in Brazil

Organizadores

Genival Fernandes de Freitas
Enfermeiro e Advogado. Professor Titular do Departamento de Orientação Profissional da Escola de Enfermagem da Universidade de São Paulo (EEUSP). Líder do Grupo de Pesquisa "História, Bioética e Legislação da Enfermagem", cadastrado no Conselho Nacional de Desenvolvimento Científico e Tecnológico (CNPq). Coordenador Acadêmico do Centro Histórico Cultural da Enfermagem Ibero-Americana da EEUSP. Membro Acadêmico da Academia Brasileira de História da Enfermagem, Cadeira Edith de Magalhães Fraenkel.

Taka Oguisso
Enfermeira, Advogada e Sanitarista. Doutora em Saúde Pública e Livre-docente em Enfermagem. Professora Titular (aposentada) da Escola de Enfermagem da Universidade de São Paulo (EEUSP). Enfermeira Consultora e Diretora Executiva Adjunta do Conselho Internacional de Enfermeiras (CIE), Genebra, Suíça, de 1987 a 1998. Vice-Presidente da Federación Iberoamericana de Historia de la Enfermería (FIHAE), com sede no México. Membro Acadêmico da Academia Brasileira de História da Enfermagem, cadeira Profa. Dra. Amália Corrêa de Carvalho.

Magali Hiromi Takashi
Enfermeira. Doutora e Mestre em Ciências pelo Programa de Pós-Graduação em Gerenciamento em Enfermagem da Escola de Enfermagem da Universidade de São Paulo (EEUSP). Pós-Doutorado, em 2020, pela EEUSP. Doutorado-Sanduíche na Universidade de Alicante (Espanha). Bacharelado e Licenciatura em Enfermagem pela EEUSP. Membro do Grupo de Pesquisa História, Bioética e Legislação da

Enfermagem ENO/EEUSP/CNPq, Academia Brasileira de História da Enfermagem (ABRADHENF) e Academy of Forensic Nursing (AFN). Especialista em Ciências Criminais, Auditoria em Enfermagem, Enfermagem do Trabalho, Programa Saúde da Família, Saúde Mental. MBA em Marketing e Branding para Profissionais da Saúde. Professora e Preceptora da Medicina na Universidade Anhembi Morumbi.

Colaboradores

Albino Manuel Gomes
Doutoramento em Ciências Forenses. Mestrado em Medicina Legal e Ciências Forenses. MBA em Forensic Nursing. MBA em Medicina de Catástrofe. Pós-Graduação em Ciências Criminais. Enfermeiro Coordenador Enfermagem Forense do Instituto Nacional de Medicina Legal e Ciências Forenses (INMLCF). Perito e Consultor Forense Internacional das Nações Unidas e Comité International de la Croix-Rouge (CICR). Professor Associado da Universidade Cooperativa de Ensino Superior Politécnico e Universitário (CESPU) e Egas Moniz. Presidente da Associação Nacional de Enfermagem Forense Sexual Assault Nurse Examiners (ANEFOR SANE), Sexual Assault Nurse Examiners – Pediatric (SANE-P®), Forensic Death Nurse Investigator (FDNI) e Forensic Legal Nurse Consultant (FLNC).

Allison Kleiton dos Anjos
Biólogo. Mestre e Doutor em Ciências Biológicas – Biologia Celular e Molecular pela Universidade Estadual Paulista (UNESP) de Rio Claro. Sanitarista pelo programa de Residência Multiprofissional em Saúde Coletiva da Secretaria de Saúde de Recife.

Ana Carolina Bezerra de Lima
Enfermeira graduada pela Universidade de Pernambuco (UPE). Mestranda em Enfermagem pelo Programa Associado de Pós-Graduação em Enfermagem UPE/UEPB. Especialista em Terapia Intensiva na modalidade Residência pelo Hospital da Restauração (HR/SES-PE). Especialista em Educação para Enfermagem pela Universidade Federal de Pernambuco (UFPE).

Betise Mery Alencar Sousa Macau Furtado

Enfermeira pela Universidade Federal do Piauí. Mestre em Saúde Pública pelo Centro de Pesquisa Aggeu Magalhães da Fundação Oswaldo Cruz (CPqAM/Fiocruz). Doutora em Ciências pela CPqAM/Fiocruz. Especialista em Enfermagem do Trabalho pelo Centro São Camilo de Desenvolvimento em Administração da Saúde (CEDAS). Especialista em Saúde Pública e Gestão Hospitalar pela Escola Nacional de Saúde Pública (ESNP/Fiocruz). Especialista em Docência em Saúde pela Universidade Federal do Rio Grande do Sul (UFRGS). Especialista em Enfermagem em Geriatria e Gerontologia pela Faculdade Unyleya (Unyleya). Professora Adjunta da Universidade de Pernambuco (UPE).

Bruno Albuquerque Campos

Enfermeiro graduado pela Universidade Regional do Cariri (URCA). Mestrando em Perícias Forenses pela Universidade de Pernambuco (UPE). Especialista em Emergência Geral na modalidade Residência pelo Hospital da Restauração (HR/SES-PE). Especialista em Pediatria e Neonatologia pelo Centro Universitário São Camilo (CUSC).

Caroline Aguiar Fernandes

Enfermeira. Bacharel em Enfermagem pela Escola de Enfermagem da Universidade de São Paulo (EEUSP). Especialista em Auditoria em Enfermagem pelo Centro Universitário São Camilo (CUSC). Especialista em Administração Hospitalar e Sistemas de Saúde pela Fundação Getúlio Vargas (FGV).

Daniela de Souza Farias-Itao

Enfermeira pelo Centro Universitário São Camilo (CUSC) de São Paulo. Especialista em Enfermagem em Cardiologia pela Universidade Federal de São Paulo (Unifesp). Mestre e Doutoranda em Ciências pela Faculdade de Medicina da Universidade de São Paulo (FMUSP). Membro do Biobanco para Estudos no Envelhecimento da FMUSP.

Daniele Vieira da Silva

Enfermeira pelo Centro Universitário São Camilo (CUSC). Especialista em Saúde Pública pela Universidade Federal de São Paulo (Unifesp). Mestre e Doutoranda em Ciências pelo Programa de Pós-Graduação em Enfermagem na Saúde do Adulto da Escola de Enfermagem da Universidade de São Paulo (EEUSP). Foi membro do Biobanco para Estudos no Envelhecimento da Faculdade de Medicina da Universidade de São Paulo (FMUSP). Supervisora de Enfermagem na Associação Paulista para o Desenvolvimento da Medicina.

Dayanna Louise Leandro dos Santos

Mestra em Educação pela Universidade Federal de Pernambuco (UFPE). Especialista em História do Nordeste pela Universidade de Pernambuco (UPE). Licenciada em História pela UPE. Bacharela em Serviço Social pela UFPE. Chefe da Unidade de Educação para as relações de gênero e sexualidades na Secretaria de Educação e Esportes de Pernambuco.

Denison Melo de Aguiar

Graduado em Direito pela Universidade da Amazônia (UNAMA). Advogado. Mestre em Direito Ambiental pelo Programa de Pós-Graduação em Direito Ambiental da Universidade do Estado do Amazonas (PPGDA-UEA). Professor da Universidade do Estado do Amazonas (UEA). Doutorando pelo Programa de Pós-Graduação em Direito da Universidade Federal do Estado de Minas Gerias (PPGD-UFMG). Coordenador da CLGBT-UEA; PROPAZ-UEA e NLGBT+UEA.

Dionasson Altivo Marques

Enfermeiro. Doutorando em Ciências pela Escola de Enfermagem da Universidade de São Paulo (EEUSP). Membro do Núcleo de Estudos e Pesquisas em Enfermagem em Adições – álcool e outras drogas (NEPEAA).

Eliza Guccione Cifarelli

Enfermeira pelo Centro Universitário São Camilo (CUSC). Especialista em Enfermagem em Unidade de Terapia Intensiva pela Universidade Federal de São Paulo (Unifesp). Instrutora facultada da American Heart Association (AHA). Mestranda em Saúde do Adulto pela Escola de Enfermagem da Universidade de São Paulo (EEUSP). Atuou como Enfermeira Pesquisadora no Biobanco para Estudos no Envelhecimento. Foi membro do Biobanco para Estudos no Envelhecimento da Faculdade de Medicina da Universidade de São Paulo (FMUSP). Coordenadora do Pronto-Socorro do Hospital Vera Cruz, Campinas/São Paulo.

Ellen Maria Hagopian

Enfermeira. Doutora em Ciências pelo Programa de Pós-Graduação em Gerenciamento em Enfermagem da Escola de Enfermagem da Universidade de São Paulo (EEUSP). Pós-doutorado, em 2020, pela EEUSP. Especialista em Psiquiatria e Saúde Mental pelas Faculdades Metropolitanas Unidas e em Gerenciamento de Serviços de Enfermagem pela Faculdade de Enfermagem Santa Marcelina. Membro do Grupo de Pesquisa "História, Bioética e Legislação da Enfermagem", cadastrado no CNPq.

Erika Gisseth Leon Ramirez

Enfermeira. Mestre e Doutoranda em Ciências pela Escola de Enfermagem da Universidade de São Paulo (EEUSP). Especialista em álcool e outras drogas pela Escola de Enfermagem da Universidade de São Paulo de Ribeirão Preto.

Fábio Soares de Melo

Enfermeiro. Doutorando em Gerenciamento em Enfermagem pela Escola de Enfermagem da Universidade de São Paulo (EEUSP). Membro do Grupo de Pesquisa História, Bioética e Legislação da Enfermagem da EEUSP. Membro do Departamento de História da Enfermagem da Associação Brasileira de Enfermagem (ABEn nacional). Coordenador do Centro de Preservação Histórica da Associação Brasileira de Enfermagem, seção São Paulo.

Gabriella de Andrade Boska

Enfermeira. Especialista em Saúde Mental com ênfase em álcool e outras drogas. Doutora em Ciências da Saúde pela Escola de Enfermagem da Universidade de São Paulo (EEUSP). Pesquisadora no Grupo de Estudos em álcool e outras drogas (GEAD-EEUSP) e no Mental Health and Addiction Lab (ESEL-Portugal). Membro do Núcleo de Estudos e Pesquisas em Enfermagem em Adições e Saúde Mental (NEPEASM).

Inês Eugênia Ribeiro da Costa

Mestre em Saúde Coletiva e Doutoranda em Inovação Terapêutica pela Universidade Federal de Pernambuco (UFPE). Especialista em Saúde Pública pela Fiocruz. Especialista em economia da Saúde pela Universidade de São Paulo (USP).

João Carlos Marchiori de Claudio

Enfermeiro e Psicanalista. Mestre em Saúde Mental e Dependência Química pela Escola de Enfermagem da Universidade de São Paulo (EEUSP).

Kelli Borges dos Santos

Professora Adjunta do Departamento de Enfermagem Básica da Faculdade de Enfermagem da Universidade Federal de Juiz de Fora (FACENF/UFJF). Pós-Doutora pela Escola de Enfermagem da Universidade de São Paulo (EEUSP). *Core Staff* do JBI Brasil. ORCID: 0000-0001-8423-9147.

Lucimara Fabiana Fornari

Enfermeira. Mestra em Enfermagem. Doutora em Ciências. Pós-Doutoranda do Programa de Pós-Graduação em Enfermagem da Escola de Enfermagem da Universidade de São Paulo (EEUSP). Membro do Grupo de Pesquisa "Gênero, Saúde e Enfermagem", cadastrado no Diretório de Grupos de Pesquisa do CNPq.

Luiz Valério Soares da Cunha Junior

Graduado em Fisioterapia pela Universidade Salgado de Oliveira. Especialista em Saúde Pública com Ênfase em Gestão de Sistemas e Ações de Saúde pela Universidade de Pernambuco (UPE). Especialista em Micropolítica da Gestão e Trabalho em Saúde com Ênfase na Gestão Estadual pela Universidade Federal Fluminense (UFF).

Magnólia Moreira da Silva

Enfermeira pela Universidade do Grande ABC. Especialista em Enfermagem em Unidade de Terapia Intensiva pela Faculdade de Medicina do ABC e Administração Hospitalar pelo Centro Universitário São Camilo (CUSC). Mestre em Saúde do Adulto pela Escola de Enfermagem da Universidade de São Paulo (EEUSP). Atuou como Pesquisadora na Faculdade de Medicina da Universidade de São Paulo (FMUSP). Membro do Grupo de Estudos e Pesquisa em Envelhecimento Cerebral da FMUSP. Enfermeira no Pronto Atendimento de São Mateus.

Marcus Vinicius de Lima Oliveira

Enfermeiro. Mestre e Doutorando em Enfermagem pelo Programa de Pós-Graduação em Gerenciamento em Enfermagem da Escola de Enfermagem da Universidade de São Paulo (EEUSP). Especialista em Saúde Pública pela Universidade de Ribeirão Preto. Licenciatura e Especialista em Educação em Saúde pelo Instituto Superior de Educação Alvorada Plus. Membro do Grupo de Pesquisa "História, Bioética e Legislação da Enfermagem", cadastrado no Diretório de Grupos de Pesquisa do CNPq.

Margarida Maria Silveira Barreto

Médica. Mestrado em Curso de Pós-Graduação pela Pontifícia Universidade Católica de São Paulo. Doutorado em Psicologia (Psicologia Social) pela Pontifícia Universidade Católica de São Paulo (PUC-SP). Atualmente, é Professora Instrutora do Curso de Pós-Graduação em Medicina do Trabalho da Faculdade de Ciências Médicas da Santa Casa de São Paulo. Professora Convidada do Curso de Transtornos Mentais Relacionados ao Trabalho (IPQ) da Universidade de São Paulo (USP). Professora Convidada do Curso de Especialização em Medicina do Trabalho do Instituto Oscar Freire (IOF) do Departamento Medicina Legal, Ética Médica e Medicina Social e do Trabalho no Módulo de Saúde Mental e Trabalho da Faculdade de Medicina da Universidade de São Paulo (FMUSP). Ex-vice Coordenadora do Núcleo de Estudos Psicossociais da Dialética Exclusão/Inclusão Social da NEXIN/PUC-SP. Experiência em Medicina, com Ênfase em Medicina do Trabalho, atuando principalmente nos seguintes temas: assédio moral no trabalho, humilhações no trabalho, saúde da mulher trabalhadora e condições de trabalho.

Maria do Perpétuo S. S. Nóbrega
Enfermeira. Docente. Departamento de Enfermagem Materno-Infantil e Psiquiátrica. Escola de Enfermagem da Universidade de São Paulo (EEUSP). Líder do Núcleo de Estudos e Pesquisas em Enfermagem em Adições (NEPEAA).

Moneda Oliveira Ribeiro
Enfermeira. Professora Doutora em Enfermagem Pediátrica. Docente aposentada do Departamento Materno-Infanil e Psiquiátrica da Escola de Enfermagem da Universidade de São Paulo (EEUSP).

Priscilla Sayuri Kanasiro
Enfermeira Especialista em Enfermagem em Cardiopneumologia de Alta Complexidade pelo Instituto do Coração do Hospital das Clínicas da Faculdade de Medicina da Universidade de São Paulo (HC-FMUSP). Enfermeira Assistencial do Instituto do Coração do HC-FMUSP.

Rafaela Gessner Lourenço
Enfermeira. Mestre em Ciências. Doutora em Ciências. Professora Adjunta do Departamento de Enfermagem da Universidade Federal do Paraná (UFPR). Membro do Grupo de Pesquisa "Gênero, Saúde e Enfermagem", cadastrado no Diretório de Grupos de Pesquisa do CNPq.

Rafaela Sales Medeiros
Enfermeira especialista. Graduação em Bacharelado em Enfermagem e Obstetrícia pela Universidade Bandeirante de São Paulo. Especialista em Enfermagem em Saúde Mental e Psiquiatria pela Universidade Federal de São Paulo (Unifesp). Especialista em gerenciamento de enfermagem pela Universidade São Camilo. Formação em Tutoria em EAD pelo Instituto Israelita de Ensino e Pesquisa Albert Einstein. Capacitação em Preceptoria de Residência Uniprofissional e Multiprofissional em Saúde (HCOR-PROADI-SUS). Atualmente, é enfermeira psiquiátrica do Instituto de Psiquiatria do Hospital das Clínicas da Faculdade de Medicina da Universidade de São Paulo (HC-FMUSP). Atuante no serviço de Ambulatório Adulto e no Serviço de Educação Permanente como Coordenadora Pedagógica e Preceptora nos cursos de Especialização, Aprimoramento e Residência Uniprofissional. Docente nas disciplinas de Sistematização da Assistência de Enfermagem e Relacionamento Interpessoal Terapêutico do Programa de Residência. Coordenadora e Facilitadora do curso de capacitação em Preceptoria para programas de residência e Aprimoramento em Saúde do Instituto de Psiquiatria. Membro do Núcleo de Estudos e Pesquisas em Enfermagem em Adições – álcool e outras drogas (NEPEAA) da Escola de Enfermagem da Universidade de São Paulo (EEUSP). Mestranda em Ciências da Saúde pela EEUSP.

Rebeca Nunes Guedes de Oliveira

Enfermeira. Mestre em Enfermagem. Doutora em Ciências. Pós-Doutora em Enfermagem em Saúde Coletiva pela Escola de Enfermagem da Universidade de São Paulo (EEUSP). Professora Permanente do Programa de Pós-Graduação em Comunicação da Universidade de São Caetano do Sul. Membro do Grupo de Pesquisa "Gênero, Saúde e Enfermagem", cadastrado no Diretório de Grupos de Pesquisa do CNPq.

Renata Eloah de Lucena Ferretti-Rebustini

Enfermeira e Especialista em Enfermagem Geriátrica e Gerontológica pela Universidade Federal de São Paulo (Unifesp). Doutora em Ciências pela Faculdade de Medicina da Universidade de São Paulo (FMUSP). Livre-docente pela Escola de Enfermagem da Universidade de São Paulo (EEUSP). Professora Associada do Departamento de Enfermagem Médico-cirúrgica da EEUSP. Membro do Comitê Gestor do Biobanco para Estudos no Envelhecimento da FMUSP. Bolsista Produtividade em Pesquisa do Conselho Nacional de Desenvolvimento Científico e Tecnológico (CNPq).

Rodrigo Patriota Pires

Enfermeiro Graduado pela Universidade Federal de Pernambuco (UFPE). Especialista em Urgência, Emergência e Toxicologia Clínica na modalidade Residência pelo Hospital da Restauração (HR/SES-PE). Especialista em Gestão de Emergência em Saúde Pública pelo Instituto de Ensino e Pesquisa do Hospital Sírio-Libanês.

Rosa Maria Godoy Serpa da Fonseca

Enfermeira. Mestre em Saúde Pública. Doutora em Enfermagem. Professora Titular Sênior do Departamento de Enfermagem em Saúde Coletiva da Escola de Enfermagem da Universidade de São Paulo (EEUSP). Líder do Grupo de Pesquisa "Gênero, Saúde e Enfermagem", cadastrado no Diretório de Grupos de Pesquisa do CNPq.

Tamara Nogueira Petroni

Enfermeira. Mestre e Doutoranda em Ciências pela Escola de Enfermagem da Universidade de São Paulo (EEUSP). Membro do Estudo Saúde, Bem-estar e Envelhecimento (SABE) da Faculdade de Saúde Pública da Universidade de São Paulo (FSP-USP).

Vilanice Alves de Araújo Püschel

Enfermeira. Professora Titular do Departamento de Enfermagem Médico-Cirúrgica da Escola de Enfermagem da Universidade de São Paulo (EEUSP). Diretora do Centro Brasileiro para o Cuidado à Saúde Baseado em Evidências: Centro de Excelência do JBI (JBI Brasil). Presidente da Associação Brasileira de Enfermagem seção São Paulo (ABEn-SP), gestão 2020-2022. Líder do Grupo de Pesquisa Prática Pedagógica no Ensino Superior e no Cuidado à Saúde do Adulto e do Idoso (Prapec). ORCID: 0000-0001-6375-3876.

Virginia A. Lynch

Enfermeira, internacionalmente reconhecida como criadora da especialidade Enfermagem Forense, em 1992, nos Estados Unidos, e pela criação da Associação Internacional de Enfermeiros Forenses, da qual foi a primeira presidente. Sua dissertação de mestrado de 1982, sobre esse tema, constituiu-se na primeira publicação sobre essa especialidade, reconhecida pela própria Associação Americana de Enfermeiros (ANA). Atua na Universidade de Colorado, em Colorado Springs, nos Estados Unidos. Já esteve no Brasil, participando de evento promovido pelo Conselho Federal de Enfermagem (COFEN).

Yeda Aparecida de Oliveira Duarte

Enfermeira. Docente Associada da Escola de Enfermagem da Universidade de São Paulo (EEUSP-SP) e da Faculdade de Saúde Pública da Universidade de São Paulo (FSP-USP). Coordenadora do Estudo Saúde, Bem-estar e Envelhecimento (SABE) da Faculdade de Saúde Pública da Universidade de São Paulo (FSP-USP).

Sumário

Apresentação

A Enfermagem Forense é uma área de saber e de práticas mais desenvolvida em países como Portugal, Estados Unidos e Japão. Costuma chamar a atenção dos mais variados tipos de profissionais pela sua semelhança com os seriados de ficção, que usam a perícia e a investigação para solucionar crimes, na maioria das vezes, de alta complexidade.

Na América Latina, a área está nascendo, e o Conselho Federal de Enfermagem, de forma visionária, já reconhece esta especialidade desde 2011 (Resolução 389/11). Um enfermeiro forense é responsável por prestar assistência especializada a vítimas dos mais variados tipos de violência e agressores, e deve estar preparado para lidar com os traumas físicos, psicológicos e sociais de cada caso ou desastre de massa. Além disso, o enfermeiro deve dominar o conhecimento sobre os sistemas legais, recolher provas e prestar depoimentos em tribunais. São profissionais ponte entre a Legislação e as Ciências da Saúde. Outras áreas de atuação do profissional forense são: investigação da morte, enfermagem psiquiátrica forense, preservação de vestígios, consultoria e enfermagem forense carcerária.

A seguir apresentamos uma breve introdução a cada capítulo. Desejamos uma excelente leitura.

O capítulo *Enfermagem Forense: uma perspectiva histórica* introduz a Enfermagem Forense como disciplina científica e aborda a progressão histórica, identifica preparações essenciais na educação, o papel da investigação, os serviços de atuação dos enfermeiros forenses, as funções, o processo de

Enfermagem Forense, a investigação científica da morte, a prática interdisciplinar, as leis e agências legais, a violência em relação ao gênero, discute seus papéis primários e potenciais e propõe um meio para sua expansão no Brasil.

Em *Dimensões ético-legais da Enfermagem Forense* são abordados os principais aspectos da enfermagem como ciência e sua interface com o campo forense, envolvendo dimensões tanto da assistência quanto da gestão, e invoca a importância dessas duas dimensões no contexto da prática da enfermagem, pois o conhecimento ético e legal deve fundamentar o agir do enfermeiro no seu trabalho cotidiano envolvendo as questões forenses, tais como: valores, cultura, consciência, liberdade e responsabilidade. Esse rico capítulo traz vasto apoio ao processo diário de tomada de decisões por parte do profissional enfermeiro.

A reflexão sobre *Suicídio e trabalho: possíveis causas organizacionais da negação absoluta da felicidade do trabalhador* aborda a dimensão inter-relacional entre o suicídio, a organização do trabalho e as relações sociolaborais tecidas na cotidianidade do trabalho, como base para o pensamento acerca da saúde mental. Essa temática tem grande relevância nas questões afeitas à precarização do trabalho da Enfermagem e o sofrimento, a violência e o suicídio, como temas que refletem a negação da felicidade do trabalhador em geral, com foco nos da Enfermagem, particularmente.

O capítulo *Enfermagem Forense e a violência contra a pessoa idosa* foca na violência contra a pessoa idosa e as questões da violência intrafamiliar; a violência estrutural; a violência institucional contra a pessoa idosa em interface com a contradição de quem cuida. Outro aspecto relevante refere-se ao suicídio na população idosa. Esses aspectos são apontados, bem como as principais dificuldades advindas da pessoa idosa e dos profissionais de enfermagem para lidarem com essas questões da violência sofrida, além de discutir alguns indicadores de violência contra a pessoa idosa.

Em *Comunicação com criança/adolescente: busca ativa para identificação de situações de violência*, discute-se o papel do enfermeiro no contexto da violência, principalmente na adoção das técnicas de comunicação com a criança/adolescente, fazendo uso de instrumentos de captação sistemática de informações para conseguir romper o sigilo sobre a violência. Os autores ressaltam a importância de considerar que não é apropriado reconhecer a ocorrência da violência apenas pelos sintomas emocionais ou comportamentais da criança, já que há variáveis a se considerar nas consequências da experiência abusiva. Abordam também que pode haver desde total ausência de sintomas psicológicos até agravos severos no desenvolvimento pessoal.

As questões relacionadas ao papel do enfermeiro forense no atendimento das mulheres em situação de violência são discutidas no capítulo *Mulher, violência e Enfermagem Forense: reflexões à luz de gênero*. A violência de gênero é um fenômeno social responsável por provocar danos a curto, médio e longo prazos, influenciando os modos de viver, adoecer e morrer das mulheres vitimadas. O capítulo traz reflexões sobre a importância da atuação da Enfermagem Forense na investigação das violências, associada à identificação e descrição das consequências psicológicas, físicas e sexuais apresentadas pelas vítimas no momento do atendimento, estabelecendo o elo entre as vítimas e a justiça.

No capítulo *Vulnerabilidade e violência contra a população LGBTQIA+: atendimento e repercussões para a vítima e sua família* é abordada a relação entre vulnerabilidade e violência contra a população LBGTQIA+, a partir do entendimento das realidades sociais heterocisnormativas e como estas práticas violam os direitos humanos da população LBGTQIA+. É discutida a proposta de atendimento de cuidado e acolhimento que visa a promoção dos direitos LBGTQIA+. A proposta é importante, a partir do momento que se pensa numa forma contra-hegemônica para modificações histórico-culturais.

O capítulo sobre *Sistema penal brasileiro e inserção da Enfermagem* faz breve histórico sobre o sistema prisional brasileiro, destacando o respeito à dignidade da pessoa aprisionada e a garantia dos direitos humanos, a integridade e a manutenção dos laços afetivos com familiares, o direito à manutenção da saúde, entre outros. Nesse contexto, os autores discutem a inserção e a atuação dos profissionais de enfermagem, que devem exercer suas funções centrados nas necessidades individuais do indivíduo encarcerado, levando sempre em consideração os aspectos éticos e legais da profissão, bem como considerando as características singulares do sistema prisional.

Em *Abordagem Forense sob a ótica da Enfermagem em Saúde Mental* é abordada a necessidade de se considerar as habilidades e as competências do enfermeiro no contexto da saúde mental, para a atuação da enfermagem no âmbito forense ao reputar a importância da intersubjetividade das pessoas com transtornos mentais. Propicia a reflexão dos desafios e complexidades no cotidiano assistencial do enfermeiro no contexto forense, que exige intervenções para a mudança comportamental e reabilitação psicossocial de pessoas, embasadas na construção do Processo de Enfermagem em consonância com a responsabilidade penal, com vista à promoção de evidências clínicas e judiciais.

O capítulo *Abordagem Forense em situações de uso de substâncias psicoativas sob a ótica da Enfermagem em Saúde Mental* traz conceitos e caso clínico de transtornos relacionados ao uso de substâncias psicoativas (SPA) que, em muitos casos, contribuem para prejuízos biopsicossociais, físicos e mentais, assim como perdas econômicas, conflitos nas relações e, por vezes, resultam em problemas jurídicos legais. É evidenciado pela literatura a associação entre o uso prejudicial de SPA e situações de violências, acidentes de trânsito e crimes em geral.

O capítulo que aborda o tema *Enfermagem Forense e assédio moral no trabalho* traz conceitos e aspectos éticos e legais relevantes para a compreensão de fenômeno dessa natureza nas instituições de saúde, focando no trabalho da equipe de enfermagem. Faz uma leitura e análise crítica sobre os significados e abrangências do assédio moral na equipe de enfermagem, o impacto dessa modalidade de violência sofrida, por vezes de forma silenciosa, no ambiente laboral, e traz sugestões para os trabalhadores sobre como se portarem diante de uma situação de assédio para produzir provas em benefício próprio, enquanto vítimas do assédio. Discute, também, as distinções entre assédio moral e conflito, decorrentes das relações interprofissionais, bem como os tipos e formas da ocorrência do assédio moral no ambiente laboral.

O capítulo *Dimensões e enfoques da violência no ambiente laboral da Enfermagem* discute como a violência laboral na Enfermagem se manifesta, por vezes como abuso de poder nas relações interpessoais, em que ocorrem atos e ações desrespeitosas que levam os trabalhadores ao sofrimento, adoecimento e até mesmo à morte. Este capítulo reflete sobre a violência sofrida na categoria e aborda questões éticas e legais desse fenômeno, ressaltando a importância de se constituir relações solidárias e de respeito ao outro, sendo necessária a implantação de programas de prevenção por parte das instituições.

O capítulo sobre a *Formação do enfermeiro para a atuação em Enfermagem Forense* traz um breve resgate histórico sobre o estado da arte do conceito e da abrangência de Enfermagem Forense no mundo; em seguida, foca-se na formação do enfermeiro forense. O capítulo discute a iniciativa pioneira do Conselho Federal de Enfermagem que em 2016, se pronunciou a respeito dizendo que o enfermeiro forense "é responsável por prestar assistência especializada às vítimas dos mais variados tipos de violência e de agressores, deve estar preparado para lidar com os traumas físicos, psicológicos e sociais de cada caso ou desastre de massa. Além disso, deve dominar o conhecimento sobre os sistemas legais, saber recolher provas, prestar depoimentos em tribunais. Constitui profissional ponte entre a Legislação e as Ciências da Saúde. Outras áreas de atuação do profissional forense podem incluir: investigação da morte, enfermagem psiquiátrica forense, preservação de vestígios, consultoria, enfermagem forense carcerária". Conclui-se que se faz imperiosa a formação especializada do enfermeiro nessa área, tão importante e carente de recursos humanos (enfermeiros) qualificados e reconhecidos pela sociedade e pelo próprio sistema de justiça do nosso país, para atuarem como peritos e como pesquisadores, produzindo conhecimentos na área da enfermagem forense.

Em *Padrões de aptidão do enfermeiro forense* são descritos as práticas e os padrões da Enfermagem Forense, assim como as competências do enfermeiro forense. Ressalta as responsabilidades do enfermeiro forense para com as vítimas, a fim de contribuírem para a administração da justiça, construção de uma nova cultura de não violência, intervenção social e, consequentemente, para o reconhecimento e reconstrução de uma nova identidade social da enfermagem.

No capítulo *Papel da Enfermagem no atendimento a vítimas de intoxicações exógenas* é discutida a atuação do enfermeiro de urgência e emergência nos atendimentos de pacientes intoxicados e envenenados mais comuns nas emergências e internações hospitalares do Brasil, de acordo com os registros do Ministério da Saúde. A capacitação de profissionais em toxicologia visa favorecer as investigações das Toxicologias Forenses e suas implicações de ordem legal e social.

O texto sobre a *Investigação clínica no* post-mortem*: expandindo a atuação do enfermeiro de prática forense* discute o significado da investigação clínica no *post mortem*, a qual consiste na obtenção de informações relacionadas ao histórico de saúde do indivíduo recém-falecido e também discute a atuação do enfermeiro nesse cenário. O texto produzido reforça que "a incorporação de enfermeiros na equipe de saúde de Serviços de Verificação de Óbitos no país poderia beneficiar não só sua atividade-fim como também ampliar o atendimento humanizado às famílias dos indivíduos recém-falecidos autopsiados nesses locais", o que realmente é importante para o atendimento interdisciplinar, a humanização da atenção em momento de perda e o luto vivenciado pelas famílias dos recém-falecidos. Daí a relevância do conhecimento da formação do profissional enfermeiro para atuar em mais este seguimento da prática médica e da Enfermagem.

No último capítulo, os autores refletem sobre os impactos da pandemia da Covid-19 sobre a vida e a saúde dos trabalhadores de saúde, como profissionais da linha de frente, considerando o imaginário social sobre a atuação desses profissionais e os enfoques da violência no ambiente de trabalho.

Prefácio por Dulcinéia Ghizoni Schneider

A obra *Enfermagem Forense* que ora tenho o privilégio de prefaciar, nos brinda com um conhecimento ainda pouco explorado/investigado pela Enfermagem brasileira e se reveste de importância crescente, despertando para a ampliação das possibilidades do exercício profissional.

A Enfermagem acompanha a evolução da sociedade e amplia seus conhecimentos e práticas de cuidado para atender às necessidades sociais. No Brasil, a Enfermagem Forense foi reconhecida como especialidade pelo COFEN em 2011 e regulamentada pela Resolução COFEN 556/2017, que aprovou as áreas de atuação e as competências técnicas do Enfermeiro Forense. A Enfermagem Forense é uma das diversas áreas que compõem a Ciência Forense, esta constituída pela interdisciplinaridade na busca pela redução e prevenção da violência.

A violência é um problema de saúde pública, caracterizado como situação persistente e recorrente. Um fenômeno complexo, multifacetado, crescente em nossa sociedade que carece de abordagem interprofissional, visando à abrangência de cada uma de suas dimensões com o objetivo de reduzir a sua ocorrência e cuidar daqueles que são por ela afetados.

Os temas desenvolvidos neste livro são atuais, relevantes, complexos e nos mostram a trajetória profissional e científica consistente de seus organizadores e autores. Abordam a atuação do Enfermeiro Forense diante da violência evidenciada ou velada no macro e no micro espaço social; a violência física, sexual, psicológica e a interprofissional nos ambientes de trabalho (suicídio entre trabalhadores; assédio moral no trabalho); violência laboral da Enfermagem (violência moral). Os temas deste livro discutem, ainda, a vulnerabilidade de alguns grupos sociais (violência contra idosos; criança/adolescente; mulher; lésbicas, gays, bissexuais, travestis e transexuais; população privada de liberdade; pessoas com transtornos mentais; pessoas em uso de substâncias psicoativas; vítimas de intoxicações exógenas) e a investigação clínica *post-mortem*. Articulam poder e violência sob vários aspectos da vulnerabilidade e violação da dignidade humana. Apresentam a inserção da Enfermagem no sistema penal brasileiro com ações visando à promoção dos direitos humanos e da saúde na lógica do acolhimento e do cuidado.

As atividades inerentes ao Enfermeiro Forense são discutidas sob uma perspectiva histórica, em suas dimensões ético-legais, aptidões necessárias para a intervenção especializada a pessoas envolvidas em várias situações de violência, a fim de prevenir, reduzir, proteger, cuidar, contribuindo com a sociedade na busca pela qualidade de vida, segurança, justiça e equidade.

Os textos inovadores e de excelente qualidade produzidos por enfermeiros e outros pesquisadores que são referência para nós, leitores que buscam atualização e apropriação de um conhecimento para promover a sua translação para a prática da Enfermagem, são um convite ao fortalecimento e melhoria nas condições de saúde e qualidade de vida das pessoas e populações cuidadas pela Enfermagem. Que as sementes, aqui representadas pelo conteúdo dos textos, encontrem terreno fértil e promissor, a fim de que floresçam e frutifiquem, qualificando ainda mais a Enfermagem como ciência, como arte em sua ininterrupta trajetória em prol da dignidade do cuidado ao ser humano.

Para finalizar, agradeço aos Organizadores pelo presente e pela oportunidade de ter lido esta valiosa obra em primeira mão, apreendendo um conhecimento inovador e altamente qualificado. Manifesto também minha admiração aos organizadores na trajetória exemplar e de referência e pelo protagonismo na construção deste livro! Convido os profissionais da Enfermagem à leitura, e que esta obra nos inspire sempre mais.

Dulcinéia Ghizoni Schneider

Enfermeira.

Doutora em Enfermagem na área de Filosofia, Saúde e Sociedade.

Professora da Graduação e Pós-Graduação em Enfermagem da Universidade Federal de Santa Catarina (UFSC).

Prefácio por Gilberto Tadeu Reis da Silva

Ao receber o convite dos autores para escrever este prefácio, logo refleti o quanto isso conflui-se em responsabilidade, honraria e, sobretudo, um desafio, que muito me lisonjeia.

Expresso o meu agradecimento aos organizadores, nas pessoas dos doutores Taka Oguisso, Genival Fernandes de Freitas e Magali Hiromi Takashi, e busco despertar o entusiasmo dos leitores indicando minhas impressões iniciais e algumas curiosidades ou destaques que se fazem necessários para destacar a mais-valia do texto. Ciente da importância e amplitude desta temática, vislumbro o quão útil poderá ser sua leitura e, posteriormente, sua reflexão e aplicabilidade.

Ao buscarmos os sentidos para a terminologia do título, constatamos que o termo adjetivado refere-se ao foro judicial e aos tribunais de justiça, usualmente designados com a expressão *forense*. No entanto, a análise da extensão terminológica evidencia a relação do tema com os testes científicos e, portanto, com o uso das denominações *ciência forense* ou *investigador forense*.

A Ciência Forense é a aplicação de um conjunto de técnicas científicas para responder a questões relacionadas ao Direito, podendo ser aplicada a crimes ou atos civis. O esclarecimento de fatos e atos por meio da análise de vestígios deixados no corpo de vítimas, por exemplo, possibilita aos peritos constatar logicidade e objetividade. Trata-se de uma área interdisciplinar, pois envolve Física, Semiologia, Química, Matemática, Biologia, entre muitas outras.

A Enfermagem Forense é uma área nova, reconhecida como especialidade apenas em 1992, por meio da criação da International Association of Forensic

Nurses (IAFN), fundada por 72 enfermeiras norte-americanas que se dedicavam a exames de perícia em vítimas de abuso sexual e estupro. Essa associação define esta especialidade como a aplicação da ciência da enfermagem ao público e à justiça, podendo ser utilizada para investigação científica da morte e/ou tratamento do trauma de vítimas e agressores, atividades criminais, acidentes traumáticos e abusos físicos, emocionais e sexuais.

Trata-se de um campo de atuação de extrema importância, pois apresenta caminhos inovadores na prática e na academia para reduzir e prevenir a violência global no domínio das condições humanas.

Assim, durante a leitura e análise desta obra, refleti sobre os motivos que levaram os autores a envidar esforços para esta empreitada bibliográfica. Perscrutei que o aumento global da violência desencadeou a necessidade de preparar os profissionais da área da saúde para atuar em prol da educação preventiva de violência interpessoal e detecção de sinais de vitimização.

A Enfermagem Forense é uma disciplina dinâmica que reconhece a violência e seus traumas associados por meio de uma perspectiva contemporânea de conhecimentos de enfermagem, saúde, direitos humanos, justiça social e injustiça. Internacionalmente, observamos, desde o início da década de 1990, a visibilidade desta especialidade nos Estados Unidos e em países como Canadá, China, Itália e Inglaterra, nos quais as atividades dos Enfermeiros Forenses de examinar, coletar evidências e prestar cuidados a vítimas de violência têm sido praticadas rotineiramente, mediante a observação clínica contínua do estado biopsicossocial dos indivíduos.

No Brasil, a Enfermagem Forense teve início na primeira década do século XXI, por iniciativa do corpo docente da Pontifícia Universidade Católica do Paraná-PUC-PR, que envolveu a comunidade universitária e outras instituições de ensino superior do estado em um projeto para capacitação e qualificação de profissionais sobre o referido tema.

O presente livro é escrito por enfermeiros, que têm se dedicado a estudar e ampliar o conhecimento teórico-científico a respeito desta temática. Ao longo da leitura, somos cuidadosamente envolvidos no desafio altruísta de implementar práticas que contemplem o quadrilátero gestão, ensino, assistência e investigação, bem como nos deparamos com o rigor técnico e visão panorâmica a respeito das múltiplas facetas que permeiam essa nova especialidade. O cuidado e o olhar profissional do enfermeiro nos diversos contextos de prática acrescentam relevância à obra.

São apresentados ao leitor conteúdos multidirecionais, que evidenciam a formação do enfermeiro e suas múltiplas possiblidades profissionais e laborais neste campo de atuação, e discutidos temas relevantes para gestores. Há capítulos específicos para discussão de aspectos relacionados a pessoas idosas, crianças e adolescentes, mulheres, comunidades vulneráveis, atendimento e repercussões a minorias e suas famílias, como também de questões da saúde mental, situações de uso de substâncias psicoativas e do sistema penal brasileiro.

Os autores também discutem elementos referentes à formação e aptidão do enfermeiro forense e dimensões da violência no ambiente laboral, incluindo o assédio moral. Por fim, discorrem sobre o papel da enfermagem no atendimento a vítimas de intoxicações exógenas e na investigação clínica no *post-mortem*.

São conteúdos de extrema relevância, discutidos com propriedade e à altura da formação de seus autores. Parabéns aos autores e coautores! A você, leitor, desejo uma excelente leitura, na expectativa de que proporcione reflexão e aplicabilidade.

Gilberto Tadeu Reis da Silva

Professor Titular-Livre na Universidade Federal da Bahia.

Doutor em Ciências e Pós-Doutor em Ensino em Ciências da Saúde na Universidade Federal de São Paulo.

Professor Visitante no Exterior na Unidade de Investigação em Ciências da Saúde, vinculada à Escola Superior de Enfermagem de Coimbra – UICISA: E/ESENFC.

Bolsista de Produtividade em Pesquisa CNPq – 2.

Prefácio por Osnir Claudiano da Silva Junior

Entre as características de uma profissão, a capacidade de evoluir para responder às demandas da sociedade é um dos elementos que sustentam sua permanência. Em razão da complexidade, do volume e de interseções entre os conhecimentos, surgem as especialidades, ou seja, o conhecimento e atuação em questões específicas desta profissão.

Enfermagem Forense é um alvitre há muito aguardado pela enfermagem brasileira. O advento desta obra densa e abrangente pelas mãos de dois dos maiores conhecedores das questões éticas e legais da enfermagem brasileira, professores doutores Taka Oguisso e Genival Fernandes de Freitas, acompanhados da doutora Magali Hiromi Takashi, seria por si garantia de qualidade e valiosa contribuição ao processo de desenvolvimento da Enfermagem. Entretanto, os organizadores foram além ao nos facilitarem acesso a autores pesquisadores nacionais e estrangeiros envolvidos com a temática, focados em um tema que muito fere o Brasil: a violência. Como a Enfermagem pode contribuir para prevenir, diagnosticar e intervir em questões tão sensíveis como a violência de gênero, contra idosos, crianças e outros grupos mais ou menos vulneráveis à pandemia da violência que se verifica nos primeiros anos do século XXI?

Quais são as características necessárias ao enfermeiro que deseja dedicar-se a esta especialidade, que já foi reconhecida pelo Conselho Federal de Enfermagem do Brasil como uma área para atuação profissional?

O que o enfermeiro não especialista na temática precisa conhecer para desempenhar corretamente suas funções e responsabilidades?

Além de ser imediatamente tomada como referência para os que desejam se dedicar à especialidade, esta obra inicia sua jornada como um archote para os tempos presentes e futuros daqueles que desejam e têm o compromisso de enfrentar com conhecimento, justiça e ética temas tão intensos.

A obra que em tão boa hora nos chega é bem-vinda e certamente ajudará na abertura e consolidação de mais uma senda para a enfermagem brasileira, comprometida com tudo aquilo que é humano nos campos do biológico, emocional e do social em busca de minorar os sofrimentos do outro e atenta contra qualquer tipo de violência ou indiferença.

Osnir Claudiano da Silva Junior

Professor Titular da Escola de Enfermagem Alfredo Pinto/
Universidade Federal do Estado do Rio de Janeiro.

Membro Acadêmico da Academia Brasileira de História da Enfermagem.

PARTE 1

Aspectos introdutórios

CAPÍTULO

1

Enfermagem Forense: uma perspectiva histórica

Virginia A. Lynch[1]

INTRODUÇÃO

A violência humana global é universalmente reconhecida como a principal causa de trauma no domínio da saúde e segurança pública em todo o mundo. À medida que a ciência da enfermagem se fundia às ciências forenses e ao sistema de justiça criminal, uma disciplina distinta evoluiu: a ciência da enfermagem forense. A especialidade da enfermagem forense como disciplina científica é clara. O termo *forense* é definido como pertencente à lei; um debate público nos tribunais. Este processo refere-se ao debate entre a acusação e a defesa para determinar a inocência ou a culpa do acusado.

A violência é uma consequência do comportamento humano agressivo, e é definida como um ataque físico com a intenção de prejudicar outras pessoas. A violência contraria a lei.

A enfermagem forense é uma disciplina dinâmica que reconhece a violência e seus traumas associados por meio de uma perspectiva contemporânea de conhecimentos de enfermagem, saúde, direitos humanos, justiça social e injustiça. Essa ciência abrange o gerenciamento de casos médico-legais de pacientes forenses – vítimas de violência interpessoal, agressão sexual e crimes

---

[1] Versão original em inglês. Forensic nursing: a historical perspective. Tradução livre para português pelos organizadores da obra: Taka Oguisso, Genival F. de Freitas e Magai H. Takashi.

socioculturais, e inclui os acusados de atos criminosos nos quais os serviços de saúde se cruzam com a lei.

A enfermagem forense apresenta caminhos inovadores na prática e na academia para reduzir e prevenir a violência global no domínio das condições humanas. Essa ciência emergente avançou em resposta às consequências da violência humana global. Situações sociais e culturais problemáticas, correspondentes à escalada da violência relatada, reforçam a necessidade de definir dinâmicas, processos e diretrizes para a prática de enfermagem forense, à medida que ela evolui e suporta mudanças. A aplicação do método científico à investigação de traumas se adapta à situação ou cena dentro dos ambientes clínicos ou comunitários, e define o foco da ciência de enfermagem forense envolvendo sobreviventes e mortos.

Os líderes em enfermagem forense continuaram a projetar e desenvolver novos papéis no campo da saúde, com base em várias necessidades legais em torno do atendimento ao paciente. A educação forense e a consulta com especialistas forenses nas várias especialidades forenses formam a base de conhecimento essencial com um foco duplo: a causa e o efeito do trauma (justiça), e pesquisa para a prática clínica (saúde) com prevenção no seu núcleo. Essas preocupações não foram anteriormente consideradas como específicas para estudos posteriores de enfermagem e comportamentais, mas para a investigação criminal. Assim, o Modelo Integrado de Ciência Forense de Enfermagem permanece em evolução incessante, com base nas necessidades e demandas da violência social como paradigma de saúde e justiça.

CIÊNCIAS DA SAÚDE E DIREITO

Com base no axioma de que "crime e violência reúnem os dois sistemas mais poderosos que afetam a vida da população mundial e envolvem saúde e justiça" (Lynch, 1990), considera-se que a violência humana é universalmente reconhecida como a principal causa de trauma no domínio da saúde e segurança pública em todo o mundo. A violência não é mais considerada apenas dentro do alcance das agências policiais, mas é vista como uma responsabilidade precípua dos serviços de saúde e da lei. O sistema de justiça criminal não pode resolver essa crise sozinho. Tais questões exigem um esforço conjunto envolvendo médicos, enfermeiros, policiais, advogados, magistrados, sociólogos, psicólogos, assistentes sociais, cientistas forenses e políticos, ativistas e outros profissionais da justiça criminal para aplicar a justiça e prevenir a injustiça social.

A necessidade de políticas para abordar questões críticas relacionadas à violência e às violações dos direitos humanos é uma preocupação multidisciplinar. A Enfermagem Forense oferece um recurso não reconhecido anteriormente pela polícia e pelos tribunais, que inclui as ciências médicas forenses na investigação clínica de crimes e traumas relacionados à responsabilidade (Lynch, 2006). A ciência da enfermagem forense abrange o gerenciamento de casos de pacientes forenses – vítimas de crimes socioculturais, violência interpessoal, agressão sexual, acusados e condenados – em que os cuidados de saúde se cruzam com a lei.

Devido ao grande número de questões legais envolvidas na investigação clínica de trauma associado à violência humana, foi reconhecida a necessidade de especialistas forenses em ciências da enfermagem. O enfermeiro forense examinador (FNE, *forensic nurse examiner*) atua como intermediário de entidades médicas e jurisdicionais e testemunha em tribunal quando necessário, além de prestar apoio às agências policiais e outros serviços forenses na aplicação da justiça quando surgem questões de inocência ou criminalidade. Deve-se enfatizar que a prática da enfermagem forense não se limita às vítimas, mas inclui a recuperação de evidências, ordenadas pelo tribunal, de suspeitos, acusados e infratores encarcerados.

O FNE não é um médico, mas um prestador de cuidados de saúde qualificado para realizar o exame e a avaliação de trauma relacionado ao crime, com ênfase na maximização da coleta de evidências e na minimização do trauma emocional. As responsabilidades clínicas concentram-se na competência do gerenciamento médico-legal de casos forenses e na aplicação de tecnologia científica envolvendo evidência digital, documentação digital e imagem digital forense para promover resultados clínicos e eficiência operacional.

O FNE é um membro da equipe multidisciplinar composta por profissionais de saúde, policiais, cientistas, patologistas e assistentes sociais. As responsabilidades da Enfermagem Forense perante a lei e órgãos legais alinham esse especialista emergente com o investigador clínico de trauma, não com o investigador criminal. É um papel ideal para enfermeiros que têm grande perspicácia, bom conhecimento técnico e habilidades forenses na linha de frente dos serviços de saúde, envolvendo acesso a muitos detalhes da condição humana.

As estruturas e forças combinadas da ciência de enfermagem, das ciências forenses e do sistema de justiça criminal representam as entidades independentes de cada uma em colaboração mutuamente benéfica da inteligência coletiva para a pesquisa e a prática. Um composto dessas ciências criou mudanças à medida em que a ciência da enfermagem progrediu por meio da criação de componentes e subespecialidades distintas. O FNE desempenha funções específicas na investigação clínica de trauma fatal ou não fatal, que melhorará a qualidade dos padrões de cuidados de enfermagem. Uma variedade de paradigmas únicos dentro da ciência da enfermagem produz conceituações avançadas, pois tais fenômenos não estavam anteriormente incluídos no campo da enfermagem. Assim, o enfermeiro forense atua como elo clínico com o investigador criminal da polícia e testemunha do tribunal, quando necessário.

Estratégias recentes para melhorar os padrões globais de atendimento às vítimas de crimes, aos acusados falsamente e aos condenados erroneamente exigem educação e treinamento em enfermagem sobre classificação de feridas, recuperação de evidências laboratoriais, imagiologia forense de achados físicos e conhecimento jurídico pertinente. O gerenciamento eficaz de casos clínicos forenses é uma área carente de políticas e legislações suficientes para garantir a proteção dos direitos legais, civis e humanos das vítimas e dos acusados (Lynch, Barber, 2010, p.1). A legislação deve definir os procedimentos pelos quais os órgãos de saúde e outros órgãos legais irão atuar, e delinear ou autorizar sanções quando violações forem cometidas. A legislação do exercício profissional de enfermagem em vigor estabelece os limites da prática de enfermagem.

Destaque-se que enfermeiros forenses se tornaram parceiros integrais em sistemas médico-legais internacionalmente. Embora preocupações legais específicas variem de país para país, todas as nações enfrentam problemas de saúde e de segurança pública. Todos os pacientes com trauma deveriam ser considerados casos forenses até que o mecanismo de lesão e evidência de intenção (como elemento legal) tenha sido avaliado quanto a possíveis lesões relacionadas à responsabilidade civil ou criminal. A Associação Americana de Enfermeiros (ANA; American Nurses Association) e a Associação Internacional de Enfermeiros Forenses (IAFN; International Association of Forensic Nurses) definiram os padrões e o escopo de prática para enfermeiros forenses, em 2006.

Serviços forenses anteriores têm sido inadequados devido à escassez de médicos forenses em todo o mundo para gerenciar o número de vítimas de agressão sexual, abuso doméstico, ritos culturais e religiosos arriscados ou perigosos, limpeza étnica, mutilação genital feminina (MGF), entre outras atrocidades. Enfermeiros de todas as nações, apesar das variações culturais, compartilham o objetivo básico de oferecer cuidados de qualidade à população do local onde vivem e trabalham. Essas questões foram abordadas pelo Conselho Internacional de Enfermeiros (ICN; International Council of Nurses), pela ANA e pela Organização Mundial da Saúde (OMS).

A Assembleia Mundial da Saúde (AMS), um componente da OMS, observa que a violência persiste em todos os países do mundo como um grande desafio à saúde pública. A OMS adotou uma resolução histórica para fortalecer o papel do sistema de saúde em resposta à violência interpessoal focada nas crianças, particularmente contra mulheres e meninas (OMS, 2014). Os Estados Membros foram instados a garantir que todas as pessoas afetadas pela violência tenham acesso oportuno, eficaz e facilitado aos serviços de saúde.

A Enfermagem Forense respondeu ao pedido de ação de organizações não políticas e de manutenção da paz no âmbito das ciências forenses, de estudiosos do direito e de iniciativas de justiça social, que também incluem a defesa pública da injustiça histórica para com os condenados indevidamente. A ciência da enfermagem forense é uma disciplina exercida nos ambientes clínico e comunitário, que envolve a investigação de traumas e a recuperação de dados para auxiliar na elucidação de questões apresentadas nos tribunais. Essa fusão de ciências resultou em recurso essencial para melhorar as políticas existentes em um momento crucial de agitação civil e hostilidade criminosa para atender às expectativas das vítimas, dos acusados e das famílias de ambos (Lynch, Barber, 2010).

O significado dessas dinâmicas complexas nos cuidados contemporâneos de saúde distingue a enfermagem forense como um corpo único de conhecimento, que era um recurso anteriormente não reconhecido na avaliação jurídica, no gerenciamento e na investigação de trauma, fatal ou não fatal, que requeria educação avançada para enfermeiros. Sem o conhecimento de como avaliar, interpretar, documentar e intervir em questões forenses que envolvem abuso, negligência ou capacidade de reconhecer morte não natural, os centros de saúde e os enfermeiros assumem o risco de repercussões legais, incluindo sanções financeiras e profissionais. O conhecimento forense básico por todos os enfermeiros permitiria um atendimento mais centrado no paciente de maneira mais adequada. Enfermeiros que receberem formação teórica e prática sobre as responsabilidades que irão assumir no cuidado de pacientes forenses serão, certamente, mais proficientes na aplicação de suas habilidades forenses (Drake, 2015).

O objetivo deste capítulo é introduzir a enfermagem forense como disciplina científica, apresentar uma sinopse de sua progressão histórica, identificar preparações essenciais na educação, seus papéis primários e potenciais, e propor um meio para sua expansão no Brasil.

ORIGEM E EVOLUÇÃO

A gênese da enfermagem forense emergiu em resposta às consequências da violência social que define a evolução global da sua prática. Como disciplina emergente, a Enfermagem Forense assume uma responsabilidade mútua com as ciências médicas forenses e os sistemas de justiça criminal, preocupados com a perda de vidas e funções devido à violência humana, aos crimes socioculturais e às questões relacionadas à responsabilidade. Historicamente, os enfermeiros sempre cuidaram de pacientes forenses em práticas clínicas e comunitárias que envolvem trauma relacionado ao crime, infratores mentais e outras categorias de lesões e mortes que afetam a saúde humana. Com muita frequência, esses pacientes não eram reconhecidos como casos médico-legais que requeriam atendimento específico, incluído na função do FNE. A aplicação de princípios e normas de Enfermagem Forense pelo enfermeiro foi reconhecida como especialidade de enfermagem apenas nos anos 1990, dando-lhe um novo papel vital nos serviços de saúde.

A própria evolução histórica da Enfermagem Forense lançou as bases para a aplicação atual e futura da disciplina, por meio de seu relacionamento com as diversas especialidades das ciências forenses. Os fatores influentes no desenvolvimento da enfermagem forense têm suas raízes mais precoces na Europa, na Ásia e no Reino Unido; porém, a enfermagem forense contemporânea foi definida pela primeira vez como disciplina científica nos EUA (Lynch, 1995). Documentos históricos revelam que, antes da Revolução Francesa, as parteiras testemunhavam sobre agressão sexual e gravidez. No século XIV, a enfermagem profissional ainda não havia evoluído como disciplina científica. As parteiras exerciam o papel de cuidadoras até Florence Nightingale estabelecer a enfermagem profissional em meados do século XIX. Tais parteiras, sem dúvida, representavam um protótipo de FNE. De fato, o primeiro papel clínico forense estava limitado à parteira prática em assuntos relacionados a testemunho de evidências de virgindade, agressão sexual e prova de gravidez nos tribunais existentes (Camp, 1976). Ainda hoje, as parteiras continuam atuando de forma destacada em muitos países que continuam a compartilhar esses requisitos legais com enfermeiros forenses para estabelecer a disciplina de obstetrícia forense para parteiras.

Florence Nightingale demonstrou a importância vital do papel da enfermeira no campo de batalha, na Guerra da Crimeia, em que organizou o atendimento e o tratamento de soldados feridos. Os ferimentos relacionados à guerra, de militares ou civis, durante os conflitos constituíam uma das categorias identificadas de pacientes forenses. Esse papel continuou no século XXI, evoluindo da pessoa da "Dama da Lâmpada", fazendo rondas entre soldados feridos à noite, para uma ciência de ponta da prática baseada em evidências (Lynch, Standing Bear, 2000). Essa tradição foi reconhecida dentro da corporação de enfermeiros das forças armadas dos EUA por meio da implementação dessa função de enfermagem forense assim designada.

Entre os primeiros papéis da ciência forense aplicada à enfermagem, estava o papel do enfermeiro psiquiátrico, que prestava assistência de saúde mental forense e avaliações forenses designadas pelo tribunal para o agressor com transtornos mentais. Essa foi a primeira posição conhecida e referida como de enfermagem forense, com base nos cuidados de saúde mental e na categoria de pacientes em instituições de saúde forense e/ou prisões. Esse papel limitava-se às funções de assistência à saúde mental relacionadas ao agressor com transtornos mentais e não tratava de vítimas.

Nos anos 1970, foi reconhecida a importância do papel do enfermeiro forense pelos psiquiatras, psicólogos e patologistas forenses como investigador habilidoso que apresentava conhecimentos essenciais para a investigação científica de morte. Com o avanço da Enfermagem Forense durante esse período, estabeleceu-se o papel do enfermeiro examinador de agressão sexual. Outros papéis logo foram acrescentados nas áreas de abuso infantil, violência interpessoal, maus-tratos a idosos e todas as categorias de trauma relacionadas à responsabilidade. Essas funções continuarão a aumentar à medida que o setor de saúde se esforçar para atender à demanda de avaliações científicas de traumas, fatais ou não fatais, que exijam coordenação e cooperação com agências policiais e outros requisitos governamentais. A aplicação dos princípios e normas de um especialista forense em enfermagem foi reconhecida como um novo papel crítico nos cuidados de saúde nos anos 1990. Esse conceito representa uma nova perspectiva na abordagem holística dos cuidados de enfermagem forense, definindo corpo, mente, espírito e, agora, a lei que envolve o atendimento ao paciente em instituições clínicas ou comunitárias.

MEDICINA FORENSE

Para compreender devidamente a história da Enfermagem Forense, é preciso primeiro entender a evolução histórica das ciências médicas forenses. A especialidade conhecida como medicina forense interpreta ou estabelece os fatos em equidade com os casos de direito penal, e também é referida como jurisprudência forense.

A especialidade de medicina forense consiste em duas áreas principais e inclui a patologia forense, que se preocupa com a investigação científica da morte, envolvendo a determinação da causa, da maneira e do mecanismo da morte. Esses casos, chamados de mortes questionadas, envolvem homicídios, suicídios, mortes acidentais, naturais e indeterminadas de causas desconhecidas ou suspeitas. A *medicina clínica forense* é definida como a aplicação de conhecimentos médicos e técnicas forenses que envolvem pacientes vivos com trauma associados ao crime e/ou à responsabilidade, para determinar traumas intencionais e não intencionais associados à violência ou ao abuso.

Desde o momento das primeiras aplicações relevantes dos princípios e das técnicas da ciência forense aos cuidados de saúde, os profissionais da saúde continuaram a assumir o papel principal nos exames forenses. No entanto, como a medicina forense geralmente não é tópico obrigatório nas escolas de medicina e é praticada na arena pública, em oposição à prática médica privada, está entre as especialidades médicas menos conhecidas e menos valorizadas, e, por consequência, com os salários mais baixos. No entanto, a importância da patologia forense não pode ser suficientemente enfatizada, considerando que ela é a base de todos os cuidados clínicos de saúde. Sem saber por que as pessoas morrem, não se pode estabelecer a prevenção de causas.

A escassez existente de médicos forenses qualificados tem resultado em sérios déficits de serviços forenses de qualidade em todos os países. Apesar dos avanços na medicina e da disponibilidade de médicos forenses, os recursos humanos são insuficientes para atender às necessidades especiais das vítimas de violência relacionada ao crime em todo o mundo. Muitos médicos não estão adequadamente qualificados ou dispostos a fazer as meticulosas avaliações associadas à violência humana. O enfermeiro forense, no trabalho com médicos em serviços de emergência, poderia colaborar agilizando o atendimento de pacientes a serem examinados, melhorando a recuperação de evidências e reduzindo o excesso de casos para atendimento médico, mas sempre dentro dos parâmetros da legislação vigente do exercício profissional.

É interessante notar que, desde o início das especializações médicas, os especialistas sempre contaram com profissionais enfermeiros habilidosos para a maioria das especialidades médicas, exceto em medicina forense. No momento presente, o FNE está atuando sem profissionalismo e eficácia para o médico forense, o que há muito tempo é oferecido a médicos de outras áreas. Mesmo assim, a inclusão de enfermeiros na prática clínica forense contemporânea foi inicialmente recebida com resistência. Por razões não identificadas, o assistente preferido do médico forense, na prática clínica e na patologia forense, tem sido o profissional com alguma experiência na aplicação de leis.

RECONHECIMENTO COMO CIÊNCIA

A Academia Americana de Ciências Forenses (AACF), fundada em 1948, é a principal associação de especialidades forenses coletivas que estabelece os padrões da prática forense nos EUA. Foi a primeira entidade profissional a reconhecer a enfermagem forense como disciplina científica, em 1991, na 43ª reunião anual em Anaheim, Califórnia. A enfermagem forense foi formalmente reconhecida como uma discreta disciplina científica durante os trabalhos da entidade. A inclusão do profissional de enfermagem forense entre os membros da AACF significou um passo importante para a educação e as associações de faculdades, anteriormente indisponíveis na prática tradicional da saúde.

A definição original adotada pela AACF identificou a Enfermagem Forense como: aplicação dos aspectos forenses dos cuidados de saúde combinados com a educação biopsicossocial/espiritual de enfermeiros na investigação científica e tratamento de trauma, ou morte de vítimas e autores de violência, atividade criminosa e acidentes traumáticos. Além disso, oferece serviços diretos a clientes individuais e de consultoria para agências de enfermagem, de medicina e outras áreas relacionadas, além de testemunhos perante juízes especializados em áreas que lidam com processos de investigação de morte questionada, adequação da prestação de serviços e diagnóstico especializado de condições específicas relacionadas à enfermagem (Lynch, 1990) (AACF, 1991). Lynch apresentou um resumo, o primeiro sobre Enfermagem Forense, na AACF em 1986 (Lynch, 1986). Em 1991, a AACF havia se tornado a primeira entidade a reconhecer formalmente a enfermagem forense como uma disciplina emergente nas ciências forenses. Com base na descrição da disciplina, definida por Virginia Lynch, a academia liberou a associação para enfermeiros qualificados na prática clínica forense e na investigação científica da morte.

RECONHECIMENTO COMO ESPECIALIDADE

Depois deste reconhecimento formal pela AACF, foi criada a IAFN, para se estabelecer como centro de excelência para avanços no profissionalismo, educação, treinamento e certificação específicos para o papel de enfermeiro examinador de agressão sexual (SANE; *sexual assault nurse examiner*). Esta organização estabeleceu a base para uma rede global de enfermeiros neste campo. A IAFN foi estruturada após a AACF, fundada em 1992. Em 1995, o Congresso de Práticas de Enfermagem da ANA concedeu reconhecimento formal à Enfermagem Forense como especialidade oficial de enfermagem e, em 1997, a IAFN publicou os Padrões e Escopo da Prática de Enfermagem Forense em conjunto com a ANA. A certificação do conselho da IAFN para o FNE no exame e avaliação de agressão sexual em adultos e em pediatria foi implementada em 2001.

A IAFN define, ainda, a Enfermagem Forense como "A prática global de enfermagem na qual os sistemas legais e de saúde se cruzam. Possui, por sua natureza, uma forte associação com as ciências físicas e sociais, na medida em que se aplicam a procedimentos públicos ou legais. Essa especialidade combina os aspectos forenses da saúde com a investigação científica e o tratamento de crimes ou casos relacionados à responsabilidade" (IAFN, 2009).

Foi decidido, nessa reunião de fundação, manter e incentivar o foco na filiação de membros em nível mundial, no escopo e padrões de prática e o compromisso para estabelecer práticas internacionalmente. A missão da IAFN é liderar a prática de enfermagem forense, desenvolvendo, promovendo e divulgando informações internacionalmente (IAFN, 2013).

Os objetivos desta organização incorporam estratégias de prevenção primária ao trabalho do enfermeiro forense em todos os níveis, para criar um mundo sem violência:

- Estabelecer e melhorar os padrões da prática de enfermagem forense baseada em evidências.

- Promover e incentivar o intercâmbio de ideias e a transmissão de conhecimentos em desenvolvimento entre seus membros e disciplinas relacionadas.
- Estabelecer padrões de conduta ética para enfermeiros forenses.
- Criar e facilitar oportunidades educacionais globais para enfermeiros forenses e disciplinas relacionadas.

FUNDAMENTOS DA CIÊNCIA

Qualquer ciência aplicada à justa resolução de temas questionados nos tribunais é parte da ciência forense. A ciência forense é objetiva e imparcial e se aplica igualmente a ambos os lados de qualquer questão civil, criminal ou outra. Isso inclui conceitos, princípios e filosofias das ciências forenses e de enfermagem. A enfermagem forense foi formalmente reconhecida como uma disciplina científica em 1991, na 43ª reunião anual da AACF. Seu pronunciamento declarou (em parte): "propõe-se que o corpo de conhecimentos reconhecido como ciência da enfermagem forense consista em uma síntese, reorganização e/ou extensão de conceitos extraídos das ciências básicas ou outras ciências aplicadas, que em sua reformulação tendem a se tornar novos conceitos" (AACF, 1991). Por meio da montagem de componentes e subespecialidades discretas, este novo cientista desempenha funções específicas na investigação clínica de trauma que melhorarão a qualidade dos padrões de cuidados de enfermagem.

A ciência é definida como um corpo acumulado de conhecimentos que lida com fatos ou verdades. Cientista seria alguém que estuda ou estudou ciências, especialmente em um campo específico de investigação (Dorland, 2012). As ciências forenses referem-se a qualquer aspecto da ciência relacionado à lei. Já a enfermagem é uma ciência natural básica com paradigmas distintos que constituem o amplo conhecimento substantivo da disciplina e abrange todo o conhecimento disciplinar. A ciência da enfermagem é consistente com outras disciplinas e abrange mais de um paradigma para orientar a investigação em direção à compreensão da saúde humana. A disciplina científica abrange um corpo de conhecimentos e cuidados que inclui mais de um paradigma para guiar a investigação em direção a um entendimento da preocupação em uma disciplina (Parse, 1987). Os fenômenos sob investigação na ciência forense de enfermagem dizem respeito aos aspectos físicos e psicológicos do trauma humano, e conformam a substância da disciplina.

A partir desses fundamentos, a concepção e evolução da enfermagem forense como disciplina científica é baseada em princípios teóricos e em pesquisa empírica.

A ciência da enfermagem forense baseia-se na incorporação do conhecimento existente com novas informações, o que estimula a geração de práticas baseadas em evidências. Tais entidades e filosofias definiram a essência e o caráter do enfermeiro forense.

A integração das ciências forenses e de enfermagem oferece paradigmas únicos relativos à investigação de questões relacionadas com saúde e direito. Entre outras ciências incorporadas no estudo da enfermagem forense incluem-se as ciências da saúde, da anatomia e fisiologia humanas, ciências físicas, ciências sociais e comportamentais em psicologia e ciências biomédicas da química básica e da física (Lynch, 2006). A enfermagem forense é uma prática guiada pela teoria que exige um esforço intelectual dentro de sua própria base de conhecimentos, experiências, propósitos, valores e ética distintos. As influências contemporâneas que envolvem violência e abuso humano moldaram o significado de estudos e práticas da educação e pesquisa em Enfermagem Forense, representando uma nova era da prática de enfermagem. Ela contém um corpo único de conhecimentos de enfermagem não encontrado em nenhuma outra disciplina. Portanto, é uma ciência em si mesma.

Enfermagem forense significa mudança de paradigma nos conceitos tradicionais da ciência da enfermagem. Houve um tempo em que a morte não era considerada uma preocupação na prática da enfermagem ou no início dos estudos sobre teorias de enfermagem. Para a ciência da enfermagem forense, no entanto, a morte é parte integrante, embora a saúde humana continue sendo seu principal foco de preocupação. A natureza humana é uma combinação das características biopsicossociais/espirituais da saúde humana. A perda de equilíbrio na saúde humana pode ocorrer quando houver lesão, doença ou morte. O FNE deve estar preparado para identificar esses fenômenos em relação a traumas, doenças transmissíveis e mortes relacionadas. A continuidade na evolução da enfermagem forense como ciência está se ampliando ante a diversidade de visões emergentes, dando origem a pesquisas e práticas mais amplas e inovadoras. Critérios científicos são atingidos por meio de sólidos conteúdos teóricos, conceituações criativas e desenvolvimento científico sempre abertos a avaliações críticas.

Ao definir a enfermagem forense como uma ciência que incorpora diferentes paradigmas e teorias congruentes, os limites da disciplina avançaram.

A ciência forense de enfermagem representa uma mudança de paradigma nos conceitos tradicionais da ciência de enfermagem, como já referido. A morte é percebida como componente imprescindível na ciência da enfermagem forense, em igual preocupação com o nascimento. A morte tornou-se um campo de investigação respeitado, particularmente nas ciências sociais e comportamentais, e um tópico de estudo aceitável nos currículos das instituições de ensino superior.

A investigação científica da morte uniu-se à ciência da enfermagem para abordar os aspectos fisiológicos, psicológicos e legais da morte e do morrer. A enfermagem deve considerar que a necessidade de compreender os mecanismos da doença e os fatores biomédicos associados à morte é essencial para os sistemas de saúde pública e administração da justiça. Esses processos que ajudam a determinar os fatores precipitantes precisos e as causas da morte, além de beneficiarem a ciência médica, podem servir para o bem-estar geral do público, garantindo que fatalidades naturais, acidentais e relacionadas ao crime sejam sistematicamente identificadas e investigadas em relação à causa, à maneira e aos mecanismos da morte.

PRINCÍPIOS DE ENFERMAGEM FORENSE

Enfermeiros forenses devem procurar avançar na ciência da enfermagem forense, entender os limites de seus conhecimentos e respeitar a verdade. Enfermeiros forenses devem garantir que suas contribuições científicas e as de seus colaboradores sejam minuciosas, precisas e imparciais, tanto no conteúdo como na apresentação. A IAFN espera que seus membros sigam os mais altos padrões de ética e profissionalismo em suas obrigações para com a ciência, os colegas e o público, incluindo-se também a visão da IAFN para a Prática Ética. Padrões éticos mais elevados são sempre esperados na ciência da enfermagem. Essas expectativas enfatizam as obrigações legais para com as ciências da saúde, que impactam a gestão da vida humana, a resolução da justiça e a prevenção de violações dessa visão. Uma variedade de paradigmas exclusivos para cada subespecialidade na ciência forense de enfermagem proporciona novas conceituações para fenômenos não investigados anteriormente no domínio da enfermagem. A missão da IAFN enfatiza a promoção da liderança na prática de enfermagem forense, desenvolvendo, promovendo e divulgando informações internacionalmente.

PAPÉIS DA ENFERMAGEM FORENSE CLÍNICA

O *status* principal do enfermeiro forense é, antes de tudo, a enfermagem na função de especialista forense, em oposição a uma função de enfermagem dentro da ciência forense. Com a crescente ênfase médico-legal na prática clínica, o papel do enfermeiro clínico forense também foi reconhecido. Essa função foi projetada para solucionar problemas relacionados a medicamentos legais localizados em ambientes clínicos ou comunitários. Além das preocupações médico-legais, o cuidado com vítimas e suas famílias tem sido, historicamente, uma responsabilidade dos defensores de pacientes. Uma política para defesa e proteção de pacientes deveria incluir, em toda a extensão, a justiça criminal e os prestadores de serviços de saúde (Lynch, 1995). Essa mudança de política apoia a crescente conscientização da necessidade de especialização forense nas ciências biomédicas e sociais, que incorporará intervenções de emergência e defesa de clientes, ao mesmo tempo em que oferece conhecimento científico para combater políticas destrutivas das condições sociais ou culturais.

O FNE constitui um elo valioso na cooperação e coordenação interinstitucional, além de melhorar o atendimento aos pacientes e a todos os demais. Os papéis que promovem a cooperação contribuem para a comunicação e a interação entre policiais e a equipe atuante em enfermagem forense, à medida que abordagens mais holísticas das estratégias antiviolência são exploradas e desenvolvidas. Com a crescente ênfase nos serviços de enfermagem forense, como um passo estratégico para interromper a violência cíclica e interpessoal, é realista esperar que serviços de emergência sejam obrigados a ter um enfermeiro forense para garantir que os mandatos legais sejam cumpridos com razoável segurança.

PAPEL DA INVESTIGAÇÃO

O conceito de investigação é um princípio fundamental claramente identificado na aplicação acadêmica da prática de enfermagem forense. Segundo declarado por Cuñado Barrio e García López, da Unidade de Epidemiologia Clínica do Hospital Universitário de Madrid, Espanha, a enfermagem baseada em evidências significa um processo sistemático de busca, avaliação e aplicação da investigação mais atualizada para a tomada de decisões. Esse processo pode ser aplicado em quatro etapas: formulação da questão; busca na bibliografia;

análise crítica da validade dos resultados e colocação de tais resultados obtidos na prática (Cuñado Barrio, García López, 2001).

> A prática de enfermagem deve ser baseada nos melhores resultados científicos disponíveis. É necessário introduzir a investigação como instrumento para possibilitar a resolução de problemas com a prática e oferecer a melhor alternativa de atendimento possível. As evidências oferecidas pela investigação são avaliadas de acordo com critérios de validade e utilidade. Existem várias escalas para avaliar o rigor metodológico dos estudos de investigação, bem como recomendar uma prática ou técnica adequada, ou não, de acordo com as evidências científicas disponíveis.

O papel da investigação é um componente fundamental em todas as especialidades que prestam cuidados de enfermagem. A Enfermagem Forense introduz, de maneira exclusiva, a investigação como instrumento para permitir a resolução de questões legais e de saúde que ofereçam as melhores alternativas possíveis de assistência para atender aos objetivos de ambos. A investigação é reconhecida como base para toda a prática de enfermagem fundamentada em evidências, significando um processo sistemático de busca, avaliação e aplicação do método científico referente aos resultados de saúde e justiça. A aplicação da função do método científico na prática de enfermagem resulta em melhores resultados científicos disponíveis.

Essa responsabilidade está diretamente relacionada à recomendação da Associação Norte-americana de Diagnóstico de Enfermagem para atendimento jurídico e ético na investigação de traumas, fatais e não fatais, afirmando que "a estrutura de todo o processo de enfermagem é baseada na manutenção de um certo estado de espírito – uma investigação, busca interpretativa e dogmática dos fatos e da verdade" (NANDA, 1990). Esse conceito é aplicado aos processos específicos envolvidos na investigação clínica de trauma ou morte do paciente forense (Lynch, 2007). Enfermeiros forenses são reconhecidos por sua educação clínica e experiência nas ciências biomédicas. Habilidades de avaliação crítica dependem de uma educação consistente e ampla, pertencente à enfermagem e às ciências forenses. Questões de trauma são um cognato essencial no ensino de enfermagem. Erros médicos, negligência e ações intencionais que causam ferimentos ou morte tornaram-se uma área de investigação clínica, exigindo pessoal qualificado, preparado para a prática e estudos avançados nas ciências e pesquisas forenses e de enfermagem. A chave para uma investigação clínica bem-sucedida de suspeita de violência e abuso enfatiza a consideração sobre se a evidência física de trauma é consistente com a história declarada do paciente.

SERVIÇOS DE ENFERMAGEM FORENSE

Enfermeiros forenses desempenham um papel central nos hospitais e na comunidade, ajudando pessoas de todas as idades que foram vítimas de traumas relacionados a crime, abuso ou maus-tratos, agressão sexual, desastres catastróficos e outros aspectos de danos intencionais e não intencionais. Dentro de um modelo de prática colaborativa, enfermeiros forenses usam conhecimentos especializados e habilidades clínicas para prestar atendimento holístico aos pacientes que sofreram trauma e abuso. Como disciplina emergente, a Enfermagem Forense assume uma responsabilidade mútua com as ciências médicas forenses e as autoridades legais na preocupação com a perda de vidas e funções devido à violência humana e outras causas de trauma.

O enfermeiro forense presta serviços diretos e de consultoria tanto para órgãos médicos como para agências de enfermagem ou jurisdicionais, e pode prestar testemunho qualificado em investigações de trauma ou morte em áreas que lidam com processos investigativos, adequação da prestação de serviços e de diagnósticos especializados específicos para condições relacionadas à enfermagem (Lynch, 1991). Como profissão de atuação pública, a Enfermagem tem a responsabilidade de manter padrões de prática nos casos em que os cuidados de saúde se cruzam com a lei. Devido ao grande número de questões legais envolvidas na investigação de trauma associado à violência humana, a necessidade de especialistas forenses em enfermagem é cada vez mais reconhecida. A histórica falta de cooperação interinstitucional envolvendo questões de saúde e justiça e a falta de educação forense dos profissionais de saúde podem ameaçar seriamente os direitos legais do paciente.

CUIDADOS DE SAÚDE FORENSE

A incidência de trauma é um problema de saúde pública bem conhecido, envolvendo financiamento de pesquisas e dados estatísticos para prevenção. A Enfermagem Forense representa uma aliança de enfermeiros, como profissional de saúde e cientista forense, que procura identificar e resolver problemas de violência, abuso e disseminação de doenças transmissíveis por meio da epidemiologia forense. Os enfermeiros forenses clínicos são componentes reconhecidos e respeitados da saúde pública, com mandatos específicos para relatar problemas relacionados à saúde pública que envolvem abuso humano, negligência, doenças transmissíveis e mortes não naturais às autoridades competentes.

A Enfermagem Forense indica que cuidados adequados não devem ser prestados até que as necessidades forenses do paciente sejam identificadas. A avaliação forense deve se concentrar em evidências objetivas e observáveis (em oposição às alegações) para identificar possíveis vítimas de abuso em toda organização de serviços de saúde. Enfermeiros forenses são responsáveis por reconhecimento, coleta e preservação de evidências forenses. A aplicação combinada do escopo e padrões de prática de Enfermagem Forense possibilita a concretização de um sistema de prevenção que não era disponível anteriormente para os sistemas de saúde e justiça (IAFN, 2013; ANA, 2017).

Enfermeiros forenses não são defensores de vítimas, mas sim defensores de pacientes; e estes podem ser a vítima, o suspeito, o perpetrador ou o condenado. A Rede de Inocência evoluiu para proteger os direitos daqueles que foram falsamente acusados, encarcerados e condenados com base em falso testemunho, evidência falsa ou identificação incorreta. Enfermeiros forenses unem-se ao judiciário para proteger os direitos legais, civis e humanos daqueles que se enquadram na arena da lei. Como já referido, a Enfermagem Forense surgiu como disciplina científica em 1986. Uma ação global avançou essa força em evolução na área da saúde para a vanguarda de centros de trauma, departamentos de emergência, abrigos de crise, zonas de guerra, agências policiais, sistemas de examinadores médicos e tribunais em ambientes onde o abuso humano afeta a vida e a morte.

A REDE DE INOCÊNCIA

Dentro do contexto mais amplo das ciências forenses, a Enfermagem Forense trata do estado de direito e legislação, serviços às vítimas e na defesa pública – e senso – de justiça social. A filosofia das ciências forenses e de enfermagem identificou essas responsabilidades para prover uma abordagem investigativa ao aplicar o processo de enfermagem em uma busca independente e imparcial dos fatos e da verdade. É imperativo considerar o peso de nossa avaliação, exame, documentação e segurança das evidências recuperadas das vítimas e dos suspeitos ou acusados de violência humana.

O papel do SANE será ampliado tanto pela acusação quanto pela defesa no julgamento, pois o testemunho do enfermeiro pode fornecer informações críticas para determinar a inocência ou a culpa do acusado. Indivíduos inocentes já foram falsamente acusados, encarcerados, condenados e até executados. A maioria desses casos envolvia estupro e/ou assassinato (Maguire, Raso, 2017).

Fundado em 1992, na cidade de Nova York, o Projeto Inocência está comprometido em: liberar pessoas erroneamente condenadas usando testes de DNA e reformar o sistema de justiça criminal para evitar futuras injustiças. Desde 1992, conseguiu reverter a condenação de 350 pessoas inocentes (Projeto Inocência, 2017).

Existem 14 Projetos Inocência em todo o mundo, incluindo o Projeto Inocência Brasil, criado em dezembro de 2016, especificamente voltado para o grave problema de condenação de inocentes e que já está em operação em seis países da América Latina. Além de tentar reverter condenações de inocentes pelos tribunais brasileiros, sua missão consiste em provocar um debate sobre as causas desse fenômeno e propor soluções para evitar sua ocorrência. A oportunidade de promover a conscientização deste importante projeto é essencial, além de reconhecer a responsabilidade do FNE. A liderança da enfermagem forense é incentivada a contribuir com informações desse importante movimento e a participar onde houver tais programas. Um beneficiário inspirador de seu trabalho declarou: "Se não defendo nada mais, esta é a força indomável do espírito humano" (Albert Woodfox, liberado após 43 anos de confinamento solitário nos EUA) (Maule, 2017). Essas Redes de Inocência evoluíram para proteger os direitos daqueles que foram falsamente acusados, encarcerados e condenados com base em testemunhos falsos, evidências falsas ou identificação incorreta. Enfermeiros forenses unem-se ao Judiciário para proteger os direitos legais, civis e humanos daqueles que caíram na arena da lei.

FUNÇÕES ESPECIALIZADAS

Os papéis forenses na ciência da enfermagem tornaram-se um recurso primário em países designados como áreas de alta criminalidade no mundo. Muitos países não reconheceram anteriormente comportamentos abusivos graves como atos criminosos. As seguintes funções de enfermagem forense ajudam a identificar os marcadores forenses de abuso humano e violência criminal e não se limitam às funções identificadas a seguir:

- Enfermeiro forense clínico: investigador de trauma em todas as categorias de pacientes vivos. Estes casos requerem a atenção de enfermeiros forenses, policiais e profissionais de serviços sociais, e podem incluir socorristas e pessoal do corpo de bombeiros para avaliar a origem de questões complicadas na determinação da origem da lesão.
- Enfermeiro examinador de agressão sexual (SANE): profissional especializado no exame de pacientes que denunciam violência sexual, e faz coleta de evidências forenses significativas que podem ter a certificação do conselho nessa área.
- Enfermeiro forense pediátrico: especialista no reconhecimento e exame de abuso infantil, incluindo negligência e maus-tratos, familiaridade com as leis pertinentes que tratam dos maus-tratos a indivíduos específicos da idade; trabalha com agências de proteção à criança e pode ser necessário para testemunhar em casos de processos em tribunais de família.
- Especialista forense em abuso de idosos: o abuso interpessoal de idosos é reconhecido como a vitimização emergente mais frequente no atendimento de pacientes geriátricos, vulneráveis a abusos físicos, emocionais, sexuais, financeiros e outros, específicos no envelhecimento da população. É necessária a investigação clínica de traumas e/ou mortes que ocorrem em lares de idosos, instituições de longa permanência e comunidades residenciais.
- Advogado de enfermagem forense: os enfermeiros que frequentam a faculdade de direito e se tornam especialistas em jurisprudência forense têm conhecimento das questões legais referentes ao atendimento do paciente e à violação dos direitos humanos. Os advogados de Enfermagem Forense são graduados em Enfermagem e em Direito; geralmente especializam-se nos aspectos legais dos cuidados de saúde e no direito da família.
- Enfermeiro forense investigador de morte (FNDI, do inglês, *Forensic Nurse Death Investigators*): especialista em enfermagem com formação cruzada do papel de enfermagem forense clínica e de investigação científica de mortes potencialmente suspeitas, ou não, que ocorrem em ambientes clínicos ou comunitários, públicos ou privados, sob a autoridade e jurisdição do médico legista ou outro oficiante da morte. O FNDI está qualificado para pronunciar a morte, fazer a avaliação clínica, a documentação do local da morte e recuperar evidências forenses médicas, em vez de evidências criminais, que são de responsabilidade da

polícia. Esses profissionais de saúde e justiça trabalham juntos como uma equipe, mas respeitam os limites específicos dos profissionais clínicos e criminais.

Enfermeiros têm sido um recurso clínico e humanitário essencial ao longo da história. A ciência da Enfermagem Forense representa um conceito inovador na prática especializada. Dentro de um modelo de prática colaborativa, enfermeiros forenses devem utilizar conhecimentos especializados e habilidades clínicas para prestar cuidados holísticos aos pacientes forenses. Apesar dos avanços na enfermagem forense e da disponibilidade de médicos forenses, os recursos humanos são insuficientes para atender às necessidades de vítimas de crimes e violências. A participação de indivíduos com habilidades em enfermagem ou outras habilidades em saúde, educação e outras especializações em saúde agora é reconhecida para garantir uma investigação clínica eficaz, separando-se a investigação médica da investigação criminal. A separação desses componentes de investigação também individualiza os objetivos e responsabilidades de cada disciplina respectiva para o investigador com uma base de conhecimento apropriada. Como o trauma constitui questão central no processo de crimes contra pessoas, tais questões não são apenas componentes do treinamento para policiais ou para formação de profissionais em direito. Questões de trauma têm, verdadeiramente, relação essencial com a educação de enfermagem.

O PROCESSO DE ENFERMAGEM FORENSE

A Enfermagem Forense é uma prática especializada que une saúde e direito em uma preocupação mútua, pois a violência humana exige atenção aos desafios de um mundo contemporâneo em crise, e envolve aspectos forenses dos cuidados de saúde aplicados à investigação científica e tratamento de traumas. Deve-se enfatizar que o enfermeiro forense é um investigador clínico, não um investigador criminal. A Enfermagem Forense é a aplicação do processo de enfermagem a procedimentos públicos ou judiciais e inclui as seguintes funções:

- Ser provedora de serviços diretos.
- Consultora.
- Ser elo com os órgãos legais.

- Educadora.
- Testemunha especializada.

Atos violentos exigem avaliação completa e documentação precisa do histórico médico do paciente forense. As responsabilidades da Enfermagem Forense perante a lei e os órgãos legais que interagem com pacientes forenses clínicos alinham o especialista em enfermagem forense como investigador clínico de trauma e morte. As responsabilidades clínicas concentram-se no gerenciamento médico-legal de pacientes forenses, identificação de trauma, foto-documentação, recuperação, preservação e segurança de evidências forenses médicas. A literatura relevante indica que, uma vez treinada a equipe de enfermeiros forenses examinadores, esses especialistas em ciências forenses passam a praticar independentemente sob os auspícios de um diretor de medicina forense clínica ou de um médico-chefe. Essa nova geração de profissionais de saúde e justiça produzirá resultados positivos em que a ciência da enfermagem forense é praticada. O tratamento adequado das vítimas de crimes de gênero, o aumento de processos bem-sucedidos e a garantia de melhores resultados na recuperação de evidências proporcionarão mais confiança à comunidade em geral de que a justiça foi feita por esses serviços forenses combinados de medicina, enfermagem e direito.

INVESTIGAÇÃO CIENTÍFICA DA MORTE

Historicamente, têm existido deficiências na investigação científica da morte assim como insuficiência de médicos examinadores e dependência de agentes leigos para lidar com a morte. Ante a necessidade de sistemas médico-legais mais eficientes para investigação da morte, foram reconhecidos os benefícios de nomear examinadores forenses de enfermagem para atuarem como investigadores médicos da morte nos sistemas médico-legais existentes. As diretrizes para enfermeiro forense sobre educação para investigadores de morte da IAFN (IAFN, 2013) fornecem um roteiro para enfermeiros na investigação científica da morte.

FNDI é um profissional excepcionalmente qualificado para servir como membro da Unidade de Investigação de Examinadores Médicos, com responsabilidades distintas, mas integradas, para ajudar em circunstâncias de investigação, as quais geralmente não são abordadas na educação e no treinamento de policiais. O FNDI compartilha conhecimento médico forense com a polícia sobre os aspectos clínicos da investigação da cena do crime quando um corpo se torna a cena do crime. Estados Unidos, Canadá, Cingapura e Suécia estão entre os países que reconheceram os FNDI por sua educação clínica e experiência em ciências biomédicas.

Os currículos avançados em Enfermagem Forense buscam incluir fisiopatologia, pesquisa, epidemiologia, consultoria, elaboração de currículo e informática. As habilidades biomédicas do FNDI beneficiam o patologista forense na análise de ferimentos fatais e mortes clínicas. Aproximadamente 60% a 70% das mortes relatadas se devem a causas naturais, mas não foram assistidas e exigiriam investigação. Comparado com investigadores não médicos, assim como policiais, o FNE está mais familiarizado com processos naturais de doenças, farmacologia, doenças mentais e outros problemas relacionados a causa, maneira e mecanismo de morte.

O papel do enfermeiro com qualificação forense oferece uma solução para os problemas enfrentados com relação à notificação de morte pelo patologista forense, policial ou capelão. Independentemente das circunstâncias da morte, a família e/ou outras pessoas significativas geralmente experimentam uma reação emocional aguda de choque e tristeza. A intervenção sensível no luto não apenas beneficia a capacidade da família de se recuperar de trauma emocional não resolvido, mas também aumenta a cooperação entre os enlutados e os órgãos de investigação. Além disso, aumenta a confiança e o respeito nos sistemas médico-legais. A investigação médica da morte deve incluir preparação nas ciências biomédicas para ajudar a determinar a precipitação precisa de fatores de morte e mecanismo de lesão, além de prover cuidados culturalmente competentes. Tais habilidades são exclusivas da enfermagem.

Promotores, policiais, detetives de homicídios e patologistas forenses que trabalham com os FNE concordam que os serviços de enfermagem forense são superiores aos prestados por investigadores não médicos. Cada vez mais, patologistas forenses estão empregando o FNE para recuperar evidências médicas no local da morte e ajudar na identificação de restos mortais humanos. Uma aplicação emergente do FNE na investigação de morte está propiciando exame de agressão sexual *post-mortem* antes da autópsia. Patologistas forenses e o laboratório criminal do Federal Bureau of Investigation (FBI) consideram os FNE excepcionalmente qualificados como especialistas na avaliação de trauma de agressão sexual e na coleta de evidências biológicas. A educação com base científica e as habilidades de pensamento crítico permitem que o FNE reconheça e recupere evidências físicas e biológicas com especificação de laboratório.

Os EUA não estão sozinhos na questão da necessidade de investigadores médicos qualificados. Cingapura, Suécia e Canadá foram os primeiros a empregar uma equipe dedicada de enfermeiros forenses investigadores para ajudar a melhorar a imagem e o perfil da investigação da morte. Esses programas abrem também novas oportunidades de emprego para as FNE e, consequentemente, representam um movimento de criação de precedentes, que pode ser replicado nacional e internacionalmente.

Avanços recentes nas ciências médicas e jurídicas exigem maior compreensão dos mecanismos da doença e dos fatores biomecânicos associados à morte em benefício da saúde pública e da administração da justiça. O FNE não assume responsabilidade na investigação criminal, mas contribui para dar visibilidade aos serviços forenses que podem exigir uma resposta imediata às vítimas, famílias e à própria polícia. O FNE representa o patologista forense e trabalha em conjunto com a polícia como investigador clínico para ajudar a determinar a causa específica da morte com razoável segurança. Os FNE representam uma nova geração de investigadores da morte, com treinamento diversificado em temas biopsicossociais e médicos com investigação científica da morte, o que indica uma nova tendência nas ciências forenses do século XXI.

PREPARAÇÃO EDUCACIONAL E EXPERIENCIAL

À medida que os limites da prática de enfermagem continuam a se expandir além dos cuidados agudos e crônicos, a ciência da enfermagem fundiu-se com as ciências forenses e os sistemas de justiça social. Essa ciência emergente é uma disciplina praticada nos ambientes clínico e comunitário que envolvem a identificação de traumas criminais e relacionados à responsabilidade e recuperação de dados para auxiliar na elucidação de questões apresentadas nos tribunais. O objetivo desta prática especializada busca unir assistência à saúde e a lei em uma preocupação mútua ante a violência humana global.

INOVAÇÕES NA ENFERMAGEM

A ciência de enfermagem forense oferece a oportunidade de examinar o impacto da violência em relação às responsabilidades distintas exigidas ao cuidar de sobreviventes, familiares e pessoas da comunidade vítimas de agressão social, racial, religiosa e política. Uma união de organizações políticas e não políticas e agências de manutenção da paz seria uma abordagem realista que ajudaria a reduzir e prevenir a violência social. Os princípios e filosofias da vitimologia, traumatologia, violência interpessoal e ética médico-legal que garantem a conformidade forense com os direitos legais, civis e humanos são de responsabilidade do enfermeiro forense. A liderança de enfermagem forense em vários países continua a avançar em novos e inovadores papéis para oferecer assistência de enfermagem forense em contextos tão diversos quanto os países em que eles praticam.

A Universidade do Texas, em Arlington, estabeleceu o primeiro programa de educação formal em Enfermagem Forense em 1986 (Lynch, 1995). O programa original, intitulado Master of Science in Nursing (Mestrado em Ciência de Enfermagem), com especialização clínica em enfermagem forense, tornou-se o primeiro programa reconhecido de pós-graduação nessa especialidade em todo o mundo. O objetivo principal deste programa inovador era preparar enfermeiros para atuarem como profissionais qualificados para a investigação científica de óbitos suspeitos de violência. Os currículos foram projetados para preparar enfermeiros para serem profissionais associados ao patologista forense e melhorar o sistema médico-legal de investigação de morte nos EUA. A escassez existente de médicos forenses limitou seriamente a aplicação necessária da prática médica forense e da investigação médica de mortes não assistidas e/ou suspeitas. Já no ano seguinte, a AACF enfatizou a importância da medicina forense clínica dentro do campo existente de patologia forense e investigação de morte. Lynch defendeu a ideia de que este programa forense para enfermeiros precisava ser expandido para incluir os sobreviventes de crimes e lesões relacionadas à responsabilidade, incluindo a investigação de mortes clínicas em serviços de saúde.

ENFERMAGEM FORENSE CLÍNICA

O foco desse papel expandido era tornar-se o principal papel na disciplina de enfermagem forense. O primeiro currículo incorporaria os cursos fundamentais de Enfermagem Forense com foco nos aspectos biopsicossociais do atendimento clínico. A inclusão de procedimentos de necropsia e de investigação científica da morte tornou-se obrigatória no curso para todos os estudantes de Enfermagem Forense, devido ao número de pacientes que morriam logo após admissão ou que já chegavam mortos no pronto-socorro. Uma pesquisa de campo das ciências forenses foi projetada para incluir os componentes básicos de criminalística, ciência dos laboratórios criminais envolvendo análise de evidências e protocolo do tribunal referente ao testemunho de fato e de testemunha especializada. Foi a aceitação desse primeiro programa de pós-graduação por uma universidade credenciada que deu as bases para o reconhecimento formal como ciência forense específica (AAFS, 1991) e designada como especialidade de enfermagem (ANA, 2014).

A função de FNE inclui o exame efetivo e real do paciente, que geralmente é o primeiro contato ainda no período pós-trauma imediato, por isso é uma posição ideal para reunir informações e evidências físicas relacionadas a crimes interpessoais e sexuais. As responsabilidades iniciais incluem a identificação de trauma e a recuperação de evidências médicas/forenses. Quando o paciente é admitido para uma avaliação forense de lesão, é imprescindível identificar padrões comportamentais ou de conversação, possivelmente inconsistentes, entre o paciente e o cuidador que o transportou para o hospital.

Enfermeiros forenses são geralmente reconhecidos por sua formação clínica e experiência em ciências biomédicas. As habilidades de avaliação crítica dependem de formação firme e ampla na área de enfermagem e em ciências forenses. Cada caso de trauma, morte clínica ou não assistida, na área geográfica da comunidade, apresenta risco potencial de suscetibilidade criminal ou civil até que a suspeita seja confirmada ou eliminada.

A ciência da enfermagem forense combina os conceitos e princípios das ciências forenses e da ciência de enfermagem na investigação e avaliação de traumas envolvendo o tratamento de vítimas, suspeitos e autores de violência humana, desastres naturais e de massa e qualquer responsabilidade médica/jurídica relacionada à responsabilidade dos problemas. O processo de enfermagem forense aborda o princípio estabelecido de investigação como um componente importante dessa prática. O enfermeiro forense documenta e preserva evidências, prestando atendimento direto e serviços de consultoria a clientes e parceiros interdisciplinares em serviços de saúde e agências relacionadas à justiça, prestando testemunho conforme exigido por lei. O enfermeiro forense está qualificado para coletar evidências de melhor qualidade do que o pessoal não especializado, aumentando a probabilidade de imputações e acusações de culpa.

PAPÉIS NA PRÁTICA INTERDISCIPLINAR

Pacientes forenses podem ser encontrados em todas as clínicas do hospital. A enfermagem forense visa à identificação, ao gerenciamento e à prevenção de lesões intencionais e não intencionais em uma comunidade global de saúde. O enfermeiro forense colabora com agentes dos sistemas de saúde, sociais e jurídicos para investigar casos clínicos de trauma e patologias relacionadas a mortes questionadas, avaliando lesões físicas e psicológicas, descrevendo as relações científicas entre lesões e evidências, além de interpretar os fatores associados ou influenciadores. Os especialistas em enfermagem forense aplicam também técnicas de investigação clínica para obter informações de pacientes que relatam abuso e apresentam lesões traumáticas, e também de testemunhas ou agentes de confiança que acompanham o paciente ao hospital ou à clínica. Tais informações completarão o histórico médico detalhado para acompanhar as amostras recolhidas durante o exame para poderem ser transferidas para a polícia.

O desenvolvimento de padrões específicos para o preparo educacional de investigação biomédica do FNDI está disponível na IAFN. Esse papel é integrado aos sistemas de médicos examinadores e legistas, e ajudará no desenvolvimento de padrões profissionais em casos de agressão sexual pós-morte. FNDI, como profissionais competentes e especializados e que foram adequadamente preparados, podem fortalecer os serviços de investigação biomédica da morte. Resoluções eficientes de problemas relacionados com mortes questionadas instilam confiança nos sistemas de saúde e justiça e contribuem para a saúde mental da comunidade por meio da justiça social.

Embora preocupações legais específicas nas comunidades de saúde variem de país para país, todas as nações lutam com questões de saúde e segurança pública. Um programa abrangente de educação e treinamento forense para enfermeiros facilitará o gerenciamento de crises de violência interpessoal e sexual existentes, reduzindo o registro desnecessário de casos para médicos forenses. Sem dúvida, um especialista forense em ciências da enfermagem é um recurso valioso para colaborar na fundamentação das reivindicações dos promotores públicos ou auxiliar na exoneração de suspeitos falsamente acusados. Suas valiosas contribuições aumentam a coordenação e a cooperação, compartilham conhecimentos médicos/forenses, aprimoram o atendimento às vítimas de crimes enquanto aumentam a prestação de serviços forenses e, ainda, atuam como elos das responsabilidades aplicáveis entre instituições de saúde e órgãos policiais.

LEI E AGÊNCIAS LEGAIS

O FNE trabalha como membro da equipe multidisciplinar composta por profissionais de saúde, policiais, cientistas, patologistas forenses e profissionais de serviço social. Seria um papel ideal para enfermeiros, que geralmente têm grande perspicácia, conhecimentos e habilidades forenses, na linha de frente dos serviços de saúde, envolvendo grande acesso a detalhes da condição humana. O nível educacional necessário para poder contribuir adequadamente com os serviços de assistência médica forense exige estudos avançados e conscientização sobre as leis existentes. Considerando o grande volume de crimes contra adultos e crianças em muitos países – com violência sexual e doméstica, crimes socioculturais, rituais religiosos abusivos e atrocidades que acompanham conflitos armados –, existe em todas as comunidades, províncias e nações do mundo, a necessidade de enfermeiros forenses se tornarem parceiros que atuam para combater a violência e seus efeitos deletérios.

A enfermagem forense contemporânea ampliou seu escopo de prática para incluir a investigação de trauma em indivíduos vivos e falecidos encontrados em ambientes clínicos e comunitários. Reitera-se que FNE servem como ligação clínica com agências médicas e jurisdicionais para complementar a aplicação da lei e outros serviços forenses na obtenção da justiça quando surgem questões de inocência ou criminalidade. Deve-se enfatizar que a prática da enfermagem forense não se limita às vítimas, mas inclui a recuperação de evidências ordenadas pelo tribunal de suspeitos, acusados e infratores encarcerados.

O Brasil implementou inúmeras leis progressivas destinadas a reduzir e prevenir a violência existente na população em geral, incluindo uma ênfase particular em crimes contra mulheres e crianças, que envolvem diretamente hospitais, clínicas, médicos e enfermeiros. Vítimas de violência doméstica, tentativa de assassinato, agressão sexual, prostituição infantil, tráfico de pessoas, agressão por armas de fogo, agressão física e violações de direitos humanos compreendem os principais pacientes do FNE. O sistema de saúde geralmente está sobrecarregado com o número crescente de casos relacionados ao crime que exigem exames forenses.

APLICAÇÃO À VIOLÊNCIA BASEADA EM GÊNERO

A sociedade brasileira acolheu novas leis criminais contra violência, abuso e assédio que foram promulgadas para proteger seus cidadãos. A violência doméstica e sexual é um problema de saúde pública e um dos determinantes sociais mais significativos da saúde de mulheres e meninas.

À medida que novas leis referentes à violência interpessoal (IPV) são promulgadas, o afluxo de internações nos serviços de emergência pode tornar-se avassalador tanto para o pessoal de saúde quanto para policiais, com o número de casos exigindo investigação forense de trauma. A implementação de FNE com a devida qualificação forense pode ajudar a reduzir o grau de urgência no cuidado de vítimas de violência e colocar infratores sob custódia policial. Sobreviventes de tentativas de assassinato são, em geral, admitidos em departamentos de emergência de hospitais e instalações clínicas da comunidade; em todos esses casos, a aplicação da avaliação e o exame forense são essenciais.

A escassez de médicos forenses qualificados nas comunidades tem resultado em muitos casos forenses negligenciados e não relatados mesmo por médico não forense da equipe de saúde. FNE em serviço poderão dar respostas imediatas aos enfermeiros do serviço de emergência: na ausência de médico forense clínico, para documentar informações relacionadas ao trauma; recuperar evidências laboratoriais de qualidade; além de ajudar na preservação e segurança de dados disponíveis para a polícia. FNE, com base naquilo que estudaram e na experiência adquirida, são qualificados também para prestar testemunho nos tribunais. Tais ações têm comprovado serem medidas eficazes que contribuem para a prevenção e a proteção de vítimas de feminicídio e violência sexual.

A relevância da enfermagem forense para os cuidados de saúde apresenta uma ampla gama de papéis especializados, desde o paciente hospitalizado até os que morrem nos arredores do hospital. O papel do enfermeiro clínico forense começa com o processo de admissão de cada paciente, pois a triagem de rotina pode identificar marcadores forenses de pacientes com processos de abuso ou doença, independentemente das queixas apresentadas. Muitas vezes, os pacientes não conseguem identificar lesões associadas a abuso ou negligência infligidas por si ou por outras pessoas que são facilmente ocultadas sem uma avaliação física completa. As perguntas de triagem podem não ser totalmente respondidas pelo paciente em virtude de falta de conhecimento médico, constrangimento do paciente, humilhação ou medo.

Não é incomum que indivíduos vítimas de abuso ou maus-tratos falhem em abordar a causa real de procurar tratamento médico sem divulgar a maneira de sua condição. Isso é particularmente pertinente quando as leis exigidas para denúncias podem requerer o contato com a polícia ou outra agência legal. A notificação pode salvar a vida de pacientes, especificamente aqueles que são repetidamente admitidos com as mesmas lesões, acompanhados pelo mesmo cuidador.

Enfermeiros que trabalham em serviço de emergência ou atendimento de urgência podem desempenhar um papel crucial na identificação, prevenção e tratamento da violência por parceiro íntimo. A pesquisa que explora métodos ótimos de triagem de casos de violência interpessoal e fatores que afetam a triagem íntima da violência por parceiros em serviços de emergência hospitalar é relativamente limitada. As funções de enfermagem forense requerem ensino e experiência especializados para reconhecer lesões padronizadas relacionadas a mecanismos específicos de trauma e a capacidade de discutir questões de abuso potencial com o paciente, o médico e a polícia. Essa responsabilidade pode incluir entrevista com a família e/ou o acompanhante que levou o paciente a ser examinado e testemunhar no tribunal quando necessário.

EDUCAÇÃO E PREPARAÇÃO

A introdução da Enfermagem Forense por meio de uma estrutura educacional para a prevenção da violência requer uma colaboração aprimorada com a comunidade médica forense, análises de laboratório criminal e sistema de justiça criminal. A ciência forense de enfermagem apresentou um novo conceito nas práticas clínicas e na investigação científica de trauma fatal e não fatal. A aplicação acadêmica da ciência forense na prática de enfermagem revelou um papel mais amplo na investigação de crimes e traumas relacionados à responsabilidade dentro do processo legal.

Embora a Universidade do Texas, em Arlington, tenha sido a pioneira em reconhecer a necessidade de estudos acadêmicos em ciências forenses combinados com a prática clínica de enfermeiros profissionais, anteriormente indisponíveis no ensino tradicional de enfermagem, programas similares de grau e certificado são oferecidos em várias universidades e faculdades nos EUA e internacionalmente. A ciência da enfermagem forense apresenta aos enfermeiros graduados os princípios e as filosofias das ciências forenses e de enfermagem que incluem diretrizes básicas para estudantes de Enfermagem. A aplicação do escopo e dos padrões de prática da enfermagem forense oferecem os fundamentos para intervenção e prevenção, baseadas em evidências aplicadas nos cuidados de enfermagem forense. Os estudantes devem desenvolver o conhecimento teórico e científico necessário para intervir com as vítimas e os acusados ou condenados por atos criminosos (IAFN, 2013). A prática de enfermagem forense expandiu a estrutura holística do corpo, mente e espírito para incluir agora a lei. O objetivo é trabalhar com uma possível vítima para garantir que as tarefas clínicas e forenses adequadas sejam realizadas com cuidados de enfermagem forense sensíveis ao paciente.

A aplicação do processo de enfermagem forense garante que as evidências físicas e biológicas sejam corretamente documentadas, preservadas e protegidas antes da transferência para o sistema de justiça para investigação criminal. O método científico para a prática de enfermagem provê os melhores resultados científicos disponíveis. A Enfermagem Forense introduz a investigação como instrumento para permitir a resolução de questões legais e de saúde que ofereçam as melhores alternativas possíveis de atendimento para cumprir os objetivos de ambos.

Esse procedimento é aplicado simultaneamente aos acusados de um ato criminoso para garantir que a justiça proteja os direitos dos falsamente acusados. O ensino de enfermagem forense requer uma área de conhecimento não identificada anteriormente, como tópicos curriculares seminais. O currículo de graduação avançada aborda aspectos de direito penal, civil e de família, relacionados às ciências da saúde forense. Além disso, os casos que envolvem violência e abuso interpessoal exigem que o enfermeiro forense esteja preparado para testemunhar em um tribunal em que os cuidados de saúde se cruzam com a lei. Essa especialidade é reconhecida por promover um foco internacional na violência.

Estudantes estão preparados para criar um ambiente no qual as pessoas que precisam de cuidados de enfermagem possam se beneficiar de intervenções terapêuticas de enfermagem destinadas a promover, restaurar e manter a integração do bem-estar físico, emocional, intelectual, social, cultural e espiritual. Eles desenvolvem capacidade de incorporar os princípios de enfermagem forense em todas as funções e configurações apropriadas para abordar dilemas éticos no cuidado de pacientes forenses. Os alunos aprendem a usar habilidades de comunicação e pensamento crítico para avaliar alterações nos cuidados de saúde. A implementação de políticas, protocolos e diretrizes de prática em saúde que abordem questões forenses no ensino e na prática de enfermagem afeta diferenças críticas na prevenção da condição humana.

Os casos relatados de violência requerem intensa preparação educacional para que enfermeiros possam atender às necessidades dos pacientes forenses e sirvam como elos com os órgãos legais. As universidades e faculdades de enfermagem reconheceram e responderam à necessidade de educação avançada baseada em evidências. A educação e o emprego de enfermeiros forenses em instituições clínicas e comunitárias ajudarão no gerenciamento forense eficaz de casos para redução e prevenção de crimes interpessoais.

O preparo do FNE é realizado por meio da aplicação do processo científico para coleta objetiva de dados, avaliação e interpretação de dados, incluindo a implementação de métodos essenciais para a investigação de mortes suspeitas. As habilidades clínicas necessárias da ciência de enfermagem forense envolvem observação, documentação e avaliação de dados objetivos, anatomia e fisiologia humana, química e bioquímica básica, microbiologia, física e farmacologia no tratamento forense de pacientes clínicos. A familiaridade com psicologia humana em resposta a estressores internos e externos ajuda a preparar o FNE para a tarefa de notificação de morte. Além disso, é essencial compreender os sistemas familiares culturais e os recursos comunitários disponíveis, a fim de disponibilizar orientação e apoio aos enlutados. Assim, o FNE tem elevada qualificação para bem desempenhar o papel de enfermeiro clínico investigador e investigador de morte.

O especialista em enfermagem forense é qualificado através do espectro da educação e treinamento em enfermagem e ciências forenses com especialização intensiva na ciência de enfermagem forense. Os requisitos educacionais incluem: capacidade de entrevistar habilmente os pacientes e os pais ou responsáveis, com a sensibilidade adequada para avaliar a natureza e o escopo da lesão; documentar com precisão os achados; recuperar, preservar e proteger evidências; coordenar com a polícia e testemunhar quando necessário. Juízes e magistrados concordam que enfermeiros forenses são testemunhas muito eficazes no tribunal. Promotores, policiais, unidades de crimes sexuais, detetives de homicídios e patologistas forenses que trabalham com os FNE também concordam que os serviços de enfermagem forense são superiores aos profissionais de saúde não forenses.

O Colégio Americano de Médicos de Emergência endossou o conceito de FNE e ajudou no desenvolvimento de um protocolo para o FNE fornecer exames médicos/forenses e recuperar amostras relacionadas a evidências físicas e biológicas.

Nos últimos anos, a preparação educacional do enfermeiro forense está disponível em programas de graduação e pós-graduação. Os programas de ciências forenses em enfermagem continuam a ser internacionalmente desenvolvidos. Uma pesquisa pela internet, em 2019, identificou 90 instituições educacionais que oferecem uma variedade de programas educacionais na ciência de enfermagem forense. Esses programas oferecem currículos forenses específicos para investigação científica de trauma e morte, abuso humano, química forense, cena do crime/laboratório do crime, fotografia forense, toxicologia, vitimologia, traumatologia, violência sexual, direitos humanos, aspectos psicossociais e legais da ciência forense, entre outros, com fornecimento de certificado.

Um currículo avançado de enfermagem forense inclui fisiopatologia, pesquisa, epidemiologia, consultoria, elaboração de currículo e informática. Como geralmente acontece, o maior desejo de conhecimento promove objetivos acadêmicos mais elevados. Até o momento, várias universidades americanas credenciadas oferecem graus de enfermagem forense em nível de doutorado. Como investigadores principais e associados a médicos forenses, acredita-se que futuros examinadores de enfermagem forense ajudem a aliviar a escassez global de serviços forenses competentes relacionados à redução e prevenção da violência humana por meio da investigação científica de lesões, abusos e morte.

Os FNE mantêm uma área de exame segura para garantir a privacidade do paciente, os equipamentos especializados e a cadeia de custódia. Para obter a certificação como SANE, é exigido completar um curso intensivo de 8 dias (40 horas) específico para paciente adulto ou pediátrico, vítima de agressão sexual. Esse curso inclui também preparação de testemunhas em tribunal para o FNE como profissional forense independente. Após o curso didático, são necessárias 300 horas de experiência clínica antes do exame de certificação. Todos os programas de examinadores de enfermagem forense mantêm um diretor médico designado que fica disponível se for necessária uma consulta médica.

Os enfermeiros geralmente são os primeiros a encontrar vítimas e suspeitos associados à responsabilidade criminal ou civil. Os médicos do departamento de emergência dependem rotineiramente dos enfermeiros para executar tarefas essenciais relacionadas à documentação de lesões e recuperação de amostras. Infelizmente, enfermeiros sem experiência forense frequentemente desconsideram e descartam evidências forenses significativas. O FBI identificou o FNE como o profissional ideal para recuperar evidências biológicas altamente frágeis e perecíveis para inclusão no Sistema de Índice de DNA Combinado (CODIS). Nessas circunstâncias, a educação forense não é uma opção, mas uma obrigação.

FUTURO DA CIÊNCIA FORENSE EM ENFERMAGEM

A perda de vidas e funções humanas devido à violência constitui um fenômeno que afeta a vida de milhões de indivíduos em todo o mundo. Esses casos representam um custo importante na área da saúde e um ônus maior para os sistemas de justiça criminal. Recursos anteriores para as vítimas da aplicação da lei, serviços sociais e tribunais foram identificados como inadequados, considerando a dimensão do problema. A enfermagem forense é um exemplo de expansão do papel que os enfermeiros desempenharão no sistema de prestação de cuidados de saúde no século XXI. Enfermeiros forenses iniciaram mudanças positivas em relação à responsabilidade mútua com o sistema jurídico para proteger os direitos legais, civis e humanos do paciente. O papel do enfermeiro forense como investigador clínico é uma abordagem para auxiliar na aplicação da lei e o sistema de justiça criminal no combate à violência criminal e interpessoal por meio de uma abordagem multidisciplinar.

Considerando a necessidade de levantar questões relacionadas à legislação, mudanças na lei que melhorarão o atendimento às vítimas protegerão os direitos constitucionais dos acusados e removerão da sociedade os autores de violência interpessoal. A adaptação do enfermeiro forense nos órgãos governamentais é um papel necessário que deve ser desenvolvido e implementado.

O papel da enfermagem forense dentro do sistema legal serviria a vários propósitos, incluindo as habilidades de enfermagem existentes ou adquiridas na prática especializada, identificadas como Educador, Agente de Mudanças, Investigador, Consultor e Pesquisador. O papel do enfermeiro forense na educação e na prática pode ajudar a avançar na busca pela justiça e servir para o melhor interesse da saúde e segurança pública, instilando um senso de confiança na sociedade. Os papéis futuros de enfermeiros forenses nos sistemas de saúde e justiça ajudarão a prover uma base ainda mais sólida para o futuro.

AGÊNCIAS GOVERNAMENTAIS

Uma tendência atual das agências governamentais está estimulando enfermeiros profissionais, com a frase "Do leito à sala de reuniões", que tem servido como incentivo para ajudar a garantir que suas vozes e as dos pacientes sejam ouvidas. À medida que as agências locais e federais desenvolvem leis que tratam dos sistemas e dos profissionais de saúde, será benéfico ter enfermeiros forenses envolvidos na elaboração de projetos de lei para a saúde e a segurança pública. Atualmente, os governos dos países progressistas preocupam-se com a justiça social para as vítimas e os falsamente acusados de atos criminosos, para os quais as ações do pessoal forense qualificado devem estar disponíveis. Enfermeiros com educação forense estão sendo nomeados para comitês de políticas públicas, servindo em conselhos comunitários de saúde e justiça e sendo eleitos para cargos políticos. Um exemplo a citar seria no país africano da Suazilândia, onde uma enfermeira forense estabeleceu o primeiro centro de resposta a crises de estupro. Posteriormente, ela usou esse projeto como plataforma para concorrer ao Parlamento e acabou conquistando uma cadeira para ajudar a aprovar leis e políticas públicas para combater crimes contra as populações mais vulneráveis.

SERVIÇOS MILITARES

O reconhecimento governamental pelas Forças Armadas dos EUA expandiu a disponibilidade dos serviços de enfermagem forense em instalações de tratamento médico em todo o mundo. O enfermeiro forense qualificado em exames médicos/forenses durante toda a vida útil, desde o paciente pediátrico até o adulto e o idoso, provou ser vantajoso para a redução e prevenção de crimes contra populações vulneráveis. Em 2014, foi criada a Lei de Autorização de Defesa Nacional dos EUA. Este estatuto inclui uma provisão para ajudar vítimas de estupro e agressão sexual que servem nas Forças Armadas dos EUA e determina que os enfermeiros forenses sejam qualificados para tratar essas vítimas de agressão sexual.

O SANE constitui um papel de desenvolvimento de função exclusivo da IAFN, que oferece certificação nessa área. Embora enfermeiros realizassem exames de agressão sexual desde os anos 1970, nos EUA, esse papel foi formalmente reconhecido em 1992, com a fundação da IAFN. Desde então, essa função é reconhecida em todos os 50 estados dos EUA e até pelo seu governo federal como recurso fundamental. Um dos eventos mais significativos no avanço da saúde e da justiça nas Forças Armadas dos EUA foi o reconhecimento dos SANE. De acordo com a Academia Americana de Enfermeiros, "os enfermeiros examinadores de agressão sexual estão preparados para prestar cuidado específico, competente e empático de que mulheres e homens precisam logo após um trauma violento" (AAN, 2014). O enfermeiro forense coleta evidências forenses de qualidade superior ao pessoal não especializado, aumentando a probabilidade de acusações de culpa. A liderança de enfermagem dos EUA afirma que "os enfermeiros examinadores de agressão sexual estão equipados para prestar cuidados específicos, competentes e empáticos de que mulheres e homens precisam logo após esse trauma violento" (AAN, 2014).

- Administração de serviços de saúde: enfermeiros de práticas avançadas podem escolher a administração de empresas como uma especialidade aplicada no gerenciamento e desenvolvimento de políticas e aplicativos hospitalares; desenvolver, implementar e revisar políticas e procedimentos operacionais; auxiliar o RH no recrutamento, quando necessário; ajudar a promover uma cultura de empresa que incentive o desempenho superior e o moral elevado; supervisionar orçamento, relatórios, planejamento e auditoria; suas responsabilidades diretas incluem gerenciar o processo operacional e a estratégia operacional, abrangendo o projeto, o planejamento, o controle e a melhoria de desempenho.
- Hospitalista forense: o enfermeiro forense hospitalar (FNH) apresenta um modelo conceitual de uma área de especialidade relativamente nova em sistemas de saúde que aumentará o papel geral de enfermeiros e médicos no atendimento de pacientes que tiveram alguma relação, responsabilidade ou implicação com o crime. O FNH presta atendimento clínico abrangente de enfermagem forense a pacientes hospitalizados. Um FNH é, pois, um especialista enfermeiro forense que trabalha exclusivamente em hospital cuidando de pacientes com práticas avançadas. É qualificado por licença, educação e treinamento como especialista em enfermagem forense, que lidera a equipe médica/de enfermagem, coordenando os cuidados ao paciente forense enquanto está hospitalizado. O FNH atua no gerenciamento médico-legal de casos forenses suspeitos ou identificados e orienta a equipe médica e de enfermagem, coordenando o atendimento ao paciente e atendendo aos padrões de atendimento forense para garantir resultados éticos e legais. O FNH tem conhecimento de procedimentos clínicos forenses após mortes medicamentosas e/ou naturais que podem ocorrer dentro do hospital.
- Consultor global de saúde: tem sido registrado aumento de consultores em demanda no mercado de consultoria em saúde. O profissional futurista pesquisa e apresenta dados de dimensionamento de mercado, previsões de crescimento e análises profundas, respaldadas por extensa pesquisa quantitativa e qualitativa entre empresas de consultoria e clientes de instituições de saúde.
- Profissional em saúde forense: diante do cenário de constantes mudanças na legislação em saúde, relacionadas a uma gama de questões ligadas à introdução de novos papéis nas práticas clínicas para profissionais de enfermagem, cuja especialidade ou interesse é a tentativa de pesquisar

sistematicamente previsões e possibilidades sobre o futuro dos cuidados de saúde, são identificados como profissionais futuristas. Essas áreas podem estar relacionadas ao impacto dos crimes na sociedade humana, mudanças na farmacologia relacionadas às doenças emergentes mais recentes, em particular, ou previsões de vida e morte em geral. Enfermeiros com interesse nas mudanças rápidas e contínuas na reforma dos cuidados de saúde e questões que impactam os mercados globais de cuidados de saúde nas Américas ou na Itália são identificados como Futurismo, e na Rússia são conhecidos como Futurizm, referindo-se à política centrada no movimento e expansão de normas estabelecidas que enfatizam dinamismo, velocidade, energia e poder da enfermagem e a vitalidade, mudança e inquietação da vida moderna.

- Investigador: com a grande necessidade de investigação de violências, enfermeiros forenses constituiriam um recurso reconhecido por órgãos de saúde e judiciais. Esses profissionais podem ser muito úteis no papel de investigador do promotor público, nos quais crimes contra pessoas exigem análise e avaliação de traumas antes do julgamento para demonstrar evidência de lesão.
- Direitos humanos: o mundo se depara com uma grande preocupação pelos direitos humanos de refugiados, imigrantes e minorias, jovens e idosos. A Anistia Internacional integrou FNE em seus quadros, e indica que esses profissionais devem ser colocados em posição de especialista clínico em situações em que a violência global ameaça os direitos legais e humanos.
- Liderança: a participação ativa nas organizações de enfermagem ajuda a prover líderes mais bem-sucedidos da enfermagem em educação, gerenciamento, prática, pesquisa e política. Eles foram reconhecidos por suas extraordinárias contribuições à enfermagem e saúde. A liderança contribui para projetos que criam programas de Mudanças para Abordar a Crise de Saúde Pública, relacionados ao papel dos enfermeiros. O desenvolvimento de uma Força-Tarefa de Prevenção à Violência pode oferecer uma visão e perspectiva de enfermagem sobre a crise nacional de saúde pública, e, ao abordar as causas básicas, ajudará a gerar soluções para reduzir ou prevenir a violência e aumentar o êxito em processos.
- Educadores: o futuro do atendimento centrado no paciente acometido por trauma requer educadores forenses preparados para ensinar essa ciência em todos os níveis da educação em enfermagem, além de atribuir

experiências clínicas que aprimorem as habilidades de enfermagem forense em vários ambientes, incluindo serviços de emergência, departamentos de traumatologia, investigações da cena do crime, exames *post-mortem* e observações em julgamentos, entre outros.

A inclusão de educadores forenses requer educação avançada em escolas/faculdades de enfermagem e universidades. Sem uma quantidade suficiente de educadores para desenvolver e apresentar currículos de enfermagem forense, o futuro da ciência de enfermagem forense estaria em risco. O avanço dessa disciplina exige uma rede inovadora da ciência de enfermagem, ciência forense e disciplinas legais para ajudar a criar mudanças positivas na administração existente, geralmente deficiente, de vítimas de crimes, acusados, detidos, requerentes de asilo e ofensores com transtornos mentais.

ENFERMEIROS FORENSES NO BRASIL

Os enfermeiros brasileiros pertencem a um grupo crescente de prestadores de serviços que abraçam a promoção da saúde e a intervenção precoce. A Associação Brasileira de Enfermagem Forense (Abeforense) atende ao público promovendo o *status* nacional de saúde através da excelência organizacional e liderança eficaz em enfermagem. Essa organização fundadora incentivou o desenvolvimento original da enfermagem forense em todo o Brasil. As associações de enfermagem forense têm oportunidades de solicitar aumento no financiamento para pesquisas em lesões traumáticas, violência sexual, doenças infecciosas e mortes evitáveis. É urgentemente necessário financiamento para realizar pesquisas nacionais e organizar forças-tarefa comprometidas com a implementação de soluções para reduzir a violência humana. Caberia às organizações de enfermagem forense solicitar aumento no financiamento para pesquisas em doenças traumáticas, lesões, doenças infecciosas e mortes evitáveis, assim como para realizar pesquisas nacionais e organizar forças-tarefa comprometidas com a implementação de soluções de saúde e justiça para evitar vitimizações e reduzir o medo do público por crimes.

O Conselho Federal de Enfermagem (Cofen), do Brasil, reconheceu a ciência da enfermagem forense como disciplina emergente em seus esforços para reduzir e prevenir as consequências da violência humana. O Brasil tem implementado numerosas leis progressivas destinadas a reduzir a violência na população em geral e focar nos crimes contra mulheres e crianças. Várias dessas leis envolvem diretamente a prática de enfermagem, médicos, pacientes forenses e instituições de saúde. Vítimas de violência doméstica, tentativa de assassinato, agressão sexual, prostituição infantil, tráfico de pessoas, agressão por armas de fogo, agressão física e violações de direitos humanos compreendem os principais pacientes do examinador de enfermagem forense. Os sistemas de saúde estão sobrecarregados com o crescente número de casos relacionados ao crime que exigem exames forenses.

Já é hora de enfermeiros com conhecimento e prática especializada serem incluídos na equipe para colaborar na prestação dos serviços forenses exigidos por lei e incentivados a buscar aproximação e mesmo a filiação potencial à Academia Brasileira de Ciências Forenses, afiliada da Academia Americana de Ciências Forenses, para participar da expansão do conhecimento científico e promoção da justiça na América do Sul.

CONSIDERAÇÕES FINAIS

O advento da Enfermagem Forense, como disciplina científica, trouxe novas perspectivas para profissionais em todo o mundo. Uma ação global avançou essa força em evolução na área da saúde para as sociedades nas quais o abuso humano afeta a vida e a morte. Existem claras evidências como: tiroteios em massa, violência armada, agressão sexual e homicídios domésticos afetam a saúde e a segurança pública e exigem atenção imediata. Em todo o mundo, hospitais, clínicas comunitárias, administrações de saúde, departamentos de saúde pública e sistemas de medicina legal buscam ativamente recursos, não reconhecidos anteriormente, para auxiliar no gerenciamento médico-legal de situações que incluem trauma e morte de pacientes em ambiente clínico e comunitário. Enfermeiros forenses são os profissionais ideais para auxiliar na prestação de serviços críticos.

Políticas e protocolos complexos que requerem notificação legal de casos forenses envolvem uma miríade de funcionários legais e civis. O desenvolvimento de um novo campo de prática é uma experiência desafiadora que reúne profissionais que reconhecem um benefício mútuo por meio da prática colaborativa, troca de conhecimentos e sucessos compartilhados para alcançar objetivos comuns.

É preciso continuar no trabalho para melhoria dos cuidados de saúde das populações em risco e avançar na tecnologia da informação que tem revolucionado a pesquisa em enfermagem forense, o atendimento clínico e a educação forense. Com a crescente ênfase em medidas estratégicas para interromper a violência interpessoal cíclica, é realista esperar que enfermeiros forenses qualificados continuem como componentes essenciais em serviços de emergência para garantir que mandatos legais sejam cumpridos com razoável segurança.

A especialização forense em enfermagem está surgindo em muitos países, resultando em uma nova imagem profissional e em excelentes oportunidades de carreira. É importante desenvolver parceria clínica entre enfermeiros e outros parceiros forenses com interesses mútuos na eliminação de ameaças globais à saúde e à justiça. O Cofen e a Abeforense estão preparados para fazer parte da solução e ajudar a moldar políticas para acabar com a crise de saúde pública.

REFERÊNCIAS

American Academy of Forensic Science (AAFS). Website home page. Retrieved September 4, 2009. The American Academy of Forensic Sciences approves position statement in response to the National Academy of Sciences' "Forensic Needs" report. Disponível em https://www.aafs.org/wp-ontent/uploads/AAFS_Position_Statement_for_Press_Distribution_090409.pdf

American Academy of Forensic Sciences (AAFS). Annual Meeting. Program, American Academy of Forensic Sciences. 43. ed. Annual Meeting: The Forensic Sciences 7 Government. AAFS publication (The Academy). 1991;91(2):203.

American Academy of Nursing. Nursing academy supports sexual assault nurse examiner provision in National Defense Authorization Act. January 7, 2014. Retrieved on September 20, 2017. Disponível em https://aan.memberclicks.net/index.php?option=com_content&view=article&id=619:nursing-academy-supports-sexual-assault-nurse-examiner-provision-in-national-defense-authorization-act&catid=23:news&Itemid=133

American Nurses Association (ANA). ANA recognizes premier partner, welcomes a new organizational affiliate. July-August, 2014. The American Nurse. Retrieved on September 25, 2017. Disponível em http://www.theamericannurse.org/tag/july-august-2014/page/2/

Camp F. Gradwold's legal medicine. 3. ed. Chicago: Chicago Yearbook Medical Publication; 1976.

Committee on Identifying the Needs of the Forensic Sciences Community, National Research Council. Strengthening forensic science in the United States: A path forward. Washington, DC: National Academies Press. 2009. Disponível em http://www.nap.edu/catalog/12589.html

Convention on the Elimination of All Forms of Discrimination Against Women, Retrieved on October 2, 2019. Disponível em https://www.google.com/search?q=convention+on+the+elimination+of+all+forms+of+discrimination+against+women%2Fcedaw+pdf&rlz=1C1GCEA_enUS831US831&oq=Convention+on+the+Elimination+of+All+Forms+of+Discrimination+Against+Women.&aqs=chrome.1.69i57j0.12091j0j8&sourceid=chrome&ie=UTF-8

Cuñado BAC, García LF. Investigation: basis for nursing practice. Edtna Erca J. 2000;27(1):23-7.

Dorland WAN. Dorland's illustrated medical dictionary. 32. ed. Philadelphia: Elsevier/Saunders; 2012.

Drake SA. Forensic nursing science knowledge and competency. Philadelphia: Lippincott Williams & Wilkins. Critical Care Nurs Quarterly. Retrieved 2015.

Innocence Project Brazil. Retrieved on October, 29, 2019. Disponível em https://www.innocencebrasil.org/

Innocence Project. Retrieved on September 20, 2017. Disponível em https://www.innocenceproject.org/about/

Institute of Medicine. The future of nursing: Focus on education. Report Brief. Retrieved on September 17, 2017. Disponível em http://www.nationalacademies.org/hmd/~/media/Files/Report%20Files/2010/The-Future-of-Nursing/Nursing%20Education%202010%20Brief.pdf

Inter-American Commission on Human Rights (IACHR). Retrieved on September 3, 2019. Disponível em https://www.oas.org/en/iachr/media_center/PReleases/2019/024.asp.

International Association of Forensic Nurses (IAFN). 2013. Forensic nurse death investigator education guidelines. Elkridge, MD: IAFN. Retrieved on September 21, 2018. Disponível em http://c.ymcdn.com/sites/www.forensicnurses.org/resource/resmgr/Education/Nurse_Death_Investigator_Edu.pdf

International Association of Forensic Nurses (IAFN). 2009. Retrieved on September 21, 2018. Disponível em www.iafn.org.

Kent-Wilkinson A. Forensic nursing education in North America: social factors influencing educational development. Journal of Forensic Nursing. 2008:5(2)76-88.

Lynch V, Barber J. Forensic nursing science. St. Louis, MO: Elsevier; 2010.

Lynch V, Duval JB. Forensic nursing. St. Louis, MO: Elsevier; 2006.

Lynch V, Standing Bear Z. A global perspective in forensic nursing: challenges for the 21st century. In: Robinson D, Kettles A. (Eds.). Forensic nursing and multidisciplinary care of the mentally disordered offender. Philadelphia: Jessica Kingsley. 2000. p. 249-66.

Lynch V, Glittenberg J, Sievers V. Forensic nursing: a healthcare response to the epidemic of violence. Official publication of the Colorado Nurses (Denver, Co). 2007;107(1).

Lynch V. Application for new discipline in forensic nursing. American Academy of Forensic Sciences. Archives of the general section annual scientific meeting. American Academy of Forensic Sciences; 1991.

Lynch V. Clinical forensic nursing: a descriptive study in role development (Unpublished master's thesis). Arlington: University of Texas Health Science Center; 1990.

Lynch V. Clinical forensic nursing: a new perspective in the management of crime victims from trauma to trial. Critical care Nursing Clinics of North America. 1995;7(3):489-507.

Lynch V. Enrichment of theory through critique, restructuring, and application. Journal of Forensic Nursing. 2014;10(3):120-1.

Lynch V. Forensic nursing science and global agenda on poverty. Journal of Forensic Nursing. 2007;3(3):101-11.

Lynch V. Forensic nursing science and the global agenda. Journal of Forensic Nursing. 2007;3(3-4):101-11.

Lynch V. Forensic nursing science: global strategies in health and justice. Egyptian Journal of Forensic Sciences. Forensic Medical Authority. 2011.

Lynch V. Forensic Nursing: A new field for the profession. Paper presented at the 38th annual meeting of the American Academy of Forensic Sciences, New Orleans, LA; 1986.

Maguire K, Raso M. Reflections on forensic nursing: an interview with Virginia Lynch. Journal of Forensic Nursing. 2017;13(4):210-5.

Maule A. Meet the men and women of the 2017. Innocence Network Conference: Albert Woodfox; 2017.

North American Nursing Diagnosis Association (NANDA). Taxonomy I: Revised 1990. Nursing Diagnosis. 1990;1:50.

Parse RR. Nursing science: major paradigms, theories, and critiques. Philadelphia: W. B. Saunders; 1987, 214 pp. Retrieved on February 2, 2018. Disponível em https://journals.sagepub.com

Science Council. Our definition of science. Retrieved on September 19, 2017. Disponível em http://sciencecouncil.org/about-science/our-definition-of-science/

Sussman AL. Job-seeking nurses face higher hurdle as hospitals require more-advanced degrees. Wall Street Journal, 2015. Retrieved on September 19, 2017. Disponível em https://www.wsj.com/articles/job-seeking-nurses-face-higher-hurdle-as-hospitals-require-more-advanced-degrees-1444849456?mg=id-wsj

World Health Assembly (WHO). Strengthening the role of the health system in addressing violence, in particular against women and girls, and against children. Sixty-seventh World Health Assembly, 24 may 2014. Retrieved on September 29, 2019. Disponível em https://apps.who.int/gb/ebwha/pdf_files/WHA67/A67_ACONF1Rev1-en.pdf?ua=1&ua=1

CAPÍTULO

2

Dimensões ético-legais da Enfermagem Forense

Taka Oguisso
Genival Fernandes de Freitas
Magali Hiromi Takashi

INTRODUÇÃO

Embora ainda considerada especialidade nova e recém-criada, a Enfermagem Forense já surgiu em uma sociedade plenamente organizada, com regras e ritos para cada atividade. Seu campo de atuação está relacionado com a ciência forense, que é constituída por um conjunto de componentes ou áreas, entre as quais se incluem a medicina legal, a antropologia, a entomologia e muitas outras, a fim de tentar resolver situações de caráter legal. Portanto, a ciência forense não é uma ciência única, pois depende de todas as outras áreas necessárias para cada caso específico.

Assim, a ciência forense pode ser definida como o conjunto de todos os conhecimentos científicos e técnicas utilizadas para desvendar crimes. É considerada uma área interdisciplinar, pois envolve física, química, biologia, entre muitas outras. Seu objetivo maior é apoiar investigações no âmbito da justiça civil e criminal.

Nas investigações criminais, o foco principal consiste em confirmar a autoria dos crimes ou em descartar o envolvimento do(s) suspeito(s). Em situação de homicídio, é comum a utilização de diferentes recursos como: fio de cabelo, sangue, esperma e impressão digital deixados no local do crime, e que serão úteis na identificação dos suspeitos. É possível também descobrir o horário, a data, a causa da morte, quem matou e o que levou ao homicídio. Peritos de diversas especialidades realizam análises forenses dentro de instituições policiais, governamentais ou em consultorias independentes (Noronha, 2004).

Historicamente, relata-se que foram encontrados vestígios de prática de ciência forense desde antes de Cristo, por exemplo, quando o físico e matemático grego, Arquimedes, de Siracusa, em 220 a.C., provou que uma coroa não era toda feita de ouro tal como o vendedor afirmava, por meio do uso de inúmeros princípios da Física.

Já no século 16, o cirurgião francês Ambroise Paré estudou os efeitos de morte violenta nos órgãos internos; Fortunato Fidelis e Paolo Zacchia, dois cirurgiões italianos, criaram as bases para a patologia moderna ao estudarem mudanças que ocorriam na estrutura do corpo após um crime violento. No final do século 17, Marcello Malpighi, professor de anatomia na Universidade de Bolonha, reinventou o sistema das impressões digitais, uma vez que o primeiro uso registado de impressões digitais ocorreu na Arábia, ainda no século 13, isto é, quatro séculos antes (Noronha, 2004).

No final do século 18, os estudos sobre o tema ficaram mais conhecidos devido a obras como *Um Tratado sobre Medicina Forense e Saúde Pública* pelo médico francês Francois Immanuele Fodéré; e *O Sistema Completo de Medicina da Polícia* pelo médico perito alemão Johann Peter Frank. Nessa época, com predominância do Iluminismo permeando as sociedades, a investigação criminal tornou-se mais racional e baseada em evidências, e a antiga crença em bruxarias e poderes ocultos deixou de influenciar decisões de tribunais (Noronha, 2004).

Finalmente, no século 20, foram criadas organizações como o Federal Bureau of Investigation (FBI) ou Agência Federal de Investigação, e a Interpol (Organização Internacional de Polícia Criminal). O FBI é uma unidade de polícia americana do Departamento de Justiça, servindo tanto como polícia de investigação quanto serviço de inteligência interno (ou contrainteligência). Tem por lema *fidelity, bravery, integrity* ou fidelidade, bravura, integridade, correspondentes às iniciais FBI. Seu quartel-general está localizado na capital, Washington, nos EUA. A Interpol, que foi criada em Viena, Áustria, em 1923, atua em cooperação com as polícias de diferentes países. Sua sede atual encontra-se em Lyon, na França. É uma verdadeira central de informações para que as polícias de todo o mundo possam trabalhar de forma integrada no combate ao crime internacional, ao tráfico de drogas e contrabandos.

Com a chegada da informática e da automação, mais progressos foram agregados às áreas da ciência forense, especialmente com sistemas automatizados de identificação de impressões digitais.

Entre as dezenas de áreas da ciência forense, são reconhecidas: antropologia forense; fonoaudiologia forense; computação forense; biologia forense; geologia forense; enfermagem forense; medicina forense; química forense; forense computacional; matemática forense; papiloscopia forense ou datiloscopia forense, e balística forense. Dentro da área de biologia forense estão incluídas: bioquímica forense; botânica forense; entomologia forense; genética forense; hematologia forense; histologia forense. Dentro da medicina forense, incluem-se: odontologia legal; psiquiatria forense; traumatologia forense; asfixiologia forense; toxicologia forense; tanatologia forense. Como se vê, a enfermagem forense é uma das áreas da ciência forense.

Outro campo ligado às ciencias forenses é a criminologia, ou conjunto de conhecimentos que se ocupa do crime, da criminalidade e suas causas, da vítima, do controle social do ato criminoso, bem como da personalidade do criminoso e da maneira de ressocializá-lo. É uma ciência moderna, empírica e interdisciplinar. É empírica porque é baseada na experiência da observação e percepção dos fatos e da prática, mais que em opiniões e argumentos. É interdisciplinar, portanto, porque é formada pelo diálogo de uma série de ciências e disciplinas, tais como: biologia, psicopatologia, sociologia, direito, política, antropologia, criminalística, filosofia e outros (Santiago, 2017).

A criminologia procurava explicar a origem da delinquência (ou crime), utilizando o método das ciências naturais – a etiologia, ou seja, buscava a causa do delito. Pensou-se que, erradicando a causa, eliminaria-se o efeito, como se fechar maternidades fosse suficiente para controlar a natalidade.

A origem da criminologia remonta ao século 18 com o surgimento da escola clássica, com a obra de Beccaria, *Do Delito e da Pena*, além de outros, inspirados pela doutrina do filósofo francês Jean Jacques Rousseau (1712-1778), que acreditavam que o crime originaria da sociedade com seus valores e desvios. Em seguida, surgiu a escola positivista, cujo marco foi o médico-cirurgião italiano Cesare Lombroso, no século 19, com a publicação da obra *L'Uomo Delinquente* (O Homem Delinquente), em 1876, que defendia a ideia do delinquente nato, com base em conceitos emprestados da psiquiatria, do darwinismo e até da eugenia, pois admitia-se que, ao eliminar o gene criminoso, a sociedade ficaria livre do crime. Lombroso destacava ser possível identificar a condição genética do criminoso por determinados traços morfológicos específicos. Finalmente, a escola sociológica, do final do século 19, enfatizava as condições sociais do criminoso, ou seja, o baixo nível educacional, a precariedade econômica, a vida em comunidades carentes de recursos materiais e morais e o alto consumo de álcool e outras drogas constituíam fatores favoráveis para a formação do perfil criminoso (Noronha, 2004; Santiago, 2017).

Contudo, nenhuma dessas teorias foi comprovada. A tendência atual é acreditar mais no elemento biopsicossocial, envolvendo um pouco de cada uma das três escolas. Com isso, adquiriram vigor estudos de endocrinologia, que associavam a agressividade do delinquente à testosterona (hormônio masculino) e aos estudos de genética que tentavam identificar no genoma humano uma espécie de "genes da criminalidade" (fator biológico ou endógeno). Uma terceira condição seria atribuir a criminalidade ao ambiente, também chamado fator mesológico, como consequência de violência familiar, falta de oportunidades educacionais ou de trabalho produtivo, entre outros.

O objeto de estudo da criminologia é o crime, assim como seu autor, o criminoso, ou o sujeito que se envolveu em uma situação criminógena que gerou o crime, os mecanismos de controle social e a vítima.

Infelizmente, não existe sociedade sem crime, e a criminologia contribui para consolidar os principios da justiça social, pois os seus estudos visam determinar a etiologia do crime, analisar a personalidade e a conduta do criminoso para que possa ser punido de forma justa pela sociedade; e também auxiliar na prevenção da criminalidade e a ressocialização do delinquente.

Por isso, a vida em sociedade exige um complexo de normas disciplinadoras que estabeleçam regras indispensáveis ao convívio entre os indivíduos que a compõem. Em nível nacional, o conjunto dessas regras, denominado Direito Positivo, deve ser cumprido por todos, pois, do contrário, sanções podem ser aplicadas para os que violarem tais preceitos. Já em nível internacional, a Organização das Nações Unidas (ONU) proclamou a Declaração Universal dos Direitos Humanos e votou inúmeras outras convenções; na Organização Mundial da Saúde (OMS), inúmeras resoluções foram tomadas, assim como convenções específicas na área da saúde foram acordadas pelos representantes dos seus países-membros (Oguisso, Schmidt, 2019a).

EVOLUÇÃO HISTÓRICA DA LEGISLAÇÃO

Desde a antiguidade, existem normas e regras para regular as relações das pessoas na sociedade. O mais antigo sistema de normas legais escritas do mundo foi estabelecido pelo rei Hamurabi, que viveu entre 1782 a.C. e 1750 a.C., e pertenceu à primeira dinastia do império da Babilônia, onde atualmente encontra-se o Iraque. Por isso, esse sistema é conhecido como Código de Hamurabi. Foi gravado em caracteres cuneiformes, com cerca de 3.500 linhas, em um enorme rolo de pedra negra (2,25 m de altura e 2 m de circunferência). Foi encontrado pelo arqueólogo Jacques Morgan, em escavações na antiga Pérsia, hoje Irã. Essa peça encontra-se no Museu do Louvre, em Paris (Oguisso, Schmidt, 2019b).

Embora escrito há mais de 2.000 anos, o texto, com 282 artigos, é incrivelmente atual, tratando do direito de propriedade, família, sucessões, penhora e até sobre proteção do consumidor, que, no Brasil, é uma legislação relativamente recente. Previa casos de composição ou acordo entre as partes em alguns delitos patrimoniais. Entre as penalidades aplicadas, permeava o princípio de Talião, de inspiração bíblica (Êxodo, capítulo 21, versículos 23-25).

Historicamente, a legislação específica brasileira para a enfermagem teve início com a formação da parteira, dado seu vínculo com faculdades de medicina. Foi a Lei sem número (Brasil, 1974) de 3/10/1832 e a do exercício profissional com o Decreto n. 828 (Brasil, 1851), de 29/09/1851 sobre o Regulamento da Junta de Higiene Pública, em que médicos, cirurgiões, boticários, dentistas e parteiras deveriam apresentar seus diplomas na Corte e Província do Rio de Janeiro. Especificamente sobre enfermagem, o primeiro dispositivo legal ocorreu somente no alvorecer da República, com o Decreto n. 791 (Brasil, 1974a), de 27/09/1890, criando a primeira escola profissional de enfermeiros e enfermeiras, de 2 anos de duração e aulas ministradas por médicos. Em 1921, o Decreto n. 15.230 (Brasil, 1974b), de 31/12/1921, aprovou o regulamento para o serviço de saúde do Exército, no qual enfermeiros foram incluídos como parte do quadro de pessoal subalterno (art. 21), juntamente com padioleiros militares e outros auxiliares.

Na área civil, o Decreto n. 15.799 (Brasil, 1922), de 10/11/1922, aprovou o regulamento do Hospital Geral do Departamento Nacional de Saúde Pública, que, na ocasião, já mencionava que, anexa ao hospital, seria criada a Escola de Enfermeiras deste Departamento. Somente em 1923, o Decreto n. 16.300 (Brasil, 1974c), de 31/12/1923, ao aprovar o regulamento do Departamento Nacional de Saúde Pública e a fiscalização do exercício profissional de médicos, farmacêuticos, dentistas, enfermeiros e parteiras, criou também uma escola para enfermeiras, atualmente, a Escola de Enfermagem Ana Nery, da Universidade Federal do Rio de Janeiro (UFRJ). Na parte referente ao exercício, o enfermeiro vinha enfileirado junto com massagistas, manicures, pedicures e optometristas, que deveriam incumbir-se do tratamento de doentes. Contudo, se praticassem atos sem ordem médica, sofreriam as penalidades previstas no mesmo regulamento.

O Decreto n. 20.109 (Brasil, 1974d), de 15/06/1931, declarava em sua ementa que pretendia regular "o exercício da enfermagem no Brasil e fixar as condições para equiparação das escolas de enfermagem". Entretanto, apenas o artigo 1° tratava do exercício da enfermagem, ao estipular que somente poderiam usar o título de enfermeiro diplomado, ou as iniciais correspondentes a essas palavras, se o profissional fosse diplomado, por escola oficial ou equiparada na forma da lei, e tivesse o diploma registrado no Departamento Nacional de Saúde Pública. Os demais artigos eram todos relacionados com o ensino da enfermagem.

Posteriormente, o Decreto n. 20.931 (Brasil, 1974e), de 11/01/1932, ao dispor sobre a regulamentação e fiscalização do exercício da medicina, odontologia e medicina veterinária, regulava também as seguintes profissões: farmacêutico, parteira e enfermeira. No tocante à enfermagem, não havia ainda preocupação em definir o que este profissional deveria fazer, mas era-lhe proibido instalar consultório para atendimento de cliente. O Decreto estipulava que, em caso de falta grave, o enfermeiro poderia ser suspenso do exercício ou ser demitido, se exercesse função pública (Oguisso, Schmidt, 2019b).

A Lei n. 775 (Brasil, 1974f), de 06/08/1949, dispunha sobre o ensino de enfermagem no país, mas incluiu um preceito referente ao exercício profissional no art. 21, dispondo que "as instituições hospitalares, públicas ou privadas, decorridos 7 anos após a publicação desta lei, não poderiam contratar, para a direção dos seus serviços de enfermagem, senão enfermeiros diplomados". Este artigo foi de grande valia, uma vez que a Lei n. 775/1949 nunca chegou a ser revogada, e, décadas mais tarde, líderes de enfermagem ainda usavam esse preceito legal.

Somente nos anos 1950 houve a aprovação de uma lei específica que tratava efetivamente do exercício de enfermagem. Foi a Lei n. 2.604 (Brasil, 1974g), de 17/09/1955, que definiu as categorias que poderiam exercer a Enfermagem no país e revogou diversos dispositivos que tratavam de categorias que seriam posteriormente extintas, mas existiram por muito tempo como *grupos residuais de enfermagem*. Eram os enfermeiros práticos, os práticos de enfermagem, os enfermeiros assistentes, assistentes de enfermagem, enfermeiro militar, atendentes, entre outras inúmeras denominações.

Antes de a Lei n. 2.604/1955 ser regulamentada, o Congresso Nacional aprovou a Lei n. 3.780 (Brasil, 1974h), de 12/07/1960, que dispunha sobre a classificação de cargos do serviço civil do Poder Executivo, que teve grande influência na Enfermagem. As diversas denominações existentes à época, na

Enfermagem, foram reduzidas de acordo com as regras de enquadramento, por similaridade de atribuições e responsabilidades. Essa lei, apesar de não tratar especificamente da enfermagem, causou grande impacto na profissão, pois o enfermeiro foi enquadrado como profissão técnico-científica de nível superior no serviço público federal. Com isso, foi aberto o caminho, para que, nos âmbitos estadual e municipal, paulatinamente, fosse o enfermeiro também reconhecido como categoria de nível universitário com remuneração correspondente (Oguisso, Schimdt, 2019b).

Finalmente, o Decreto n. 50.387 (Brasil, 1974i), de 28/03/1961, veio regulamentar o exercício da enfermagem, quase 6 anos depois que a Lei n. 2.604/1955 foi promulgada. Pela primeira vez houve uma tentativa de definição do exercício da enfermagem, porém restrito a: observação e cuidado de doente, gestante e acidentado; administração de medicamentos e tratamentos prescritos pelo médico; educação sanitária; e aplicação de medidas de prevenção de doenças. Definiu também todas as categorias que poderiam exercer legalmente a profissão, inclusive as obstetrizes e parteiras. Havia, porém, indefinição de funções de enfermagem, entre todas as categorias existentes. O enfermeiro era diferenciado das demais categorias por quatro funções, que não eram propriamente de enfermagem. Assim, além de poder exercer "a enfermagem em todos os seus ramos", o enfermeiro poderia administrar serviços de enfermagem; participar do ensino em escolas de enfermagem e de auxiliar de enfermagem ou de treinamento de pessoal; dirigir e inspecionar escolas de enfermagem e participar de bancas examinadoras de práticos de enfermagem em concursos. Havia também artigos que tratavam dos deveres e das proibições para todo o pessoal de enfermagem. Como o técnico de enfermagem não existia na época da aprovação da lei e do decreto regulamentador, essa categoria ficou sem função legal até ser incluída na legislação posterior (Oguisso, Schmidt, 2019b).

A Lei n. 5.905 (Brasil, 1973), de 12 de julho de 1973, criou os Conselhos Federal e Regionais de Enfermagem e definiu sua competência como órgãos disciplinadores do exercício da profissão de enfermeiro e das demais profissões compreendidas nos serviços de enfermagem. Para poder disciplinar o exercício, precisariam contar com uma lei própria, atualizada e que englobasse todas as categorias profissionais, o que a Lei n. 2604/1956 e seu Decreto n. 50.387/1961 não atendiam, pois o técnico de enfermagem não constava, como se referiu anteriormente.

O primeiro Conselho Federal de Enfermagem, constituído por nove membros, foi nomeado pelo Ministro do Trabalho, Arnaldo Prieto, em abril de 1975, a partir de uma lista tríplice encaminhada por Dra. Glete de Alcântara, presidente da Associação Brasileira de Enfermagem (Cofen, 2014). A primeira Diretoria teve Maria Rosa Sousa Pinheiro como presidente, eleita pelos pares (Cofen, 1975), conforme ata da primeira reunião do Cofen para eleição da diretoria, com mandato de 1 ano, em 23 de abril de 1975. Uma das primeiras providências dessa diretoria foi com relação a um código de ética e a elaboração de um anteprojeto da lei do exercício profissional. Além dessas atividades, outras foram desencadeadas, como instalar administrativamente o Cofen; redigir e aprovar um regimento interno como instrumento básico para seu funcionamento; e instalar os Coren em 22 estados da Federação, com eleição e posse dos seus presidentes, simultaneamente, no dia 30 de outubro. Foram indicadas as conselheiras Maria Elena da Silva Néri e Vani Maria Chicá Faraon, do Rio Grande do Sul, para elaborar o anteprojeto da lei do exercício profissional, tomando por base um outro texto feito por um grupo da ABEn desse Estado, do qual ambas haviam participado, juntamente com as enfermeiras Catarina Pillar Nunes, Deborah de Azevedo Veiga e Lilla Wornicov. O anteprojeto apresentado pelas duas conselheiras foi revisto, em São Paulo, por um Grupo de Trabalho integrado por Maria Rosa Sousa Pinheiro e Amália Correa de Carvalho, do Cofen, e das enfermeiras Circe de Melo Ribeiro, Maria Isolda Rocha Gomes e Taka Oguisso. Obviamente, o texto sofreu inúmeras alterações posteriores durante as negociações existentes entre representantes do Cofen e interlocutores dos Poderes Executivo e Legislativo, até ser finalmente aprovado em 1986.

A Lei n. 7.498 (Brasil, 2007a), de 25/06/1986, foi regulamentada pelo Decreto n. 94.406 (Brasil, 2007b), de 08/06/1987, e estes constituem os atuais dispositivos legais do exercício profissional da Enfermagem, que substituíram a Lei n. 2.604/1955 e o Decreto n. 50.387/1961 que tiveram vigência por mais de duas décadas. Na nova lei, não houve uma redefinição do que seria a enfermagem, mas estabeleceu as competências privativas do enfermeiro, inclusive no tocante à consulta e prescrição da assistência de enfermagem e aos cuidados de enfermagem de maior complexidade técnica, inexistentes nas normas anteriores.

Foram também incluídas as atribuições dos técnicos e auxiliares de enfermagem, sempre sob orientação e supervisão do enfermeiro. Essa Lei, no art. 23, dava um prazo de 10 anos, a contar da data de sua promulgação, para que o pessoal que estivesse executando tarefas de enfermagem, sem possuir formação específica, pudesse continuar a exercer essas atividades, devidamente autorizado pelo Cofen. Isso significava que, findos os 10 anos, todos deveriam estar devidamente qualificados. Entretanto, a Lei n. 8.967 (Brasil,

2001), de 28/12/1994, veio alterar a redação do art. 23 da Lei n. 7.498/1986, assegurando "aos atendentes de enfermagem admitidos antes da vigência desta lei, o exercício das atividades elementares de enfermagem", sob supervisão do enfermeiro.

Posteriormente, foi criada outra categoria de pessoal denominada *agentes comunitários*, também sem escolaridade formal em enfermagem, e que teoricamente deveriam desempenhar atividades de saúde em comunidades distantes dos grandes centros urbanos ou onde não existissem recursos humanos mais bem preparados. Muitos desses profissionais tiveram acesso à categoria de auxiliar ou técnico de enfermagem, graças à iniciativa do Projeto de Profissionalização dos Trabalhadores da área de Enfermagem (Profae) (Gottems, 2003), apoiado na época pelo próprio Ministro da Saúde, José Serra.

Como se vê, na legislação geral, embora específica de enfermagem, não há citação de qualquer especialidade. O Cofen supriu essa ausência, aprovando a Resolução n. 389 (Cofen, 2011), de 18 de outubro de 2011, habilitando a atuação do enfermeiro especialista em Enfermagem Forense, entre dezenas de outras, e assim reconhecendo oficialmente essa especialidade no Brasil. Mais recentemente, um parecer da Comissão Técnica do Cofen reconheceu atribuições do enfermeiro e do técnico de enfermagem em serviços de institutos de medicina legal e de análise forense (Parecer Cofen/CTLN n. 2/2015). Em outro parecer, declara-se favorável à nomeação de enfermeiro para realizar laudos de lesões corporais leves e, naturalmente, assiná-los, em processos criminais, dada sua qualificação e habilitação técnicas (Parecer Cofen/CTLN n. 16/2016). Mesmo que ainda não tenham a força de uma resolução de plenário, esses pareceres técnicos já constituem um caminho aberto para um futuro próximo da especialidade.

IMPORTÂNCIA DO ESTUDO DA LEGISLAÇÃO

Todo comportamento humano está sujeito a determinadas regras, criadas pelo próprio homem, para manter o equilíbrio das relações entre os homens na sociedade. Tais regras ou obrigações são denominadas leis que, em seu conjunto, formam a legislação. Todas as profissões de livre exercício no país estão regulamentadas por leis ou normas jurídicas. Essa realidade deveria estimular os profissionais a se interessarem pelo estudo da legislação, pelo menos daquela que se relaciona com o exercício de sua profissão (Oguisso, Schmidt, 2019b). A importância desse estudo justifica-se, portanto, pelos seguintes três motivos:

O primeiro motivo a justificar este estudo baseia-se no fato de que é por via da legislação que se criam ou se extinguem direitos e deveres. Para viver em sociedade, todas as pessoas, do nascer ao morrer, realizam atos jurídicos e cumprem regras ou normas legais, mesmo sem tomar muita consciência disso. Tais regras ou obrigações são denominadas leis que, em seu conjunto, formam a legislação. O registro de nascimento em cartório de registro civil seria o primeiro ato civil que os pais da criança são obrigados a cumprir para que ela possa se tonar cidadã. Também, ao morrer, um dos familiares terá de registrar o óbito para possibilitar o sepultamento do falecido. Entre esses dois atos, do nascer ao morrer, o indivíduo vai praticar diariamente um grande número de atos civis, como comprar, vender, usar serviços públicos, assim como alugar uma casa, votar em eleições, ter filhos etc. Desde o amanhecer comprando pão e leite, bilhetes de transporte coletivo e, eventualmente, bens duráveis como carro, casa, terreno e outros atos como se casar, trabalhar, fazer ou receber doações, o cidadão realizará inúmeros atos civis e de cidadania. Em todos esses atos estará fazendo uso de direitos e cumprindo deveres estipulados pelas leis da sociedade (Oguisso, Schmidt, 2019b).

O segundo motivo que justifica o estudo da legislação reside em um pressuposto antigo de que todo cidadão conhece as leis de seu próprio país. O Código Penal (Brasil, 1940), art. 21, ainda em vigor, estabelece que "o desconhecimento da lei é inescusável. O erro sobre a ilicitude do fato, se inevitável, isenta de pena; se evitável, poderá diminui-la de um sexto a um terço". O erro é considerado evitável se o indivíduo, ao praticar o ato ilícito ou se omitir diante de um dever, o fizer sem consciência ou conhecimento de sua ilicitude, quando na verdade "lhe era possível, nas circunstâncias, ter essa consciência". Quando totalmente inevitável ter conhecimento da ilicitude do fato, não existe crime e nem penalidade. Esse princípio da indesculpabilidade na legislação brasileira não tem mais a mesma vitalidade, porque a comunicação se processa hoje de maneira muito mais ágil e rápida e porque as novas gerações dispõem de muito mais recursos e possibilidades para tomarem conhecimento dos fatos (Oguisso, Schmidt, 2019b).

O terceiro motivo que justifica a importância do estudo da legislação específica é que este estudo favorece melhor e maior participação dos profissionais no desenvolvimento da respectiva profissão. Conhecer as debilidades de sua lei de exercício profissional é importante para poder trabalhar para modificá-la, aperfeiçoá-la e adequá-la à situação de cada momento e à evolução das ciências. Com isso, o profissional também acaba se envolvendo mais com as questões legais e éticas de sua profissão, o que redundará em maior desenvolvimento, união de classe e fortalecimento da categoria profissional (Oguisso, Schmidt, 2019b).

A LEGISLAÇÃO ATUAL

A Constituição (Brasil, 1989) em vigor, muitas vezes chamada de Constituição-cidadã, consolidou algumas conquistas no campo do direito de família, como o reconhecimento e proteção à união estável, a igualdade absoluta de direitos do homem e da mulher, a equiparação da filiação para todos os efeitos, o novo sentido social da propriedade e novas modalidades de usucapião, para citar apenas alguns dos tópicos mais importantes.

A Lei n. 10.406 (Brasil, 2002), de 10 de janeiro de 2002, instituiu o Código Civil e revogou o anterior, de 1916. Esse Código Civil contou, em sua elaboração, com o grande jurista e professor Miguel Reale, desde seu projeto em 1969, a convite do então Presidente da República, General Costa e Silva. Tratava-se da terceira tentativa de reformar o Código de 1916. Nessa nova empreitada, foi mantida a estrutura do Código de 1916 e acrescentada uma parte sobre o Direito de Empresa, que estava obsoleta no Código Comercial, de 1850. Outras leis foram incorporadas ao Código Civil, com algumas modificações, como é o caso da Lei n. 4.591/1964, sobre o condomínio em geral (Oguisso, 2003).

O anteprojeto foi apresentado em 1973, mas somente em maio de 1984 foi publicado como projeto pela Câmara dos Deputados. A história política do país não permitiu que esse projeto fosse devidamente analisado, na época. Nesse intervalo, houve a aprovação da Constituição Federal de 1988, assim como do Código de Defesa do Consumidor e o Estatuto da Criança e do Adolescente.

Toda lei em si já nasce, de certa forma, defasada no tempo. Isso porque o legislador tem como laboratório a história, o passado. Redige ele leis para os fatos sociais que o cercam, e é cada vez mais difícil prever condutas sociais futuras, em um mundo que se altera dia a dia velozmente. Todavia, a grandeza de uma codificação reside, entre outros aspectos, justamente no fato de poder se adaptar, pelo trabalho diuturno dos juízes e doutrinadores, aos fatos do porvir. Nesse aspecto, reside o caráter de permanência de um código, que contribui para a aplicação ordenada do Direito, em busca de paz e adequação sociais, fins últimos do direito.

A Constituição teria impacto no exercício da enfermagem? E o Código Civil? Em que e como a Constituição, os Códigos Civil ou Penal poderiam influir nas relações profissionais ou na atuação da enfermagem? (Oguisso, 2003).

Entre os direitos da personalidade, definidos no Código Civil como intransmissíveis e irrenunciáveis (art. 11), podem ser citados: o art. 14 sobre "a disposição gratuita do próprio corpo, no todo ou em parte, para depois da morte, com objetivo científico e altruístico", nesse caso, para fins de transplante, mas "ninguém pode ser constrangido a submeter-se, com risco de vida, a tratamento médico ou a intervenção cirúrgica", conforme art. 15.

Por outro lado, a Constituição Brasileira, de 1988, assegura a todos os direitos à saúde, sob responsabilidade do Estado (art. 196), mediante políticas sociais e econômicas que visem à redução do risco de doenças e de outros agravos, assim como o acesso universal e igualitário aos serviços que visem à promoção, proteção e recuperação da saúde. Dá prioridade às ações e aos serviços públicos de saúde integrantes de um sistema regionalizado e hierarquizado que constituem o Sistema Único de Saúde (SUS), e admite que a iniciativa privada também possa oferecer serviços de assistência à saúde.

A Constituição afirma ainda que "é livre o exercício de qualquer trabalho, ofício ou profissão, atendidas as qualificações profissionais que a lei estabelecer" (art. 5°, item XIII).

A Lei das Contravenções Penais (art. 47) prevê que exercer profissão ou atividade econômica, ou anunciar que a exerce, sem preencher as condições a que por lei está subordinado o seu exercício "constitui uma contravenção penal (infração menor que o crime) sujeita à pena de prisão simples ou multa" (Brasil, 1985).

O elemento moral das contravenções é a simples voluntariedade da ação ou omissão, isto é, para o reconhecimento de fato contravencional, prescinde-se do dolo (intenção) ou da culpa. Qualquer destas formas de culpabilidade só é tomada em consideração quando de sua existência depende algum efeito jurídico, como quando qualquer delas condicione, excepcionalmente, a própria existência da contravenção, ou quando se trate de graduar ou individualizar a pena aplicável no caso concreto. As penas principais são: prisão simples (executada sem rigor penitenciário e não podendo exceder 5 anos) e a multa que é conversível em prisão simples nos mesmos casos excepcionais em que o Código Penal admite sua conversão em detenção.

Em caso de reincidência, basta que, ao praticar a contravenção, já tenha sido o agente irrecorrivelmente condenado, no Brasil, por outra contravenção.

A ignorância ou a errada compreensão da lei penal, quando escusáveis (motivada por *força maior* ou por evidente *rusticidade*) permitem a isenção de pena (Código Penal, art. 21).

Assim, quais qualificações ou condições seriam aquelas citadas na Constituição, art. 5°, item XIII? Não se trata evidentemente de uma qualificação, capacidade ou aptidão física ou mental e nem mesmo técnica, mas de capacidade legal. Obviamente, capacidade legal supõe capacidade técnica e profissional, mas só esta é insuficiente para o exercício legal da profissão. É o que ocorre com as pessoas formadas em outros países que, para trabalharem em nosso país, necessitam revalidar ou registrar seus títulos. Pode ocorrer também com qualquer pessoa que, estando formada, não registra seu título em órgão disciplinador do exercício.

É necessário lembrar também que o Código de Defesa do Consumidor (Brasil, 2004) afirma que a proteção da vida, saúde e segurança é um dos seus direitos básicos contra riscos provocados por serviços considerados perigosos ou nocivos. Neste caso, o profissional de enfermagem seria o fornecedor ou prestador do serviço, e o cliente/paciente, o consumidor desse serviço. Além disso, a liberdade de exercer a profissão ou atividade, assegurada pela Constituição, estará limitada pelas condições de qualificação profissional que a lei estabelecer. No caso da Enfermagem, qual seria essa lei?

LEGISLAÇÃO PROFISSIONAL DE ENFERMAGEM

A Lei n. 7.498, de 25 de junho de 1986, regulamentada pelo Decreto n. 94.406, de 8 de junho de 1987, trata do exercício profissional da enfermagem. Essa lei dispõe em seu art. 1° que "é livre o exercício da enfermagem em todo o território nacional, observadas as disposições desta lei" (Brasil, 2007a, 2007b).

Em que consiste o exercício da enfermagem? Quem pode exercer legalmente a profissão de enfermagem no país?

A resposta é dada pelo Decreto n. 94.406 (Brasil, 2007b), de 8 de junho de 1987, que especifica que "o exercício da atividade de enfermagem, observadas as disposições da Lei n. 7.498/1986, e respeitados os graus de habilitação, é privativo do Enfermeiro, Técnico de Enfermagem, Auxiliar de Enfermagem e Parteiro, e só será permitido ao profissional inscrito no Conselho Regional de Enfermagem da respectiva Região". Além de definir quem são cada um dos profissionais antes mencionados, o Decreto n. 94.406/1987 descreve as atribuições para cada uma dessas categorias do pessoal de enfermagem. Para o enfermeiro são descritas as atividades privativas e as que deve realizar como integrante de equipe de saúde. Portanto, aquele que não dispõe de um desses títulos também não pode exercer a enfermagem (Oguisso, Schmidt, 2019b).

Em virtude da carência de recursos humanos de nível médio nessa área, entretanto, a Lei n. 7.498/1986, no art. 23, permitiu que o pessoal, sem formação específica, tais como os atendentes de enfermagem e agentes de saúde, que se encontravam executando tarefas de enfermagem, continuassem nessa atividade desde que autorizados pelo Conselho Federal de Enfermagem. No entanto, essa autorização, que expiraria em junho de 1996, ou seja, 10 anos após a promulgação daquela lei, teve seu texto alterado, conforme já mencionado.

Portanto, não existe mais prazo legal que obrigue as pessoas amparadas pela Lei n. 8.967/1994 (Brasil, 2001) a buscar uma formação específica. O Ministério da Saúde, preocupado com o problema, aprovou um projeto de grande alcance social, o Profae (Gottems, 2003) – Projeto de Profissionalização dos Trabalhadores da Área de Enfermagem, levado a efeito com recursos de várias entidades nacionais e internacionais –, profissionalizou esses trabalhadores, atendentes de enfermagem e outros agentes de saúde, uma população estimada de mais de 200.000 pessoas, a fim de melhorar a qualidade dos serviços de saúde.

A titularidade constitui, pois, condição de capacidade técnica para o exercício profissional em qualquer profissão. Daí a importância que a lei confere à qualificação ou ao título profissional de acordo com o grau de preparo e formação. Por isso, na divisão do trabalho de enfermagem, as atividades mais complexas e de maior responsabilidade foram atribuídas aos enfermeiros, profissionais de maior preparo acadêmico (Oguisso, Schmidt, 2019b).

O Decreto n. 94.406/1987 (Brasil, 2007b) é muito claro (art. 8°) sobre aquelas atividades privativas de direção e liderança do enfermeiro, assim como de planejamento, organização, coordenação, execução e avaliação da assistência de enfermagem exercida nos órgãos de enfermagem, aqui incluídos todos os níveis da estrutura institucional, pública ou privada, tais como coordenadorias, consultorias, auditorias, assessorias, departamentos, divisões, serviços ou seções de enfermagem. Além dessas atividades de cunho intelectual ou administrativo, cabem ainda ao enfermeiro em caractere privativo a consulta e a prescrição da assistência de enfermagem, assim como os cuidados diretos de enfermagem a pacientes graves com risco de vida e os de maior complexidade técnica e que exijam conhecimentos científicos adequados e capacidade de tomar decisões imediatas.

Como integrante de equipe de saúde, o enfermeiro tem no inciso II, do mesmo art. 8°, um elenco de 17 atividades, no qual ele participa na elaboração, no planejamento, na execução e avaliação de planos e programas de saúde, de assistência integral à saúde individual e de grupos específicos, particularmente daqueles prioritários e de alto risco, prevenção e controle da infecção hospitalar, de educação sanitária, de vigilância epidemiológica, de projetos de construção ou reforma de unidades de saúde, de treinamento de pessoal de saúde, assim como na prestação de assistência obstétrica e execução de parto sem distocia, em situação de emergência, entre outras funções.

Os profissionais portadores dos títulos de obstetriz, enfermeira obstétrica (art. 9°) ou enfermeiro obstetra (art. 12, parágrafo único), além das atividades já mencionadas, podem também: prestar assistência obstétrica à parturiente e ao parto normal, assim como identificar distocias obstétricas e tomar providências até a chegada do médico e realizar episiotomias e episiorrafias, com aplicação de anestesia local, quando necessária. O parteiro ou parteira pode prestar assistência à gestante e à parturiente, assistir ao parto normal, inclusive em domicílio, e cuidar da puérpera e do recém-nascido. Essas atividades devem ser exercidas sob supervisão de enfermeira obstétrica, quando realizadas em instituições de saúde e, sempre que possível, sob controle e supervisão de unidades de saúde, quando realizadas em domicílio (Oguisso, Schmidt, 2019b).

As funções dos técnicos de enfermagem e dos auxiliares de enfermagem também estão descritas no mesmo Decreto (arts. 10 e 11), cabendo-lhes atividades auxiliares de nível médio técnico, inclusive as de assistência de enfermagem, excetuadas as privativas do enfermeiro e as específicas de assistência obstétrica referidas no artigo 9° deste Decreto (Brasil, 2007b).

O CÓDIGO DE ÉTICA DE ENFERMAGEM DE 1958

No Brasil, o primeiro Código de Ética de Enfermagem (ABEn, 1958) foi publicado em 1958, dispunha de 4 considerandos e 16 artigos; e afirmava no art. 1° que "a responsabilidade fundamental do enfermeiro é servir a pessoa humana, zelando pela conservação da vida, aliviando o sofrimento e promovendo a saúde, em coordenação de esforços com os membros das profissões afins".

Entre os considerandos, destacava-se que a enfermagem, por adquirir cada vez maior amplitude técnica e científica, impunha aos membros da profissão maiores encargos e mais sérias responsabilidades; e, mesmo sendo o principal colaborador do médico, deveria conservar a responsabilidade de seus atos no exercício da profissão; formação da consciência profissional era parte essencial da formação como enfermeiro; e, finalmente, que o Código de Ética, com base em princípios de direito natural, deveria ser instrumento de orientação e apoio aos enfermeiros (Oguisso, 2019).

Comprometia-se a "respeitar a vida humana em todas as circunstâncias desde a concepção até a morte" (art. 2°). De modo geral, os padrões éticos eram os adotados na época por outras profissões, mas, na Enfermagem, há ênfase em palavras como dedicação, discrição, lealdade, confiança, responsabilidade e fidelidade.

No final havia algumas recomendações para a "observância do Código de Ética", entre as quais o "dever de todo enfermeiro, membro da ABEn, conhecer, respeitar e praticar as normas desse Código", o que poderia ser entendido que, se não fosse membro associado da ABEn, não precisaria praticar essas normas; o que mostrava a fragilidade do código, sem força legal para impor o cumprimento.

Esse Código foi reformado, em 1975, pela ABEn (ABEn, 1976), que nomeou uma comissão especial composta de Amália Corrêa de Carvalho, Lucia Cristofolini, Maria José Schmidt, Taka Oguisso e Vilma de Carvalho, que após análise, manteve suas premissas básicas e aumentou de 16 para 18 artigos (Brasil, 2004). Entretanto, nota-se claramente que era um texto de autorregulamentação, de caráter moral, portanto, sem força legal para exigir ou obrigar seu cumprimento. Referia que, em caso de transgressão grave, o fato deveria ser levado ao conhecimento da ABEn, que, por sua vez, nada poderia fazer, pois carecia de competência legal para obrigar alguém a cumprir qualquer preceito ético, como referido anteriormente.

Com a promulgação da Lei n. 5.905 (Brasil, 1973), de 12 de julho de 1973, foram criados o Conselho Federal de Enfermagem (Cofen) e os regionais (Coren), e deu competência a esse órgão nacional (art. 8°, inciso III) para elaborar o Código de Deontologia da Enfermagem, e alterá-lo quando necessário, ouvidos os conselhos regionais. Como essa lei definia também que o Cofen e Coren eram "órgãos disciplinadores do exercício da profissão" de enfermeiro e das demais profissões compreendidas nos serviços de Enfermagem", e que cabia aos órgãos regionais "disciplinar e fiscalizar o exercício profissional" (art. 15, inciso II) e "conhecer e decidir os assuntos atinentes à ética, impondo as penalidades cabíveis", a ABEn retirou-se do cenário ético e deixou essa função ao Cofen.

Cabe citar que, em agosto de 1935, a Igreja Católica Romana acolheu a realização em Roma, do Congresso Internacional de Enfermeiras Católicas. Findo o evento, foi publicado, em 1936, um livreto intitulado "Normas Práticas de Deontologia Católica – Diretório das Religiosas e Enfermeiras Católicas", contendo diretrizes gerais sobre cooperação em determinados procedimentos médico-hospitalares. Saliente-se que, nos anos 1930 a 1960, havia uma proporção muito grande de enfermeiras religiosas, das mais diversas congregações e institutos, atuando nos hospitais brasileiros (Província Eclesiástica de São Paulo, 1936).

Importante lembrar, ainda, que até a promulgação da primeira Lei de Diretrizes e Bases da Educação (Brasil, 1974), em dezembro de 1961, era muito grande o número de escolas de enfermagem mantidas e dirigidas por congregações religiosas. Com as exigências dessa lei referentes a quadro docente, qualificação de professores com titulação acadêmica, carga horária teórica e prática, campos de estágio, biblioteca e outras, muitas dessas escolas acabaram encerrando as atividades ou foram transferidas para universidades.

O CÓDIGO DE ÉTICA DOS PROFISSIONAIS DE ENFERMAGEM

A Resolução Cofen n. 311 (Cofen, 2007), de 08/02/2007, aprovou reformulação do Código de Ética dos Profissionais de Enfermagem (CEPE-2007), entrou em vigor no dia 12 de maio do mesmo ano e revogou a Resolução n. 240/2000, que havia aprovado o CEPE 2000. Considerando que o CEPE constitui o balizamento da prática profissional e todos que exercem a Enfermagem no ensino, na assistência, na pesquisa ou na administração estão obrigados a conhecer e cumprir, é oportuno saber de sua importância e necessidade. Espera-se que o estudo da trajetória histórica da sua elaboração justifique essa necessidade e auxilie na compreensão dos fundamentos filosóficos, morais e éticos para aceitá-lo não como um cerceamento de liberdade, mas como uma forma de apoio, orientação e segurança no exercício profissional em benefício da pessoa humana e da sociedade.

No preâmbulo do CEPE (Cofen, 2007), a Enfermagem é apresentada como profissão científica e técnica que leva em consideração a necessidade e o direito de assistência de enfermagem da população e relaciona os postulados nacionais e internacionais que serviram de base para essa elaboração. Citam-se a Declaração Universal dos Direitos Humanos, as Convenções de Genebra da Cruz Vermelha, os códigos de ética do Conselho Internacional de Enfermeiras (CIE) e da Associação Brasileira de Enfermagem (ABEn).

A última versão do Código do CIE (ICN, 2012), de 2012, considera que o respeito aos direitos humanos inclui direitos culturais e o direito a ser tratado com respeito e dignidade, independentemente de idade, cor, credo, cultura, incapacidade ou doença, gênero, orientação sexual, nacionalidade, opinião política, raça ou condição social.

Foram incluídos também, no Preâmbulo, os princípios fundamentais da Enfermagem. Assim, declara-se profissão comprometida com a saúde e qualidade de vida da pessoa, família e coletividade, e que o profissional de Enfermagem atua na promoção, prevenção, recuperação e reabilitação da saúde, com autonomia e em consonância com os preceitos éticos e legais. Note-se um equívoco nesse princípio, pois ao não especificar que o segundo nível de saúde é a prevenção de doenças, parece que o profissional atua na prevenção da saúde, o que seria um absurdo. Poderia ter especificado claramente tratar-se de prevenção de doenças ou substituir prevenção por proteção da saúde, como constavam nos CEPE anteriores. Igualmente, a reabilitação não pode ser da saúde, pois ela atua ou deve atuar sobre pessoas com deficiência ou incapacitados (Oguisso, 2019).

Houve, de fato, uma correção no sujeito, pois não é a Enfermagem que atua, mas o seu profissional; em contrapartida, houve essa falha. Embora se afirme comprometida com a qualidade de vida, não fez constar uma responsabilidade fundamental, preconizada pelo CIE e por outros códigos anteriores, qual seja o alívio do sofrimento. Ao assumir seu compromisso com a qualidade de vida, estaria claro que isso inclui alívio do sofrimento?

Uma inovação nos princípios fundamentais é a afirmativa de que, como integrante da equipe de saúde, o profissional de Enfermagem participa das ações que visem satisfazer às necessidades de saúde da população e da defesa dos princípios das políticas públicas de saúde e ambientais, que garantam a universalidade de acesso aos serviços de saúde, integralidade da assistência, resolutividade, preservação da autonomia das pessoas, participação da comunidade, hierarquização e descentralização político-administrativa dos serviços de saúde.

O CEPE-2007 (Cofen, 2007) apresenta seis capítulos, a saber: das relações profissionais; do sigilo profissional; do ensino, pesquisa e da produção técnico-científica; dos direitos; das infrações e penalidades; e da aplicação das penalidades. O CEPE-2007 traz um elenco de 27 direitos dos enfermeiros, e a maioria desses direitos não estava contemplada anteriormente. Note-se, entretanto, que o objeto ou conteúdo desses artigos foi ora tratado como um direito, ora como dever, e ora como uma proibição. Por exemplo, a anotação de enfermagem que estava omissa nos códigos anteriores, no CEPE-2007, é considerada não apenas um dever e uma responsabilidade, mas também um direito, em um total de seis artigos sobre o tema. O art. 68 refere que o profissional, em suas relações com as organizações empregadoras, tem o *direito* de "registrar no prontuário e em outros documentos próprios da enfermagem informações referentes ao processo de cuidar da pessoa". E tem o *dever* de "registrar no prontuário do paciente as informações inerentes e indispensáveis ao processo de cuidar" (art. 25), e de "prestar informações, escritas e verbais, completas e fidedignas necessárias para assegurar a continuidade da assistência" (art. 41), assim como lhe *é proibido* "registrar informações parciais e inverídicas sobre a assistência prestada" (art. 35). Finalmente, com relação ao empregador, preceitua-se que o profissional deve: "incentivar e criar condições para registrar as informações inerentes e indispensáveis ao processo de cuidar" (art. 71); e, "registrar as informações inerentes e indispensáveis ao processo de cuidar de forma clara, objetiva e completa" (art. 72).

O CEPE-2007 (Cofen, 2007) criou um capítulo específico sobre ensino, pesquisa e produção técnico-científica, considerando-se que o profissional que atua em docência realiza também pesquisa e outras atividades de extensão universitária, por serem exigências da própria vida acadêmica. Destaque-se, porém, que essa exigência de produção técnico-científica deixou de ser característica acadêmica, pois começa a ser cobrada também dos profissionais que atuam na assistência e no gerenciamento de instituições de saúde, considerando que a pesquisa e a publicação de seus resultados indicam qualidade e capacidade profissional. Nota-se também que o Cofen e seus regionais começam a voltar sua atenção para a área de ensino de enfermagem.

De acordo com a Lei n. 5.905/1973 (Brasil, 1973), o Cofen e Coren são "órgãos disciplinadores do exercício da profissão de enfermeiro e das demais profissões compreendidas nos serviços de Enfermagem". O entendimento desse artigo restringia a atividade apenas ao exercício da assistência de enfermagem, excluindo-se a função de disciplinar o ensino, que seria da competência dos setores da educação. Por essa razão, o Cofen e Coren mantiveram-se sempre a uma certa distância da área de ensino, mas, na medida em que órgãos similares, da área de Direito e Medicina, estão assumindo funções de regulação, supervisão e avaliação de instituições de educação superior e cursos superiores de graduação no sistema federal de ensino, conforme prevê o Decreto n. 5.773 (Brasil, 2006), de 9 de maio de 2006, criou-se a possibilidade para que os respectivos conselhos federais pudessem atuar efetivamente no reconhecimento de novos cursos de graduação.

O art. 36 desse Decreto estipula que "o reconhecimento de cursos de graduação em Direito e em Medicina, Odontologia e Psicologia, deverá ser submetido, respectivamente, à manifestação do Conselho Federal da Ordem dos Advogados do Brasil ou do Conselho Nacional de Saúde". Vale lembrar que o reconhecimento de curso conforme definido no próprio texto legal é "condição necessária para a validade nacional dos respectivos diplomas" (art. 34). Portanto, o reconhecimento é um instrumento ao qual se atribui um grande valor social, moral, técnico, profissional e até econômico, pois nenhuma instituição de ensino pode funcionar sem esse reconhecimento.

O Decreto n. 5.773/2006 (Brasil, 2006) designou no art. 37 também a possibilidade de que em "caso de curso correspondente à profissão regulamentada, a Secretaria abrirá prazo para que o respectivo órgão de regulamentação profissional, de âmbito nacional, querendo, ofereça subsídios à decisão do Ministério da Educação em sessenta dias". Assim, sendo a enfermagem uma profissão regulamentada, o órgão de regulamentação profissional de âmbito nacional, ou seja, o Cofen terá, se quiser, acesso ao processo de reconhecimento de novos cursos de graduação, podendo oferecer suas análises, avaliações e subsídios ao Ministério da Educação.

Assim, parece claro que os "órgãos disciplinadores do exercício da profissão do enfermeiro e das demais profissões compreendidas nos serviços de enfermagem" têm competência legal para opinar sobre o reconhecimento de novos cursos de graduação. Com isso, o CEPE-2007 passou a disciplinar também a atividade de ensino, além da pesquisa e da produção técnico-científica. O art. 86 estipula que o profissional tem não só o direito de realizar e participar das atividades de ensino e pesquisa, mas também de ser informado sobre essas atividades, quando desenvolvidas com as pessoas sob seus cuidados ou em seu local de trabalho (art. 87). E, se o profissional participa na atividade de pesquisa e na elaboração de texto, obviamente terá direito a ser reconhecida sua autoria ou coautoria. Daquele total de dois artigos, o CEPE-2007 passou a contar com 18, entre direitos, deveres e proibições, demonstrando a amplitude alcançada pelas atividades de ensino e pesquisa no exercício da enfermagem. O conteúdo do art. 36 do CEPE-2000 é repetido no art. 90 do CEPE-2007 que acrescenta como responsabilidades e deveres "atender as normas vigentes para a pesquisa envolvendo seres humanos, segundo a especificidade da investigação (art. 89); a respeitar os princípios da honestidade e fidedignidade, bem como os direitos autorais no processo de pesquisa, especialmente na divulgação dos seus resultados (art. 91); a disponibilizar os resultados de pesquisa à comunidade científica e sociedade em geral (art. 92); e a promover a defesa e o respeito aos princípios éticos e legais da profissão no ensino, na pesquisa e produções técnico-científicas (art. 93)". No entanto, há também o dever de "estimular, facilitar e promover o desenvolvimento das atividades de ensino, pesquisa e extensão, devidamente aprovadas nas instâncias deliberativas da instituição" (art. 70).

Outro preceito do CEPE-2007 é o dever de comunicar ao Coren de sua jurisdição fatos que infrinjam dispositivos legais e que possam prejudicar o exercício profissional, ou firam preceitos do presente Código e da legislação do exercício profissional, assim como fatos que envolvam recusa ou demissão de cargo, função ou emprego, motivados pela necessidade do profissional em preservar os postulados éticos e legais da profissão.

Além da proibição de "abandonar o cliente em meio a tratamento sem garantia de continuidade da assistência" (art. 43), há também o dever de "garantir a continuidade da assistência de enfermagem em condições que ofereçam segurança, mesmo em caso de suspensão das atividades profissionais decorrentes de movimentos reivindicatórios da categoria".

ENFERMAGEM FORENSE

A enfermeira americana Virginia Lynch (Lynch, 2014) é, isoladamente, a pioneira na área de Enfermagem Forense, liderando e atuando incansavelmente na promoção e criação da especialidade em seu próprio país, desde 1982, e depois em outros países e continentes. Descobriu que enfermeiros, no afã de cuidar dos pacientes admitidos nos serviços de emergência, inadvertidamente, destruíam importantes vestígios e provas de vítimas, de crimes violentos, como estupros e abusos contra crianças e idosos. Tais vestígios ou material (urina, sangue, esperma) deixados na pele das vítimas, muitas vezes, eram, cuidadosamente, limpos e lavados, e as roupas eram descartadas, em vez de entregues aos policiais/investigadores para análise. Em situações de estupro, as enfermeiras são consideradas as profissionais mais adequadas para procederem ao exame das vítimas, pelo grande conhecimento de anatomia, fisiologia, química, psicologia, patologia e domínio de técnicas de assepsia. Além disso, como mulheres, muitas são detalhistas e capazes de observar pequenos pormenores, podendo interagir e abordar essas vítimas mais facilmente e com grande empatia. Ademais, para esse tipo de abordagem, o especialista em enfermagem forense precisa conhecer meios e métodos de investigação de morte violenta, além dos procedimentos *post-mortem*. Seria uma maneira de reduzir e prevenir a injustiça social e melhorar a qualidade do ensino teórico e prático de Enfermagem Forense, principais objetivos dessa autora americana.

Virginia Lynch considera que a Enfermagem Forense (Lynch, 2011) representa uma visão mundial emergente sobre o futuro das ciências forenses em relação ao crime e à violência, que, juntas, trazem os dois sistemas mais poderosos que afetam as pessoas em todo o mundo – a saúde e a justiça (Clement e Sekula, 2005). A necessidade de políticas que tratem de questões críticas relacionadas à violência e ao trauma associado é uma preocupação multidisciplinar que requer o esforço conjunto de médicos, enfermeiros, policiais, advogados, juízes, sociólogos, psicólogos, assistentes sociais, cientistas forenses, políticos e outros ativistas, para reduzir e prevenir injustiça social.

Embora oficialmente criada como especialidade pelo Cofen, a Enfermagem Forense ainda se constitui especialidade em fase de sedimentação e implantação. Muitas vezes, o enfermeiro é o primeiro profissional a atender a vítima ou o agressor que chega aos serviços de emergência geral ou de saúde mental. Por isso, todos os profissionais que trabalham nesse setor devem ter conhecimentos básicos específicos das ciências forenses para enfrentar os desafios que surgem. É um novo domínio da prática de enfermagem que vem evoluindo em decorrência do aumento da criminalidade e da violência urbana.

Portanto, as atividades do enfermeiro forense englobam diferentes situações, como a assistência à pessoa vítima de agressão física, abuso sexual, tentativa de suicídio e, muitas vezes, a relação com o próprio agressor. Associam-se a essas atividades a investigação clínica, a coleta e a preservação de evidências e provas e a consultoria às autoridades legais. Preconiza-se que, ao assumir alguma função no campo forense, o enfermeiro deve autoanalisar seus valores, padrões culturais, crenças e sentimentos; enfim, sua atitude em relação às pessoas de quem cuidará no seu dia a dia, consciente de que se trata de alguém com transtorno mental que foi vítima de violência ou cometeu um crime.

A importância dessa análise é justificada porque o enfermeiro, como profissional da saúde, será envolvido tanto no cuidado de vítimas de agressões como de pessoas que cometeram ou tentaram cometer atos criminosos em casos de abuso de crianças, estupro, assassinato, roubo, violências em geral, até mesmo doméstica, atropelamentos, diferentes acidentes traumáticos, suicídio, infanticídio, entre outros.

Essa análise compreende dois aspectos: como o enfermeiro se vê em relação à pessoa que tem transtorno mental e qual é sua atitude em relação ao ato criminoso em si, pois, como profissional de saúde, não pode prejulgar a pessoa que se encontra sob seus cuidados, tampouco é sua função. Após análise sincera consigo próprio, poderá fazer sua opção. Isso reforça, mais uma vez, a importância da inclusão do conhecimento sobre relacionamento terapêutico enfermeiro-paciente nos cursos de graduação em enfermagem para que possa desenvolver a terapia do cotidiano em enfermagem de saúde mental. O enfermeiro psiquiátrico forense precisará, pois, desenvolver competência específica para atuar nessa área, e, para tal, deveria ser criado um curso de especialização em enfermagem com foco no cuidado desse domínio especial, tanto para desempenhar seu papel no cuidado direto da pessoa – vítima ou agressor – quanto de seus familiares e para atender às exigências legais que se fizerem necessárias.

Pode-se considerar que Florence Nightingale, em decorrência de sua atuação na Guerra da Crimeia, foi a precursora da Enfermagem Forense, ao cuidar de vítimas e agressores (Coram, 2006).

Em termos conceituais, pode-se afirmar que a Enfermagem Forense engloba conhecimentos científicos da ciência da enfermagem e sua aplicação a procedimentos legais, da ciência forense e da justiça criminal (Oguisso, 2008). Como especialidade, a Enfermagem Forense tem seu campo de prática determinado pelo relacionamento terapêutico enfermeiro-cliente e pelo desempenho de funções que compõem o seu papel nesse local (Coram, 2006). Esse campo de prática pode ser o hospital, o presídio, a casa institucional ou de detenção, as diferentes instâncias da justiça, sempre que seu cliente for convocado para depor em juízo. Rose (2005) afirma que o respeito à autonomia do paciente em Enfermagem Forense ainda constitui um desafio a ser enfrentado, pois, muitas vezes, torna-se um dilema ético.

A maioria das produções nas áreas de Enfermagem Forense e psiquiátrica forense é ainda de origem norte-americana, canadense e inglesa, segundo bases de dados mais consultadas, seguidas por alguns países europeus, como Portugal e, de forma escassa, por profissionais como Carlos Roberto Fernandes (2007), Rita de Cássia Silva e Karen Beatriz Silva (2009), do Brasil (Oguisso, 2003), e especialistas da Argentina (Telles, 2004). Mais recentemente, outro brasileiro, Miguel Henrique Pereira de Paiva (Pereira de Paiva, Pinheiro Lages, Cavalcanti, 2016), teve seu artigo sobre a Enfermagem Forense publicado na revista do CIE. Esta especialidade já atingiu outros países como Suécia, Itália, Austrália, Japão, Coreia do Sul, Índia e, na América Latina, o Peru, além do Brasil e da Argentina.

Há relatos de que profissionais de Enfermagem Forense, como especialidade nova, têm encontrado resistência dentro e fora do âmbito da enfermagem. Na verdade, eles já vinham atuando na área há bastante tempo, considerando aqueles que trabalharam ou trabalham em manicômios judiciários, presídios ou casas correcionais, abrigos de crianças vítimas de maus-tratos, entre outros. Assim como o núcleo ou a essência da profissão de enfermagem é o cuidado, como tem sido definido pelo próprio Cofen, em diferentes oportunidades, é necessário que se ressalte que a essência da Enfermagem Forense é a competência terapêutica, com a atividade focada na necessidade do dia a dia do cliente, conforme já mencionado.

Finalmente, cabe ressaltar a existência da Associação Internacional de Enfermeiros Forenses ou International Association of Forensic Nurses (IAFN, 2017), fundada em 1992, por Virginia Lynch, primeira presidente, a partir do esforço de 74 enfermeiros que tinham a função de examinar pessoas acusadas de agressão sexual. A IAFN tem por objetivo regulamentar a prática da Enfermagem Forense, incentivando a pesquisa, o treinamento e o desenvolvimento dessa especialidade em países onde as taxas de violência são altas. Atualmente, conta com mais de 3 mil associados em 27 países.

Ressalte-se que enfermeiros de Sergipe (Coren-SE) abriram curso intensivo de Enfermagem Forense, com 50 horas de carga horária, em Aracaju, em junho de 2015, com a participação da própria Virginia Lynch e de Albino Gomes, procedente de Portugal, identificado como enfermeiro forense, doutorando em ciências forenses e coordenador de cursos de pós-graduação em Enfermagem Forense. Ele é autor/organizador de *Enfermagem Forense*, obra composta de dois volumes, cada um com mais de 300 páginas. Certificados oferecidos receberam a chancela Associação Portuguesa de Enfermagem Forense (Apeforense) (Gomes, 2014).

Cita-se ainda a criação da Associação Brasileira de Enfermagem Forense (Abeforense) com Zenaide Cavalcanti de Medeiros Kernbeis, primeira presidente, juntamente com Talyta Mecenas Galvão Arcanjo (vice-presidente) e Ana Paula Lemos Vasconcelos (secretária). As três fundaram este curso em parceria com a Apeforense, uma iniciativa pioneira no Brasil e mesmo na América Latina, convidando especialistas da área. Esta organização, sediada em Lisboa, Portugal, luta para implementar, neste país, da Enfermagem Forense enquanto ciência forense, e trabalha em prol das vítimas de violência, e melhorar a qualidade de cuidados. Os enfermeiros são, em geral, os primeiros profissionais a abordar as vítimas de violência, daí seu relevante papel no reconhecimento, na identificação e na preservação de vestígios para a investigação criminal.

Segundo a Abeforense, a Enfermagem Forense constitui uma área que relaciona os aspectos forenses com o cuidado de enfermagem. Este campo de atuação possibilita aliar o conhecimento teórico ao cuidado de pessoas que sofreram algum tipo de violência (Oguisso, 2008). O Instituto Paulista de Estudos Bioéticos e Jurídicos (IPEBJ), de Ribeirão Preto, São Paulo, tem programado diversos cursos de ciências forenses e investigação criminal, para graduados de diferentes áreas, inclusive enfermagem, com duração de 24 meses.

Conforme dados da IAFN, essa especialidade requer o exercício do cuidado à saúde, aliado ao aspecto forense e à formação biopsicossocial do enfermeiro, visando investigar cientificamente o óbito e os tratamentos de traumas de vítimas e agressores, acidentes traumáticos, abuso físico, sexual e emocional. Na prática, pretende-se que a Enfermagem Forense facilite a aproximação entre vítimas e equipe de saúde, estabelecendo também relações de confiança e cooperação com a justiça. Cabe ao enfermeiro forense o relevante papel de examinar, reconhecer, coletar e preservar as evidências que caracterizam um crime (Clement, Sekula, 2005).

Evidentemente, há ainda necessidade de maiores avanços para o efetivo reconhecimento desta especialidade que, de fato, conta com boas perspectivas no Brasil, dado o caráter epidemiológico da violência existente. Essa especialidade já foi reconhecida pelo Cofen, (Resolução n. 389, de 18/10/2011) (Cofen, 2011), mas ainda é necessária a inclusão desses conhecimentos na formação básica do profissional, bem como maior divulgação do tema em eventos de enfermagem e outros espaços acadêmicos (Oguisso, 2008).

Já existem várias subespecialidades, entre as quais:

- Enfermagem correcional, que presta assistência a indivíduos sob custódia judicial, seja nos tribunais, nas prisões e casas de detenção.
- Enfermagem clínica forense, que pode atuar em serviços de emergência, onde pode realizar exames periciais em caso de vítimas de crimes sexuais, tráfico de órgãos, violência doméstica, negligência, abuso ou crime.
- Enfermagem de gerontologia forense, na qual o especialista ajuda na investigação de casos que envolvam abuso, negligência ou exploração de idosos.

- Enfermagem psiquiátrica forense, na qual esses especialistas avaliam pacientes para tratamento, inclusive de inimputáveis, providenciando os cuidados de reabilitação.

A Enfermagem Forense vem ganhando visibilidade, principalmente depois de reconhecida como especialidade pela Associação Americana de Enfermeiros (ANA), em 1995. No Brasil, esse reconhecimento pelo Cofen ocorreu em 2011, como referido. A partir deste reconhecimento, e com a colaboração da IAFN, foram elaborados os padrões (Fukuda, Stefanelli, Oguisso, 2015) de cuidado direto e os de desempenho profissional, ou seja, competência de cada padrão à área específica (Coffey, Coleman, 2001). O Coren-SP tem colaborado na divulgação da Enfermagem Forense, e publicou uma entrevista com Rita de Cassia Silva e Karen B. Silva, em 2011 (Coren, 2011).

CONSIDERAÇÕES FINAIS

A Ciência Forense caracteriza-se, portanto, pela interdisciplinaridade. Entre as áreas da ciência forense está a enfermagem, que poderá contribuir com outros saberes técnico-científicos para o desenvolvimento deste tão importante campo, mormente nos dias atuais, com mais recursos tecnológicos e possibilidade de celeridade na resolução dos graves problemas sociais afetos às tão diversidades práticas delituais. Assim, entende-se que a enfermagem, como ciência e como arte, deve conter um arcabouço teórico, como o faz a ciência forense, definida como o conjunto de todos os conhecimentos científicos e técnicas utilizadas para desvendar crimes.

A Enfermagem deve construir seu arcabouço teórico tanto nas práticas assistenciais (voltadas ao cuidado), mas também nas ações gerenciais, na pesquisa e em outros campos de penetração desse profissional, utilizando-se, por vezes, de pressupostos de outras ciências, como a Biologia e o próprio Direito.

No campo do Direito, há fortes aproximações com a formação do enfermeiro, tanto na dimensão ético-política quanto na dimensão da responsabilidade desse profissional face aos múltiplos cenários de inserção social e de práticas. Assim, uma das contribuições do saber jurídico na prática da enfermagem, bem acentuadas ao longo deste texto, foi a noção de direitos, deveres, responsabilidades, bem como a compreensão dos significados do dolo e da culpa nas ações ou omissões profissionais.

Ao se discutir a evolução histórica das legislações brasileira e da enfermagem, os autores buscaram analisar a importância destas leis e dos decretos nas práticas cotidianas e no trabalho do enfermeiro, que envolve não somente o cuidado, mas também o ensinar, o pesquisar e o prestar assessoria, como perito, avaliador etc. Nesse sentido, o pressuposto jurídico sobre o agir humano, que demanda tanto o agir culposo como doloso, e que por vezes produz danos a terceiros, é de fundamental importância nesse arcabouço, sobretudo para que as ações do enfermeiro sejam iluminadas pelo conhecimento técnico-científico.

Nessa direção, a formação do enfermeiro em Enfermagem Forense deve incluir o conhecimento sobre o tipo de conduta e seus desdobramentos no mundo. Assim, no agir culposo, o indivíduo não procura o dano como objetivo da sua conduta. Logo, não existe o *animus nocendi*, ou seja, a vontade deliberada de provocar o mal a outra pessoa. Entende o autor citado que o indivíduo, mesmo não almejando causar prejuízo a outrem, deverá ser responsabilizado pela infração de um dever, seja este legal ou contratual. Em contrapartida, no agir doloso, o indivíduo detém a consciência e a vontade de realização da conduta típica, isto é, da concretude do delito, que engloba tanto a prática criminosa quanto a contravenção penal (Mirabete, Fabbrini, 2014; Gonçalves, 2011).

No tópico sobre a evolução histórica da legislação, cabe destaque a Lei n. 3.780, de 12/07/1960, que dispunha sobre a Classificação de Cargos do Serviço Civil do Poder Executivo, que teve grande influência na enfermagem, pois, com isso, foi aberto o caminho para que, nos âmbitos estadual e municipal, paulatinamente, fosse o enfermeiro também reconhecido como categoria de nível universitário com remuneração correspondente (Brasil, 1974h).

Outra legislação que merece destaque foi o Decreto n. 50.387, de 28/03/1961, pois, pela primeira vez, houve uma tentativa de definição do exercício da enfermagem, porém restrito a: observação e cuidado de doente, gestante e acidentado; administração de medicamentos e tratamentos prescritos pelo médico; educação sanitária; e aplicação de medidas de prevenção de doenças. Definiu também todas as categorias que poderiam exercer legalmente a profissão, inclusive obstetrizes e parteiras.

A legislação vigente, a Lei n. 7.498, de 25/06/1986, estabeleceu as competências privativas do enfermeiro, inclusive no tocante à consulta e prescrição da assistência de enfermagem e aos cuidados de enfermagem de maior complexidade técnica, inexistentes nas normas anteriores. Ao se garantir ao enfermeiro a assunção de ações privativas, também se diz da autonomia e do reconhecimento social, envolvendo novos dilemas e questionamentos legais e éticos a respeito do fazer desse profissional e dos possíveis limites da sua atuação (Brasil, 2007a).

Os estudos na área da ciência da Enfermagem Forense devem contribuir para identificar e problematizar questões das práticas dos enfermeiros, possibilidades e limitações, o compartilhamento de saberes e de práticas em um terreno tão disputado, como parece ser o da ciência forense. Em que aspectos da assistência, do cuidado ou da gestão dos serviços de saúde o enfermeiro poderá contribuir para o desenvolvimento da ciência forense da enfermagem? Quais os pressupostos teóricos norteadores dessa ciência na enfermagem? Nessa perspectiva, a distinção entre culpa e dolo faz-se necessária para entender a conduta humana e suas motivações.

O enfermeiro, como profissional da saúde, não julga, como faz o Juiz de Direito de ofício, mas deve compreender e iluminar o seu agir profissional com base nos pressupostos das ciências humanas e biológicas.

No texto, deu-se ênfase à formação ética e aos princípios basilares do nosso CEPE, primeiramente o de 1958, pois, segundo este código, a "responsabilidade fundamental do enfermeiro é servir a pessoa humana, zelando pela conservação da vida, aliviando o sofrimento e promovendo a saúde, em coordenação de esforços com os membros das profissões afins" (art. 1°). Já o CEPE vigente, de 2007, considera que o respeito aos direitos humanos inclui direitos culturais e o direito a ser tratado com respeito e dignidade, independentemente de idade, cor, credo, cultura, incapacidade ou doença, gênero, orientação sexual, nacionalidade, opinião política, raça ou condição social.

Uma inovação nos princípios fundamentais é a afirmativa de que, como integrante da equipe de saúde, o profissional de enfermagem participa das ações que visem satisfazer às necessidades de saúde da população e da defesa dos princípios das políticas públicas de saúde e ambientais, que garantam a universalidade de acesso aos serviços de saúde, integralidade da assistência, resolutividade, preservação da autonomia das pessoas, participação da comunidade, hierarquização e descentralização político-administrativa dos serviços de saúde. Logo, o trabalho do enfermeiro não se delimita ao cenário assistencial e ao campo hospitalar. Este profissional deve envolver-se com as questões sociais e políticas, de forma comprometida com o atendimento das necessidades de saúde da população. Nessa direção, ainda, o CEPE-2007 estabeleceu parâmetros para o ensino, a pesquisa e a produção técnico-científica, considerando-se que o profissional que atua em docência realiza também pesquisa e outras atividades de extensão universitária, por serem exigências da própria vida acadêmica.

Destaque-se, porém, que essa exigência de produção técnico-científica deixou de ser característica acadêmica, pois começa a ser cobrada também dos profissionais que atuam na assistência e no gerenciamento de instituições de saúde, pois a pesquisa e a publicação de seus resultados indicam qualidade e capacidade profissional.

No campo da Enfermagem Forense, entretanto, as atividades do enfermeiro englobam diferentes situações, como a assistência à pessoa, vítima de agressão física, abuso sexual, tentativa de suicídio e, muitas vezes, a relação com o próprio agressor. Associam-se a essas atividades a investigação clínica, a coleta e a preservação de evidências e provas e a consultoria às autoridades legais. Preconiza-se que, ao assumir alguma função no campo forense, o enfermeiro deve autoanalisar seus valores, padrões culturais, crenças, sentimentos, enfim, sua atitude em relação às pessoas de quem cuidará no seu dia a dia, consciente de que se trata de alguém com transtorno mental que foi vítima de violência ou cometeu um crime.

Por outro lado, o agir profissional nessa área deve nortear-se por parâmetros técnico-científicos, haja vista que o enfermeiro, como profissional da saúde, estará envolvido tanto no cuidado de vítimas de agressões como de pessoas que cometeram ou tentaram cometer atos criminosos em casos de abuso de crianças, estupro, assassinato, roubo, violências em geral, até mesmo doméstica, atropelamentos, diferentes acidentes traumáticos, suicídio, infanticídio, além de outras formas de violência, tão presentes nas cidades e até na zona rural, na atualidade.

Como o enfermeiro se vê em relação à pessoa que tem transtorno mental e qual é sua atitude em relação ao ato criminoso em si? Com isso, parece clarividente a necessidade de se rever os projetos políticos pedagógicos das instituições formadoras, sobretudo para incluírem-se conhecimentos teóricos e práticos sobre relacionamento terapêutico enfermeiro-paciente nos cursos de graduação em enfermagem. Como bem se destacou, o enfermeiro psiquiátrico forense precisará, pois, desenvolver competência específica para atuar nessa área, e para tal deveria ser criado um curso de especialização em enfermagem com foco no cuidado desse domínio especial, tanto para desempenhar seu papel no cuidado direto da pessoa – vítima ou agressor – como de seus familiares, e para atender às exigências legais que se fizerem necessárias.

Ainda no tocante à Enfermagem Forense, esta deve englobar conhecimentos científicos da ciência da enfermagem e sua aplicação a procedimentos legais, da ciência forense e da justiça criminal, nos diversos campos ou cenários e atuação desse profissional (hospital, presídio, casa institucional ou de detenção, as diferentes instâncias da justiça, instituições asilares para idosos ou menores infratores, entre outros).

Somente com compromisso ético-legal, atrelado à produção crescente de conhecimentos na área da Enfermagem Forense, é possível vislumbrar o reconhecimento e a valorização social da inserção do enfermeiro nesse campo. Para tanto, requer-se uma formação biopsicossocial desse profissional, visando investigar cientificamente o óbito e os tratamentos de traumas de vítimas e agressores, acidentes traumáticos, abuso físico, sexual e emocional. Na prática, a Enfermagem Forense poderá tornar-se o elo de aproximação entre vítimas e equipe de saúde, estabelecendo também relações de confiança e cooperação com a justiça.

REFERÊNCIAS

Associação Portuguesa de Enfermagem Forense (Apeforense), sede em Lisboa, Portugal. Disponível em http://apcforenses.org/?page_id=24 [acesso em 08 jan 2020].

Associação Brasileira de Enfermagem – Comissão de Ética – Código de Ética da ABEn. Rev Bras Enferm (Rio de Janeiro). 1958;6(4):412-4.

Associação Brasileira de Enfermagem – Comissão de Ética – Código de Ética da ABEn, 1975. Rev Bras Enferm (Rio de Janeiro). 1976;29(2):102-3.

Associação Brasileira de Enfermagem Forense (Abeforense). Fundada em Aracaju, Sergipe, em 2015.

Brasil. Código Penal, 1940. Novo Código Penal: Decreto-lei n. 2.848, de 7-12-1940, atualizado pela Lei n. 7.209, de 11/7/1984. 23. ed. São Paulo: Saraiva; 1985.

Brasil. Constituição, 1988. Constituição da República Federativa do Brasil, 1988. 2. ed. São Paulo: Saraiva; 1989.

Brasil. Decreto n. 15.230, de 31/12/1921. Aprova o regulamento para o serviço de saúde do Exército em tempo de paz. In: Ministério da Saúde. Fundação Serviços de Saúde Pública. Enfermagem, legislação e assuntos correlatos. 3. ed, vol. I, Rio de Janeiro, 1974b. p. 35-54.

Brasil. Decreto n. 15.799, de 10/11/1922. Aprova o regulamento do Hospital Geral de Assistência do Departamento Nacional de Saúde Pública. Disponível em http://www2.camara.leg.br/legin/fed/decret/1920-1929/decreto-15799-10-novembro-1922-501439-publicacaooriginal-1-pe.html. [acesso em 27 jan 2017].

Brasil. Decreto n. 20.109, dc 15/06/1931. Regula o exercício da enfermagem no Brasil e fixa as condições para a equiparação das escolas de enfermagem e instruções relativas ao processo de exame para revalidação de diplomas. In: Ministério da Saúde. Fundação Serviços de Saúde Pública. Enfermagem, legislação e assuntos correlatos. 3. ed. vol. I. Rio de Janeiro, 1974d. p. 68-72.

Brasil. Decreto n. 20.931, de 11/01/1932. Regula e fiscaliza o exercício da medicina, da odontologia, da medicina veterinária, e das profissões de farmacêutico, parteira e enfermeira, no Brasil, e estabelece penas. In: Ministério da Saúde. Fundação Serviços de Saúde Pública. Enfermagem, legislação e assuntos correlatos. 3. ed, vol. I, Rio de Janeiro, 1974e. p. 75-82.

Brasil. Decreto n. 791, de 27/09/1890. Cria no Hospício Nacional de Alienados uma escola profissional de enfermeiros e enfermeiras. In: Ministério da Saúde. Fundação Serviços de Saúde Pública. Enfermagem, legislação e assuntos correlatos. 3. ed. Rio de Janeiro, 1974a. p. 26-7.

Brasil. Decreto n. 828, de 29/09/1851. Regulamento da Junta de Higiene Pública. Manda que médicos, cirurgiões, boticários, dentistas e parteiras devem apresentar seus diplomas na Corte e Província do Rio de Janeiro. Disponível em http://www2.camara.leg.br/legin/fed/decret/1824-1899/decreto-828-29-setembro-1851-549825-publicacaooriginal-81781-pe.html. [acesso em 27 jan 2017].

Brasil. Decreto n. 16.300, de 31/12/1923. Aprova o regulamento do Departamento Nacional de Saúde Pública. In: Ministério da Saúde. Fundação Serviços de Saúde Pública. Enfermagem, legislação e assuntos correlatos. 3. ed, vol. 1, Rio de Janeiro, 1974c. p. 57-66.

Brasil. Decreto n. 5.773, de 09/05/2006, dispõe sobre o exercício das funções de regulação, supervisão e avaliação de instituições de educação superior e cursos superiores de graduação e sequenciais no sistema de ensino. Disponível em www6.senado.gov.br/sicon/Executa.PesquisaBasica.action

Brasil. Decreto n. 50.387, de 28/03/1961. Regulamenta o exercício da enfermagem e suas funções auxiliares no território nacional. In: Ministério da Saúde, Fundação Serviços de Saúde Pública, Enfermagem, legislação e assuntos correlatos. 3a. ed, Rio de Janeiro, vol. 2, p. 217-222. 1974i.

Brasil. Decreto n. 94.406, de 8/6/1987. Regulamenta a Lei n. 7.498/1986, que dispõe sobre o exercício da enfermagem e dá outras providências. In: Principais legislações para o exercício da enfermagem. São Paulo: Conselho Regional de Enfermagem; 2007b. p. 11-14.

Brasil. Lei das contravenções penais. Decreto n. 3.688, de 3/10/1941. Novo Código Penal. 23. ed. São Paulo: Saraiva; 1985.

Brasil. Lei n. 10.406, de 10/01/2002. Institui o Código Civil. Saraiva: São Paulo; 2002.

Brasil. Lei n. 2.604, de 17/09/1955. Regula o exercício da enfermagem profissional. In: Ministério da Saúde, Fundação Serviços de Saúde Pública. Enfermagem – legislação e assuntos correlatos. 3. ed. Rio de Janeiro, vol. 1, 1974g. p. 177-9.

Brasil. Lei n. 3.780, de 12/07/1960. Dispõe sobre a Classificação de Cargos do Serviço Público Civil do Poder Executivo, estabelece os vencimentos correspondentes e dá outras providências. In: Ministério da Saúde, Fundação Serviços de Saúde Pública. Enfermagem – legislação e assuntos correlatos. 3a ed, Rio de Janeiro, vol. 1, 1974h. p. 188-209.

Brasil. Lei n. 4.024, de 20/12/1961. Fixa as Diretrizes e Bases da Educação Nacional. In: Ministério da Saúde, Fundação Serviços de Saúde Pública. Enfermagem – Legislação e Assuntos Correlatos. 3. ed. Rio de Janeiro, vol. 2, 1974. p. 227-36.

Brasil. Lei n. 5.905, de 12/07/1973. Dispõe sobre a criação dos Conselhos Federal e Regionais de Enfermagem e dá outras providências. Diário Oficial Brasília, 18 de julho de 1973. Seção 1.

Brasil. Lei n. 7.498, de 25/06/1986. Dispõe sobre a regulamentação do exercício da enfermagem e dá outras providências. In: Principais legislações para o exercício da enfermagem. São Paulo: Conselho Regional de Enfermagem; 2007a. p. 15-19.

Brasil. Lei n. 775, de 6/08/1949. Dispõe sobre o ensino de enfermagem no país e dá outras providências. In: Ministério da Saúde. Fundação Serviços de Saúde Pública. Enfermagem, legislação e assuntos correlatos. 3. ed., vol. 1, Rio de Janeiro, 1974f. p. 154-7.

Brasil. Lei n. 8.967, de 28/12/1994. Altera a redação do parágrafo único do art. 23 da Lei n. 7.498, de 25/06/1986, que dispõe sobre a regulamentação do exercício da enfermagem e dá outras providências. In: Conselho Regional de Enfermagem de São Paulo – Documentos básicos de enfermagem. São Paulo, 2001. p. 42.

Brasil. Lei n. 8.078, de 11/09/1990, dispõe sobre a proteção e defesa do consumidor e dá outras providências. In: Negrão T, Gouveia JRF – Código Civil e legislação civil em vigor. 23. ed, atualizada até 10-01-2004. São Paulo: 2004; p. 586-626. Disponível em http//www.planalto.gov.br/civil_03/leis/18078.htm. [acesso em 04 jun 2015].

Brasil. Lei sem número, de 03/10/1832. Dá nova organização às actuaes Academias Médico-Cirúrgicas das cidades do Rio de Janeiro e Bahia. In: Ministério da Saúde. Fundação Serviços de Saúde Pública. Enfermagem, legislação e assuntos correlatos. 3. ed., vol. 1, Rio de Janeiro, 1974. p. 11-14.

Clement P, Sekula LK. Toward advancement and evolution of forensic nursing: the interfaces and interplay of research, theories and practice. J Forensic Nur. 2005;1(1):35-6.

Coffey M, Coleman M. Relationship between support and stress in forensic community mental health nursing. J Adv Nurs. 2001; 34(3):397-407.

Conselho Federal de Enfermagem – Cofen – 40 anos – 1973-2013. Lutando pela autonomia da Enfermagem. Maria do Rosario de Fátima Borges Sampaio, Almerinda Moreira, Carmen Lucia Lupi Monteiro Garcia, Joel Rolim Mancia, Sandy Assis Andrade (orgs.). Brasília: Cofen; 2014.

Conselho Federal de Enfermagem – Enfermagem, criação e instalação de sua autarquia profissional. Relatório apresentado pelos membros designados na Portaria n. 3059, de 05/03/1975, do Ministro do Trabalho, baixada de acordo com o disposto no artigo 21 da Lei n. 5.095, de 12/07/1973. Gestão 23/04/1975 a 22/04/1976. Anexo 14. p. 56.

Conselho Federal de Enfermagem. Parecer 02/2015/COFEN/CTLN sobre atribuições do enfermeiro e do técnico de enfermagem nos serviços do instituto médico legal e do instituto de análise forense Disponível em http://www.cofen.gov.br/parecer-no-022015cofenctln_47739.html. [acesso em 10 fev 2017.

Conselho Federal de Enfermagem. Parecer 16/2016/COFEN/CTLN sobre solicitação de parecer do Ministério Público de Minas Gerais sobre a possibilidade do enfermeiro ser nomeado para realizar laudos de lesões corporais leves em processos criminais. Disponível em http://www.cofen.gov.br/parecer-no-162016cofenctln_46694.html. [acesso em 10 fev 2017].

Conselho Federal de Enfermagem. Resolução n. 311, 8/02/2007. Aprova a reformulação do Código de Ética dos Profissionais de Enfermagem. In: Principais legislações para o exercício da enfermagem. Conselho Regional de Enfermagem de São Paulo; 2007. p. 21-33.

Conselho Federal de Enfermagem. Resolução n. 389, de 18/10/2011, reconhece a enfermagem forense como especialidade da enfermagem. Disponível em http://www.portaldocofen.com.br/content/uploads/2012/03/resolução_389_2011.pdf. [acesso em 30 nov 2015].

Conselho Federal de Enfermagem. Resolução n. 564, de 6 de novembro de 2017. Aprova o novo Código de Ética dos Profissionais de Enfermagem. Diário Oficial da União, Brasília. 2017: 233:157.

Conselho Regional de Enfermagem – São Paulo. Enfermagem forense: possibilidades para a profissão. Entrevista concedida por Rita de Cássia Silva e Karen Beatriz Silva para o Coren-SP, em 06/06/2011.

Conselho Regional de Enfermagem de Sergipe. Abertura do curso de enfermagem forense. Disponível em http//www.portalcofen.gov.br/abertura-do-curso-de-enfermagem-forense-contou-com-presenca-do-coren.5763.html. [acesso em 30 nov 2018].

Coram JW. Psychiatric forensic nursing. In: Vaccarolis EM, Carson VB, Shoemaker NC. Foundations of psychiatric mental health nursing: a clinical approach. St Louis: Saunders/Elsevier; 2006. p. 623-31.

Fernandes CR. Violência moral na enfermagem. Goiânia: AB Editora; 2007.

Fukuda IMK, Stefanelli MC, Oguisso T. Normas nacionais e internacionais de saúde mental – enfermagem forense. In: Oguisso T, Freitas GF (orgs.). Legislação de enfermagem e saúde: histórico e atualidades. Barueri: Manole; 2015, vol. 12, p. 280-312.

Gomes A. Enfermagem forense. Dois volumes. Lisboa: Lidel; 2014.

Gonçalves CR. Direito civil brasileiro. Teoria geral das obrigações. 8. ed. São Paulo: Saraiva; 2011.

Gottems L. Pesquisa revela impacto do PROFAE nos serviços de saúde (editorial). Secretaria de Gestão do Trabalho e da Educação na Saúde. Departamento de Gestão da Educação na Saúde. Projeto de Profissionalização dos Trabalhadores da Área de Enfermagem. Rev Formação/Ministério da Saúde (Brasília, Ministério da Saúde). 2003;3(7):3-4.

International Association of Forensic Nurses. Disponível em http://www.forensicnurses.org/. [acesso em 27 jan 2017].

International Council of Nurses. The ICN Code of Ethics for Nurses. Geneva, Switzerland. 2012. Disponível em http://www.icn.ch/who-we-are/code-of-ethics-for-nurses/. [acesso em 30 jan 2017].

Lynch V. Forensic nursing science: global strategies in health and justice, University of Colorado, Colorado Springs. Elsevier B.V.; 2011.

Lynch V. Pioneer in forensic nursing. May 2 2014. Disponível em http://www.confidenceconnected.com/blog/2014/05/02/virginia-lynch-pioneer-in-forensic-nursing/. [acesso em 27 jan 2017].

Mirabete JF, Fabbrini RN. Manual de direito penal. Parte geral. São Paulo: Atlas; 2014. vol. 1.

Noronha EM. Direito penal, parte geral. 39. ed. São Paulo: Saraiva; 2004.

Oguisso T, Schmidt MJ. Bases legais para o exercício da enfermagem. In: O exercício da enfermagem: uma abordagem ético-legal. 5. ed. Rio de Janeiro: Guanabara Koogan; 2019b. cap 1, p. 3-12.

Oguisso T, Schmidt MJ. Organizações internacionais de saúde. In: O exercício da enfermagem: uma abordagem ético-legal. 5. ed. Rio de Janeiro: Guanabara-Koogan; 2019a. cap. 24, p. 315-22.

Oguisso T. Histórico dos códigos de ética de enfermagem no Brasil. In: Oguisso T, Schmidt MJ. O exercício da enfermagem: uma abordagem ético-legal. 5. ed. Rio de Janeiro: Guanabara-Koogan, 2019; cap. 6, p. 65-80.

Oguisso T. Dimensões ético-legais na assistência de enfermagem em saúde mental e psiquiátrica. In: Stefanelli MC, Fukuda IMK, Arantes EC (orgs.). Enfermagem psiquiátrica em suas dimensões assistenciais. Barueri: Manole; 2008. vol. 5, p. 56-79.

Oguisso T. Novo Código Civil: seu impacto nas ações de enfermagem. Rev. de pesquisa: cuidado é fundamental (Rio de Janeiro). 2003;7(1/2):61-76.

Pereira de Paiva MH, Pinheiro Lages L, Cavalcanti de Medeiros Z. Studies on forensic nursing in Brazil: a systematic review of the literature. Int Nurs Rev. 2017;64(2):286-95.

Província Eclesiástica de São Paulo. Normas práticas de Deontologia Católica – Diretório das Religiosas e Enfermeiras Católicas. Gráfica da "Ave Maria" de São Paulo; 1936.

Rose DN. Respect for patient autonomy in forensic psychiatric nursing. J Forensic Nurs. 2005;1(1): 23-7.

Santiago E. Criminologia. Disponível em http://www.infoescola.com/ciencias/criminologia/. [acesso em 27 jan 2017].

Silva KB, Silva RC. Enfermagem forense: uma especialidade a conhecer. Cogitare Enferm. 2009; 14(3):564-8.

Telles LEB. Características sociodemográficas, patológicas y delictivas de reos sometidos a examen de responsabilidad penal. In: El Instituto psiquiátrico forense. Dissertação [mestrado]. Argentina: Universidad Nacional de La Plata; 2004.

CAPÍTULO

3

Suicídio e trabalho: possíveis causas organizacionais da negação absoluta da felicidade do trabalhador

Margarida Maria Silveira Barreto
Ellen Maria Hagopian
Genival Fernandes de Freitas

O tema proposto neste capítulo constitui uma reflexão complexa e, por isso, traçaremos algumas proposições que mostrem – mesmo que de forma breve – a dimensão inter-relacional entre o suicídio, a organização do trabalho e as relações sociolaborais tecidas na cotidianidade fabril, como base para pensarmos em saúde mental. Comecemos com uma interrogativa simples: o que é ter saúde mental? Segundo a Organização Mundial da Saúde (OMS) e a Organização Internacional do Trabalho (OIT), saúde mental é o estado de bem-estar no qual o trabalhador realiza as suas capacidades; pode fazer face ao estresse normal da sua vida; pode trabalhar de forma produtiva e frutífera; pode contribuir para a comunidade em que se insere.

Sentir bem-estar é estar e ter harmonia no ambiente de trabalho; é ter autonomia e ser reconhecido naquilo que faz, uma vez que o bem-estar revela um estado dinâmico da mente com as necessidades e expectativas do trabalhador e de seu entorno laboral. Todos nós estamos expostos a tensões e conflitos, o que vai demandar sentidos e significados que contemplam tanto o corpo biológico como o histórico-social, tanto as relações de poder e hierarquias como a dimensão da afetividade ética e o respeito mútuo. Portanto, ter saúde é uma maneira de abordar a existência com uma sensação não apenas de possuidor ou portador, mas também, se necessário, de criador de valor, de instaurador de normas vitais (Canguilhem, 2012).

O segundo ponto: quando falamos de organização do trabalho, devemos enfatizar os fatores psicossociais, refletir as percepções, experiências e relações interpessoais que se estabelecem entre todos os membros da uma dada organização hierárquica. Significa falar também das múltiplas exigências do trabalho, tais como o ritmo alucinante, as exigências objetivas, mas nem sempre coerentes e transparentes; os turnos e jornadas estendidos, cujo limite se pauta pela exaustão. Deste modo, os riscos psicossociais são produtos tangíveis em suas consequências, embora "invisíveis" no que concerne a certos resultados psicológicos, físicos e sociais negativos que decorrem de uma concepção de organização e gestão inadequadas do trabalho (Osha, 2016), que se pautam e revelam falta de autonomia do "colaborador", competitividade e individualismo que levam ao esgarçamento dos laços fraternos, produzindo sentimento de vazio e de inutilidade. Neste sentido, os afetos constituem variáveis importantes para definirmos um estado de bem-estar e felicidade possível. Se temos um ambiente de trabalho individualista e competitivo, onde corpos e mentes são controlados e até punidos se não alcançam as metas, sempre variáveis e ascendentes, esse tipo de organização faz declinar o espírito crítico, e não pode ser pedagógico; menos ainda criador de felicidade (Demo, 2001) na medida em que a astúcia essencial das empresas é que os lucros dos acionistas baseiam-se nos preços das ações e não na saúde das empresas – menos ainda na saúde dos trabalhadores.

Com relação ao trabalho, sabemos que quanto mais o trabalhador produz, menos tem para consumir. Quanto mais cria valores, mais sem valor e indigno ele se torna; quanto mais formado o seu produto, mais deformado ele fica; quanto mais civilizado o seu objeto, mais bárbaro o trabalhador; quanto mais poderoso o trabalho, mais impotente o trabalhador se torna; quanto mais rico de espírito o trabalho, mais pobre de espírito e servo da natureza se torna o trabalhador (Marx, 2004). Se os trabalhadores estranham a si, a sua atividade produtiva e já não se reconhecem naquilo que fazem e produzem, o que fazer com essa dor que os incomoda?

Quais as consequências que essa nova trama organizacional traz à vida e à saúde dos trabalhadores, em especial aos da Enfermagem? Acentua-se a esta categoria ser uma profissão suscetível aos transtornos de cunho psíquico o fato de em seu cotidiano laboral, estar envolto da dor por fatores como a morte e o sofrimento das pessoas sob seus cuidados, e também suas famílias. Além dos transtornos mentais e acidentes, temos o suicídio como "uma das maiores causas de mortalidade ao redor do mundo". Em virtude de sua crescente prevalência, esta condição tem sido considerada uma questão de saúde pública, havendo grandes variações interculturais e por faixa etária. No Brasil,

24 pessoas morrem diariamente por suicídio. E quando esta morte está relacionada ao trabalho, há silêncio, e esta informação acaba por não ser divulgada. Assim, o impacto do suicídio é obscurecido. Poderíamos perguntar: qual o sentido da vida, em que não há solidariedade e tempo para tecer amizades, ajudar o outro em dificuldades, criar e ter autonomia, ser reconhecido e respeitado naquilo que faz, enfim, construir uma identidade coletiva e fortalecer a individual?

Embora as empresas públicas e privadas venham usando novas estratégias gerenciais, seu corpo de comando – alta gerência e profissionais técnicos – não está preparado para compreender a "turbulência emocional" e os problemas de saúde que têm causado a milhares de trabalhadores, com as suas novas formas de organizar e administrar o trabalho; com o uso de constrangimentos e pressão constante associados às humilhações e desqualificações que geram tristeza, perda de prazer e interesse; sensação de vazio, apatia, ansiedade, variados medos, angústia, solidão, desespero, tensão, irritabilidade, concentração rebaixada, indecisão, culpa, pessimismo, crise de ideais e valores, pensamento suicida, insônia, aumento ou diminuição do apetite, diminuição do desejo sexual, cefaleias, lombalgias, dores articulares e sintomas viscerais da ordem dos sistemas gastrointestinal e cardiovascular.

Se há demissão, constitui um "grande golpe", na medida em que cria problemas econômicos e causa estragos à autoetima da pessoa, interferindo na identidade e subjetividade e, com certa frequência, desorganizando a família. Ora, se passarmos em revista o mundo do trabalho contemporâneo, não é somente a ausência de emprego que é funesta, mas as condições indecentes de vida, a rejeição, o opróbrio infligido àqueles que suportam o desemprego, sem falar na angústia da maioria que, ameaçada de se juntar aos empregadores, se vê submetida a constrangimentos cada vez mais opressores. Os distúrbios psicofisiológicos, as doenças, os acidentes, a morte precoce e os suicídios têm elos fortes com os processos históricos de trabalho, com a cultura organizacional, o que significa que os danos orgânicos e psíquicos estão intimamente entrelaçados (Bernardo, 2011).

Cabe perguntar: como falar em Eudemonismo, ou melhor, doutrina da felicidade no trabalho, se não conheço o processo de trabalho? Aceitar a autoajuda como possibilidade de resolução? Trabalhadores estressados, exaustos, cansado, mantidos sob suspeitas e sofrendo humilhações tornam-se mais vulneráveis a propostas que prometam as maravilhas do amor, da felicidade e do prazer. A autoajuda tenta obscurecer o dilema da fragilidade humana:

confrontar-se com ela ou compor-se com ela? Se exacerbarmos qualquer lado, nos preparamos para uma infelicidade maior! Pode-se e deve-se degustar de momentos de alegria e encontros solidários sem, entretanto, tentar futilmente inventar prazer via manipulação vivaldina (astuciosa, malandra, esperta), pois, quando voltamos ao trabalho, percebemos que tudo foi fantasia, e, em vez de nos sentirmos potencializados e com grande autoestima, nos sentimos tristes e, às vezes, deprimidos.

Chefias explosivas, clínicas sobrecarregadas e pouco pessoal, as mentiras em benefício próprio ou de outrem e as fofocas não são emblemas de nossa ideia de um ambiente saudável e coerente. Quando há abuso de poder, atos de violência continuada e cotidiana, o trabalho materializa-se como dor moral, sofrimento psíquico, isolamento, doenças, acidentes e até mesmo morte. Como exemplo, citamos o que ocorreu com uma trabalhadora afastada por doença do trabalho que, ao retornar, após alta da previdência, já não tinha posto de trabalho e foi posta à disposição do RH. Ela entrou em desespero à medida que os dias passavam e sentia que poderia ser demitida, o que aconteceu logo após o vencimento de sua estabilidade legal. Ela se enforcou, deixando uma carta. Em 2020 ocorreram três suicídios de trabalhadoras oriundas de hospitais, postos de saúde ou clínicas, de pessoas que se sentiam exaustas, tristes. Afastadas do trabalho, sentiam-se deprimidas, solitárias e sem esperanças.

Outro exemplo: o setor dos bancos e financeiras, em que a maioria dos trabalhadores fazia carreira de décadas. Hoje, as reestruturações dão lugar às demissões e suicídios; é o caso recente de seis suicídios no setor bancário, na região Sul. Todos ocorreram após a demissão. Se, para nós, clientes, a reestruturação significa piora dos serviços, superlotação de agências e até trabalhar gratuitamente para os bancos, para os trabalhadores demitidos, significa dificuldade em se recolocar no mercado de trabalho.

Muitos homens, diante dessa situação, não se retiram no silêncio do abatimento ou isolamento, mas no ruído da violência, no consumo de drogas, no presenteísmo, no rompimento da conexão familiar. São situações vivenciadas no trabalho e que levam a perturbações dos vínculos, das identidades, dos projetos pessoais e coletivos (Hornstein, 2008) ante uma cultura do sucesso individual e empresarial, em que é necessário ser o primeiro para não ser o último. Esse mal-estar instaurado apresenta três dimensões paradoxais e causais: o paradoxo no êxito, no sucesso e na participação individual.

Com relação ao êxito, o trabalhador é cada vez mais convocado a realizar-se como indivíduo e contribuir com o sucesso e crescimento da empresa;

cumprir com os desígnios de sua vida em consonância com a missão, visão e valores da empresa. Contudo, paradoxalmente, o trabalhador encontra cada vez mais dificuldades para tal realização em razão da difícil relação entre os três níveis: o perfil de profissional exigido, as estruturas de decisão das empresas e o nível exigências em um ambiente de trabalho cada vez mais complexo, difuso e competitivo, o que torna quase impossível delimitar e ver sua própria contribuição e ascensão por meios éticos.

Quanto ao paradoxo do sucesso, o trabalhador deve centrar-se sobre sua própria subjetividade, sua individualidade e, assim, orientar suas ações e sua vida para o melhoramento do seu eu. Entretanto, como fortalecer esse eu em um ambiente de competição e no qual predomina o "salve-se quem puder"? Cada individualidade humana conserva em si e para si uma história de vida/do trabalho. Todo ser humano caracteriza-se pela individualidade, subjetividade e alteridade. A subjetividade do homem que trabalha expressa seu modo de ser, fala dos modos de andar a vida. No entanto, na medida em que não se realiza enquanto ser para si mesmo, torna-se um ser-para-os-outros. E a alteridade expressa o ser-com-o-outro, com os seus pares no ambiente de trabalho. Como ter reconhecido o seu valor em um ambiente competitivo, egoísta e individualista? Como ser um líder, um empreendedor, um colaborador que toma iniciativas, se está sobrecarregado de medos e incertezas? A lógica que impera é produzir e não se preocupar com aquele que está ao seu lado. Há poucos dias, ouvimos de uma trabalhadora que sua chefia cometia abuso de poder contra todos, de forma reincidente, impondo jornadas excessivas para forçá-los a atingir metas inacessíveis.

Por isso, a própria luta pela preservação do emprego degrada frequentemente aquele que vive do trabalho. Reduz os sonhos, sequestra a confiança no futuro, desagrega as relações laborais, dissemina e naturaliza o mal-estar da consciência intranquila, como lembra o pesquisador Giovanni Alves. Contudo, por outro lado, os desempregados são abandonados, aos milhões, à sua própria sorte, tendo como horizonte amargo o fim dos direitos, expressão de uma desumanidade alucinante.

A terceira dimensão paradoxal está no campo da participação individual. No entanto, como ser um trabalhador que faz sucesso e tem autonomia se esse mesmo trabalhador se sente cada vez mais vigiado, controlado, atarefado, sobrecarregado, pressionado, solitário e impotente? Além disso, sente-se cada vez mais incapaz de influenciar e contribuir para um sistema dominado por imperativos externos e uma tecnologia que aliena e escraviza. Vê menos chances de ascensão profissional, exceto se aceitar determinadas práticas que envolvem corrosão do caráter, corrupção e mentiras. Por outro lado, o ideal de gestor para a empresa é aquele que apresenta comportamentos e qualidades segundo as necessidades da empresa, ou seja, ter um bom desempenho, ser inflexível no mando dos subordinados, não reclamar, não ouvir, exigir dos subordinados mais produção e amedrontar: esse é o drama do sofrimento psíquico no trabalho que leva muitos ao suicídio, tornando insuportável o clima de violência e humilhações no lugar de trabalho. O mundo do trabalho moderno ainda tem muito espaço para fofocas, intrigas, humilhações, discriminações, práticas racistas e diversas formas de violência em manifestações cada vez mais sutis e que podem levar à morte por suicídio. Observe este bilhete de um trabalhador:

> "Não suporto mais tanta pressão permanente. O trabalho excessivo, a ausência de formação, a desorganização total da empresa... Os gestores praticam uma gestão de terror. A maneira de trabalhar e a exigência de produtividade desorganizaram minha vida. Esta forma de trabalhar me perturba. Me converti em um nada, uma ruína, um dejeto humano. Prefiro acabar, pôr fim à minha vida.
>
> Meu trabalho não parece ser valorizado, sou questionado de forma constante, nada que faço parece estar certo e isso vem ocasionando uma falta de confiança terrível em mim mesmo e gerando uma ansiedade crescente. Prefiro não viver em um ambiente opressivo."

Entre as causas dos suicídios no trabalho, a tese mais difundida e aceita internacionalmente pelo sociólogo V. de Gaulejac é que há um mal-estar generalizado dos trabalhadores, em especial de algumas categorias, como os bombeiros, os cortadores de cana-de-açúcar, os policiais, os médicos, entre outros. Poderíamos perguntar, o que faz um trabalhador sofrer e adoecer? Conflito permanente entre a qualidade do trabalho esperado e a quantidade a produzir; a densificação do trabalho: supressão dos tempos mortos; a frustração por não poder fazer um trabalho de qualidade; as discriminações e as humilhações no trabalho.

É válido lembrar que os trabalhadores não desejam adoecer, sofrer acidentes, cometer suicídio, se aposentar precocemente ou afastar-se do trabalho por doenças. Em meados de 2019, uma gerente bancária me contou que seu trabalho se caracteriza por acúmulo de serviço, grande demanda e excessivo fluxo de clientes, falta de pessoal qualificado no atendimento, grande fluxo de dinheiro sob a sua responsabilidade, falta de ar-condicionado no escritório, e isso tudo a colocava sob tensão e estresse, já que se tornaram uma constante no seu dia a dia, com reflexos em seu ambiente familiar, o que lhe causava sérios conflitos conjugais. Após um tempo, já não conseguia dormir à noite, passando então a sofrer com crises maníaco-depressivas e síndrome do pânico, passando inclusive a ter visões e a ouvir vozes. Foi diagnosticada como portadora de transtorno afetivo bipolar e hipertensão arterial sistêmica. Foi afastada do trabalho para tratamento de saúde, e acabou aposentada após a constatação de que os seus transtornos psíquicos haviam evoluído, restando um quadro clínico crônico irreversível, que não nos deixa dúvidas sobre a causalidade do adoecer.

Ao final, pergunto: o que é felicidade? Fontenelle (2019) dizia que a "é um estado tal que se deseja a sua duração sem mudanças". Em Fausto, de Goethe (2012), ele diz: "Oh, fica, tu és tão bom, sem dúvidas seriamos felizes". Mas, que elementos compõem o estado de felicidade? É possível que haja a permanência e a estabilidade deste estado-emoção em um mundo conturbado do trabalho? Talvez tenhamos uma caixa de pandora, no qual, após saírem todos os males do mundo do trabalho que nos cerca, sobraria a esperança. Este mito da caixa de pandora significa que, ao homem imprudente e temeroso, são atribuídos os males humanos como consequência da sua falta de conhecimento e previsão. O homem depende de sua própria inteligência para não ficar nas mãos do destino, das intempéries e dos próprios humanos. Mas a lógica do sistema econômico não privilegia o bem-estar dos seus "colaboradores", sequer reconhece o saber-fazer, mas privilegia, sim, os ganhos dos acionistas – o que dá razão e sentido ao viver pode constituir-se em razão para morrer, como refletia Camus (2014). O trabalho, enquanto atividade humana, dá sentido à vida, fortalecendo a identidade e a dignidade de trabalhador, lembrando que um "homem só tem o direito de olhar um outro de cima para baixo para ajudá-lo a levantar-se, não para constrangê-lo ou humilhá-lo" (García Márquez). Para sermos proativos, não passivos, devemos nos confrontar, pensar criticamente e avaliar o risco Brasil, que hoje é o risco de suicídio, que revela a negação absoluta da felicidade do trabalhador.

CONSIDERAÇÕES FINAIS

Os autores buscaram refletir sobre o suicídio no contexto do trabalho, considerando as possíveis causas organizacionais da negação absoluta da felicidade do trabalhador, bem como as questões políticas e sociais no entorno dessa questão.

Ademais, sabe-se que as situações de violência são complexas, especialmente na sociedade atual, o que requer, por si, múltiplos olhares, enfoques e abordagens para o seu enfrentamento.

Outra preocupação dos autores reflete sobre a necessidade de preparo e formação dos profissionais de saúde, tornando-os capazes de lidar com esses desafios nas organizações de saúde, liderando ações em prol da transformação da violência nos diferentes cenários de prática desses atores sociais, especialmente no ambiente de trabalho em que atuam.

A crescente precarização do trabalho dos profissionais de Enfermagem e de saúde, no Brasil, impacta tanto no sofrimento, quanto nas questões da violência, tão presentes nas suas práticas cotidianas e de forma contraditória, pois ao mesmo tempo que buscam "salvar vidas", deparam-se com a negação da felicidade na sociedade e no ambiente de trabalho.

REFERÊNCIAS

Alves G, Vizzaccaro-Amaral AL, Mota DP. (orgs). Trabalho e estranhamento. Saúde e precarização do homem que trabalha. São Paulo: LTR; 2012.

Bernardo MH, Seligmann-Silva E, Maeno M, et al. Ainda sobre a saúde mental do trabalhador. Rev Bras Saúde Ocup. 2011;36:8-11.

Camus A. Esperança do mundo. 1. ed. Editora Hedra; 2014.

Canguilhem G. O conhecimento da vida. Rio de Janeiro: Forense; 2012.

Castel R. As metamorfoses da questão social. Rio de Janeiro: Vozes; 1998.

Dejours C. Trabajo y violencia. Madri: Modus Laborandi; 2009.

Demo P. Dialética da felicidade. Petrópolis: Vozes; 2001.

Fausto de Goethe e a contemporaneidade: questões fáusticas no século XXI. Kestler IMF, Moura MS (organizadoras). [arquivo digital]. Rio de Janeiro: Apa-Rio e De Letras; 2012.

Frankl VE. Um sentido para a vida: Psicoterapia e humanismo. São Paulo: Ideias e Letras; 2005.

Gomes JA. Do trabalho penoso a dignidade no trabalho. O itinerário de canavieiros no enfoque da psicologia do trabalho. São Paulo: Ideias & Letras; 2012.

Kalimo R, El Batam M, Cooper CL. Los factores psicosociales en el trabajo y su relación con la salud. Ginebra: Organización Mundial de la Salud; 1988.

Lara JLT. Miedo absoluto. La oficina como campo de concentración y la Empresa como forma de exterminio. México: Tauros; 2013.
Mair J. Chega de oba-oba! Porque desempenho e disciplina rendem mais que inteligência emocional, espírito de equipe e soft skills. São Paulo: Martins Fontes; 2005.
Marx K. Manuscritos econômico-filosófico. São Paulo: Boitempo; 2004.
Mello MF, Fiks JP. Transtorno de estresse pós-traumático. Violência, medo e trauma no Brasil. São Paulo: Atheneu; 2011.
Occupational Safety and Health Administration (OSHA). Guidelines for Preventing Workplace Violence for Healthcare and Social Service Workers. US: Department of Labor, 2016. Disponível em https://www.osha.gov/ Publications/osha3148.pdf [acesso em 30 jan 2019].
Orellano MH. Trabajo, desocupación y suicidio. Efectos psicosociales del desempleo. Buenos Aires: Lumen-Humanitas; 2005.
Santos EF, Fontenelle IA. The construction of meaning for the emotional labor. Rev Adm Mackenzie. 2019:20(1).
Szasz TS. El mito de la enfermedad mental. Bases para una teoría de la conducta personal. Buenos Aires: Amorrortu; 2008.
Siqueira MMM, Jesus SN, Oliveira VB. Psicologia da saúde. Teoria e pesquisa. São Bernardo do Campo: Universidade Metodista de São Paulo; 2008.
Viterbo Silva I. Violência no Trabalho em Saúde: a invisibilidade do sofrimento nas organizações de saúde na Bahia. Tese apresentada ao programa de Pós Graduação em Saúde Coletiva do Instituto de Saúde Coletiva da Universidade Federal da Bahia, como requisito parcial à obtenção ao título de "Doutor em Saúde Pública", área de concentração em Epidemiologia, Salvador; 2013.

PARTE 2

Enfermagem Forense no atendimento aos grupos populacionais

CAPÍTULO

4

Enfermagem Forense e a violência contra a pessoa idosa

Yeda Aparecida de Oliveira Duarte
Tamara Nogueira Petroni

Na contemporaneidade, infelizmente, a violência, nas diversas áreas, é cada vez mais constante. Para Arendt (2001), "(...) a violência e sua arbitrariedade foram consideradas corriqueiras e, portanto, desconsideradas". Como consequência, continua a autora: "Quem quer que tenha procurado alguma forma de sentido nos registros do passado, viu-se quase que obrigado a enxergar a violência como um fenômeno marginal". Tal crítica refere-se ao fato que toda uma tradição de pensamentos acabou por glorificar e, em muitos casos, legitimar a violência. Essas confusões e apologias, intencionais ou não, são apressadas, e suas consequências são aterrorizadoras, seja por meio de atos de vingança e justiçamentos, seja na defesa do endurecimento dos instrumentos estatais de repressão, o que apenas atua como dificultador na superação da "banalização do mal" nos dias de hoje.

O tema violência, relacionada à saúde, começou a ser pesquisado, no Brasil, nos anos 1980, denunciando o impacto da violência na saúde da população brasileira. Só é possível compreender a violência se conhecermos como as relações sociais são realizadas, o que ocorre por meio da construção de uma consciência social e política voltada para o coletivo. Torna-se, assim, imprescindível que os serviços de saúde propiciem espaços de discussão sobre esta temática.

A violência é um fenômeno social que atinge todas as populações, tanto em espaços públicos como privados, e é expressa em atos/atitudes, realizados individual ou institucionalmente por pessoas, grupos, classes ou nações, visando prejudicar, abusar de força e/ou poder, ferir, mutilar ou matar o outro. Dentro desse conceito, a omissão também está presente como uma forma de indicar maus-tratos ao "outro", individual ou coletivo (Minayo, 2010).

Para analisar o impacto da violência sobre a vida e o adoecimento das pessoas, a Organização Mundial da Saúde (OMS) utiliza o conceito operacional de "causas externas", definido na Classificação Internacional de Doenças (CID). Entendem-se por causas externas as agressões físicas, psicológicas, os acidentes e os maus-tratos responsáveis pelo adoecimento ou morte de uma pessoa. Estão incluídos nessa definição a mortalidade por homicídios, suicídios e acidentes, lesões e traumas por agressões, quedas, tentativas de suicídio, acidentes de transporte, afogamentos, sufocamentos e envenenamentos. Apesar de haver distinção entre violência e causas externas, esses estudos ajudam a compreender os resultados das várias expressões de violência observadas em nosso meio (Brasil, 2014).

ENFERMAGEM FORENSE

A violência interfere diretamente no bem-estar e na segurança de todas as sociedades e interliga dois grandes sistemas, o sistema de saúde e o da justiça. Por sua complexidade, ações preventivas que buscam reduzi-la ou minimizá-la requerem uma abordagem multidisciplinar (Pyrek, 2006; Silva e Silva, 2009).

A evolução das ciências forenses, desde a Antiguidade, contribuiu de forma significativa na culpabilização ou na prova de inocência do julgado, nos requisitos fundamentais para o "sentido de justiça" (Roland, 2008). Atualmente, as ciências forenses incluem um conjunto de áreas científicas atuando em sintonia, de forma a auxiliar a justiça na resolução de casos de âmbito médico-legal. Essa ciência envolve a atuação, entre outras, de medicina legal, antropologia, toxicologia, tanatologia, anatomia patológica, balística, criminalística, odontologia, psiquiatria, psicologia, radiologia, biologia, genética, química e física (Coimbra e Cruz, 2017).

No século XVIII, as ciências médico-legais e de Enfermagem surgiram interligadas. Contudo, a partir dos anos 1970, 1980 e 1990, essa atuação foi fortalecida e evidenciada nos EUA, de onde foi propagada para outros países (Riviello, 2010). Nos últimos anos, o papel do enfermeiro modificou-se em decorrência da evolução do próprio saber e do conhecimento científico, e também das mudanças na sociedade. A atuação da Enfermagem Forense foi reconhecida como uma especialidade apenas em 1992, por meio da criação da International Association of Forensic Nurses (IAFN), fundada por 72 enfermeiras norte-americanas que se dedicavam a exames de perícia em vítimas de abuso sexual e estupro. A sede atual, em New Jersey, nos EUA é, ainda hoje, encarregada de rever e regulamentar a prática da Enfermagem Forense internacional, bem como incentivar a pesquisa, o treinamento e o desenvolvimento dessa atividade em países onde a violência alcança altos índices (IAFN, 2019).

Segundo a IAFN, essa especialidade é definida como aplicação da ciência de Enfermagem aos aspectos forenses do cuidado à saúde relacionados às questões judiciais, combinando, assim, a formação biopsicossocial do enfermeiro na investigação científica da morte e/ou tratamento do trauma de vítimas, agressores, atividades criminais, acidentes traumáticos e de abusos físico, emocional e sexual (Silva e Silva, 2009). Essa associação elaborou vários manuais e guias orientadores, que permitem aos enfermeiros desenvolverem sua prática forense de acordo com as necessidades das vítimas, famílias e da comunidade, tais como Core Competencies for Advanced Practice Forensic Nursing; Forensic Nursing Vision of Ethical Practice; Forensic Nurse Death Investigator Education Guidelines; Intimate Partner Violence Nurse Examiner Education Guidelines; Sexual Assault Nurse Examiner Education Guidelines, Adult and Pediatric (IAFN, 2019).

Após avaliação adequada conforme protocolo estabelecido, asseguram-se às vítimas os cuidados adequados de acordo com contexto cultural, idade, espiritualidade, características socioeconômicas e geográficas. A Enfermagem Forense diferencia-se das bases tradicionais da prática de Enfermagem, pois agrega uma variedade de conhecimentos em diversos ambientes na área de assistência à vítima, agressores e familiares em diversos tipos de violência. Ao enfermeiro, cabe a tomada de decisões práticas contemplando sempre, em primeiro lugar, a melhor ação possível baseada nas necessidades imediatas da vítima, de acordo com os dilemas morais e éticos inerentes à prática de Enfermagem relacionada com os princípios da beneficência, da não maleficência, da autonomia, da justiça e da fidelidade (Bader e Gabriel, 2010).

Atualmente, essa prática é aplicada em países como Canadá, China, Itália, Austrália, Japão, Peru, Coreia, Índia, Suécia e Inglaterra. Mais recentemente, Portugal também passou a reconhecer esta especialidade, implantando cursos de pós-graduação voltados a essa área.

Segundo Gomes (2014), no Canadá e nos EUA, a Enfermagem Forense é uma especialidade com várias subespecialidades, tais como:

- *Clinical Forensic Nurse* (CFN): provê cuidados aos sobreviventes de lesões relacionadas com atividades criminosas e mortes que acontecem em meio hospitalar; tem como dever defender os direitos dos pacientes relacionados com a coleta e a documentação apropriada de elementos que possam constituir prova aos mecanismos judiciais.
- *Forensic Nurse Investigator* (FNI): atua sob jurisdição de um profissional médico-legal, representando os direitos do falecido à justiça social por meio de uma investigação científica do local do crime e das circunstâncias da morte; investiga comportamentos criminosos em unidades de cuidados continuados e cuidados prestados em orfanatos; investiga, ainda, fraudes de seguros e abusos, entre outros aspectos.
- *Forensic Nurse Examiner* (FNE): provê análise criteriosa do trauma físico e psicológico, investiga mortes de causa desconhecida, faz avaliações físicas relacionadas com casos de violência interpessoal, por ter treinamento em diversas subespecialidades.
- *Sexual Assault Nurse Examiner* (SANE): atua em casos de agressões sexuais, realizando exame físico criterioso, avaliação psicológica da vítima, coleta de material biológico, análise de vestígios e sinais físicos de violência, e encaminha para apoio psicológico adequado.
- *Forensic Psychiatric Nurse* (FPN): área específica que atua na avaliação e intervenção em pessoas sob custódia acusadas de crimes; pessoas com doenças mentais com mandado judicial para realização de exames psiquiátricos.
- *Legal Nurse Consultant* (LNC): colabora com os profissionais de saúde e justiça sobre lesões, responsabilidades, negligências e outras questões legais relacionadas com casos civis e penais.
- *Nurse Attorney* (NA): profissional com conhecimentos jurídicos que auxilia o Ministério Público em casos civis ou penais que envolvem questões relacionadas aos cuidados de saúde.
- *Nurse Coroner* (NC): profissional autorizado pelo Estado e com estatutos jurisdicionais que atua na investigação e certificação de óbitos de causa desconhecida, relacionadas à identificação do falecido e o aviso à família.

Apesar dos avanços dessa área em âmbito mundial, ela é, ainda, pouco conhecida no Brasil, tendo sido reconhecida em 2011 e regulamentada em 2017. Segundo a Resolução n. 556/2017, do Conselho Federal de Enfermagem (Cofen), enfermeiro forense é "o bacharel em Enfermagem, portador do título de especialização, mestrado ou doutorado em Enfermagem Forense emitido por Instituição de Ensino Superior (IES) reconhecida pelo Ministério da Educação (MEC), ou concedido por sociedades, associações ou colégios de especialistas, registrado no âmbito do Sistema Cofen/Coren, segundo a Resolução n. 581/2018".

Em 2014, foi aberta a Associação Brasileira de Enfermagem Forense (Abeforense) e, desde então, tem atuado em intervenções sobre violência, uso de álcool e drogas, investigações de morte e questões psiquiátricas. Em 2016, foi autorizado e realizado no Brasil, na cidade de Recife (PE), o primeiro programa de especialização em Enfermagem Forense, com uma carga horária de 452 horas, e uma grade curricular abordando áreas de balística, toxicologia, psicologia da violência, investigação clínica da morte, antropologia, psicologia da violência, enfermagem forense em psiquiatria e carcerária (Cofen, 2016).

Esses profissionais têm habilidades relacionadas à análise criteriosa e sistematizada para a abordagem de casos de violência doméstica/interpessoal, abuso sexual, negligência médica ou fisiológica, abuso psicológico, tráfico de órgãos, aborto ilegal, uso abusivo de drogas e álcool, erros médicos, investigação de morte acidental – violenta e súbita –, avaliação de incapacidades temporárias e permanentes, investigação por lesões por acidente, lesões por suicídio ou homicídio, e investigação de suicídios inadequados. Podem também atuar na comunidade e na investigação criminal, recolher provas e participar no tribunal como testemunha (Santos, Vieira e Silva et al., 2017).

Após a identificação do caso e suas intercorrências, o enfermeiro desenvolve um planejamento das intervenções de enfermagem. No pós-violência, esses profissionais estabelecem uma relação de confiança com a vítima e seus familiares, oferecendo suporte físico e emocional e provendo sua segurança; realizam exames e tratamentos das vítimas de estupro e de vítimas de violência doméstica por meio de coleta de evidências, preenchimento da documentação completa da ocorrência e dos achados, preservação das evidências e encaminhamento para serviços especiais e tratamento médico, quando necessário (Silva e Silva, 2009).

Conhecimento de anatomia e fisiologia humanas, associado ao estudo forense, facilita a visão mais acurada do contexto geral do óbito do indivíduo. Nos países onde a especialidade é legalmente reconhecida, na investigação clínica do óbito, o enfermeiro coleta evidências junto ao corpo e ao ambiente que possam contribuir com a indicação da causa e de seu mecanismo de ocorrência; preserva as evidências físicas atentando aos detalhes importantes para o laudo. As investigações criminais e a identificação das causas e circunstâncias envolvidas são de responsabilidade dos profissionais competentes e habilitados para esse fim. O enfermeiro forense é, frequentemente, chamado para depor em julgamentos, caso tenha sido o responsável pelo exame da vítima e/ou ofensor (Ribeiro, 2016).

De acordo com as normas ético-legais, cabe ao enfermeiro avaliar, criteriosamente, os riscos aos quais os pacientes são expostos, devendo informar, a quem de direito, a existência desses riscos, visando à sua prevenção.

O enfermeiro forense não está apenas capacitado para oferecer cuidados físicos, emocionais e sociais, mas também para contribuir na educação preventiva e na reabilitação que envolve situações de violência, em diversos locais, desde a comunidades de serviços de saúde (serviços de emergência, unidade de terapia intensiva, psiquiatria, pediatrias), escolas, penitenciárias, manicômios judiciários e tribunal de justiça. Medidas preventivas que buscam minimizar as situações de violências envolvem ações educativas contribuindo, inclusive, com os comitês de éticas de serviços de saúde visando ao seu combate (Freitas; Oguisso, 2008). Na prevenção das situações de violência, a atuação do enfermeiro forense pode se dar por meio de palestras e campanhas educativas, compartilhando e conscientizando a população sobre as diversas manifestações da violência, além de compartilhar maiores detalhes relativos à atuação dos serviços que acolhem ou prestam suporte às pessoas envolvidas nessas situações (Santos, Vieira, Silva et al., 2017).

A prevenção da violência envolve um trabalho dinâmico e contínuo, entre jovens e adultos, realizado por meio de campanhas, orientações e conscientização educacional (Ney e Lages et al., 2014). É fundamental que os profissionais qualificados contribuam para a área com pesquisas cientificas, compartilhando suas experiências e buscando novos conhecimentos. É importante, também, que seja estimulada a qualificação de novos profissionais visando ao fortalecimento dessa nova especialidade no Brasil, e evitando o surgimento de lacunas que podem ser preenchidas, de forma desqualificada, por outros profissionais.

A formação forense insuficiente entre os profissionais dos serviços e a pobre inserção desses conteúdos nos currículos de graduação de Enfermagem explicam, embora não justifiquem, as falhas na preservação de vestígios e outras provas de interesse forense. Isso pode causar atrasos da resposta médica e omissões nos processos judiciais. As condições psicológicas para suportar esse "olhar" sobre a violência merecem ser consideradas na qualificação do profissional de saúde, pois sua atuação assume outra dimensão quando compreende a trama das relações sociais conflituosas que se originam nas ruas e chegam aos serviços de emergência (Skaba, 1997).

No cenário de saúde mental, evidências comprovam o comprometimento dos profissionais de Enfermagem que fazem uso das ciências forenses da enfermagem para realizar o cuidado humanizado, minimizando o risco de suicídio dos pacientes e melhorando o acompanhamento das pessoas com transtornos mentais. Na área da gerontologia, as práticas de Enfermagem Forense contribuem, entre outras, com a identificação de casos de maus-tratos a idosos (Paiva et al., 2017).

VIOLÊNCIA CONTRA A PESSOA IDOSA

A violência contra a pessoas idosa tem se ampliado, tornando cada vez mais urgente e necessária a ampliação do campo de investigação nessa área (Sanches, 2008). No âmbito das instituições de assistência social e saúde, são frequentes as denúncias de maus-tratos e negligência; esses abusos, no entanto, são ainda mais prevalentes no interior dos próprios lares, onde o choque de gerações, problemas de espaço físico e dificuldades financeiras costumam se somar a um imaginário social que considera a velhice como "decadência" (Minayo; Coimbra Jr., 2002).

O conceito de maus-tratos contra pessoas idosas foi descrito pela primeira vez em 1975 como "espancamento de avós" por dois pesquisadores ingleses (Baker, 1975). A partir desse momento, uma diversidade de termos foi utilizada para sua identificação e reconhecimento como um problema social. Independentemente dos conceitos presentes nas diversas definições existentes, é relativamente consensual que a violência contra a pessoa idosa ocorra por meio de ações ou omissões cometidas uma vez ou muitas vezes, prejudicando a integridade física e emocional das mesmas e impedindo o desempenho de seu papel social. A violência acontece como uma quebra de expectativa positiva dos idosos em relação às pessoas e instituições que os cercam (filhos, cônjuge, parentes, cuidadores e sociedade em geral). Refere-se, assim, a um comportamento destrutivo, que ocorre em um contexto de confiança e que provoca sofrimento físico, psicológico e emocional. Representa, ainda, uma séria violação dos direitos humanos, conforme proposto pela Action on Elder Abuse e pelo International Network for the Prevention of Elder Abuse (Inpea) (Dias, 2005).

Com o crescente aumento do número de pessoas idosas no país, hoje com mais de 30 milhões, o protagonismo dos movimentos realizado pela própria população idosa ou por instituições aliadas, como associações de aposentados, conselhos específicos ou movimentos políticos, sociais e de direitos, além da assinatura de convenções internacionais preocupadas com a relevância sociodemográfica dessa população, o tema da violência contra a pessoa idosa ganhou maior visibilidade. Tais ações repercutiram tanto na promulgação da Política Nacional do Idoso, em 1994, como no Estatuto do Idoso, em 2003. Em ambos os documentos está declarado que "maus-tratos" contra esse grupo específico constituem violação de seus direitos (Brasil, 2014).

O Estatuto do Idoso estabelece que violência contra as pessoas idosas é "qualquer ação ou omissão praticada em local público ou privado que lhe cause morte, dano ou sofrimento físico ou psicológico" (art.19, §1). Define, ainda, que: "O direito ao respeito consiste na inviolabilidade da integridade física, psíquica e moral, abrangendo a preservação da imagem, da identidade, da autonomia, de valores, ideias e crenças, dos espaços e dos objetos pessoais"; e que "é dever de todos zelar pela dignidade do idoso, colocando-o a salvo de qualquer tratamento desumano, violento, aterrorizante, vexatório ou constrangedor" (art. 10, §§ 2 e 3). Com essas determinações, o Estatuto do Idoso deixa claro que a violência contra a pessoa idosa é um desrespeito aos direitos do idoso como cidadão, e não apenas um problema restrito ao espaço privado das famílias e das instituições (Brasil, 2003).

A natureza da violência contra a pessoa idosa pode se manifestar de diferentes formas, isoladamente ou em conjunto, a saber:

- **Abuso físico**: uso de força física que pode resultar em dano, dor ou prejuízo físico. Podem ser atos únicos, repetitivos ou constituir uma situação prolongada. Incluem qualquer restrição ou confinamento impróprio que provoque dor ou lesões corporais. As consequências incluem manifestações físicas e sociais visíveis, como uma diminuição da mobilidade, confusão mental ou outras alterações de comportamento.
- **Abuso sexual**: é todo contato sexual sem consentimento, incluindo o estupro e o atentado ao pudor. Ocorre principalmente quando a vítima não pode estabelecer contato e é incapaz de se proteger, por motivos físicos ou cognitivos.
- **Abuso emocional ou psicológico**: agressão verbal crônica, incluindo palavras depreciativas que desrespeitam a identidade, dignidade e autoestima da pessoa idosa. Caracteriza-se pela falta de respeito à intimidade e aos desejos, negação de acesso a amizades, desatenção às necessidades sociais e de saúde. Manifestações: medo, dificuldade para decidir, apatia, isolamento e depressão. Segundo Menezes, a violência não verbal ou psicológica pode ocorrer pelo olhar hostil ou indiferente; o castigo pelo silêncio, na privação

afetiva, no isolamento e na autoestima ferida. A ameaça e a intimidação dos agressores parecem deixar claro a intenção de ferir e provocar o medo.

- **Abuso financeiro ou material**: exploração imprópria ou ilegal e/ou uso não consentido de seus recursos financeiros. Uso ilegal e indevido, apropriação indébita da propriedade e dos bens financeiros, falsificação de documentos jurídicos, negação do direito de acesso e controle dos bens, administração indevida do cartão do segurado do INSS.
- **Violência medicamentosa**: é a administração por familiares, cuidadores e profissionais dos medicamentos prescritos, de forma indevida, aumentando-os, diminuindo-os ou mesmo excluindo-os.
- **Abandono**: falta de atenção para atender às necessidades da pessoa idosa. Manifesta-se pelo não provimento de alimentos adequados, roupas limpas, lugar seguro para morar, ausência de atenção à saúde e higiene pessoal; privação de contatos sociais; não prover recursos auxiliares quando necessário; não supervisionar as necessidades de forma a impedir a ocorrência de danos físicos.
- **Negligência**: refere-se à recusa ou à omissão de cuidados devidos e necessários aos idosos por parte dos responsáveis familiares ou institucionais. A negligência é uma das formas de violência mais presente no país. Manifesta-se, frequentemente, associada a outros abusos que geram lesões e traumas físicos, emocionais e sociais, em particular, para as que se encontram em situação de múltipla dependência ou incapacidade.
- **Autonegligência**: conduta da pessoa idosa que ameaça sua própria saúde ou segurança, com a recusa ou o fracasso de prover a si mesmo um cuidado adequado. A definição de autonegligência exclui a situação na qual uma pessoa mais velha, mentalmente competente (que entende as consequências de suas decisões), tome uma decisão consciente e voluntária de se ocupar de atos que ameaçam sua saúde ou segurança (Sanches, 2008).

Todos esses tipos de ação ou omissão provocam graves lesões físicas e emocionais, podendo culminar com o óbito. No Brasil, os tipos mais frequentes são violência estrutural, institucional e familiar contra a pessoa idosa.

Violência intrafamiliar

A violência intrafamiliar tem expressões tanto de violência física como de violências financeira, psicológica e negligência. A questão da violência intrafamiliar é muito complexa e está vinculada, entre outras, à história familiar conflituosa, ao contexto social de desemprego, uso de drogas ilícitas e álcool, e consumismo (Goldman e Faleiros, 2008).

Os rituais de agressões, violências e maus-tratos que se desenrolam nos cenários familiares expressam-se na força, na palavra, no silêncio, na omissão e na posse, além de revelarem a complexidade das relações interpessoais.

Os idosos, ao chegarem à polícia ou a outros espaços de denúncias, apresentam muitas vezes uma postura ambígua: querem que a violência pare, mas não que o familiar agressor seja punido.

Existem vários motivos para isso:

- Os idosos, vítimas da violência doméstica, têm muita dificuldade de denunciar a violência sofrida devido à própria relação de intimidade que possuem com o agressor.
- As relações de poder hierarquicamente construídas também se constituem em um óbice para a denúncia, uma vez que acabam por legitimar e naturalizar a violência doméstica. É natural, portanto, que a família tenha pouca paciência e negligencie os idosos.
- Receio que o agressor seja prejudicado socialmente.
- Dependência ou interdependência econômica.
- Medo de que a violência se transforme em algo maior.
- Vergonha.
- Culpa, por sentir-se responsável pela violência.

A violência doméstica é perpetrada por pessoas ligadas por laços consanguíneos ou de afinidade, tende a ser contínua, não sendo, portanto, um fenômeno isolado. Normalmente é associada ao que se denomina "conspiração do silêncio", pelos motivos explicitados, e está igualmente associada a relações de poder e desigualdade.

Alguns mitos relacionados com violência e pessoas idosas precisam ser conhecidos para serem combatidos:

1. **Mito**: a família é o local mais seguro que existe. O perigo mora na rua.
   Verdade: cerca de 70% dos atos de violência contra o idoso, no Brasil, ocorrem em seus domicílios de residência.
2. **Mito**: idosos costumam fantasiar sobre abusos sexuais que nunca aconteceram, principalmente aqueles com demência.

Verdade: é preciso escutar com atenção tais denúncias e investigá-las, uma vez que o idoso, por sua própria condição, não tem meios de se proteger de abusos desta natureza. Todas as mulheres, incluindo as mulheres idosas, podem ser vítimas de violência sexual.

3. **Mito**: violência contra a pessoa idosa é coisa de pobre, de país subdesenvolvido.
   Verdade: a violência doméstica ocorre em todas as classes sociais e é um problema mundial.
4. **Mito**: os agressores são todos bêbados, drogados.
   Verdade: pessoas que não bebem também podem ser violentas. Situações que envolvem alcoolismo e drogas podem estar associadas à violência, mas a principal causa é a subordinação que mulheres, crianças e idosos sofrem em nossa sociedade e, também, à hierarquia social, que dá o direito a uma pessoa de controlar e mandar nas outras, consideradas inferiores, dependentes ou fragilizadas.
5. **Mito**: os idosos não são capazes de administrar suas próprias finanças e preferem, com certeza, morar com a família.
   Verdade: grande parte dos casos de violência contra idosos ocorre por motivos financeiros ou por incapacidade de o idoso cuidar da própria vida. Essa é, em geral, a desculpa apresentada pelos filhos para administrar a renda dos pais idosos. Deixar a casa onde vivem e seu ambiente social é uma grande violência para o idoso, que geralmente acaba deprimido com a mudança para a casa da família.
6. **Mito**: ele foi uma má pessoa na vida e está pagando pelo que fez.
   Verdade: não podemos nos colocar no papel de juízes da história. Qualquer forma de violência é uma violação aos direitos humanos.
7. **Mito**: todos os idosos são iguais; são feios, senis, solitários, infelizes, improdutivos, conservadores, ultrapassados, ociosos e ranzinzas.
   Verdade: as velhices são incontáveis. Não há uma velhice, existem múltiplas formas de envelhecer, diferentes entre si.

Violência estrutural

Segundo a literatura, as mulheres são as principais vítimas da violência estrutural, pois, nas idades mais longevas, estão mais expostas à pobreza, à solidão e à viuvez, apresentam mais problemas de saúde e têm menos oportunidades de contar com um companheiro. Isso ocorre pela dificuldade da compensação ou reconhecimento ao direito à aposentadoria para elas, cujo trabalho primordialmente ocorreu no âmbito doméstico e no cuidado dos maridos e dos filhos, além da discriminação sexual no mercado de trabalho formal, onde as mulheres tendem a ganhar menos e acabam com aposentadorias mais baixas, além de muitas não terem direito à pensão de seus esposos (Minayo, 2017).

Violência institucional contra a pessoa idosa: a contradição de quem cuida

A violência institucional que, em geral, também ocorre em todo o mundo, no Brasil, ocupa um capítulo muito especial nas formas de abuso aos idosos. Ela aparece como uma agressão política, cometida pelo Estado, em nível macrossocial. De maneira mais particular, é atualizada e reproduzida nas instituições públicas de prestação de serviços, e nas entidades públicas e privadas de longa permanência.

O aparato do Estado é um grande regulador do curso da vida. No caso brasileiro, a posição oficial dos governos em relação aos idosos é aberta e avançada. Existem muitas leis a favor deles. Em uma publicação que abrange informações sobre atos legislativos de 1917 a 2001, Barroso (2001) compilou 53 Leis, Decretos, Resoluções e Portarias, dispositivos nos quais os idosos são mencionados como sujeito de direitos e de proteção social, que culminaram com o Plano Nacional de Enfrentamento da Violência contra os Idosos. No entanto, há ainda muito a fazer no plano da implementação concreta de dispositivos que assegurem os direitos desse grupo social.

No nível das instituições de prestação de serviços, as de saúde, assistência e previdência social (que, pela Constituição, configuram os instrumentos da seguridade social) são campeãs de queixas e reclamações nas delegacias de proteção aos idosos. Os serviços são exercidos por uma burocracia impessoal, que reproduz a cultura de discriminação por classe, gênero e idade, gerando imenso sofrimento à maioria dos idosos, sobretudo aos pobres que não têm condições de optarem por outros serviços. Muitos idosos chegam a verbalizar que ser aposentado significa ser maltratado pelo sistema social de assistência pública. As longas filas dos quais são vítimas, a falta de comunicação ou a comunicação confusa, além da ausência de uma relação pessoal compreensiva por quem precisa dos cuidados, constituem a forma de violência que os idosos mais se queixam. Apesar dos êxitos obtidos pela Estratégia Saúde da Família (ESF), é ainda imenso o fosso entre a lei e a prática social.

Malagutti (2003), em nota técnica à Câmara dos Deputados, refere: "O serviço de saúde pública é o principal pesadelo desse contingente, que também é o mais penalizado pelos preços absurdos dos planos de saúde".

Uma terceira forma de expressão relevante da violência institucional ocorre nas relações e formas de tratamento que as instituições de longa permanência mantêm com os idosos. Nesses locais, frequentemente se perpetram e se reproduzem abusos, maus-tratos e negligências que chegam a produzir incapacidades e óbitos, além de acirrar processos mentais de depressão e demência. Orientado para fiscalizar casas de repouso, o Grupo de Atuação Especial de Proteção ao Idoso (Gaepi) do Ministério Público de São Paulo fechou 48 desses estabelecimentos entre 1994 e 1997. Silva (apud Minayo, 2004) ressalta que existem muitos idosos abandonados em hospitais e asilos; "quanto mais renda tem o idoso, mais a família tem pressa em colocá-lo em algum asilo para dispor de seus bens".

Em muitos asilos e clínicas, mesmo nos estabelecimentos públicos ou conveniados com o Estado, frequentemente, as pessoas são maltratadas, despersonalizadas, destituídas de qualquer poder e vontade, faltando-lhes alimentação, cuidados de higiene e saúde adequados. Idosos são vistos, em muitos casos, apenas como ocupantes de um leito. Infelizmente, embora seja um problema público e notório, os desmandos das clínicas e asilos não estão devidamente dimensionados, pois faltam investigações sobre a magnitude e a complexidade do fenômeno. A vigilância e a fiscalização desses estabelecimentos é, ainda, precária, a não ser quando ocorre um escândalo ou alguma denúncia intensamente alardeada pela imprensa.

Outra forma de violência, nem sempre compreendida como tal, deve ser observada com atenção, e medidas preventivas necessitam ser tomadas buscando evitá-la: trata-se do suicídio de pessoas idosas.

Suicídio

O suicídio é uma forma de violência autoinfligida na qual o indivíduo, intencionalmente, tira a própria vida. Segundo a Organização Mundial da Saúde (OMS), os idosos são o grupo populacional de maior risco para a ocorrência de suicídio, constituindo um grave problema de saúde pública que envolve questões socioculturais, históricas, psicossociais e ambientais. A depressão, como transtorno mental, e outros agravos afetivos, ocasionam potenciais fragilidades e constituem significativos fatores de risco para o suicídio em idosos, uma vez que interferem nos laços sociais e sua ruptura, sobretudo no caso de personalidades rígidas, ansiosas e obsessivas (Sousa, 2014).

As taxas de suicídio variam entre países, idades, sexo, raça e etnia. São mais elevadas na Europa Oriental, medianas nos EUA, Europa Ocidental e Ásia, e mais baixas nas Américas, Central e Sul (Cavalcante, 2012). No Brasil, os suicídios representam, hoje, mais de 8% do total das mortes violentas, mostrando leve tendência de crescimento ao longo do tempo. A morte autoinfligida de pessoas idosas acaba sendo um indicador de falta de qualidade de vida: isolamento, negligências com sua situação social e de saúde, doenças graves, deficiências e transtornos mentais, juntos, constituem suas principais causas, seguidas por depressão, conflitos familiares e conjugais (Minayo e Cavalcante, 2010; Cavalcante e Minayo, 2012 e 2015).

O Relatório Mundial sobre a Prevenção da Violência da OMS (2014) inferiu que o número absoluto de óbitos por suicídio pode ser superior aos dados disponibilizados nos sistemas mundiais de informação sobre mortalidade. Geralmente, a maior parte dos óbitos por suicídio ou tentativas de suicídio não chega aos registros oficiais porque não existe notificação compulsória para esse fenômeno, como ocorre para muitos outros agravos (Rosa, 2017).

Como a morte autoinfligida constitui sempre a escolha de alguém frente a um sofrimento que lhe parece insuportável, mais que pensar em estatísticas, é importante refletir que esse fenômeno em pessoas idosas pode ser um indicador de redução ou falta de qualidade de vida. Para os homens, pesa muito a saída do emprego e a falta de perspectiva depois da aposentadoria, questões de honra, problemas que afetem sua sexualidade, deficiências que levem à invalidez ou limitação da capacidade funcional, perdas de familiares de referência (sobretudo a viuvez) e sobrecargas financeiras por endividamento pessoal ou de membros da família. Para as mulheres, depois do isolamento, que é o fator mais significativo, está o sentimento de perda de função social, uma vez que elas cuidaram dos filhos (que já saíram de casa) e dos esposos (que, na maioria das vezes, já morreram); ocorrência de outros casos de suicídio na família, doenças e deficiências como transtornos físicos ou mentais incapacitantes, impacto de perdas ou doenças na família, e violências sofridas, sobretudo as conjugais (Brasil, 2014).

Segundo o I Boletim Epidemiológico de Tentativas e Óbitos por Suicídio no Brasil (2017), as maiores taxas de suicídio foram registradas na faixa etária de 70 e mais (8,9/100 mil habitantes), no período de 2011 a 2015, conforme dados captados pela declaração de óbito e registrados no Sistema de Informação sobre Mortalidade (SIM). Em relação ao perfil sociodemográfico, foi observada uma maior proporção de idosos do sexo masculino (6,7%), com residência na zona rural (10,2%), e nas regiões Centro-Oeste, Norte e Sul do país. A partir da divulgação desses dados, foi proposta a Agenda de Ações Estratégicas para a Vigilância e Prevenção do Suicídio e Promoção da Saúde no Brasil, com vistas a atingir a meta do Plano de Ação em Saúde Mental da OMS na redução em 10% dos óbitos por suicídio até 2020 (Brasil, 2017).

A Portaria n. 3.479/2017 instituiu um comitê para elaboração da proposta de implementação e implantação do Plano Nacional de Prevenção do Suicídio no Brasil, com ações voltadas à prevenção e redução de tentativas e mortes decorrentes do suicídio (Brasil, 2017). A Portaria n. 1.315/2018 instituiu o incentivo financeiro de custeio para desenvolvimento de projetos de promoção da saúde, vigilância e atenção integral para a prevenção do suicídio no âmbito da rede de atenção psicossocial do Sistema Único de Saúde (SUS), no qual foram selecionados cinco estados como maior taxa de mortalidade por suicídio no país para acompanhamento pelo Ministério da Saúde. Com isso, houve a elaboração dos respectivos Planos Estaduais de Prevenção do Suicídio, objetivando a construção do Plano Nacional de Prevenção do Suicídio (Brasil, 2018).

Avaliação na prática assistencial

Os profissionais de saúde, em muitas situações, são as únicas pessoas que têm contato com as pessoas idosas, e muitos deles são os únicos que são autorizados a entrar nos domicílios dos idosos. A responsabilidade desses profissionais aumenta muito na prevenção nas diversas situações de violência. A prevenção deve partir de uma avaliação global, considerando e detectando os fatores de risco e elaborando estratégias eficientes e respeitosas de intervenção (Brasil, 2014).

Avaliação física (Brasil, 2014):

- **Grau de dependência**: necessita de ajuda para realizar a maioria de suas atividades cotidianas como se vestir, tomar banho, se alimentar etc.?
- **Idade**: tem mais de 75 anos? Quanto mais idade, maior o risco de dependência.
- **Sono**: seu comportamento altera o sono do restante da família? Levanta-se diversas vezes durante a noite?
- **Dor**: apresenta algum quadro de dor crônica que não está sendo tratada de forma adequada?

- **Higiene pessoal**: apresenta-se em condições satisfatórias de higiene? Apresenta odor forte/desagradável? Suas roupas estão sujas, velhas ou desgastadas?
- **Alimentação**: como ele se alimenta? Perdeu peso recentemente?
- **Quedas**: o ambiente domiciliar é seguro para evitar quedas da pessoa idosa?

Avaliação psicológica (Brasil, 2014):

- **Solidão**: passa muitas horas sozinho? Tem horários diferentes dos demais membros da família para se alimentar, dormir ou realizar a higiene pessoal?
- **Comunicação**: é incapaz de comunicar suas emoções, desejos, sentimentos? Mostra-se inibido? Quando lhe é feita uma pergunta, olha para o cuidador antes de responder, buscando observar sua reação como que "pedindo autorização" para responder?
- **Estado de ânimo**: parece assustado, desconfiado, tímido, amedrontado? Chora com facilidade, muda de humor de forma inexplicável?
- **Intimidade**: sua intimidade é respeitada?
- **Autopercepção**: refere sentir-se maltratado? Expressa desgosto ao se referir à sua convivência com a família?

Avaliação financeira (Brasil, 2014):

- **Autonomia**: necessita de ajuda para realizar compras ou vender seu patrimônio, controlar sua conta bancária ou utilizar seu cartão de segurado? Administra seus recursos financeiros com total liberdade ou delega essa função a outra pessoa?
- **Condições de moradia**: mora com algum membro da família sem ajudá-lo economicamente?
- **Escassez de recursos**: reclama que está sempre sem dinheiro?

Avaliação do possível agressor (Brasil, 2014):

- **Tempo do cuidado**: o cuidador está na função há mais de 2 anos?
- **Capacitação**: o responsável por cuidar da pessoa idosa é capacitado para fazê-lo? Tem os conhecimentos, habilidades e atitudes necessários para a realização dos cuidados necessários à pessoa idosa?

- **Divisão da tarefa**: é o principal ou o único cuidador? Há revezamento com outras pessoas na realização dos cuidados com a pessoa idosa?
- **Alteração da rotina de vida**: para cuidar da pessoa idosa, necessitou renunciar a um trabalho, férias, estudo? Não encontra tempo para si mesmo, pois está o tempo todo cuidando da pessoa idosa? Sente-se isolado, sem relacionamentos sociais, absorvido pela responsabilidade de cuidar?
- **Impacto econômico**: realiza sua função de cuidador de forma gratuita? Apresenta dificuldades econômicas?
- **Relacionamento com a pessoa idosa**: não se comunica com a pessoa idosa? Recebe da pessoa idosa sinais de agradecimento por desempenhar sua função de cuidador?
- **Relação com os serviços públicos**: permite que sejam realizadas visitas domiciliares? Costuma dificultar as intervenções dos profissionais?
- **Saúde mental**: utiliza substâncias químicas? Tem problemas de saúde mental? Está passando por algum problema de ordem pessoal de extrema importância?

Como identificar a violência contra a pessoa idosa? (Brasil, 2014):

> Não é fácil e, por muitas vezes, o fenômeno permanece velado e escondido pelos protagonistas. Entretanto, detectar a violência é uma necessidade e uma responsabilidade dos profissionais de saúde. Estes necessitam estar conscientes de que enfrentarão alguns obstáculos e barreiras que poderão dificultar ou interferir. É preciso reconhecer e superar as dificuldades. Elas podem vir das próprias pessoas idosas, das famílias, dos cuidadores, dos próprios profissionais e até mesmo da sociedade, que não visualiza ou reconhece a violência contra a pessoa idosa.

Dificuldades advindas da pessoa idosa (Brasil, 2014):

- Medo da vítima de possíveis represálias, como aumento da violência, institucionalização, perda da liberdade etc.
- Medo que, ao revelar a existência de violência, o agressor (geralmente membro da família da vítima) torne-se ainda mais violento, colocando em risco a sua vida.
- A pessoa idosa pode pensar que é sua a culpa por estar sofrendo os maus-tratos; por exemplo, não foi bom pai/mãe e agora está colhendo os resultados (sentimento de culpa).

- A pessoa idosa acredita que buscar ajuda é reconhecimento do próprio fracasso.
- Idosos que vivem em isolamento social têm menos oportunidade de pedir ajuda.
- Dependência exclusiva do cuidador para prover ajuda em suas necessidades cotidianas.
- Alguns idosos acreditam que ser maltratado faz parte do processo do envelhecimento, "isso é normal da idade".
- A vítima pode sentir-se envergonhada pela incompetência em controlar ou superar a situação em que se encontra. Caso rompa a cadeia de violência, poderá abalar a reputação da família.
- O idoso pode estar sendo submetido a chantagens emocionais vindas da parte do agressor.
- A pessoa idosa, muitas vezes, pensa que, se relatar o fato, ninguém acreditará em sua palavra.
- A vítima com declínio cognitivo não é capaz de informar a situação em que se encontra em razão de seus problemas de memória, comunicação ou outros.

Dificuldades advindas do agressor (Brasil, 2014):

- O agressor nega a ocorrência da violência.
- O agressor pode tentar impedir que a vítima tenha acesso aos serviços social e de saúde para evitar a detecção da situação de violência.
- O agressor pode pensar que, ao admitir a existência de violência e a busca de ajuda, estará admitindo seu fracasso como cuidador.

Dificuldades advindas do profissional/enfermeiro forense (Brasil, 2014):

- Falta de informações adequadas que permitam a identificação correta de sinais, indicadores e procedimentos para intervir na violência contra a pessoa idosa.
- Inexistência de protocolos para a detecção, avaliação e intervenção nas situações de violência contra a pessoa idosa.
- Ausência de meios adequados para diagnosticar de forma diferencial a violência quando houver lesões e traumatismos ou, ainda, a presença de desidratação, desnutrição, hipotermia ou quedas.

- Acredita no mito relacionado ao amor e apoio da família com seus idosos, o que pode impedir que os profissionais considerem possíveis a presença de situações abusivas.
- Receio que o agressor tome represálias contra a pessoa idosa.
- Receio de se envolver com questões legais.
- Inexistência ou desconhecimento dos recursos disponíveis.
- Sentir-se impotente mediante situações de violência.
- Não dispor de tempo necessário para a realização de uma avaliação minuciosa da situação.
- Assumir determinadas atitudes como ambivalência: "roupa suja se lava em casa".
- Tendência a culpar a pessoa idosa pelo que está passando: "ela deve estar pagando o que fez na vida", ou "não é fácil cuidar de pessoas idosas"; acreditar que, se a vítima quisesse, poderia ter saído da situação sozinha.

Indicadores de violência contra a pessoa idosa: o que observar?

Na pessoa idosa (Brasil, 2014):

- Parece ter medo de um familiar ou de um cuidador profissional.
- Não quer responder perguntas ou olha para o cuidador antes de responder.
- Muda de comportamento na presença e ausência do cuidador.
- Manifesta sentimentos de solidão; refere precisar de amigos, família, dinheiro etc.
- Expressa frases que indicam baixa autoestima: "não sirvo para nada", "só estou incomodando".
- Refere-se ao cuidador como uma pessoa geniosa ou que está frequentemente "cansada".
- Demonstra exagerado respeito ao cuidador.

Possível agressor (Brasil, 2014):

- Sobrecarregado, estressado ou insatisfeito com os cuidados com a pessoa idosa.
- Dificulta ou evita que o profissional e a pessoa idosa conversem em particular.
- Tende a contestar as perguntas dirigidas à pessoa idosa.

- Cria obstáculos para a assistência domiciliar da pessoa idosa.
- Age com comportamento defensivo, descontrole emocional, ou é excessivamente "controlador" com as atividades que a pessoa idosa realiza na vida cotidiana, e/ou culpabiliza o idoso por tudo que acontece, incluindo suas condições de saúde.
- Refere-se ao idoso como "louco" ou "demenciado".

Na interação da pessoa idosa e seu cuidador (Brasil, 2014):

- Verificar histórias divergentes, contraditórias ou estranhas acerca de como um determinado fato ocorreu.
- Estar atento a relações conflitivas entre o cuidador e a pessoa idosa (discussões, insultos etc.) ou indiferença mútua.
- Identificar a existência de conflitos ou crises familiares recentes.
- Comportamento hostil do cuidador, mostrando-se cansado ou impaciente durante a entrevista e, por outro lado, a pessoa idosa mostra-se demasiadamente agitada ou indiferente em sua presença.

Alguns princípios são fundamentais na abordagem de uma situação de violência contra a pessoa idosa (Brasil, 2014):

- Utilizar linguagem clara e compreensível pela pessoa idosa (adaptação cultural), de forma que ela entenda as informações relevantes que se pretende transmitir.
- Realizar a entrevista em ambiente relaxado e seguro.
- Evitar julgamentos relativos a opiniões, crenças ou pensamentos da pessoa idosa.
- Estabelecer uma relação empática (colocar-se no lugar do outro) permitindo à pessoa idosa sentir-se compreendida, não criticada e segura para poder expressar realmente o que a preocupa.

Durante a entrevista, o enfermeiro forense deve manter uma postura de aproximação com a pessoa idosa (Brasil, 2014):

- Manter contato visual e cuidar de alguns aspectos da comunicação não verbal, como a expressão facial e o tom de voz; atenção ao que está sendo dito emitindo reforços positivos ("sim", "entendo").

- Mostrar uma atitude tranquila ao questionar (tom de voz sereno, bem modulado, evitando parecer surpreso ou cansado) e ao ouvir as respostas, independentemente do que seja relatado, repetindo o que foi dito com as mesmas palavras do idoso ou com as próprias, buscando confirmação do relato. Ao final, sintetizar o relato, buscando confirmar se a informação está correta. Esta síntese também poderá servir para captar a informação mais importante.
- Iniciar seus questionamentos com: "como é que..." em vez de "por que", pois o segundo pode dar um tom acusatório, levando o idoso/agressor a uma situação defensiva.
- Assegurar a confidencialidade da informação ("O que o senhor está comentando comigo é confidencial").
- Utilizar perguntas abertas e gerais ("o que mais o preocupa...?") para possibilitar a abertura do idoso e estabelecer confiança.
- Validar o direito que tem a seus sentimentos, especialmente aos seus medos ("Você tem o direito de estar triste e desapontado com seu filho quando ele o trata mal...").
- Apresentar-se como alguém que pretende ajudar e apoiar a pessoa idosa, expressar sua disponibilidade de apoio ("O que você me contou é muito importante. Estamos aqui para ajudá-lo. Se você tem alguma outra coisa importante que o preocupa, estamos à sua disposição para ouvir").

Por outro lado, há algumas questões que devem ser evitadas (Brasil, 2014):

- Sugerir respostas às perguntas que são formuladas.
- Pressionar a pessoa idosa para que responda às perguntas que não quer responder.
- Julgar ou insinuar que a pessoa idosa pode ser a culpada pela situação.
- Mostrar-se horrorizado diante do relato da pessoa idosa sobre a situação na qual se encontra.
- Fazer promessas que não podem ser cumpridas.
- Criar expectativas que podem não ser reais sobre a resolução da situação.

A violência contra a pessoa idosa assume várias formas e ocorre em diferentes situações, manifestando-se, geralmente, de modo cumulativo, o que torna seu dimensionamento, em toda a sua abrangência, muito difícil, em especial por ser um fenômeno subdiagnosticado e subnotificado. A Lei n. 12.461, de 26 de julho de 2011, que reformulou o artigo 19 do Estatuto do Idoso, ressalta a obrigatoriedade da notificação pelos profissionais de saúde, de instituições públicas ou privadas, às autoridades sanitárias, quando da constatação de casos de suspeita ou confirmação de violência contra pessoas idosas (Brasil, 2011).

Os serviços de saúde são responsáveis pelas notificações compulsórias de violência a partir de onde é acionada a rede de atenção e proteção para o acompanhamento do caso. Nos casos de confirmação da situação de violência ou de persistência da suspeita, os seguintes órgãos devem ser comunicados:

- Centro de Referência de Assistência Social (Cras).
- Autoridade policial.
- Ministério Público.
- Conselho Municipal do Idoso.
- Conselho Estadual do Idoso.
- Conselho Nacional do Idoso.

Em virtude da não existência de uma articulação bem estabelecida entre esses órgãos, muitas vezes, a pessoa idosa necessita do auxílio de um advogado. A maioria das denúncias é anônima, pois as pessoas idosas têm um conluio de silêncio para não falar de seus agressores para não perder o laço, ainda que tênue, com seus filhos e filhas ou por receio de serem submetidas a mais violência (Goldman e Faleiros, 2008).

No Sistema de Informação de Agravos de Notificação (Sinan) são inseridas as notificações e investigações de casos de doenças e agravos que constam da lista nacional de doenças de notificação compulsória (Brasil, 2011). A notificação é realizada não apenas na confirmação, mas também quando há suspeita de que a violência ocorreu, visando à interrupção de atitudes e comportamentos violentos. Essa ação deve ser compreendida como um instrumento de garantia de direitos e de proteção social, permitindo aos profissionais de saúde, de educação e da assistência social adotarem medidas imediatas para cessação da violência. Com isso, visa-se ao adequado dimensionamento epidemiológico do problema e a criação de políticas públicas voltadas à sua prevenção.

Segundo dados do Sinan de 2017, foram notificados 29.774 casos de violência, sendo que 1.626 (5,5%) ocorreram na população idosa ($\geq$ 60 anos).

Entre esses, estão incluídas a violência física, psicológica, sexual, patrimonial e moral, além das lesões autoprovocadas, da tortura, do tráfico de seres humanos, da negligência ou abandono, da intervenção legal e de outras violências (SMS, 2018).

Desde a I Conferência Nacional de Direitos da Pessoa Idosa, o Governo Federal articulou um Plano Nacional de enfrentamento da violência contra a pessoa idosa, criando o Sistema de Redes de Enfrentamento e Prevenção da Violência, enquanto o Ministério da Saúde desenvolveu o Sistema de Vigilância de Violências e Acidentes em Serviços Sentinela (Viva), com o objetivo de implementar as ações de vigilância às causas externas executadas a partir de análises do sistema de mortalidade/morbidade hospitalar. Essa medida visa identificar a dimensão e a gravidade desse sério problema de saúde pública, que vitimiza homens e mulheres nessa fase da vida (Goldman e Faleiros, 2008).

Dados sobre violência contra a pessoa idosa

O Disque Direitos Humanos (Disque 100) é um importante canal de comunicação do Estado com a sociedade, disponível 24 horas. O atendimento é realizado por meio de acolhimento, tratamento e encaminhamento de denúncias de violações de direitos humanos, observando as premissas estabelecidas nos tratados internacionais de direitos humanos, dos quais o Brasil é signatário, e privilegiando a rede instituída no local onde se encontra a vítima.

Em 2017, o Disque 100 realizou 349.270 atendimentos, e 142.665 correspondiam a registro de denúncias de violações de direitos humanos. As chamadas são gratuitas e podem ser originadas de qualquer terminal telefônico em todo o território brasileiro. O Disque 100 também recebe denúncias via formulário *on-line* (www.humanizaredes.gov.br), bem como pelo aplicativo gratuito Proteja Brasil, disponível para celulares. Os três canais de denúncia estão integrados ao Sistema Nacional de Ouvidoria de Direitos Humanos e Atendimento (Sondha), viabilizando o rápido encaminhamento das denúncias aos órgãos e entidades competentes para cessar o ciclo de violações e para prevenção e repressão (Brasil, 2018).

Denúncias

FIGURA 1 Denúncias de violações de direitos humanos contra pessoas idosas

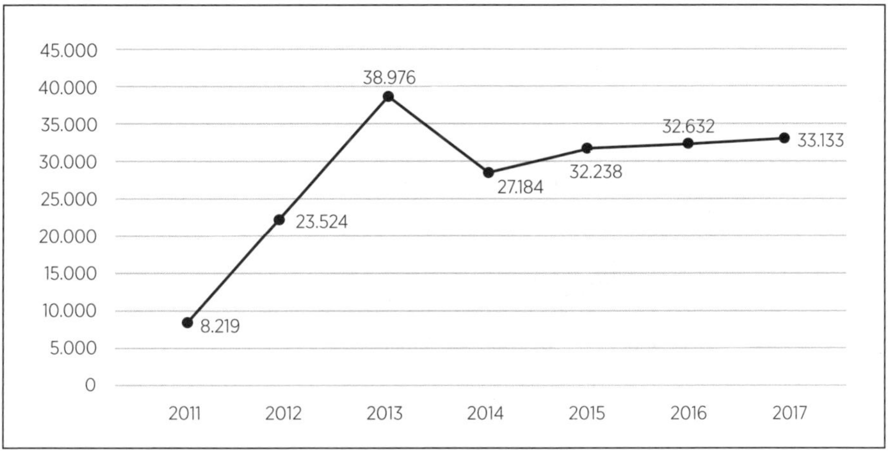

Fonte: Balanço Anual Ouvidoria 2017. Brasil, 2018.

Tipos de violência

FIGURA 2 Tipos de violações mais recorrentes contra pessoas idosas

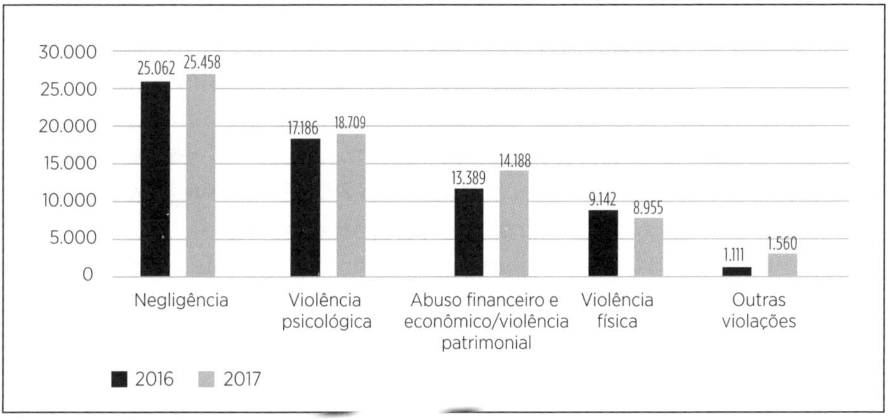

Fonte: Balanço Anual Ouvidoria 2017. Brasil, 2018.

Relação vítima e suspeito

FIGURA 3 Relação do suposto violador com a pessoa idosa vítima de violência

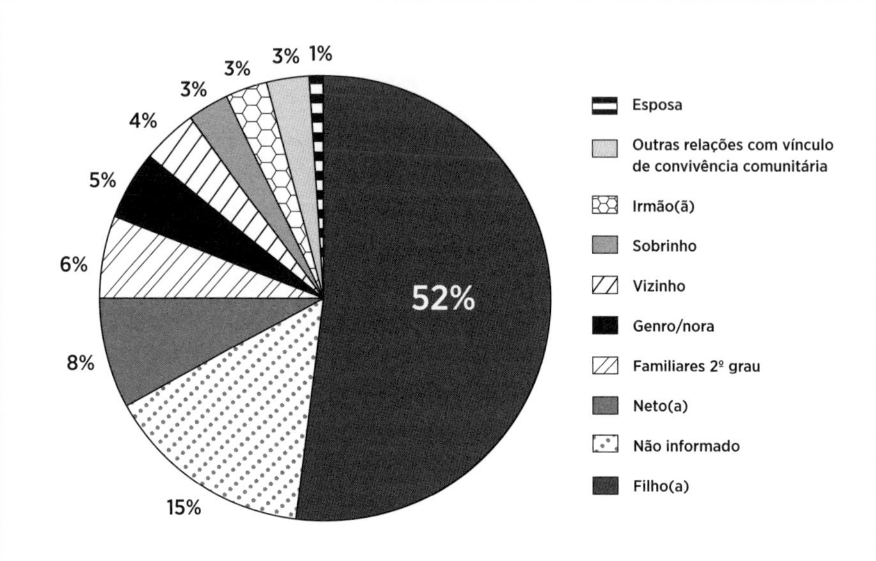

Fonte: Balanço Anual Ouvidoria 2017. Brasil, 2018.

O último relatório do Balanço Anual da Ouvidoria, publicado em 2018, informa que 52,9% dos casos de violações contra pessoas idosas foram cometidos pelos filhos, seguidos de netos (com 7,8%). As pessoas mais afetadas são mulheres com 62,6% dos casos, e homens, com 32%, sendo eles da faixa etária de 71 a 80 anos com 33%, e 61 a 70 anos com 29%. Das vítimas, 41,5% se declararam brancos; 26,6%, pardos; 9,9%, pretos; amarelos, 0,7%, e indígenas, 0,4%, sendo a casa da vítima o local com maior evidência de violação, 85,6%.

As violações mais constatadas foram:

- Negligências (38%).
- Violência psicológica (26,5%) como humilhação, hostilização e xingamentos.
- Abuso financeiro e econômico/violência patrimonial (19,9%) que envolve, por exemplo, retenção de salário e destruição de bens.
- Violência física (12,6%).

É importante frisar que, em sua maioria, as denúncias são tipificadas com mais de um tipo de violência, ou seja, uma mesma vítima pode sofrer mais de uma situação de violência simultaneamente.

Outro dado relevante é que mais de 14 mil vítimas declararam ter algum tipo de deficiência. Dessas, 41,6% têm alguma deficiência física; 37,6% apresentam deficiência mental; 11,5%, deficiência visual; 4,6%, deficiência intelectual, e 4,4%, deficiência auditiva.

A Tabela 1 apresenta o quantitativo e o percentual de encaminhamentos e respostas dos órgãos de promoção e defesa de direitos humanos acionados.

TABELA 1 Encaminhamentos e respostas dos serviços acionados

Serviço	Encaminhamentos	% de encaminhamentos	Respondida	% de resposta
Outros serviços	13	0,02	8	61,54
Órgãos socioassistenciais	170,9	20,27	5.252	30,82
Poder Executivo Estadual	8.569	10,19	2.149	25,08
Órgãos de Segurança Pública	12.482	14,85	2.290	18,35
Corregedorias	142	0,17	20	144,08
Poder Executivo Federal	65	0,08	9	13,85
Sistema de Justiça	11.784	14,02	1.473	12,50
Ouvidorias	1.167	1,39	104	8,91
Conselhos de Direito	32.813	39,03	184	0,56
Total	84.074	100,00	11.484	13,67

Fonte: Balanço Anual Ouvidoria 2017. Brasil, 2018.

O enfrentamento da violência é uma construção cotidiana que se faz pelo conjunto das ações de todos, por meio de ações estratégicas que possam beneficiar toda a população: algumas dessas ações estão no nível das políticas públicas, outras em nível institucional, e outras, no âmbito da cidadania. Foco especial precisa ser dado aos idosos dependentes relacionados a aspectos financeiros, econômicos, físicos e mentais, pois eles são as principais vítimas de violência na sociedade. É fundamental apoiar as famílias que abrigam pessoas idosas vulneráveis, para que possam cuidá-las adequadamente com o afeto e o carinho que merecem no final da vida. A qualidade das interações estabelecidas, além de criar oportunidades e vivências positivas, significa criar contrapontos à violência e construir a cultura de paz (Melo, 2010).

CONSIDERAÇÕES FINAIS

A proteção aos direitos humanos é reconhecida como uma responsabilidade ética e legal do enfermeiro. Este profissional desempenha papel significativo na identificação, investigação, documentação e reabilitação de vítimas de violência (Gupta, 2011). Os enfermeiros são os principais responsáveis, não só pela realização da triagem, mas também pela observação, pelo diagnóstico, pela implementação, pela organização dos cuidados e pelos tratamentos clínicos. Por esta razão, os enfermeiros têm o dever não apenas de assegurar cuidados de enfermagem seguros e adequados, mas também de assumir identificação, recolha e manutenção de vestígios com relevância médico-legal.

Assim, em um contexto institucional, é essencial desenvolver ações de promoção da saúde, fortalecer a atuação da Enfermagem Forense por meio de protocolos e capacitações e, aproximar a rede de serviços de saúde, sociais e jurídicos. As autoridades e as associações de apoio às vítimas e prevenção à violência devem incentivar o desenvolvimento de investigações na área forense com cursos avançados, pós-graduações e até inserção do tema em currículos de graduações para a formação de profissionais habilitados na área forense. Com isso, haverá maior aperfeiçoamento de questões relacionadas à saúde e questões legais, por meio de um processo de triagem adequado, coleta de informações clínicas, cumprimento de protocolos do serviço na prestação de cuidados, encaminhamento de situações suspeitas de crime, doação de órgãos, violência estrutural, institucional e doméstica, acompanhados das atribuições e competências de acordo com cada membro da equipe.

REFERÊNCIAS

Arendt H. Sobre a violência. 3. ed. Rio de Janeiro: Relume Dumará; 2001.

Bader DM, Gabriel S. Forensic nursing: a concise manual. Florida: CRC Press, Taylor & Francis Group; 2010, p. 42.

Baker AA. Granny-battering. Modern Geriatrics. 1975:5:20-24.

Barroso CTB. O Idoso no Direito Positivo Brasileiro. Brasília: Ministério da Justiça, 2001.

Brasil. Lei n. 10.741, de 1º de outubro de 2003. Cria o Estatuto do Idoso. Diário Oficial da União, Brasília. 2003: 192, 3 de outubro.

Brasill. Ministério da Saúde. Secretaria de Vigilância em Saúde. Departamento de Análise de Situação de Saúde. Viva: instrutivo de notificação de violência doméstica, sexual e outras violências / Ministério da Saúde. Secretaria de Vigilância em Saúde. Departamento de Análise de Situação de Saúde. Brasília: Ministério da Saúde; 2011, p. 72.

Brasil. Lei n. 12.461, de 26 de julho de 2011. Altera a Lei n. 10.741, de 1o de outubro de 2003, para estabelecer a notificação compulsória dos atos de violência praticados contra o idoso atendido em serviço de saúde. Diário Oficial da União; 2011.

Brasil. Manual de enfrentamento à violência contra a pessoa idosa. É possível prevenir. É necessário superar. Secretaria de Direitos Humanos da Presidência da República; Texto de Maria Cecília de Souza Minayo. — Brasília, DF: Secretaria de Direitos Humanos da Presidência da República; 2014.

Brasil. Portaria n. 3.479, de 21 de setembro de 2017. Institui o Comitê para a elaboração e operacionalização do Plano Nacional de Prevenção do Suicídio no Brasil.

Brasil. Boletim Epidemiológico. Perfil epidemiológico das tentativas e óbitos por suicídio no Brasil e a rede de atenção à saúde Secretaria de Vigilância em Saúde – Ministério da Saúde; 2017.

Brasil. Portaria n. 1.315, de 11 de maio de 2018. Habilita Estados a receberem Incentivo Financeiro de custeio para desenvolvimento de Projetos de Promoção da Saúde, Vigilância e Atenção Integral à Saúde, direcionados para Prevenção do Suicídio no âmbito da Rede de Atenção Psicossocial.

Cavalcante FG, Minayo MCS. Autópsias psicológicas e psicossociais de idosos que morreram por suicídio no Brasil. Ciência & Saúde Coletiva. 2012:17(8):1943-54.

Cavalcante FG, Minayo, MCS. Estudo qualitativo sobre tentativas e ideações suicidas com 60 pessoas idosas brasileiras. Ciência & Saúde Coletiva. 2015: 20(6):1655-66.

Coimbra e Cruz CMP. Práticas e conhecimentos dos Enfermeiros de Serviço de Urgência na recolha e manutenção de provas forenses. Dissertação (mestrado). Escola Superior de Enfermagem de Coimbra. Coimbra, Portugal; 2017.

Conselho Federal de Enfermagem (Cofen). 1º Especialização em Enfermagem Forense do Brasil começa em Recife. 29 de fevereiro de 2016.

Conselho Federal de Enfermagem (Cofen). Resolução Cofen n. 556/2017. Regulamenta a prática de enfermagem forense no Brasil. Diário Oficial da União. Brasília -DF, 23 de agosto de 2017.

Conselho Federal de Enfermagem (Cofen). Resolução Cofen 0581/2018. Atualiza, no âmbito do Sistema Cofen/Conselhos Regionais de Enfermagem, os procedimentos para Registro de Títulos de Pós-Graduação Lato e Stricto Sensu concedido a Enfermeiros e aprova a lista das especialidades [Internet]. Brasília (DF), 2018.

Dias I. Envelhecimento e violência contra os idosos. Sociologia: Revista da Faculdade de Letras da Universidade do Porto. Universidade do Porto, Portugal. 2005:XXV:249-73.

Freitas GF, Oguisso T. Ocorrências éticas com profissionais de enfermagem: um estudo quantitativo. Rev Esc Enferm USP. 2008:42(1):34-40.

Goodlman SN, Faleiros VP. Violência contra a pessoa idosa. Envelhecimento e Saúde da Pessoa Idosa/Fundação Oswaldo Cruz. Escola Nacional de Saúde Pública Sergio Arouca. Educação a Distância; organizado por Ana Paula Abreu Borges e Angela Maria Castilho Coimbra. Rio de Janeiro: EAD/ENSP; 2008.

Gupta B. Multidimensional role of forensic nursing. International Journal of Nursing Education. 2011:3(1),64-5.

International Association of Forensic Nurses. Become a forensic nurse, 2015. Disponível em https://www.forensicnurses.org/

International Association of Forensic Nurses. Disponível em http://www.iafn.org/

Malagutti AO. Delegacia do Idoso no âmbito da segurança pública. Nota técnica. Brasília, Câmara dos Deputados. 2003.

Melo EM. Podemos prevenir a violência. Organização Pan-americana da Saúde. Brasília, 2010.

Minayo MCS. Violência contra idosos: o avesso de respeito à experiência e à sabedoria. Brasília, Secretaria Especial dos Direitos Humanos. 2004.

Minayo MCS. Violência contra idosos: relevância para um velho problema. Cad. Saúde Pública, Rio de Janeiro. 2003:19(3):783-91.

Minayo MCS. Violência contra a pessoa Idosa: Castigo do Corpo e Mortificação do eu. 2017. In: Freitas EV, Py L. Tratado de geriatria e gerontologia. 4. ed. [Reimpr.]. Rio de Janeiro: Guanabara Koogan; 2017.

Minayo MCS, Cavalcante FG. Suicídio entre pessoas idosas: revisão da literatura. Revista de Saúde Pública. 2010:44(4):750-7.

Minayo MCS, Coimbra Junior CEA (orgs.). Antropologia, saúde e envelhecimento [online]. Rio de Janeiro: Fiocruz; 2002. Antropologia & Saúde Collection, 2009.

Ministério dos Direitos Humanos. Balanço Anual Ouvidoria; 2017. Disque Direitos Humanos, 2018.

Nery TPAB, Lages RCN, Tenório BMP, Monte NL. Possibilidades de uma enfermagem forense em hospital de urgência. R Interd. 2014:7(3):61-70.

Organização dos Estados Americanos. Convenção Interamericana sobre a Proteção dos Direitos Humanos dos Idosos; 2015.

Pyrek KM. Forensic nursing. Boca Raton: CRC Press; 2006.

Ribeiro GPO. Eficácia de uma Intervenção Estruturada de Enfermagem Forense realizada a Estudantes de Enfermagem. Dissertação (mestrado). Escola Superior de Saúde De Leiria. Portugal, 2016.

Rosa NM, Agnolo CMD, Oliveira RR, et al. Tendência de declínio da taxa de mortalidade por suicídio no Paraná, Brasil: contribuição para políticas públicas de saúde mental J Bras Psiquiatr. 2017:66(3):157-63.

Roland P. Cenas do crime. Lisboa: Dom Quixote; 2008.

Riviello RJ. Manual of forensic emergency medicine: A guide for clinicians. Massachusetts: Jones and Bartlett; 2010.

Sanches APA, Lebrão ML, Duarte YAO. Violência contra idosos: uma questão nova? Saúde Soc São Paulo. 2008:17(3):90-100.

Santos IS, Vieira MA, Silva ATP, et al. A importância da atuação da enfermagem forense no contexto da violência no Brasil, 2017.

Secretara Municipal de Saúde da Pessoa Idosa (SMS). Violência contra a pessoa idosa. Dia 15 de junho: Dia Mundial de Conscientização. 12 de junho de 2018.

Silva KB, Silva RC. Enfermagem forense: uma especialidade a conhecer. Cogitare Enfermagem. Universidade Federal do Paraná, Curitiba - Paraná, Brasil. 2009:14(3):564-8.

Skaba MMVF. O vício da adrenalina: etnografia da violência num hospital de emergência. Dissertação (mestrado). Escola Nacional de Saúde Pública, Fiocruz, Rio de Janeiro; 1997.

Sousa GS, Silva RM, Figueiredo AEB, et al. Circunstâncias que envolvem o suicídio de pessoas idosas. Interface - Comunicação, Saúde e Educação. Universidade Estadual Paulista Júlio de Mesquita Filho, São Paulo; 2014:18(49).

CAPÍTULO

5

Comunicação com criança/adolescente: busca ativa para identificação de situações de violência

Moneda Oliveira Ribeiro
Priscilla Sayuri Kanasiro
Caroline Aguiar Fernandes

INTRODUÇÃO

A violência é um fenômeno complexo por ter implicações nas relações interpessoais e sociais nas dimensões micro e macroestrutural. É importante definir com precisão o conceito de violência para fins de pesquisa científica e para propiciar avaliações objetivas de investigação forense e decisão jurídica. O conceito elaborado pela Organização Mundial da Saúde (OMS) é preciso e completo, pois considera o risco de dano, a intenção do agressor, o uso do poder sobre a vítima e a abrangência do fenômeno.

Segundo a OMS, violência é "o uso intencional da força física ou do poder, real ou em ameaça, contra si próprio, contra outra pessoa, ou contra um grupo ou comunidade, que resulte ou tenha grande possibilidade de resultar em lesão, morte, dano psicológico, deficiência de desenvolvimento ou privação" (OMS, 2002).

Nesse conceito, não só a força física produz violência, o uso do poder também é empregado para coibir a vítima, ainda que apenas como ameaça. Assim, a OMS inclui no conceito as situações em que o fato não é consumado, mas há intimidação e coação. Também faz menção à intenção do ato, com isso, diferencia violência de acidente. E, ainda, inclui a abrangência da violência, podendo ser em âmbito pessoal e social, e considera o dano, físico ou psicológico, fatídico ou provável.

Dahlberg e Krug (2006) detalham o conceito de violência da OMS com muita propriedade e o relaciona à saúde pública, além de desmembrar e detalhar a classificação da OMS (Anexo 1) quanto aos tipos da violência (autoinfrigida, interpessoal e coletiva) e a sua natureza (física, sexual, psicológica e privação).

A OMS também distingue a violência em quatro níveis de abrangência: individual (relativo às características pessoais); relacional (ocorre nas relações sociais próximas à pessoa); comunitário (no âmbito das escolas, dos locais de trabalho, da vizinhança) e social (decorrente de tensões entre diferentes grupos ou países, políticas públicas, abuso de poder da polícia, normas que legitimam a violência como autoridade paterna, hegemonia masculina) (OMS, 2002).

Esse trabalho da OMS foi precedido pela Convenção dos Direitos da Criança, legitimada na Assembleia Geral da ONU, de 20 de novembro de 1989, que consistiu no compromisso dos Chefes de Estados de diversos países de legalizar os direitos da criança e do adolescente. O Brasil cumpriu sua tarefa, elaborou o Estatuto da Criança e do Adolescente (ECA), Lei n. 8.069, de 13/07/1990, que regulamenta o artigo 227 da Constituição Brasileira de 5 de outubro de 1988.

O ESTATUTO DA CRIANÇA E DO ADOLESCENTE

Segundo o Estatuto da Criança e do Adolescente (ECA), a pessoa de até 12 anos de idade incompletos é criança, e entre 12 e 18 anos incompletos é adolescente. O Estatuto atribui, a ambos, a identidade de cidadãos, a quem o Estado, a sociedade e a família devem assegurar prioridade absoluta. Parece óbvio reconhecer a criança e o adolescente como cidadãos, mas, antes do Estatuto, eles não eram autônomos perante a Lei, não dispunham de direitos próprios, eram representados somente por seus pais, que tinham total hegemonia sobre seus filhos. Não havia um aparato do Estado legítimo, regulamentado, que propiciasse proteção à criança contra os abusos dos castigos físicos e demais maus-tratos dos próprios pais. Só os casos muito graves eram identificados nas unidades de saúde, e estas não tinham protocolos de atendimento ou políticas públicas para casos suspeitos ou confirmados.

Tornar a criança cidadã significa dar a ela autonomia para denunciar os próprios pais quando estes não exercem o papel de provedores de afeto, proteção, harmonia, lazer, saúde e educação. A criança ganhou independência para, acompanhada ou não de um adulto, denunciar maus-tratos contra si.

A promulgação do ECA demandou a criação de políticas públicas de proteção à criança e ao adolescente, dando origem ao Conselho Nacional dos

Direitos da Criança e do Adolescente (Conanda/Lei n. 8.242), ao Programa Nacional de Atenção Integral à Criança e Adolescente (Pronaica/Lei n. 8.642), aos Conselhos Municipais dos Direitos da Criança e do Adolescente (CMDCA), aos Conselhos Tutelares (CT) e demais medidas de proteção. Contudo, isso não basta; a menção do Art. 4° do ECA, "é dever da família, da comunidade, da sociedade e do poder público assegurar absoluta prioridade à criança e ao adolescente", impulsiona todo cidadão, por via institucional ou por iniciativa pessoal, a ter o compromisso de zelar pela criança e pelo adolescente.

No âmbito individual, o cidadão comum deve denunciar casos suspeitos ou evidentes de violência ao Conselho Tutelar, ou ao disque-denúncia, mantendo seu anonimato se assim desejar. No âmbito institucional, o profissional responsável deve notificar o Conselho Tutelar ou a Vara da Infância e Juventude, preenchendo a Ficha de Notificação (Brasil, 2009) e demais protocolos adotados pela instituição.

As instituições

A saúde e a educação são as instituições primordiais no desempenho de detecção e denúncia de abusos cometidos contra a criança e o adolescente. Ambas têm primazia no acesso à criança, sendo, portanto, órgãos essenciais no exercício da proteção à criança. Contudo, a intervenção dos profissionais dessas duas instituições é dificultada pela omissão da criança. Esta se silencia por coação do agressor, razão pela qual o privilégio de acesso não é condição suficiente para identificar abusos ou constrangimentos. É necessário que o profissional capacite-se para identificar sinais físicos e comportamentais da criança e aproximar-se daquela com indicativos suspeitos.

Raramente, a criança revela espontaneamente sua opressão. Ela é coagida pelo agressor, sente medo e não sabe se pode confiar no profissional ou se este tem condições para ajudá-la. O agressor a convence do poder que tem sobre ela e ameaça fazer mal a quem intervir. Quando os sinais físicos não são evidentes, mas o comportamento da criança desperta suspeita, é necessário aproximar-se dela, conquistar sua confiança e mostrar-lhe que há forças capazes de superar o poder do agressor. Não é uma tarefa fácil, mas o profissional obterá êxito se mostrar solidariedade e real interesse em ajudá-la.

A violência contra a criança nem sempre apresenta evidências claras de agressões. A equipe de saúde precisa estar atenta aos sinais de violência e estabelecer contato com membros da comunidade, recorrendo à igreja, aos vizinhos amigos ou a outro vínculo social da criança, uma vez que são meios importantes para identificar essa situação de risco.

A intervenção sobre os fatores de risco aos quais a criança está exposta demanda ações em interação com os recursos que a comunidade dispõe e os serviços públicos locais (ONG, Conselho Tutelar, escola, igreja). Isso implica rever as prioridades de atendimento na unidade de saúde. O processo de trabalho consiste em identificar e avaliar as necessidades individuais ou de grupos específicos de crianças e adolescentes para organizar o serviço de saúde de modo a atender aos que correm risco de ter sua saúde comprometida por problemas de causa externa.

Os agravos

As causas externas (acidentes e violência) de morbidade e mortalidade são passíveis de prevenção. No Brasil, em 2017, as causas externas, cap. XX do CID 10, representavam a terceira causa de morte entre crianças de zero a 9 anos, passando a ocupar a primeira posição na população de adultos jovens (10 a 49 anos) (Brasil, 2018).

Em 2015, os óbitos de menores de 5 anos estimados foram de 51.226, cerca de 90% das mortes infantis. As causas externas estavam entre as 15 principais causas de morte em menores de 5 anos; foram 2.358 óbitos de crianças por acidentes ou homicídios. Essa incidência indica que, no Brasil, uma em cada 20 crianças com menos de 5 anos morreu por essas causas, o que evidencia que a violência contra a criança é um importante problema de saúde pública (França et al., 2017).

No primeiro trimestre de 2017, o Disque Direitos Humanos (Disque 100) recebeu 21.021 denúncias de violência contra crianças e adolescentes. As denúncias eram por negligência, violência física, psicológica ou sexual. Esta última representou 21% do total das violações, sendo 4.480 denúncias de abuso sexual. Em 58% dos casos, os suspeitos eram pais ou mães, e 20% das crianças tinham entre 4 e 7 anos (Campos, 2015).

No Brasil, a negligência é a violência mais frequente, e o abuso sexual contra crianças até 9 anos de idade é o segundo tipo de violência mais comum (Brasil, 2012). Segundo a Associação Americana de Psicologia, a idade média de abuso sexual é de 8 anos e, na maioria das vezes, as vítimas são meninas (apud Daniel, 2001). Mundialmente, há estimativa de que uma em cada cinco mulheres tenha sofrido violência sexual durante a infância (Estadão, 2016).

A incidência do abuso sexual de meninos ocorre numa proporção três vezes menor que de meninas. Os meninos que foram abusados sexualmente raramente denunciam essa experiência por medo de represálias, estigma da homossexualidade e perda de autoestima. As consequências identificadas nestes meninos foram: obsessão por sexo, dificuldade de relacionamento, ansiedade, medo, depressão, raiva, sentimento de culpa e baixa autoestima (Valente, 2005).

A negligência e as violências física e sexual estão associadas à violência psicológica. Esta causa danos à autoestima e à formação de uma identidade positiva. Além disso, leva a criança a sentir-se desvalorizada, sofrer doenças somáticas, ansiedade, depressão ou fobia, além de ficar mais suscetível ao uso de álcool e drogas, à prostituição, aos comportamentos efêmeros, destrutivos e suicidas (Brasil, 2010).

A violência contra a criança é praticada com maior frequência no meio doméstico. Entre 85% e 95% dos casos de abuso sexual infantil, o agressor é conhecido da família e de confiança desta, portanto, é conhecido da vítima e não costuma recorrer à extrema violência. Entretanto, o mais comum é a criança ser molestada por um membro da família, geralmente o próprio pai ou padrasto (Daniel, 2001).

O agressor sexual pode ser qualquer pessoa, independentemente de sua origem cultural ou classe social. Além de provocar medo, raiva e mágoa, o abuso sexual gera confusão psicológica (Lampert, 2011).

Quando a criança revela o abuso e o adulto não acredita nela, a criança não faz mais tentativas de confissão aos adultos, agravando o sentimento de culpa e a compreensão confusa. Esta situação preocupa os profissionais, pois os familiares dificilmente denunciam o agressor por medo de interromper a unidade familiar e por ser doloroso admitir o fato, e assim assumem a "negação inconsciente" (Daniel, 2001).

O abuso sexual é mais difícil de ser identificado, por envolver a intimidade pessoal e estar em um contexto moral repleto de preconceitos. Além de envolver tabus culturais, a mensuração da violência sexual é difícil de obter porque implica relações de poder nos lares e responsabilização da vítima pelo ato (Minayo, 2002).

Em qualquer modalidade de violência, o agressor domina a criança, fazendo ameaças sutis ou explícitas, contando mentiras, confundindo-a sobre a legitimidade do ato e responsabilizando-a pelo abuso. Essas atitudes desencorajam a criança a denunciar o agressor; por isso, as possibilidades de intervenção para auxiliá-la são muito restritas. Devido a essa inacessibilidade, o abuso tende a ser de longa duração, causando sérios danos ao desenvolvimento da criança sob essa condição.

Como intervir

A subnotificação da violência contra a criança é uma realidade que advém tanto da detecção do problema quanto da existência de uma rede de apoio eficaz para intervir nos casos identificados. É necessário aplicar as políticas públicas de proteção à criança quando o problema é identificado, mas é necessário também utilizar estratégias de comunicação para alertá-la de situações de risco e/ou encorajá-la a denunciar o agressor.

A abordagem lúdica, intermediada por fantoches, jogos, desenhos, livros etc., possibilita superar as limitações do desenvolvimento infantil e ajuda a introduzir a abordagem verbal. Esta procede a primeira quando o vínculo de confiança entre a criança ou o adolescente e o adulto, pretenso ajudador, se estabelece.

Há que se considerar as limitações do desenvolvimento cognitivo que influenciam a compreensão e expressão dos fatos vividos pela criança. A abordagem lúdica e o diálogo direto precisam estar coerentes com a fase do desenvolvimento. Na idade pré-escolar, entre 3 e 6 anos, o pensamento mágico, o egocentrismo e a linguagem restrita (Ippolito, 2014) levam-na a silenciar-se por não ser capaz de representar a realidade objetiva e retratá-la na ordem cronológica dos fatos. Na fase escolar, entre 7 e 11 anos, embora tenha adquirido pensamento lógico, superado a visão egocêntrica e aumentado sua linguagem consideravelmente (Ippolito, 2014), a precária formação de valores morais levam-na a silenciar-se por sentimentos de culpa e vergonha. Após os 12 anos, apesar de o adolescente adquirir raciocínio cognitivo operacional formal e tornar-se mais capaz de representar a realidade (Ippolito, 2014), está em processo de formação de seus valores e de sua identidade (Erikson, 1971), portanto, tem dificuldade de entender a complexidade das normas sociais, sobretudo as sexuais.

Perguntas abertas podem ser empregadas em entrevistas com crianças, mas para o entrevistador alcançar seu propósito, precisa conquistar sua confiança, sendo autêntico e tendo real interesse em ajudá-la. As perguntas devem ser realizadas com o maior número de respostas possíveis. O entrevistador deve evitar interromper a criança e considerar cuidadosamente o relato para decidir quais serão as perguntas subsequentes. A criança vítima de abuso pode ser resistente em abordar o assunto, mas se sente apreciada quando alguém mostra que se preocupa com ela.

Um estudo utilizou perguntas diretas a crianças, incorporadas ao questionário forense, a fim de identificar suas motivações para contarem ou retardarem a revelação da violência sofrida. Os motivos para contar foram: internos (p. ex., pesadelos); externos (p. ex., questionamento de alguém) e evidência direta do abuso (p. ex., presenciado por alguém). As razões para retardar a revelação foram: medo, relacionamento com o agressor, falta de compreensão da situação vivenciada, ameaças feitas pelo autor e falta de oportunidade para contar (Schaeffer et al., 2011).

Outro estudo norte-americano revelou que uma das estratégias de "descoberta" do abuso sexual foi através da observação de comportamentos suspeitos do agressor; contudo, houve maior incidência de "descoberta" pela divulgação da criança, seguido de seus comportamentos sugestivos, além dos sinais de trauma físico (Fontes, Plummer, 2010).

Os estudos anteriores mostram que o estímulo de um adulto interessado em ajudar a criança pode interromper o sigilo. Muitas vezes, ela se silencia por falta de alguém que se disponibiliza a ajudá-la. O mesmo ocorre com o adolescente. Sua resistência inicial não pode ser interpretada como recusa em romper o sigilo, mas medo da exposição. Ainda assim, o ajudador não pode ser invasivo, precisa respeitar o momento em que ela se sente segura para expor sua situação.

O adulto, seja este um profissional de saúde ou educação, ou um cidadão próximo da criança, deve abordá-la dizendo que se preocupa com ela, percebe que algo a faz sofrer e está disposto a ouvi-la. Contudo, não é suficiente apenas disponibilizar-se, esperando que, em um certo dia, ela resolva contar seu segredo, é necessário criar momentos dedicados exclusivamente a ela e realizar atividades lúdicas que a encoraje a libertar-se de seu sofrimento.

Algumas considerações

Há instrumentos elaborados para discriminar crianças vítimas de violência das não vítimas, por meio de escalas de estresse pós-traumático, depressão e ansiedade (Habigzang et al., 2008; Hébert et al., 2006; Miller e Veltkamp, 1995), e de métodos projetivos, como o Rorschach (Fortes, Scheffer e Kapczinsky, 2007; Gravenhorst, 2002). No entanto, é importante considerar que não é apropriado reconhecer a ocorrência da violência apenas pelos sintomas emocionais ou comportamentais da criança, porque há variáveis a se considerar nas consequências da experiência abusiva. Pode haver desde total ausência de sintomas psicológicos até agravos severos no desenvolvimento pessoal (Alves Jr., 2013).

Experiências adversas, além do esperado para a idade, podem prejudicar o desenvolvimento infantil, mas é bom lembrar que "a vivência de situações adversas não estabelece *a priori* a inscrição do trauma no psiquismo", há que considerar a flexibilidade das pulsões constituintes do psiquismo (Freud apud Zavaroni, Viana, 2015).

A constituição do trauma dependerá do aparato psíquico da criança, de seus cuidadores e de seu ambiente; dependerá das situações de vida com as quais irá processar sua análise, ainda na infância. As situações adversas da infância podem permanecer no psiquismo como situações potencialmente traumáticas, com tendência a produzir um trauma potencial no desenvolvimento, mas podem ser ressignificadas e inseridas no repertório psíquico de modo a evoluir para mudanças da organização psíquica que neutralize, ou amenize, a experiência traumática (Freud apud Zavaroni, Viana, 2015).

Diversos componentes podem atenuar ou comprometer a saúde psicológica, tais como: apoio dos cuidadores, resiliência, gênero, idade, personalidade, contexto do abuso, estresse etc. A ausência de indicadores físicos, emocionais e comportamentais não significa ausência da violência, tampouco a presença desses indicadores não evidencia a ocorrência da violência. Os sintomas psicopatológicos podem estar relacionados a outros eventos da vida, e não apenas a um provável episódio abusivo. Então, se não é possível certificar a ocorrência da violência por indicadores, deve-se procurar outro meio de acesso à informação: a revelação (Alves Jr., 2013).

Alguns cuidados

A criança abusada está ávida por ajuda, não sabe como e a quem recorrer, mas quando surge alguém que demonstra interesse em ajudá-la e questiona sua experiência com discrição, ela tende a superar o medo da revelação e a narrar sua história. Uma vez revelado o abuso, é preciso proceder com muito cuidado.

Talvez a criança solicite ao profissional que guarde segredo de sua revelação, mas em momento algum esta garantia deve ser dada. O profissional precisa esforçar-se para fazê-la entender que sozinho não tem poder de ajudar, que necessita de outras pessoas de confiança para protegê-la, mas ele pode lhe assegurar sigilo em relação ao agressor e às demais pessoas das quais ela tenha receio de confiar.

É imprescindível obter o consentimento da criança para buscar ajuda de outros profissionais. A confiança pode ser rompida se os passos seguintes não estiverem sob algum controle dela, ainda que parcialmente. Sua participação no processo possibilita um desfecho bem-sucedido. Quando ela adquire confiança no profissional, tende a aceitar os procedimentos que se sucedem.

Evidentemente, quando a criança é muito pequena, menos de 3 anos, não terá capacidade de tomar uma decisão nesse nível de complexidade, mas crianças acima de 4 anos já têm condições de cooperar, desde que o profissional busque formas de comunicação utilizando conceitos e representações que já sejam do conhecimento dela. O importante é não subestimar a capacidade da criança e considerar que o sofrimento desencadeia mecanismos psíquicos de superação, inclusive, talvez, de amadurecimento precoce.

Uma reflexão

Em um contexto adverso, é possível que o amadurecimento precoce seja uma forma de subjetivação que leve ao autocuidado. Este foi o foco de um estudo que buscou analisar a constituição emocional e psíquica de crianças de duas favelas, para melhor compreender o tema da maturidade precoce em relação ao contexto ambiental. O estudo faz menção a uma referência "Ferenczi: do grito à palavra" (apud Vieira e Zornig, 2015), para ponderar se, devido ao esforço de superar o sofrimento e a angústia decorrentes do trauma, a maturidade pode ser adquirida precocemente. Aponta esse fenômeno como tendo uma função protetora, como um mecanismo de defesa ou uma estratégia para lidar com a desorganização psíquica e impulsionar em direção à vida.

As autoras creem que a maturidade precoce se desenvolve como uma forma de "cuidar de si", mas apoiada pelos recursos do ambiente externo. Apontam o amadurecimento precoce como algo positivo e criativo, quando o cuidado é oferecido pela comunidade, e creem também que as relações de cuidado existentes dentro das comunidades são capazes de amenizar o potencial traumático do cenário de desamparo (Vieira e Zornig, 2015).

A interação lúdica

Independentemente da capacidade de resiliência da criança ou de seu amadurecimento, o profissional que deseja ajudar pode recorrer a recursos lúdicos como estratégias de comunicação com a criança. Toda forma lúdica de interação tem forte potencial para ajudar a prevenir ou reduzir danos da violência. Livros ilustrados, brinquedos terapêuticos, desenhos e entrevista apropriada são meios eficazes para estimular a comunicação com a criança sobre o tema da violência.

O profissional de saúde pode utilizar-se de recursos para aproximar-se da criança e ganhar sua confiança, mas é importante alertar para o fato de que, uma vez obtida a revelação, não são mais necessárias informações adicionais a respeito, a menos que a criança queira continuar contando sua experiência, mas isso raramente ocorre. O passo seguinte é dar procedimento à notificação compulsória, seguir o protocolo da instituição, decidir junto à equipe como proceder e acompanhar a evolução do caso, sempre mantendo contato com a criança e informando-a sobre os procedimentos adotados.

Dentre os profissionais de saúde, o enfermeiro é o que tem maior possibilidade e oportunidade de interagir com a criança, sobretudo por promover seu cuidado diário, um contexto favorável para o vínculo de confiança. O papel do enfermeiro no contexto da violência é principalmente adotar técnicas de comunicação com a criança, fazendo uso de instrumentos de captação sistemática de informações para conseguir romper o sigilo sobre a violência. Após a revelação, outros profissionais da equipe de saúde (psicólogos, assistente social, médicos) e demais profissionais de áreas afins (advogados, juízes, peritos) também assumirão o cuidado da criança.

OS INSTRUMENTOS DE COMUNICAÇÃO

Se há, de fato, interesse em identificar crianças e adolescentes em situação de violência o mais precocemente possível, antes dos sinais evidentes, em estágio avançado de agravo, o enfermeiro precisa ter em mente que o alcance dessa finalidade se dá em um processo ativo. Somente a busca ativa identificará sinais precoces de violência e sua confirmação. Embora conste no ECA que a simples suspeita deve ser notificada, na prática, dificilmente o judiciário acolhe casos sem alguma evidência. Assim, há meios do prover informações que forneçam mais evidências da violência contra a criança e o adolescente.

Avaliação da família, segundo o modelo Calgary

O desenvolvimento da criança e do adolescente depende das características de sua família, que tanto pode atender suas necessidades quanto propiciar situações de risco. No espaço doméstico, a criança pode ser submetida a violências físicas, sexual e psicológica, ou à exploração do trabalho infantil e à negligência.

Quanto mais cedo for a exposição à violência ou às formas de cuidado inadequadas, mais consequências negativas no desenvolvimento são esperadas, pois a regulação dos padrões emocionais tende a ser estruturada durante a primeira infância (Monteiro, 2010). Por isso, é necessário que o enfermeiro esteja atento às condições familiares, a fim de proteger a criança de situações de risco e identificar pessoas com as quais se possa contar para essa tarefa.

O Modelo Calgary de Avaliação da Família (MCAF) (Wright e Leahey, 2009) permite estudar a constituição/dinâmica familiar e suas relações internas e externas, e possibilita identificar situações de risco à saúde da criança das famílias avaliadas. O Genograma e o Ecomapa, instrumentos deste modelo, possibilitam, respectivamente, visualizar as relações no interior da família e as relações desta com a comunidade. O Genograma visualiza a composição familiar por representação gráfica das relações entre os membros, através de símbolos e códigos padronizados. O Ecomapa visualiza a relação entre a família e a comunidade, e ajuda a identificar as redes de apoio (sociais, culturais e econômicas) disponíveis.

O instrumento pode ser utilizado por qualquer profissional da equipe de saúde. O objetivo a ser atingido deve superar as disputas entre os profissionais por exclusividade dos meios de atuação. Contudo, o enfermeiro é um profissional da equipe que tem posição privilegiada para o estabelecimento de vínculo com a criança e sua família, uma vez que suas atividades são voltadas para o cuidado direto, permanecendo mais tempo em contato com o público-alvo.

O MCAF envolve três formas de avaliação da família: "estrutural", "de desenvolvimento" e "funcional". Ele pode ser adaptado conforme as necessidades identificadas pelo enfermeiro. As avaliações "estrutural" e "funcional" são as que apresentam indicadores de situações de risco à saúde da criança/adolescente (Anexo 2) (Wright e Leahey, 2009).

A "avaliação estrutural" permite uma visão sobre a composição da família, o vínculo entre os seus membros e entre outros elementos significativos (parentes, amigos, vizinhos etc.). Os elementos avaliados são: composição familiar (moradores da casa e suas idades), subsistemas (comportamentos), limites (regras), família extensa (parentes), sistemas mais amplos (apoios pessoais ou institucionais), classe social (ocupação e renda) e ambiente (condições habitacionais) (Figueiredo e Martins, 2009).

A "avaliação funcional" caracteriza a forma como os membros da família interagem uns com os outros. Centra nas atividades do cotidiano e nos padrões de interação, compreende atividades da vida diária, comunicações, influências e poder, alianças e uniões (Figueiredo e Martins, 2009).

Uma vez coletadas as informações das avaliações, estrutural e funcional, inicia-se a elaboração de dois esquemas gráficos: o genograma e o ecomapa (Pereira et al., 2009), através do programa GenoPro, que auxilia essa construção (GenoPro, 2011). Estes dois recursos facilitam a avaliação da composição e dinâmica familiar; são instrumentos que permitem uma rápida visão da complexidade das relações familiares, além de permitirem, de forma sucinta, a maior quantidade possível de informação sobre a estrutura organizacional da família (Pereira et al., 2009).

O Genograma demonstra a representação gráfica de dados sobre a família, permite uma visualização dinâmica da relação entre seus membros, através de símbolos e códigos padronizados, em pelo menos três gerações. Para construção do Genograma com a família, é preciso definir uma pessoa de origem para ter como referência as relações geracionais de ascendência e descendência (Dias et al., 2007).

O Ecomapa é um diagrama das relações entre a família e a comunidade, que ajuda a avaliar as redes e apoios sociais disponíveis e sua utilização pela família. Ele representa ausência ou presença de recursos sociais, culturais e econômicos de um determinado momento do ciclo vital da família, havendo modificação ao longo do tempo, sendo, portanto, dinâmico. Uma família que tem poucas conexões com a comunidade necessita de mais atenção da Enfermagem para auxiliar a busca por mais conexões institucionais e relações pessoais.

Ambos apresentam representação através de símbolos e ligações por diversas formas de tracejado (Nascimento et al., 2005), por exemplo (Figura 1).

Todas as modalidades de violência podem ser um fator de risco ao desenvolvimento da criança (Maia, Williams, 2007), uma vez que situação de risco é qualquer variável capaz de aumentar a probabilidade de ocorrência de algum fator indesejável no desenvolvimento. O MCAF permite identificar situações de risco no meio familiar. O Genograma visualiza com clareza a composição familiar, e o Ecomapa ajuda a entender suas relações no meio familiar e na comunidade.

Apesar da eficácia desses instrumentos de apoio, o enfermeiro precisa aplicar outros recursos e adentrar no tema do desenvolvimento infantil ligado às situações de violência, a fim de avaliar o potencial de superação da criança às diversas situações de risco, impostas pela família e pelo meio em que vive. O enfermeiro, em conjunto com demais profissionais de saúde, pode também mobilizar as autoridades públicas para atender aos direitos sociais previstos em Lei.

FIGURA 1 Exemplo de Genograma e Ecomapa

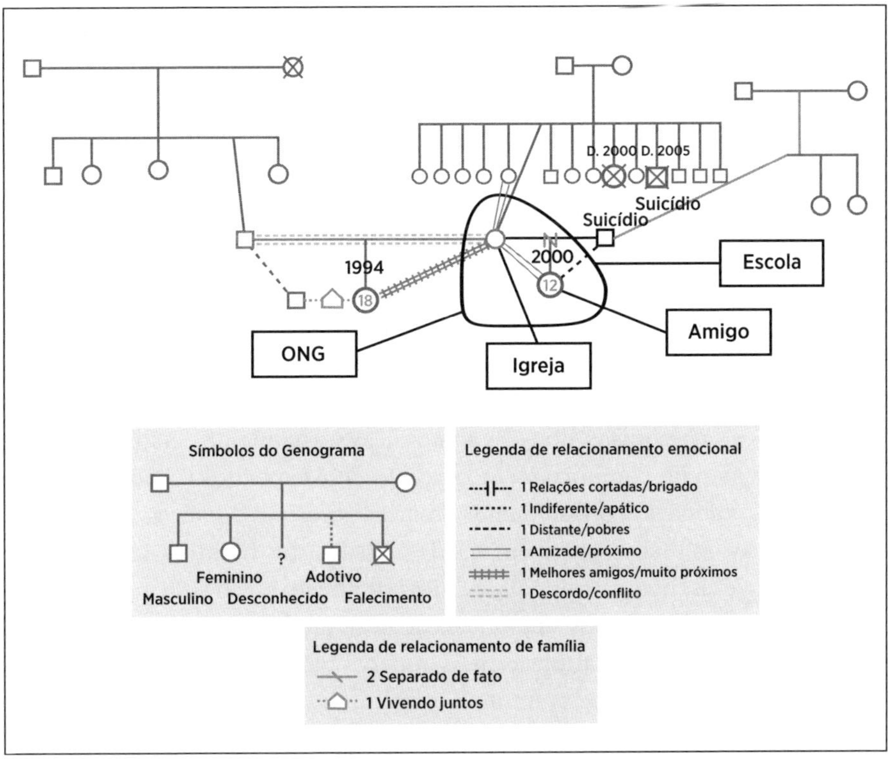

Brinquedo terapêutico

O brinquedo terapêutico (BT) é um instrumento de comunicação com a criança que tem a finalidade de compreender seus sentimentos e suas necessidades. A partir do brincar, a criança interage consigo mesma e com outras pessoas. A brincadeira possibilita reproduzir sua experiência e expõe os sentimentos que a impulsionam a agir. Quando submetida a situações de violência, representa o conflito vivenciado. Ao brincar, a criança age espontaneamente, expressa sua ira, por gestos ou verbalizações, e pode assumir a posição da vítima ou do agressor. Uma criança vítima de abuso sexual, por exemplo, age com brincadeiras de conteúdo sexual.

Uma pesquisa mostrou que bonecas são ferramentas úteis no processo de entrevista, pois permitem que crianças pequenas apontem partes do corpo que têm vergonha de identificar verbalmente, e fornecem um mecanismo de expressão, mostrando cenas sem ter nenhuma linguagem expressiva. O estudo utilizou bonecas anatômicas sexualmente detalhadas (SAD) e bonecas não anatômicas (NAD) para a descoberta do abuso em crianças na faixa etária de 1 a 10 anos. A hipótese da pesquisa era que crianças encaminhadas à avaliação médica, por suspeita da violência sexual, apresentariam comportamento sexualmente explícito, tanto com bonecas SAD quanto com bonecas NAD (Britton, 1991).

Os bonecos eram apresentados no início da entrevista, vestidos. As crianças eram instruídas a usar os bonecos para mostrar o que aconteceu com elas e que partes do seu corpo foram tocadas por alguém. Algumas crianças apresentaram comportamento sexualmente explícito com os dois tipos de bonecas. O ato sexual foi demonstrado pelas crianças ao retirarem as roupas tanto das bonecas anatomicamente detalhadas quanto das não anatômicas, comprovando a hipótese da pesquisa: "bonecas anatômicas sexualmente detalhadas (SAD) não influenciam no comportamento sexualmente explícito". Crianças na faixa etária de 2 a 3 anos utilizavam menos descrições verbais do que as mais velhas, e demonstravam mais eventos em vez de verbalizá-los (Britton, 1991).

Muitas vezes, não há evidências físicas de abuso, razão pela qual um estudo avaliou o uso de bonecos anatômicos no testemunho de crianças molestadas sexualmente. As crianças utilizaram os bonecos para demonstrar o que vivenciaram. Este instrumento foi muito efetivo na descrição dos acontecimentos para as vítimas incapazes de verbalizar detalhes (Hlavka et al., 2010).

Outro estudo fez referência a uma sessão em que foi utilizada a técnica do BT a uma criança de 5 anos, com suspeita de ter sofrido abuso sexual pelo seu pai. A criança retirou a roupa dos bonecos do sexo feminino e masculino, simulando o início de um ato sexual. Durante a brincadeira, referiu que "a boneca gostava de homem pelado" (Giacomello e Melo, 2011).

Por meio de brincadeiras, a criança vai revelando um histórico de violência, mas é importante ter claro que ela, conscientemente, não está autorizando o enfermeiro a revelar seu segredo para outras pessoas. Por isso, não basta confirmar a suspeita de violência por meio do BT, é necessário dar o passo seguinte, conversar com ela, de acordo com as limitações do seu desenvolvimento, para fazê-la entender que é preciso pedir ajuda às pessoas de confiança e com poder de ajudar. Essa tarefa não é fácil, mas é viável. Isso significa que é necessário proceder a um diálogo direto. Crianças acima de 3 anos podem entender se lhe for dito, pausadamente, por exemplo: "sei que você está sofrendo, posso lhe ajudar, mas não consigo fazer isso sozinho, preciso que você me deixe contar para outras pessoas, que são boas e podem nos ajudar". Nem sempre se terá êxito em uma primeira conversa, mas o vínculo de confiança que for se estabelecendo nos contatos subsequentes pode levar ao resultado desejado.

Ação educativa (uso de fanzines e histórias em quadrinhos)

Os fanzines podem ser um recurso para orientar a criança sobre os mecanismos de proteção existentes. São publicações acessíveis em meio digital, abordam temas geralmente no formato de vinhetas. São imagens com textos sintéticos que permitem uma comunicação prática e simples, acessíveis à apreensão cognitiva da criança. O fanzine é um recurso visual que pode ser fonte de informações com descontração, mesmo quando a mensagem demanda seriedade. É um modo ágil, dinâmico e lúdico de orientar crianças e adolescentes para prevenir ou reduzir maus-tratos. Funciona como estratégia de empoderamento da criança para solicitar ajuda (Ribeiro et al., 2015).

Em geral, os fanzines são produzidos por instituições governamentais ou ONG, dirigidos ao público adulto, conforme mostra a Figura 2, e costumam ter a finalidade de incentivar a denúncia de casos para o Disque 100 ou outro número indicado na vinheta, mas é importante divulgar fanzines dirigidos à criança e ao adolescente também, com vistas a estimulá-los a pedirem ajuda a pessoas de sua confiança. Os escolares e adolescentes podem ser incentivados a, eles próprios, buscarem ajuda pelo Disque 100.

Os textos sintéticos e as imagens são acessíveis à apreensão cognitiva da criança, portanto, possibilitam orientar crianças em idade pré-escolar e escolar.

FIGURA 2 Exemplo de Fanzine

Fonte: produzida por Dauana Lira, fotógrafa e criadora da Universe Clicks.

A imagem é um recurso visual que pode veicular muitas informações em uma única vinheta. É uma forma ágil de estabelecer relação lúdica com a criança, ajuda a superar a limitação da comunicação verbal. O fanzine pode funcionar como estratégia de intervenção para orientar a criança sobre o tema da violência e pode ser empregado como estímulo para ela solicitar ajuda (Ribeiro et al., 2015).

A história em quadrinhos (HQ) é também uma forma de comunicação com uso de vinhetas, porém, mais longa que o fanzine. É um instrumento bem aceito no mundo infanto-juvenil, e pode ser utilizado como um recurso para estimular a criança a falar sobre sua experiência.

A HQ pode ter efeito educativo sobre temas como a violência e a sexualidade para que a criança adquira conhecimentos que lhe trarão maior domínio sobre as situações vivenciadas. Omitir a comunicação com a criança ou adolescente sobre o desenvolvimento da sexualidade, por exemplo, possibilita que eles obtenham informações por outros meios não qualificados. Ao veicular conteúdos incompatíveis às fases de desenvolvimento infantil, a mídia, principalmente a televisão, pode induzir à erotização precoce. Essa exposição inadequada tende a influenciar a formação da criança e levá-la a acreditar que é normal crianças reproduzirem comportamentos da sexualidade adulta (Figueiredo et al., 2009).

As HQ são atrativas à criança e ao adolescente, portanto, é um efetivo meio de comunicação e orientação. Assim, é pertinente o uso das histórias em quadrinhos com finalidade educativa para prevenção da violência. Crianças informadas e orientadas são mais bem preparadas para discernirem o certo do errado, portanto, têm melhor condição para solicitar ajuda.

A elaboração de materiais de orientação à criança na linguagem gráfica da história em quadrinhos tem a vantagem de representar comunicação e/ou entretenimento com a qual ela já está familiarizada e na qual confia espontaneamente. Palavras e imagens, juntas, ensinam de forma mais eficiente. A associação do texto com a imagem, existente nas HQ, amplia a compreensão de conceitos, pois um dos códigos, isoladamente, teria mais dificuldade para ser apreendido pela criança e pelo adolescente (Rama e Vergueiro, 2004).

No Brasil, já existem diversas publicações de ONG e instituições governamentais sobre a violência no formato de fanzines, folhetos, manuais, cartazes etc. Portanto, o enfermeiro precisa fazer uso desses recursos para planejar ações educativas com a finalidade de prevenção em situações de risco e redução de danos em casos de atos consumados.

Leitura mediada e biblioterapia

A criança tem noções morais muito primárias, assim, não é capaz de discernir a quem cabe a responsabilidade dos eventos nos quais está envolvida. No cotidiano, ela é repreendida pelos pais por pequenas travessuras, por isso, tende a acreditar que é responsável por ocorrências indesejáveis, passíveis de repreensão. Assim, é comum a criança vítima de maus-tratos não entender a experiência vivida e sentir-se responsável por sua própria vitimização. Somada à precariedade do seu desenvolvimento moral, o agressor a responsabiliza pela violência sofrida ao lhe fazer acusações impiedosas. Por isso, ela teme relatar os fatos por medo de sofrer alguma punição.

As histórias infantis podem ajudar a reduzir o sentimento de culpa. Em geral, os contos são contextos semelhantes à situação vivenciada e levam a criança a perceber que nem sempre os adultos estão certos, que existem pessoas más e que a criança precisa de ajuda de alguém de sua confiança para livrar-se dos maus-tratos. Crianças menores precisam de ajuda para ler os livros. A leitura mediada (LM) por um enfermeiro oferece uma abordagem inovadora, de aproximação a ela e de estabelecimento de vínculo de confiança.

A LM consiste no uso de livros infantis para favorecer a interação entre o leitor e a literatura, com a finalidade terapêutica. Através da leitura, a criança pode: ver como os problemas semelhantes aos dela são confrontados e resolvidos; conhecer como outras crianças lidam com ansiedades, frustrações, decepções e esperanças; perceber que seus pares conseguiram resolver seu problema (Pardeck, 1990).

A literatura infantil é uma excelente ferramenta na prevenção do abuso sexual; as histórias dos livros podem reforçar experiências compartilhadas, oferecer informações, incentivo e, consequentemente, novas perspectivas (Daniel, 2001).

Livros podem incentivar as crianças a explorar seus próprios sentimentos. Segundo Eric Erikson (apud Wendy et al., 2006), as crianças desenvolvem níveis adequados de iniciativa e culpa quando lhe são oferecidas oportunidades para trabalhar suas emoções.

Quando uma história que apresenta personagens vítimas do abuso é contada para a criança, maior é a facilidade de ela revelar o abuso sofrido. Ela passa a refletir como os personagens do livro estão agindo para lidar com a situação (Wendy et al., 2006).

Um estudo mostrou que a literatura infantil pode ser uma aliada na vida das crianças, tornando-as menos inocentes, reconhecendo situações perigosas, contribuindo para que elas identifiquem sua própria vitimização e, finalmente, busquem ajuda. Segundo Prendergast (apud Daniel, 2001), os agressores procuram por crianças e adolescentes ingênuos para cometer a violência. Os livros compartilham experiências, fornecem informações, oferecem incentivos e introduzem novas perspectivas (Daniel, 2001).

Contudo, é necessário selecionar os livros mais adequados ao contexto da criança. Masha Rudman (apud Daniel, 2001) desenvolveu nove critérios para avaliar uma literatura infantil de qualidade que aborda a violência sexual infantil. Tais critérios são:

1. Nunca responsabilizar a vítima.
2. Selecionar livros que identificam o agressor como alguém conhecido da vítima.
3. Ponderar que os agressores representam variadas classes sociais, culturas, raças e gêneros.
4. Evidenciar que o abuso sexual pode ter um contexto amoroso.
5. Evitar soluções fáceis, a superação demanda esforço e interação com outras pessoas para afastar o agressor.
6. Incluir informações para ajudar o leitor a reconhecer que é vítima de abuso.
7. Ensinar a criança a diferenciar entre segredos ameaçadores à sua integridade e surpresas que visam agradar alguém.
8. Sugerir alternativas para a obtenção de ajuda.
9. Evitar cenas gráficas de abuso e violência.

Além dos critérios de Rudman, a prevenção consiste em quatro fatores:

1. Modelos positivos presentes.
2. Desmistificar o sexo e contribuir para atitudes saudáveis em relação ao corpo.
3. Ensinar o pensamento crítico e habilidades de tomada de decisão.
4. Fornecer personagens com os quais os leitores possam se identificar.

Os livros devem ser atraentes, apresentar ilustrações, técnicas como o ritmo e a rima, repetição de palavras e a interatividade (perguntas ao leitor). Esses recursos ajudam a criança a se expressar com mais precisão e, assim, são mais eficazes na transmissão da informação acerca da violência sofrida (Daniel, 2001).

Para Mac Donald (apud Lampert et al., 2010) a prevenção do abuso sexual é conceituada como a forma de um modelo de pirâmide de três níveis. A prevenção primária visa evitar que o abuso sexual aconteça. Por meio de atividades propostas, busca sensibilizar o leitor a tomar ciência da existência do problema. A prevenção secundária visa ensinar crianças vulneráveis (que convivem com usuários de álcool, drogas, ou passam muito tempo sozinhas, por exemplo) sobre os riscos que enfrentam e como lidar com isso. A prevenção terciária visa empregar livros infantis nas sessões de psicoterapia, ou seja, aplicar a biblioterapia. Esta última consiste em adotar a leitura de modo sistemático, a médio e longo prazos. É uma forma de intervenção clínica, de aconselhamento, que ajuda a criança vítima de maus-tratos a reduzir danos psíquicos e a evitar repetição.

A LM é uma estratégia de comunicação com a criança, de curta duração, com um foco específico, no caso: propiciar a revelação de maus-tratos. A biblioterapia constitui um método sistemático, coadjuvante da psicoterapia, de duração indeterminada, adotada por psicólogos e psicoterapeutas.

A biblioterapia auxilia o autoconhecimento pela reflexão, reforça padrões culturais e sociais desejáveis, proporciona desenvolvimento emocional pelas experiências de outros e auxilia na mudança de comportamento. Os objetivos da terapia através de livros são: permitir ao leitor verificar que há mais de uma solução para seu problema; auxiliar a verificar suas emoções em paralelo às emoções dos outros; proporcionar informações necessárias para encorajar a revelar seus problemas e a buscar soluções; favorecer a diminuição do conflito pelo aumento da autoestima (Caldin, 2001).

Os critérios para a escolha de livros para a LM e a biblioterapia são a idade emocional e cronológica da criança. Dessa forma, o livro ideal para o pré-escolar é aquele com muitas ilustrações e em formato simples. Livros com histórias mais detalhadas são compreensíveis aos escolares. Romances infanto-juvenis, com vários capítulos, são viáveis aos adolescentes (Pardeck, 1990).

Atualmente, há diversos livros ilustrados sobre violência contra a criança. O aumento da literatura infantil sobre esse tema é uma evidência de que o problema está cada vez mais visível. Assim, é importante que o enfermeiro desenvolva estudos sobre o uso desse recurso para melhorar a comunicação com a criança por meio da LM.

Desenho da família

O desenho da criança constitui uma ferramenta de comunicação mais forte e mais simples do que as palavras e as expressões. Muitas vezes, ela não quer ou não pode compartilhar seus sentimentos ou opiniões com verbalizações, teme falar sobre si mesma ou outras pessoas, mas, ao desenhar, revela ideias, medos e decepções através da arte (Yurtal e Artut, 2010).

O desenho é um método eficaz de comunicação interpessoal e de autoexpressão. A finalidade não é interpretá-lo, esse quesito é de competência de profissionais qualificados para esse fim, mas o desenho é também um instrumento de interação e autoconhecimento, portanto, tem efeito terapêutico. O enfermeiro pode solicitar para a criança contar uma história sobre seu desenho. Em geral, ela reflete sua realidade e costuma projetar o que sente na figura desenhada, seja esta representada com forma humana, animal ou objeto.

Durante a história narrativa do desenho, a criança costuma projetar-se na figura protagonista do relato. Isso é notório quando se refere a si mesma com frases cujo sujeito está na terceira pessoa do singular, por exemplo, "a menina está triste".

Pré-escolares, em geral, não conseguem executar duas tarefas simultaneamente, dificilmente conversam enquanto desenham, mas podem narrar a história do desenho após sua conclusão. Os escolares já têm a habilidade de conversar e desenhar ao mesmo tempo, sendo muito efetiva a obtenção de informações durante a execução do desenho.

As relações sociais da criança normalmente se restringem ao meio familiar e escolar. Assim, para sondar como ocorre a interação com pessoas próximas, sobretudo com os familiares que exercem mais influência sobre seu desenvolvimento, pode-se sugerir que a criança ou o adolescente desenhe uma família ou uma casa, e proceda com diálogo sobre o que desenhou.

Embora a interpretação do desenho seja de competência de profissionais qualificados, crianças que sofrem maus-tratos tendem a fazer desenhos muito expressivos, com conotação nítida de que algo ruim está acontecendo.

Crianças felizes costumam fazer desenhos coloridos e/ou com pessoas sorridentes (Figuras 3 A e B), mas quando desenham figuras tristes (Figura 3 C), deve-se investigar se há algo errado acontecendo. É importante conversar sobre o que a criança desenhou e estar atento à suas expressões faciais e corporais, avaliar se está tensa ou relaxada, sorrindo ou taciturna.

Não é comum ver crianças desenhando genitais nas figuras humanas, portanto, é imprescindível buscar mais informações quando isso ocorre. Se a criança, com antecedentes de abuso sexual se sentir em um ambiente seguro, é possível que faça desenho com conteúdo erótico (Figura 3 D), em uma tentativa inconsciente de contar o que ocorre com ela.

Contudo, é preciso cuidado na abordagem sobre o desenho, não fazer perguntas demais e aceitar a recusa da criança em responder, sem insistências. À medida que for se estabelecendo vínculo de confiança, ela tende a revelar o abuso.

FIGURA 3 (**A-D**) Simulação de desenhos infantis por Dauana Lira, tecnóloga em Comunicações Audiovisuais

Inventário de frases no diagnóstico de violência doméstica

O Inventário de Frases no Diagnóstico de Violência Doméstica (IFVD) (Tardivo, Pinto Jr., 2010) é um instrumento auxiliar para a identificação da violência doméstica contra crianças e adolescentes brasileiros, de 6 a 16 anos. É uma adaptação do Inventário de Frases (Agosta et al., 2001), aplicado a crianças e adolescentes argentinos.

O protocolo do IFVD (Tardivo, Pinto Jr., 2010) consiste em 57 frases concisas, discretas e sutis, que são apresentadas à criança para que esta confirme ou negue tais frases. Estas não se referem especificamente à experiência da vitimização, mas aos seus efeitos.

Ao lado de cada frase, são assinalados com X os itens Sim ou Não. Cada frase está associada a um dos cinco tipos de efeitos (transtornos) causados pela violência: físico, comportamental, emocional, sexual e social. Ao somar a pontuação de cada efeito, obtém-se uma visão do transtorno predominante.

Por fim, soma-se a pontuação de todos os efeitos e, se resultar em maior ou igual a 22, configura-se suspeita de violência. Contudo, essa pontuação não é conclusiva, outros problemas podem ser os responsáveis pela pontuação alta. O IFVD funciona apenas como uma triagem ou como um instrumento complementar dos demais.

No protocolo, há 10 frases nulas que recebem pontuação zero, independentemente se a resposta for Sim ou Não. Estas frases têm apenas a finalidade de evitar, ou atenuar, possível tensão causada pelas demais frases associadas aos transtornos. Assim, desconsiderando as 10 frases nulas, a pontuação máxima vai até 47.

O IFVD pode ser aplicado por qualquer profissional de nível superior (profissionais de saúde, educação, assistência social ou jurídica) que tenha conhecimento e competência para atuar no contexto da violência contra a criança e o adolescente. Não é de uso exclusivo do psicólogo porque não visa à avaliação da personalidade, portanto, pode ser aplicado pelo enfermeiro.

É importante que, durante a aplicação do IFVD, o enfermeiro não manifeste reações, verbais ou gestuais, que denotem surpresa, censura, pena ou qualquer emoção, também não deve parecer indiferente, é preciso apresentar-se calmo, compreensível, com expressões faciais e corpóreas que sinalizem tranquilidade e empatia.

Perguntas abertas

Poole e Lamb (2003), autores do protocolo de entrevistas NICHD, referem que perguntas abertas produzem mais respostas pela criança do que perguntas fechadas direcionadas, e propiciam o diálogo franco. As entrevistas direcionadas, sugestivas, podem produzir falsas memórias de eventos complexos. Além disso, seu uso subestima a capacidade da criança de entender ou responder ao entrevistador (Korkman et al., 2006).

É comum o entrave do sucesso da entrevista aberta ser decorrente mais da inabilidade do entrevistador do que da incapacidade da criança de se expressar. Além disso, se o vínculo de confiança não estiver sido estabelecido, a entrevista aberta dificilmente atinge seu objetivo. Por essa razão, faz-se necessária a aplicação das demais estratégias de comunicação para ter acesso à informação da criança. O uso de intermediários como desenho, livros infantis, brinquedos e demais ferramentas apresentadas neste capítulo ajuda na interação e na evolução para o diálogo aberto.

Se o enfermeiro avaliar que há um contexto favorável à entrevista com perguntas abertas, e estiver seguro de que esta abordagem não irá constrangê-la, ao contrário, lhe será benéfico para libertar-se do sigilo do abuso, então será preciso seguir o passo a passo da abordagem do NICHD (Lamb et al., 2008), ou de demais protocolos de entrevistas "não diretivas". Isso significa empregar técnicas de perguntas que não induzam respostas, mas que mantenham o foco.

A criança vítima de violência pode ser resistente a comentar o evento, por trauma, constrangimento ou vergonha, mas se sente apreciada quando alguém mostra que se preocupa com ela.

Durante a entrevista, a criança pode parar de responder, mas o entrevistador pode utilizar comentários de estímulo para encorajá-la a continuar, por exemplo, "diga-me mais sobre isso", ou verbalizar algo como "Ah, é mesmo" ou "Entendo". Em vez disso, a tendência de muitos entrevistadores, que não seguem o estilo de perguntas abertas é aumentar o número de perguntas com foco em detalhes específicos. Quando houver necessidade de focar em um detalhe específico do depoimento da criança, ele deve realizar perguntas com o maior número de respostas possível. O entrevistador deve ser neutro, evitar interromper a criança, considerar cuidadosamente o relato e decidir quais serão as perguntas seguintes (Korkman et al., 2006).

CONSIDERAÇÕES FINAIS

No Estatuto da Criança e do Adolescente, consta que casos suspeitos, ainda que não confirmados, devem ser notificados, e a omissão pode implicar penalidades ao profissional. Talvez o leitor questione: se a simples suspeita é suficiente para a denúncia ser acolhida pelos órgãos competentes, Conselhos Tutelares ou Varas da Infância e Juventude, por que é necessário o enfermeiro obter a revelação da criança?

A revelação é necessária não só para identificar se a presença de sintomas patológicos, físicos ou psicológicos decorre de alguma violência, mas também para prover subsídios ao poder judiciário para adotar medidas de proteção. Isso demanda a cooperação da criança e dos demais envolvidos, mas é muito difícil obter sua cooperação em um ambiente estranho com pessoas desconhecidas. Se o enfermeiro conseguir a revelação, a criança estará mais bem preparada para lidar com o processo.

O "depoimento sem dano" (Lei n. 13.431, 2017) tem sido defendido por profissionais empáticos à criança da área da saúde para encorajá-la a dar seu depoimento. O processo jurídico é muito árduo para ela, porque tem de enfrentar a defesa do agressor. Além disso, as informações provenientes do enfermeiro, ou de demais profissionais envolvidos, podem ser incluídas nos autos do processo.

REFERÊNCIAS

Agosta CB, Barilari Z, Colombo RI. Abuso y maltrato infantil: inventário de frase. Buenos Aires: Sainte Claire; 2001.

Alves Jr., Reginaldo T. Um sistema de análise de entrevistas forenses com crianças em casos de suspeita de abuso sexual. [Tese, 151 p.] Departamento de Psicologia Clínica/Laboratório de Saúde Mental e Cultura Programa de Pós-Graduação em Psicologia Clínica e Cultura do Instituto de Psicologia da Universidade de Brasília. Brasília, 20 de maio de 2013. Disponível em http://repositorio.unb.br/bitstream/10482/14410/1/2013_ReginaldoTorresAlvesJunior.pdf [acesso em 01 set 2020].

Brasil – Ministério da Saúde. Abuso sexual é o segundo maior tipo de violência. Brasília: Blog da Saúde [Internet] 2012. Disponível em http://www.blog.saude.gov.br/index.php/promocao-da-saude/30223-abuso-sexual-e-o-segundo-maior-tipo-de-violencia [acesso em 01 set 2020].

Brasil – Ministério da Saúde. Acidentes e violências. [Internet] 2018. Disponível em https://www.saude.gov.br/saude-de-a-z/acidentes-e-violencias [acesso em 01 set 2020].

Brasil – Ministério da Saúde. Instrutivo de preenchimento da ficha de notificação/investigação de violência doméstica, sexual e/ou outras violências. Brasília: Secretaria de Vigilância em Saúde; 2009. Disponível em http://www.pmf.sc.gov.br/arquivos/arquivos/pdf/30_03_2012_8.40.46.6cb50967bbeb18008432b71da11ac636.pdf [acesso em 01 set 2020].

Brasil – Ministério da Saúde. Linha de cuidado para a atenção integral à saúde de crianças, adolescentes e suas famílias em situação de violências. Brasília [Internet] 2010. Disponível em http://bvsms.saude.gov.br/bvs/publicacoes/linha_cuidado_criancas_familias_violencias.pdf [acesso em 01 set 2020].

Britton H. Use of nonanatomical dolls in the sexual abuse interview. Children's Hospital of New Orleans. 1991;15:567-73.

Caldin CF. A leitura como função terapêutica: biblioterapia. Encontros bibli: Rev Eletr Bibliotecon e Ciência da Inform. 2001;6(12):32-44.

Campos AC. Disque 100 recebe 21 mil denúncias de violações contra crianças no 1º trimestre. Agência Brasil. Edição Armando Cardoso. [Internet] 2015. Disponível em https://agenciabrasil.ebc.com.br/direitos-humanos/noticia/2015-05/disque-100-recebeu-21-mil-denuncias-de-violacoes-contra-criancas-no [acesso em 01 set 2020].

Dahlberg LL, Krug EG. Violência: um problema global de saúde pública. Ciênc Saúde Coletiva. 2006;11(Suppl):1163-78.

Daniel CM. Children's literature as prevention of child sexual abuse. Children's Lit in Educ. 2001;32(3):203-24.

Dias J, Nascimento LC, Mendes IJM, Rocha SMM. Promoção de saúde das famílias de docentes de enfermagem: apoio, rede social e papéis na família. Texto Contexto Enferm. 2007;16(4): 688-95.

Erikson EH. Infância e sociedade. 2. ed. Rio de Janeiro: Zahar; 1971. cap. 7, p. 227-53.

Estadão. Uma em cada 5 mulheres de até 18 anos já foi vítima de violência sexual. Revista Negócios [Internet] 2016. Disponível em https://epocanegocios.globo.com/Mundo/noticia/2016/06/uma-em-cada-5-mulheres-de-ate-18-anos-ja-foi-vitima-de-violencia-sexual.html [acesso em 01 set 2020].

Figueiredo MHJS, Martins MMFPS. Dos contextos da pratica à (co)construção do modelo de cuidados de enfermagem de família. Rev. Esc. Enferm. USP. 2009;43(3):615-21.

Fontes LA, Plummer C. Cultural issues in disclosures of child sexual abuse. J of Child Sexual Abuse. 2010;19(5):491-518.

França EB, Lansky S, Rego MAS, et al. Principais causas da mortalidade na infância no Brasil, em 1990 e 2015: estimativas do estudo de Carga Global de Doença. Rev Bras Epidemiol. 2017;20(Suppl1):46-60.

GenoPro 2020. Programa utilizado para o desenvolvimento de genogramas. [Internet] s/d. Disponível em www.genopro.com [acesso em 01 set 2020].

Giacomello KJ, Melo LL. Do faz de conta à realidade: compreendendo o brincar de crianças institucionalizadas vítimas de violência por meio do brinquedo terapêutico. Ciência & Saúde Coletiva. 2011;16(1):1571-80.

Hlavka HR, Olinger SD, Lashley JL. The use of anatomical dolls as a demonstration aid in child sexual abuse interviews: a study of forensic interviewers' perceptions. J of Child Sexual Abuse. 2010;19(5):519-53.

Ippolito R. O desenvolvimento infantil segundo Piaget. In: Santos BR, Gonçalves IB, Vasconcelos MGOM, Barbieri PB, Viana VN. Escuta de crianças e adolescentes em situação de violência sexual – aspectos teóricos e metodológicos. Guia para Capacitação em Depoimento Especial de Crianças e Adolescentes. Brasília: EdUCB; 2014. cap. 2. p. 43-6.

Korkman J, Santtila P, Sandnabba NK. Dynamics of verbal interaction between interviewer and child in interviews with alleged victims of child sexual abuse. Scandinavian Journal of Psychology. 2006;47:109-19.

Lamb ME, Hershkowitz I, Orbach Y, et al. Investigative interview protocol. In: Lamb ME, Hershkowitz I, Orbach Y, Esplin PW. Tell me what happened – Structured investigative interviews of child victimis and witnesses. England: Wiley-Blackwell; 2008. p. 283-99.

Lampert JC. Sh-h-h: Representations of perpetrators of sexual child abuse in picture books. Brisbane: Queensland University of Technology; 2011. p. 1-14.

Lei n. 13.431, 4 de abril 2017. Presidência da República. [Internet] Disponível em http://www.planalto.gov.br/ccivil_03/_ato2015-2018/2017/lei/l13431.htm [acesso em 01 set 2020].

Maia JMD, Williams LCA. Fatores de risco e fatores de proteção ao desenvolvimento infantil: uma revisão da área. Temas em Psicologia. 2007;13(2):91-103.

Minayo MCS. O significado social e para a saúde da violência contra criança e adolescentes. In: Westphal MF. (org.). Violência e criança. São Paulo: Edusp; 2002. p. 105.

Monteiro IS, Maia AC. Avaliação psicométrica de três questionários sobre história familiar. Revista de Psiquiatria Clínica. 2010;37(3):97-104.

Nascimento LC, Rocha SMM, Hayes VE. Contribuições do genograma e do ecomapa para o estudo de famílias em enfermagem pediátrica. Texto Contexto Enferm. 2005;14(2):280-6.

Organização Mundial da Saúde (OMS). Relatório mundial sobre violência e saúde. Brasília: OMS, OPAS; 2002. Disponível em https://www.cevs.rs.gov.br/upload/arquivos/201706/14142032-relatorio-mundial-sobre-violencia-e-saude.pdf [acesso em 01 set 2020].

Pardeck JT, Children's literature and child abuse. Child Welfare League of America. 1990;LXIX(1): 83-8.

Pereira APS, Teixeira GM, Bressan CAB, et al. O genograma e o ecomapa no cuidado de enfermagem em saúde da família. Rev Brasileira de Enfermagem. Brasília 2009;62(3):407-16.

Poole DA, Lamb ME. Investigative interviews of children: a guide for helping professonals. Washington: American Psychological Association; 2003.

Rama A, Vergueiro W. (orgs). Como usar as histórias em quadrinhos na sala de aula. São Paulo: Contexto; 2004.

Ribeiro MO, Lobo JAF, Prado SI. O fanzine como meio de orientação e prevenção contra maus-tratos à criança. Rev Soc Bras Enferm Ped. 2015;15(1):44-52.

Schaeffer P, Leventhal JM, Asnes AG. Children's disclosures of sexual abuse: learning from direct inquiry. Child Abuse & Neglect. 2011;35(5):343-52.

Tardivo LSLPC, Pinto Jr AA. IFVD: Inventário de frases no diagnóstico de violência doméstica contra crianças e adolescentes. V.1. São Paulo: Vetor; 2010.

Valente SM. Sexual abuse of boys. Journal of Child and Adolescent Psychiatric Nursing. 2005;18(1): 10-6.

Vieira ACD, Zornig SMA-J. Ambiente violento, infância perdida? Rev. latinoam. psicopatol. fundam. 2015;18(1):88-101.

Zavaroni DML, Viana TC. Trauma e infância: considerações sobre a vivência de situações potencialmente traumáticas, In: Psicologia: Teoria e Pesquisa. Universidade de Brasília. 2015;31(3): 331-8.

Wright LM, Leahey M. Enfermeiras e família: um guia para a avaliação e intervenção na família. 4. ed. São Paulo: Roca; 2009.

Yurtal F, Artut K. An investigation of school violence through Turkish children's drawings. Journal of Interpersonal Violence. 2010;25(1):50-62.

ANEXO 1

GRÁFICO 1 Tipologia da violência

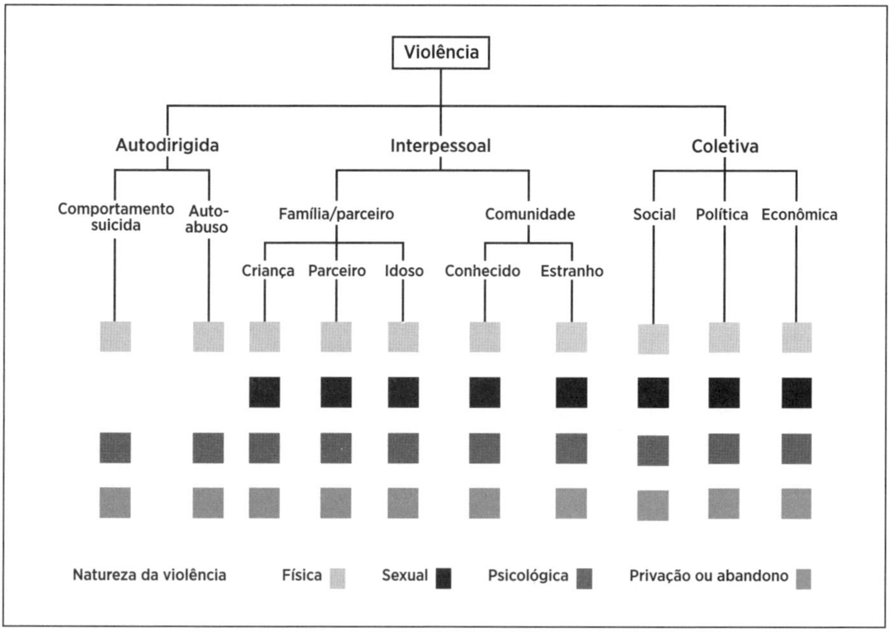

ANEXO 2

1. Avaliação estrutural

1.1. Composição familiar
1) Membros da família
2) Grau de parentesco
3) Agregados
4) Idade dos moradores

1.2. Subsistemas
5) Comportamento no ambiente familiar

1.3. Limites
6) Colocação de limites nas crianças

1.4. Família extensa
7) Parentes que considera importante, que ajudam quando precisa

1.5. Sistemas mais amplos
8) Instituições de apoio (escola, creches, igrejas)

1.6. Classe social
9) Renda familiar
10) Emprego (formal, informal)

1.7. Ambiente
11) Vizinhança (apoio ou risco)
12) Adequação do espaço (cômodos e camas)
13) Habitação (alvenaria, madeira, ventilação; iluminação; eletricidade; água e esgoto; botijão de gás)
14) Tipo de moradia (unitária, coletiva, própria, alugada, cedida)
15) Banheiro (unitário, coletivo)
16) Segurança (invasão, acidente)

2. Avaliação funcional

2.1. Atividades da vida diária
17) Cuidadores na ausência de responsáveis

2.2. Comunicação
18) Brigas

2.3. Influência e poder
19) Autoridade e submissão
20) Influência positiva e negativa

2.4. Alianças e uniões
21) Vínculos afetivos entre os familiares

CAPÍTULO

6

Mulheres, violência e Enfermagem Forense: reflexões à luz de gênero

Lucimara Fabiana Fornari
Rafaela Gessner Lourenço
Rebeca Nunes Guedes de Oliveira
Rosa Maria Godoy Serpa da Fonseca

INTRODUÇÃO

A violência é um fenômeno social complexo que atinge as mulheres independentemente da classe social, faixa etária, escolaridade, religião, raça ou etnia. É responsável por provocar danos a curto, médio e longo prazos, influenciando os modos de viver, adoecer e morrer das mulheres vitimadas.

Um estudo italiano realizado entre os anos de 1970 e 2016, com 274 mulheres mortas em decorrência da violência por parceiro íntimo, verificou que, em 73,9% dos casos, as vítimas foram assassinadas no espaço doméstico, 61,5% dos crimes foram cometidos durante o dia, e 88,3% dos agressores eram conhecidos. No que se refere à motivação, destacou-se a paixão, os problemas familiares, a sequência de outro crime, o caráter predatório ligado ao sexo feminino, a impulsividade e a perda de controle diante de recusa, e também a presença de transtorno mental no agressor (Zara e Gino, 2018).

Outro estudo brasileiro realizado no Instituto de Medicina Legal de Campina Grande (PB), com 886 relatórios médicos forenses de violência sexual, identificou que, em 84,2% dos casos, os agressores eram conhecidos das vítimas (Souto et al., 2015).

Diante disso, constata-se que as mulheres estão vulneráveis às situações de violência principalmente no espaço doméstico. Os tensionamentos que envolvem as violações expressas em um ambiente que, *a priori*, deveria ser lugar de proteção, vulnerabilizam as mulheres e transformam os significados do espaço doméstico enquanto *locus* propício para a perpetuação das agressões de modo particularizado.

Assim, por ser compreendido enquanto espaço privado, distante dos olhares da sociedade, a violência contra a mulher ainda é invisibilizada e velada por uma suposta barreira social que desconsidera o problema no âmbito da esfera pública, mediante justificativas que idealizam a privacidade das relações familiares, a despeito da violência expressa neste cenário.

Outra barreira para a visibilidade das violações que ocorrem no espaço doméstico está associada à dependência econômica e emocional do agressor. Dessa forma, a relação de vínculo influencia o processo de denúncia no sistema judicial, uma vez que o agressor pode estar suscetível à prisão (Jagadeesh et al., 2016).

Além da vulnerabilidade atribuída ao espaço doméstico, estudo brasileiro evidenciou a diferença de idade entre o casal, a relação não formalizada, a tentativa de separação e a repetição como elementos vinculados à ocorrência da violência (Meneghel e Portella, 2017).

Considera-se que as relações de intimidade são permeadas por estereótipos de gênero que reforçam as concepções de subalternidade feminina e dominação masculina. A categoria gênero consiste em um elemento constitutivo das relações sociais, pois se fundamenta nas diferenças estabelecidas entre os sexos. É um modo de significar as relações de poder, por meio dos símbolos culturalmente disponíveis, dos conceitos normativos, das instituições e organizações sociais e da identidade subjetiva dos envolvidos (Scott, 1989).

À luz do gênero, as dimensões abarcadas pelo conceito de gênero de Joan Scott (Scott, 1989) explicam tanto a ocorrência da violência como sua gênese, situada nas desigualdades entre os sexos. A situação se agrava por conta da naturalização destas desigualdades que, por sua vez, se assentam em categorias hierárquicas historicamente construídas, que classificam as mulheres como insuperavelmente inferiores, com justificativas pautadas nas diferenças supostamente naturais ou biológicas, diante das quais não há possibilidade de questionamento (Oliveira e Fonseca, 2015).

Isso significa que a determinação social da violência contra as mulheres não reside em fatores, mas no processo histórico de produção e reprodução da masculinidade e da feminilidade e suas expressões.

Nesta perspectiva, para a prevenção e o enfrentamento da violência contra as mulheres, é premente a necessidade da inclusão da perspectiva de gênero na elaboração e implementação de políticas públicas, bem como nas práticas educacionais e profissionais, a fim de diminuir as desigualdades entre homens e mulheres e promover a emancipação feminina.

No que diz respeito às políticas públicas relacionadas à violência contra a mulher, o Brasil dispõe da Política Nacional de Enfrentamento à Violência Contra a Mulher, que compreende a violência como um fenômeno complexo de abordagem intersetorial e multidimensional. Para tanto, apresenta como eixos estruturantes a assistência e a garantia dos direitos das mulheres, mediante a prevenção e o enfrentamento de violações (Brasil, 2013).

No ano de publicação desta Política Nacional, também houve a promulgação da Lei n. 11.340, conhecida como Lei Maria da Penha. Essa lei cria mecanismos para coibir e prevenir a violência doméstica e familiar contra a mulher, e promove medidas de assistência e proteção às vítimas (Brasil, 2006).

Em relação às medidas de assistência à mulher em situação de violência, a Lei Maria da Penha assegura a preservação da integridade física e psicológica, o acesso aos serviços de contracepção de emergência, profilaxia das infecções sexualmente transmissíveis (IST) e da síndrome da imunodeficiência adquirida (AIDS), bem como garante outros procedimentos necessários para as situações de violência sexual. Além disso, a autoridade policial é responsável pelo encaminhamento da vítima ao hospital, unidade de saúde ou Instituto Médico Legal (IML) (Brasil, 2006).

No que se refere aos serviços de saúde, a Lei n. 10.778 estabelece a notificação compulsória das situações de violência contra as mulheres atendidas nos serviços de saúde públicos e privados (Brasil, 2003), e a Lei n. 12.845 determina o atendimento obrigatório e integral à mulher em situação de violência sexual (Brasil, 2013). Esta lei prevê que o atendimento dos serviços de saúde deve ser realizado de maneira emergencial, integral e multidisciplinar, com a finalidade de tratar os agravos físicos e psicológicos. Para tanto, indica o diagnóstico e o tratamento das lesões; o apoio médico, psicológico e social; o registro da ocorrência e encaminhamento ao órgão de medicina legal, para coleta de materiais que poderão identificar o DNA do agressor; a profilaxia da gravidez e IST; e o fornecimento de informações sobre os direitos legais e os serviços de saúde disponíveis (Brasil, 2013).

A complexidade do fenômeno da violência contra as mulheres exige que ele seja enfrentado de maneira intersetorial, expandido para todas as regiões do país e possibilitando o acesso de todas as mulheres em situação de violência. Pensando nisso, em março de 2013, a Secretaria Especial de Políticas para as Mulheres lançou o Programa Mulher, Viver sem Violência, que atende a necessidade de operacionalização e articulação da assistência realizada pelas áreas de justiça, segurança pública, assistência social, saúde, educação, trabalho e habitação, a fim de propor o fortalecimento da rede intersetorial de atendimento às mulheres em situação de violência (Brasil, 2013).

O trabalho da enfermeira brasileira no atendimento da mulher em situação de violência nos diversos serviços de saúde é regulado pelo Conselho Federal de Enfermagem por meio da Resolução n. 556, de 14 de agosto de 2017, que regulamenta a atividade do enfermeiro forense no Brasil (Cofen, 2017).

O presente capítulo objetiva explorar as questões relacionadas ao papel do enfermeiro forense no atendimento das mulheres em situação de violência.

DESENVOLVIMENTO

A violência contra as mulheres e as políticas públicas de enfrentamento

Segundo a Convenção de Belém do Pará (1994), a violência contra a mulher consiste em qualquer ação ou omissão, baseada no gênero, que tem a capacidade de desencadear danos psicológicos, sexuais ou físicos, no espaço da vida privada ou pública (CIDH, 2016). Dessa forma, a expressão da violência contra a mulher pode se dar de diferentes maneiras: violência doméstica, violência intrafamiliar, violência interpessoal, violência na comunidade ou violência institucional (Brasil, 2013).

No que tange às formas de manifestação da violência contra a mulher, a Lei Maria da Penha considera (Brasil, 2006):

- Violência psicológica: qualquer ação responsável por dano emocional, diminuição da autoestima, interferência no pleno desenvolvimento, controle dos comportamentos, das crenças e decisões. Geralmente ocorre por meio de ameaça, constrangimento, humilhação, manipulação, insulto, chantagem e exploração, desencadeando consequências à saúde psicológica e à autodeterminação.
- Violência moral: qualquer ação que representa calúnia, difamação ou injúria.
- Violência patrimonial: qualquer ação que conforme retenção, subtração e destruição de objetos, documentos, bens e valores pessoais ou profissionais.

- Violência física: qualquer ação que ofenda a integridade corporal.
- Vilência sexual: qualquer ação que obrigue a presenciar, manter ou participar de relação sexual não desejada, por meio de intimidação, ameaça, coação ou uso da força. Além disso, inclui a indução para comercialização ou a limitação dos direitos sexuais e reprodutivos, através de coação, chantagem, suborno ou manipulação.

Na realidade concreta, no entanto, tais violências não ocorrem isoladamente, mas de múltiplas formas e, no caso da violência doméstica, geralmente envolve várias pessoas dentro da mesma família.

Assim, as distintas interfaces da violência requerem que as mulheres vitimadas tenham acesso a serviços de atendimento especializados e não especializados, com o intuito de responder às demandas relacionadas com saúde, justiça, educação, economia e bem-estar social, esferas da vida cotidiana que, de algum modo, foram impactadas pelas violações.

No Brasil, os serviços especializados são formados por Centros de Referência de Atendimento à Mulher, Casas-abrigo ou Serviços de Abrigamento, Núcleos de Defensoria Pública, Serviços de Saúde e Centros de Perícia Médico-Legal Especializados, Delegacias Especializadas de Atendimento à Mulher (DEAM), Centros de Educação, Reabilitação e Responsabilização dos Agressores e Juizados de Violência Doméstica e Familiar contra a Mulher (Brasil, 2006).

Os serviços não especializados são constituídos por hospitais gerais, unidades de atenção primária à saúde (APS), delegacias comuns, polícia militar, polícia federal, Centros de Referência de Assistência Social (Cras), Centros de Referência Especializados de Assistência Social (Creas), Ministério Público e Defensorias Públicas (Brasil, 2013).

Relatório da Comissão Parlamentar sobre a situação da violência contra a mulher no Brasil verificou que, no início de 2012, o país contava com 374 DEAM, 116 Núcleos Especializados em DEAM; 72 Casas-abrigo, 52 Juizados Especializados de Violência Doméstica e Familiar, 46 Varas Adaptadas, 38 Promotorias Especializadas e 61 Núcleos ou Defensorias Especializadas (Brasil, 2013).

No entanto, a partir de 2016, os cortes no orçamento geral da União, ocasionados pelos diferentes rumos governamentais que passou a privilegiar setores produtivos em detrimento das áreas sociais, têm sucateado muito esses serviços e comprometido fortemente o atendimento às mulheres vitimadas pela violência.

> "De acordo com dados do Portal Siga Brasil, do Senado Federal, houve uma queda brusca nos investimentos na área. Em 2015, foram executados 120 milhões de reais em políticas para mulheres, enquanto, em 2017, esse número caiu para 51,7 mi" (Marques e Silva, 2017, p. 33).

As DEAM foram instituídas em 1985, na cidade de São Paulo, para oferecer serviços de caráter preventivo e repressivo para o enfrentamento de questões relacionadas à violência contra as mulheres. A despeito dos avanços associados à sua atuação no território nacional, como, por exemplo, o aumento das denúncias, persistem barreiras para as mulheres buscarem esse atendimento. É evidente a insuficiência dessas delegacias em muitos municípios brasileiros, a limitação de horário de atendimento dos serviços, a insuficiência e a pouca qualificação dos profissionais para prestar o atendimento especializado à mulher em situação de violência (Silva, Padoin e Vianna, 2019).

Além disso, vale ressaltar que a implementação das DEAM demandou a elaboração de uma diretriz para a sua estruturação. Por iniciativa da Secretaria Especial de Políticas para Mulheres e da Secretaria de Segurança Pública do Ministério da Justiça, em 2010, foi elaborada a Norma Técnica de Padronização das DEAM (Brasil, 2010), mediante processo de construção coletiva e pactuada entre os diferentes atores envolvidos nas redes de enfrentamento.

Entretanto, um estudo recente desenvolvido em 19 regiões do estado de Santa Catarina (Oliveira e Ghisi, 2019) constatou que as delegacias são majoritariamente lideradas por delegados homens, com condições, estruturas físicas e atividades executadas muito aquém das previstas. A violação ao direito do acolhimento humanizado e da privacidade no atendimento, a ausência de qualificação dos delegados e delegadas em relação às questões de gênero, assim como a baixa interlocução dos serviços com outros órgãos da rede de atendimento, foram lacunas constatadas após quase uma década de regulamentação da Norma Técnica.

No que se refere aos Centros de Perícia Médico-Legal, relatório brasileiro identificou pouca participação desses serviços na rede de atendimento à violência contra a mulher. Os locais não apresentavam espaços e protocolos apropriados para o acolhimento das mulheres vitimadas (Brasil, 2013).

Em 2018, foi sancionada a Lei n. 13.721, que estabelece e dá prioridade às mulheres vítimas de violência para realização do exame de corpo de delito no IML junto às crianças, idosos e pessoas com deficiência (Brasil, 2018). Esta alteração do Código Penal constitui um avanço que pode impactar a rota crítica das mulheres vitimadas, assim como o andamento adequado dos processos criminais. Alguns cenários contam com salas específicas para acolhimento das mulheres no IML, embora isso ainda não seja uma realidade de todo o território nacional.

O espaço de atendimento apropriado envolve a presença de um local específico para acolhimento das mulheres, a fim de garantir privacidade, confiança, respeito e compreensão no decorrer da entrevista e dos exames. O acolhimento é importante para garantir a qualidade e humanização do atendimento (Brasil, 2012), e deve ser compreendido como um instrumento que permite a implementação da humanização da assistência, uma premissa ética que deve nortear todas as ações desenvolvidas junto às mulheres para o enfrentamento da violência.

O acolhimento envolve estratégias que incluem desde espaços físicos que permitam o conforto, a privacidade e o sigilo no atendimento, até a qualificação profissional para uma atenção integral, humanizada e baseada no entendimento da determinação social de gênero da violência.

Para viabilizar a concretização de ações de enfrentamento no âmbito nacional, o Brasil tem contado com os protocolos de atendimento, que têm como finalidade indicar fluxos internos correspondentes aos profissionais, destacando suas funções em cada etapa. O protocolo envolve as etapas de entrevista, histórico, exames clínico, ginecológico e complementares, e suporte psicológico (Brasil, 2012).

O atendimento às mulheres em situação de violência pelo serviço de saúde

Apesar de o setor saúde constituir um *locus* privilegiado para reconhecimento e enfrentamento da violência, a maioria dos profissionais de saúde não compreende a violência enquanto um problema cujo enfrentamento também lhes compete. A abordagem da problemática é muitas vezes percebida como atribuição da justiça e da segurança ou como problema velado pela privacidade das relações familiares. Com base nessas concepções, cabe ao profissional de saúde tratar apenas lesões e agravos físicos decorrentes da violência. As manifestações de danos psicológicos também podem ser tratadas pela saúde, porém, em geral, com o uso de medicamentos. Ao medicalizar os agravos complexos ocasionados pela violência, o que é oferecido como resposta aos sofrimentos das mulheres é uma assistência fragmentada e reducionista.

Ao reduzir os problemas a simples queixas físicas ou psicológicas tratáveis a partir de uma perspectiva biologicista e desvinculada do social, os profissionais de saúde desconsideram a violência enquanto problema que impacta significativamente o processo saúde-doença das mulheres. Além disso, carregam para o âmbito das práticas em saúde as marcas das construções e dos estereótipos de gênero, que naturalizam a violência e muitas vezes culpabilizam as mulheres, oferecendo condutas prescritivas e autoritárias que não consideram as necessidades, a diversidade e a condição social das mulheres que vivenciam violência (Oliveira e Fonseca, 2015).

Se a prática na saúde ainda deixa a desejar, não é por falta de avanços no desenvolvimento de instrumentos que facilitam e norteiam a implementação das políticas públicas de enfrentamento da violência. A Política Nacional de Enfrentamento da Violência prevê a elaboração de protocolos e normas técnicas, e sua implantação no território nacional visa instrumentalizar e apoiar profissionais de saúde para a atenção às mulheres. A ficha de notificação da violência, por exemplo, é um importante mecanismo para o monitoramento e a investigação das violações perpetradas contra as mulheres nos distintos espaços geopolíticos, considerando as características das vítimas, dos agressores e das situações. Essas informações podem ser utilizadas para elaborar medidas de prevenção e enfrentamento, assim como para subsidiar o desenvolvimento de políticas públicas de combate à problemática. No entanto, na maior parte dos serviços de saúde, essa ficha é desconhecida ou mesmo desconsiderada (Carnassale, 2012).

O serviço de saúde é uma das primeiras portas de entrada para a rede de atendimento à violência contra as mulheres. Portanto, é de competência dos profissionais diagnosticar as situações, assegurar a confidencialidade e o sigilo das informações, mantendo postura ética (Brasil, 2012). A garantia do acolhimento, com privacidade e humanização da assistência, é premissa básica para o cuidado às mulheres vitimizadas. Enquanto agente público, não cabe aos profissionais de saúde julgar as mulheres ou tentar encontrar explicações que justifiquem ou busquem os motivos da prática da violência, que geralmente são utilizados como justificativas para culpabilizar as mulheres pela violência vivida.

Supostas traições em relações conjugais, subversão de estereótipos de gênero socialmente aceitáveis, embriaguez pelo uso de bebidas alcoólicas, uso de roupas inadequadas e uma suposta agressividade natural masculina são comumente utilizados como justificativas que culpabilizam as mulheres e cerceiam possibilidades de exercício da cidadania para o enfrentamento do problema. Assim, os profissionais de saúde podem revitimizar as mulheres, por deixar de implementar suas práticas profissionais como um instrumento de emancipação e cidadania para as mulheres, reiterando a situação de subalternidade feminina e reforçando os valores e as normas sociais que produzem a violência (Oliveira e Fonseca, 2015).

No que concerne à assistência e aos procedimentos imediatos para os casos de violência sexual, de acordo com o Protocolo de Atenção às Mulheres Vítimas de Violência Sexual, compete aos profissionais do serviço de saúde realizar exame físico e ginecológico, coleta de materiais para diagnóstico de infecções genitais e do DNA do agressor, coleta de urina para o caso de crimes com utilização de drogas psicoativas e o preenchimento da ficha de notificação da violência (Brasil, 2012).

Diante das situações de violência, principalmente do tipo sexual, os profissionais da saúde precisam considerar o risco de gravidez, IST, hepatite B e HIV (vírus da imunodeficiência humana). No caso do risco de gravidez, é possível a utilização da anticoncepção de emergência ou de método abortivo, previsto por lei.

A anticoncepção de emergência previne a gravidez forçada e indesejada logo após as primeiras horas da violação, sendo prescrita independentemente do período do ciclo menstrual (Brasil, 2012). Quando não é possível a prescrição, a vítima tem direito ao aborto, conforme disposto na Lei n. 2.848, de 07 de dezembro de 1940: "Art. 128. Não se pune o aborto praticado por médico: (...) Aborto no caso de gravidez resultante de estupro: II – se a gravidez resulta de estupro e o aborto é precedido de consentimento da gestante ou, quando incapaz, de seu representante legal" (Brasil, 1940). Além disso, a Portaria n. 1.508, de 1 de setembro de 2005, prevê os Procedimentos de Justificação e Autorização da Interrupção da Gravidez nas situações de violência sexual por meio do Sistema Único de Saúde (SUS) (Brasil, 2005).

No que diz respeito às doenças decorrentes da violência sexual, o risco de infecção está associado ao tipo de violência (vaginal, anal ou oral), número de agressores e forma da abordagem, perfil da vítima (idade, presença de hímen ou IST), e o tempo de exposição (única, múltipla ou crônica). Felizmente, a maioria das infecções pode ser prevenida através do uso de medicamentos, como os contra gonorreia, sífilis, infecção por clamídia, tricomoníase e cancro mole. Também é possível realizar a imunoprofilaxia contra hepatite B e a quimioprofilaxia antirretroviral para o HIV. Portanto, é fundamental que a coleta imediata de material para exame/diagnóstico ocorra no momento de admissão da vítima (Brasil, 2012).

Posteriormente ao atendimento no serviço de saúde, orienta-se que a mulher vitimada seja encaminhada ao IML, a fim de que possam ser realizados os exames periciais. Todavia, se o encaminhamento não for realizado de imediato, os peritos podem utilizar as informações contidas no prontuário de saúde. Por isso, os dados sobre a violência, as circunstâncias da agressão, o exame físico e as intervenções médicas precisam estar devidamente registrados (Brasil, 2012).

Em 2015, a Portaria n. 288 assinada pelos Ministérios da Justiça, da Saúde e pela Secretaria de Políticas para as Mulheres (SPM), aprovou a realização pelo SUS da coleta de vestígios em vítimas de violência sexual (Brasil, 2015). A portaria é uma conquista, na medida em que possibilita a redução da rota crítica que as mulheres percorrem para o enfrentamento da violência sendo, muitas vezes, revitimizadas nesse processo sinuoso. A descentralização desse serviço permite humanizar o atendimento e o registro de informações que serão úteis para a justiça e a segurança pública. No IML, muitas vezes, o médico legista que atende as mulheres é um homem, o que pode gerar constrangimento às mulheres vítimas de violência sexual.

Assim, o processo histórico de construção de política e práticas para o enfrentamento da violência em rede, que inclui o setor saúde, exige cada vez mais profissionais qualificados para lidar com a complexidade da violência e do seu impacto.

Embora existam processos e protocolos definidos que incluem as atribuições da atenção primária à saúde (APS) nas situações de violência contra a mulher, estudo desenvolvido por Silva, Padoin e Viana (2019), que analisou a prática assistencial de equipes da APS de um município do Rio Grande do Sul a mulheres em situação de violência, concluiu que os serviços da rede de atenção não atuam com base nos protocolos e fluxos existentes. O estudo verificou que os serviços se encontram desarticulados e reproduzem práticas fragmentadas, sem o suporte de referência ou contrarreferência, o que limita a atuação da Equipe de Saúde da Família em situações de violência e viabiliza práticas de revitimização da mulher.

Além disso, os profissionais que atuam na APS comumente desacreditam da ação de setores associados ao enfrentamento da violência contra a mulher, como polícia e justiça, pois associam suas práticas a condutas centralizadas nas ações de queixa-crime e que naturalizam o fenômeno da violência contra a mulher como restrito ao âmbito privado da vida (Silva, Padoin e Vianna, 2019).

Considerando a complexidade que envolve o enfrentamento da violência e a necessidade da perspectiva de rede na atenção às mulheres, a existência de um cuidado fragmentado faz com que as mulheres percorram uma verdadeira *via crucis* na busca de atenção às necessidades determinadas pela vivência de violência. Assim, é cada vez mais evidente a necessidade de profissionais qualificados para implementar o cuidado em uma perspectiva ampliada, que valorize também as ações de prevenção e promoção de uma cultura de paz e de equidade de gênero.

O atendimento forense às mulheres em situação de violência

A medicina forense consiste em uma forma de intervir sobre os casos de violência contra a mulher, na medida em que tem como finalidade analisar as circunstâncias das violações e suas consequências físicas e psicológicas. Essa especialidade foi desencadeada, em parte, pelo aumento global da violência, o que culminou em uma maior necessidade de preparo dos profissionais do campo da saúde para desenvolvimento de ações preventivas e identificação de sinais da violência interpessoal (Silva e Silva, 2009).

Os laudos emitidos pela equipe de perícia do IML caracterizam-se como uma prova médico-legal, que pode ser utilizada no processo criminal para comprovar a violação, bem como identificar e responsabilizar o agressor (Brasil, 2012).

No Brasil, a coleta de evidências materiais junto às mulheres em situação de violência geralmente é atribuída à equipe de perícia do IML. Contudo, em algumas ocasiões, principalmente nas emergenciais, os profissionais dos serviços de saúde têm autorização para realizar a recolha dos elementos que indicam ou comprovam a violência sofrida. Esses elementos contribuem para a elaboração do laudo indireto do Exame de Corpo de Delito e Conjunção Carnal (Brasil, 2012).

A violência de gênero geralmente envolve urgência na avaliação médico-forense, uma vez que o tempo de atendimento é limitado devido à necessidade de oferecer proteção à mulher vitimada. Portanto, a adoção de protocolos de atendimento se torna essencial para que os profissionais saibam rapidamente as etapas que precisam ser seguidas para uma avaliação adequada do caso (Sánchez e Albarrán, 2010).

A avaliação adequada do caso é importante para a vítima, pois a medicina forense tem como objetivo responder às perguntas solicitadas pelo sistema legal, a respeito do julgamento da denúncia. Para tanto, são necessárias metodologias científicas e normas que irão analisar todos os aspectos envolvidos na violação como, por exemplo, a identificação do contexto das violações e da arma utilizada pelo agressor (Abedr-Rahman et al., 2017).

A ENFERMAGEM FORENSE

A Enfermagem Forense nasceu a partir do resultado de uma pesquisa empreendida no Canadá, em 1975, que apontou que enfermeiros que atuam na investigação de mortes violentas necessitam de qualificação específica nas áreas de farmacologia, patologia e comunicação com familiares. Desse estudo, foi derivado o primeiro programa de especialização em enfermagem específico para o desenvolvimento de habilidades em exames médico-legais, investigações e investigações de mortes (Baumann e Starks, 2015).

Nos EUA, a Enfermagem Forense passou a ser reconhecida como especialidade da Enfermagem no ano de 1992, com a criação da International Association of Forensic Nurses (IAFN). A IAFN caracteriza a especialidade como uma prática avançada da enfermagem, direcionada a prestar cuidados àqueles que vivenciam consequências, agudas ou não, resultantes de uma situação de violência. Além disso, os enfermeiros forenses atuam em proximidade com departamentos jurídicos e policiais, na investigação científica da morte ou de atividades criminais, acidentes traumáticos e em diferentes formas de violência, sobretudo a física e a sexual (IAFN, 2019).

O reconhecimento como prática avançada da enfermagem corrobora o conceito de prática avançada sintetizado no estudo de Gray (2016), como atribuições próprias do enfermeiro que oferecem experiência clínica, apoio, inovação, consultoria, educação e pesquisa em um campo específico. O enfermeiro de prática avançada não desenvolve funções substitutivas da prática médica, todavia, maximiza o impacto da prática da Enfermagem ao considerar a integralidade do cidadão, em vez de estabelecer condutas focadas em agravos.

Atualmente, a área forense é reconhecida como especialidade da Enfermagem em diversos países, como Japão, Canadá, Austrália, Inglaterra, Peru, Quênia, Coreia do Sul, Índia, Jamaica, Suécia, Itália, Portugal, Espanha e Brasil (Silva e Silva, 2009).

No Brasil, a Enfermagem Forense foi incluída como especialidade *lato sensu* por meio da Resolução n. 389, de 20 de outubro de 2011. Todavia, a Resolução n. 556, de 23 de agosto de 2017, regulamentou as atribuições dos enfermeiros forenses como: identificar os contextos da violência, estabelecer diagnósticos, realizar medidas de prevenção, tratamento e avaliação da saúde, considerando a legalidade da profissão nos institutos médico-legais e laboratórios de ciências forenses. O enfermeiro forense é responsável pela análise dos problemas decorrentes de trauma ou violência, pela realização da prática clínica reparadora, pela identificação das lesões, pela coleta e recolha de vestígios de relevância criminal e pela preservação da cena do crime (Cofen, 2012).

Além disso, a Resolução considera que o enfermeiro forense tem capacidade de aplicar o processo de enfermagem embasado na ciência da Enfermagem Forense e de cuidado à saúde, por meio do conhecimento técnico e científico. Também salienta o protagonismo da Enfermagem Forense no avanço dos conhecimentos relacionados aos traumas e às violências, visando fundamentar medidas para a prevenção e a identificação das violações, bem como para o cuidado das vítimas, para a promoção de ações educativas e políticas públicas (Cofen, 2019).

No ano de 2015, foi fundada, na cidade de Aracaju (SE), a Associação Brasileira de Enfermagem Forense (Abeforense), com o objetivo de implantar efetivamente a Enfermagem Forense no Brasil e subsidiar a produção de conhecimento nessa área.

Uma revisão sistemática da literatura acerca da visibilidade da Enfermagem Forense no Brasil identificou que as situações de maior relevância para a prática profissional dessa especialidade são as que estão relacionadas à violência em geral, à violência por parceiro íntimo e à violência sexual contra a mulher (Pereira de Paiva et al., 2017).

O cuidado de Enfermagem Forense à mulher em situação de violência

O cuidado realizado pelo enfermeiro forense à mulher em situação de violência está associado à identificação e descrição das consequências psicológicas, físicas e sexuais apresentadas pelas vítimas no momento do atendimento. Além disso, a Enfermagem Forense tem um importante papel na investigação das violências, constituindo um importante elo entre as vítimas e a justiça.

A mulher em situação de violência geralmente apresenta dificuldade para relatar a experiência traumática vivida. A ausência do relato espontâneo pode ser motivada pelo desejo de proteger a unidade familiar ou o agressor, pela vontade de manter a história oculta para amigos e familiares, pela preocupação com o trabalho, pela dependência econômica e afetiva do agressor, pelo medo do processo judicial e da reação do agressor, e pela ausência de medidas de proteção social e econômica (Sánchez e Albarrán, 2010).

Alguns estudos revelam que, embora as mulheres não verbalizem espontaneamente a vivência da violência como o motivo que as levou a buscar o serviço de saúde, a violência é identificada no atendimento a outras queixas e demandas, seja pelo relato da mulher, que verbaliza quando se sente acolhida, pela identificação de lesões físicas, ou sinais e sintomas que indicam a vivência da violência. Nesse sentido, a violência é identificada nos atendimentos do cotidiano em saúde, contudo, muitas vezes não é compreendida enquanto problemática, cujo enfrentamento compete também a esse campo profissional.

Assim, a captação da violência não aparece enquanto objetivo das práticas de enfermagem. Para a transformação desse cenário, é necessária a criação e a ampliação de canais de comunicação, que permitam a identificação do problema. A pergunta direta ou indireta nos atendimentos individuais, o desenvolvimento de atividades educativas coletivas que dão visibilidade ao tema e permitem a fala comumente não autorizada possibilitam a problematização da realidade para a transformação das condições de subalternidade que engendram a violência. Além disso, os serviços devem informar, por meio de cartazes, campanhas e outras estratégias comunicacionais, que eles constituem um espaço de cuidado, acolhimento e atenção para o enfrentamento da violência.

Contudo, considera-se que existem diferentes barreiras que podem influenciar na identificação das situações de violência, assim como no reconhecimento das suas consequências, uma vez que nem sempre os sinais e sintomas produzidos a partir das violações são facilmente visíveis para os profissionais que realizam o atendimento a curto, médio e longo prazos.

Para identificação das consequências psicológicas, o profissional precisa realizar a avaliação psicológica por meio da entrevista, estando atento a todas as informações relatadas pela vítima (Sánchez e Albarrán, 2010).

Uma revisão narrativa acerca das consequências da violência contra a mulher empreendida por Pathak et al. (2019) identificou que, quanto maior a exposição a situações de violência, maiores as consequências psicológicas vividas por essas mulheres. As principais sequelas psicológicas incluem diferentes tipos de traumas, depressão, ansiedade, dependência de substâncias químicas ou drogas ilícitas, comportamentos fragilizados e somatização que se traduzem em dores crônicas.

As consequências físicas estão relacionadas às marcas da violência impressas nos corpos das mulheres. Apesar de essas marcas serem visíveis, é necessário que os profissionais justifiquem de que forma estão associadas ao agressor.

Em relação às regiões do corpo mais atingidas, estudo realizado com mulheres em situação de violência evidenciou cabeça, pescoço e face em 53,6% dos casos; tronco, peito e braços em 23,4% dos casos; e múltiplas lesões em 23% dos casos. Ressalta-se que em 56,3% dos casos as vítimas não manifestaram reação de defesa (Zara e Gino, 2018).

Pesquisa realizada em um Hospital Universitário da Jordânia diz que a partir de 158 relatos de mulheres vítimas de violência conjugal, entre os anos de 2010 e 2016, verificou-se que apenas 12% dos casos não apresentavam lesões evidentes. No que diz respeito às lesões evidentes, 63% das mulheres tinham lesões múltiplas em diferentes regiões do corpo, 47% das lesões foram na cabeça, no pescoço e na face e 27% nos membros superiores (Menaker, Campbell e Wells, 2017).

Outra pesquisa realizada na Espanha, a partir de 582 registros de mulheres vítimas de violência por parceiro íntimo, entre os anos de 2005 e 2012, verificou que 57,2% das mulheres conviviam com o agressor. A violência física foi identificada em 71% dos casos, manifestada primordialmente por contusão. A maior parte das vítimas manifestou ferimentos leves, como escoriações, contusões e hematomas. As lesões encontravam-se principalmente em múltiplas regiões (60,4%), nos membros superiores (48,9%) e na face (45,9%) (Regueira-Diéguez et al., 2015).

Assim, destaca-se que a presença de lesões múltiplas na cabeça e nos membros superiores pelas mulheres que buscam atendimento nos serviços de saúde, ou que procuram o IML, pode ser importante indicativo de situação de violência física nas relações de intimidade.

As consequências sexuais estão primordialmente associadas à gravidez indesejada e às IST. Assim, nos casos de violência sexual, a coleta das evidências materiais precisa ocorrer nos primeiros dias após a violação. Ela consiste na recolha de conteúdo vaginal, oral e anal. O Ministério da Saúde brasileiro recomenda que o conteúdo

> (...) deve ser obtido por meio de *swab* estéril, acondicionado em papel filtro, mantido em envelope lacrado e identificado, se possível em ambiente climatizado. O material não deve ser colocado em sacos plásticos que mantenham a umidade, facilitando a proliferação bacteriana e consequente destruição do DNA. Deve-se

abolir o uso de fixadores, incluindo-se álcool e formol, por resultar na desnaturação do DNA. Deve-se, ainda, realizar o esfregaço desse material biológico em duas lâminas de vidro, sem fixadores, devidamente identificadas (Brasil, 2018, p. 86).

Pesquisa brasileira realizada a partir de 886 relatórios médicos forenses de violência sexual, entre os anos de 2005 e 2009, verificou que 49,3% dos casos de estupro ocorreram no espaço doméstico. Considerando a data do exame médico forense, a maior parte das vítimas sofreu violência por mais de 20 dias. Em 72,3% dos casos, o agressor utilizou violência, porém, em somente 5,7% dos casos houve lesões físicas. A coleta de material para teste de DNA foi realizada em 34,8% dos casos (Souto et al., 2015).

Além da identificação das consequências psicológicas, físicas e sexuais da violência de gênero, é preciso garantir a proteção da vítima e avaliar o risco de violações futuras, a proteção dos filhos, o tratamento dos agravos e o encaminhamento para serviços especializados, o tratamento do agressor, se houver diagnóstico de transtorno mental, o acompanhamento periódico da vítima e a identificação dos fatores que motivaram a denúncia (econômicos e emocionais, por exemplo) (Sánchez e Albarrán, 2010).

O cuidado da mulher em situação de violência pelo serviço forense também inclui o conhecimento sobre a data da agressão, a fim de verificar o período evolutivo das lesões e a concordância com o relato; o tipo de violação; os meios utilizados (armas, objetos); o estado de saúde da vítima anterior e atual; a presença de testemunhas; a possibilidade de haver outras vítimas; a ocupação e a situação econômica da vítima; as características da lesão (tamanho, localização, número, estado evolutivo, tipo – ferida, queimadura, contusão, mordedura, hematoma) e a avaliação psicológica (Sánchez e Albarrán, 2010).

O relatório médico-legal fornece uma avaliação consistente para comprovação da violência contra a mulher, principalmente, quando ocorre em uma relação de intimidade. Ele apresenta as incapacidades oriundas da violência e os mecanismos que produziram as lesões (Abedr-Rahman et al., 2017).

Por tudo isso, as informações obtidas na entrevista, no exame físico e ginecológico e nos exames complementares precisam estar detalhadamente registradas no prontuário das mulheres vitimadas. O profissional é responsável pelo registro escrito dos danos físicos, genitais ou extragenitais e, se possível, pelo registro fotográfico das lesões (Brasil, 2012). O registro escrito precisa ser completo, detalhado e rigoroso, pois resulta em consequências jurídicas para a vítima e o agressor (Sánchez e Albarrán, 2010).

Os enfermeiros forenses se destacam no que diz respeito à prestação de cuidados a vítimas de violência sexual, pois apresentam uma compreensão abrangente do fenômeno, o que fornece informações que garantem uma intervenção rápida e segura sobre a situação. Além disso, são capazes de melhor identificar as vítimas, o que também permite atuação mais rápida sobre a situação (Honor e Zero, 2018).

A atuação da Enfermagem Forense merece destaque diante do cenário internacional de movimentos migratórios. Estudo norte-americano realizado por Payne (2019) retratou a importância dessa especialidade da Enfermagem em situações de violência sexual cometidas contra mulheres imigrantes. O estudo destaca a relevância da especialidade para fornecer a documentação forense necessária para que as vítimas possam receber o *status* de imigrante protegida legalmente, além de contribuir para a visibilidade de evidências para resolver crimes de perseguição e que violem os direitos humanos, tanto no âmbito nacional como internacional.

Assim, como o cerne do trabalho em Enfermagem é o cuidado ampliado, técnica e cientificamente fundamentado, cabe à Enfermagem Forense o exercício de uma prática cujo foco é a integralidade das mulheres vítimas de violência. Esta prática deve envolver:

- A captação e identificação da violência fundamentada em evidências científicas e em uma perspectiva humanizada.
- O acolhimento das mulheres em uma perspectiva integral, com escuta qualificada e garantia de privacidade, sigilo, ética e promoção da autonomia das mulheres na corresponsabilidade do cuidado.
- O levantamento das consequências físicas, sexuais, sociais e psicológicas da violência e adequado registro de dados e evidências que sejam úteis à justiça.
- Realizar o registro adequado, detalhado e rigoroso de todo o processo de enfermagem implementado no atendimento às vítimas, evidenciando no prontuário a etapa da coleta de dados de anamnese e exame físico, assim como resultados de exames complementares realizados.
- O apoio no julgamento dos casos e na responsabilização dos agressores. O registro realizado pela Enfermagem Forense é importante para composição do processo judicial relativo à acusação do autor da violência.
- A elaboração de um plano de cuidados e intervenções para o enfrentamento da violência que seja pautado nas necessidades das mulheres.

- O desenvolvimento de estratégias de enfrentamento interdisciplinares e em rede, com mecanismos de referência e contrarreferência.
- A implementação da notificação compulsória da violência contra a mulher como instrumento de vigilância em saúde.
- A avaliação contínua dos desfechos e impactos das práticas de atenção e cuidado implementadas pela Enfermagem Forense e pela rede de enfrentamento.
- A produção de evidências científicas a partir do desenvolvimento de pesquisas que visem aprimorar as práticas profissionais de reconhecimento, a prevenção e o enfrentamento da violência.
- Apoio na prevenção das violações, uma vez que a análise dos casos e os registros realizados pela Enfermagem Forense fornecem subsídios para a compreensão das situações de violência e, consequentemente, permitem o desenvolvimento de conhecimentos que irão fundamentar a construção de políticas públicas e ações de cuidado para as mulheres vitimadas.
- O desenvolvimento de atividades de educação permanente voltadas a profissionais de saúde que atuam em toda a rede de atenção que compõem a rota percorrida pelas mulheres.
- A valorização e implementação de estratégias de prevenção da violência a partir da perspectiva de gênero.
- A generificação de todos os espaços, as práticas e os campos de atuação no enfrentamento da violência contra a mulher, na perspectiva de integralidade do sujeito e da atenção à saúde.
- O cuidado cotidiano no processo de construção dessa nova área, para que a prática de Enfermagem Forense não caia na armadilha de se resumir à implementação de práticas mecanicistas, biologicistas e medicalizadas, que reproduzam os ambientes frios e desumanizados que historicamente compõem os cenários das rotas críticas percorridas pelas mulheres vítimas de violência.
- O desenvolvimento de práticas educativas emancipatórias voltadas para diferentes grupos sociais e fundamentadas na equidade de gênero e na cultura da paz.
- A concepção do cuidado em saúde e da Enfermagem Forense enquanto instrumento de emancipação e empoderamento por meio da prestação de cuidado integral às mulheres vítimas de violência.

CONSIDERAÇÕES FINAIS

A Enfermagem Forense, no contexto internacional de discussão sobre enfermagem de práticas avançadas, vem ganhando força no Brasil e consiste em uma realidade em processo de consolidação.

O reconhecimento desse novo campo de atuação na enfermagem brasileira abre perspectivas para ampliação da sua atuação frente à violência, reconhecida, oficialmente, há mais de duas décadas, como importante questão de saúde pública.

A humanização da assistência e o protagonismo da Enfermagem, enquanto campo profissional de exercício do cuidado cientificamente sistematizado, coloca para a Enfermagem o desafio de ocupar um lugar central na rede de enfrentamento da violência para a qualificação das práticas de atenção às mulheres.

Revisitar esse campo de atuação sob a perspectiva da categoria social gênero pode lançar luzes para a compreensão da real problemática da violência contra as mulheres como construção social das relações entre os sexos, clareando a determinação social do fenômeno como condição primaz para estabelecer a relação de cuidado. Inúmeros problemas podem ser evitados, em especial, a revitimização ou a culpabilização das mulheres ou mesmo a incompreensão acerca da sua não aderência a propostas ou prescrições alheias à sua vontade ou capacidade como o rompimento da relação violenta. Ao colocar-se junto da mulher, compreendendo sua situação singular como reflexo do que ocorre com as mulheres de uma maneira geral e como elas são compreendidas pela sociedade, a Enfermagem pode efetivamente ser parceira e a ponte concreta para possibilitar a atuação dos demais profissionais da saúde ou de outras áreas envolvidas.

Espera-se que a Enfermagem Forense teça sua trajetória como uma prática profissional que promova um cuidado integral, generificado e cientificamente fundamentado, que engendre um campo de atuação que promova o exercício da cidadania e justiça para as mulheres vítimas de violência.

REFERÊNCIAS

Abedr-Rahman H, Salameh HO, Salameh RJ, Alabdallat LI, Al-Abdallat IM. Role of forensic medicine in evaluating non-fatal physical violence against women by their husbands in Jordan. J Forensic Leg Med. 2017;49:33-6.

Baumann R, Stark S. The Role of Forensic Death Investigators Interacting With the Survivors of Death by Homicide and Suicide. J Forensic Nurs. 2015;11(1):28-32.

Brasil. Comissão Parlamentar Mista de Inquérito da Violência contra a Mulher. Brasília: Coordenação das Comissões Especiais, Temporárias e Parlamentares de Inquérito. 2013. p. 1-1045.

Brasil. Decreto-Lei n. 2.848, de 7 de dezembro de 1940 [Internet]. Diário Oficial da União. 1940. Disponível em https://www2.camara.leg.br/legin/fed/declei/1940-1949/decreto-lei-2848-7-dezembro-1940-412868-publicacaooriginal-1-pe.html [acesso em 20 mar 2019].

Brasil. Lei n. 10.778, de 24 de novembro de 2003. Estabelece a notificação compulsória, no território nacional, do caso de violência contra a mulher que for atendida em serviços de saúde públicos ou privados [Internet]. Governo Federal. 2003. Plantalto Governo Federal. Disponível em https://www.planalto.gov.br/ccivil_03/Leis/2003/L10.778.htm [acesso em 5 set 2016].

Brasil. Lei n. 11.340, de 7 de agosto de 2006. Cria mecanismos para coibir a violência doméstica e familiar contra a mulher [Internet]. Governo Federal. 2006. Planalto Governo Federal. Disponível em http://www.planalto.gov.br/ccivil_03/_ato2004-2006/2006/lei/l11340.htm [acesso em 5 set 2016].

Brasil. Lei n. 12.845, de 1º de agosto de 2013. Dispõe sobre o atendimento obrigatório e integral de pessoas em situação de violência sexual. Presidência da República, Casa Civil, Subchefia para Assuntos Jurídicos. 2013. Disponível em https://presrepublica.jusbrasil.com.br/legislacao/1035667/lei-12845-13 [acesso em 5 jun 2021].

Brasil. Lei n. 13.721, de 2 de outubro de 2018 [Internet]. Altera o Decreto-Lei n. 3.689, de 3 de outubro de 1941 (Código de Processo Penal), para estabelecer que será dada prioridade à realização do exame de corpo de delito quando se tratar de crime que envolva violência doméstica e familiar contra mulher ou violência contra criança, adolescente, idoso ou pessoa com deficiência. Disponível em https://presrepublica.jusbrasil.com.br/legislacao/633293553/lei-13721-18 [acesso em 5 jun 2021].

Brasil. Norma técnica de padronização das delegacias especializadas de atendimento às mulheres – DEAM. Brasília: Secretaria de Políticas para as Mulheres. 2010. p. 1-81.

Brasil. Política Nacional de Enfrentamento à Violência contra as Mulheres. Brasília: Secretaria de Políticas para as Mulheres; 2013. p. 1-43.

Brasil. Portaria Interministerial n. 288, de 25 de março de 2015 [Internet]. Governo Federal. 2015. Disponível em http://www.brasilsus.com.br/images/portarias/marco2015/dia26/portinter288.pdf [acesso em 20 mar 2019].

Brasil. Portaria n. 1.508, de 1º de setembro de 2005 [Internet]. Ministério da saúde. 2005. Disponível em file:///Users/lucimara1/Desktop/Capitulo Enfermagem Forense/Brasil 2005.webarchive [acesso em 22 mar 2019].

Brasil. Prevenção e tratamento dos agravos resultantes da violência sexual contra mulheres e adolescentes. 3. ed. Brasília: Ministério da Saúde; 2012. p. 124.

Brasil. Programa mulher, viver sem violência. Casa da Mulher Brasileira. Diretrizes gerais e protocolos de atendimento [Internet]. Brasília: Secretaria Especial de Políticas para as Mulheres; 2013. p. 1-64. Disponível em http://www.spm.gov.br/assuntos/violencia/programa-mulher-viver-sem-violencia

Carnassale VD. Notificação de violência contra a mulher: conhecer para intervir na realidade. Universidade de São Paulo; 2012.

Cofen. Resolução Cofen n. 556/2017 [Internet]. Regulamenta a atividade do Enfermeiro Forense no Brasil, e dá outras providências. 2017. Disponível em file:///Users/lucimara1/Desktop/Capitulo Enfermagem Forense/Cofen 2017.webarchive [acesso em 20 mar 2019].

Comissão de Direitos Humanos. Conveção Interamericana para prevenir, punir e erradicar a violência contra a mulher [Internet]. 2016. Comissão Interamericana de Direitos Humanos. Disponível em https://www.cidh.oas.org/basicos/portugues/m.Belem.do.Para.htm [acesso em 1 jul 2016].

Gray A. Advanced or advancing nursing practice: what is the future direction for nursing? Br J Nurs. 2016;25(1):8-13.

Hornor G, Zeno R. Child sexual abuse perpetrators. J Forensic Nurs. 2018;14(4):206-13.

IAFN. International Association of Forensic Nurses. International Association of Forensic Nurses; 2019.

Jagadeesh N, Bhate-Deosthali P, Rege S. Ethical concerns related to mandatory reporting of sexual violence. Indian J Med Ethics. 2016;1-5.

Marques EEA, Silva S de AM. Programa Mulher, Viver Sem Violência: Uma Análise de sua Implementação a Partir da Casa da Mulher Brasileira e de Entidades Parceiras. Estud Adm e Soc. 2017;3(2):32-45.

Menaker TA, Campbell BA, Wells W. The use of forensic evidence in sexual assault investigations: perceptions of sex crimes investigators. Violence Against Women. 2017;23(4):399-425.

Meneghel SN, Portella AP. Feminicides: concepts, types and scenarios. Cien Saude Colet. 2017;22(9):3077-86.

Oliveira ACDC de, Ghisi ASS. Norma Técnica de Padronização e as Delegacias das Mulheres em Santa Catarina. Rev Estud Fem. 2019;27(1):1-15.

Oliveira RNG de, Fonseca RMGS da. Health needs: the interface between the discourse of health professionals and victimized women. Rev Latino-Am Enferm. 2015;23(2):299-306.

Pathak N, Dhairyawan R, Tariq S. The experience of intimate partner violence among older women: A narrative review. Maturitas. 2019;121:63-75.

Payne A. Sexual assault nurse examiner forensic examinations for immigrant victims. J Forensic Nurs. 2018;14(2):112-6.

Pereira de Paiva MH, Pinheiro Lages L, Cavalcanti de Medeiros Z. Studies on forensic nursing in Brazil: a systematic review of the literature. Int Nurs Rev. 2017;64(2):286-95.

Regueira-Diéguez A, Pérez-Rivas N, Muñoz-Barús JI, et al. Intimate partner violence against women in Spain: a medico-legal and criminological study. J Forensic Leg Med. 2015;34:119-26.

Sánchez JDC, Albarrán MSR. Valoración médico-forense de la mujer maltratada. Rev Esp Med Leg. 2010;36(3):110-6.

Scott J. Gender: a useful category of historical analyses. Gender and the politics of history. New York: Columbia University Press; 1989. p. 1-35.

Silva EB da, Padoin SM de M, Vianna LAC. Women in situations of violence: limits of assistance. Cien Saude Colet. 2015;20(1):249-58.

Silva KB, Silva R de C. Enfermagem forense: uma especialidade a conhecer. Cogitare Enferm. 2009;14(3):564-8.

Souto RQ, Araújo FKCD, Xavier AFC, et al. Rape against Brazilian women: Characteristics of victims and sex offenders. Iran J Public Health. 2015;44(12):1613-9.

Zara G, Gino S. Intimate partner violence and its escalation into femicide. Frailty thy name is "violence against women". Front Psychol. 2018;9:1-11.

CAPÍTULO

7

Vulnerabilidade e violência contra a população LGBTQIA+: atendimento e repercussões para a vítima e sua família

Luiz Valério Soares da Cunha Junior
Allison Kleiton dos Anjos
Inês Eugênia Ribeiro da Costa
Dayanna Louise Leandro dos Santos
Denison Melo de Aguiar

INTRODUÇÃO

A vulnerabilidade e as violências contra lésbicas, *gays*, bissexuais, travestis, transexuais, transgêneros, *queer*, intersexuais, assexuais (LGBTQIA+) são uma realidade existencial na sociedade moderna. Ambas são causas e consequências dos preconceitos e discriminações institucionalizadas e envolvidas na sociedade como valores e crenças, que acabam por violar os direitos e garantias fundamentais no atendimento das vítimas e de suas respectivas famílias LGBTQIA+. Assim, se faz necessário sair de uma lógica de violência para uma lógica de cuidado e acolhimento, o que só é possível por meio de formação continuada dos profissionais de saúde e de segurança pública.

Neste sentido, o objetivo deste capítulo é relacionar a vulnerabilidade e a violência contra a população LGBTQIA+, na perspectiva de um atendimento de cuidado e acolhimento, como repercussões para a vítima e sua família. A racionalidade de violência e heterocisnormatividade pode ser modificada por uma lógica, racionalidade e cultura de cuidado e acolhimento da população e família LGBTQIA+, que direta e indiretamente sofrem vulnerabilidades e violências. Esta modificação pode ocorrer por meio de formação, seja inicial, seja a continuada, dos profissionais que atendem às vítimas LGBTQIA+.

Dentro deste contexto, pergunta-se: Como se relaciona vulnerabilidade e violência contra a população LGBTQIA+ quando se trata de atendimento e repercussões para a vítima e sua família? Por trás das posturas que violam os direitos de garantias fundamentais no atendimento e repercussões com as famílias LGBTQIA+ há uma processo histórico-cultural que normalizou e naturalizou preconceitos, discriminações e abordagens violadoras destes como a racionalidade de violência. Propõe-se, desse modo, a pensar na maneira pela qual se pode ter uma abordagem humanitária e socialmente constituída quando se trata de atendimento a vítimas.

Na elaboração deste capítulo, foram utilizadas as pesquisas indutiva, qualitativa e teórica, por meio da caracterização concreta de vulnerabilidade e violência contra LGBTQIA+ e com foco na pesquisa de pensamentos e percepções sobre a temática de vulnerabilidade e violências contra LGBTQIA+ e suas famílias, bem como de que forma esta situação pode ser modificada ao se pensar em uma lógica de cuidado e acolhimento e, por fim, destaca-se que foi feito o levantamento de pesquisa teórica em livros e artigos científicos que envolvem a temática deste capítulo. Portanto, pensou-se neste perfil de metodologia como uma outra forma de perceber o atendimento à comunidade LGBTQIA+.

A estrutura deste artigo foi dividida em três partes. Na primeira, trata-se da relação entre vulnerabilidade e violência contra a população LGBTQIA+, a partir do entendimento das realidades sociais heterocisnormativas; a segunda parte trata de como estas práticas violam os direitos humanos da população LGBTQIA+; e, por fim, a terceira, no qual se trata como pode ter um atendimento em que se pensam na promoção dos direitos LGBTQIA+, dentro da lógica de cuidado e acolhimento. A proposta é importante, a partir do momento que se pensa em uma forma contra-hegemônica, para modificações histórico-culturais.

VULNERABILIDADE E VIOLÊNCIA NAS ESPECIFICIDADES DA POPULAÇÃO LGBTQIA+

A violência pode ser observada como um dos produtos resultantes da interação entre os seres vivos, sendo esta derivada do poder exercido de maneira coercitiva, utilizando padrões culturais que são reproduzidos e/ou impostos socialmente e que levam a danos físicos, psicológicos, mentais ou morais. Segundo Minayo (2006), esses eventos podem, considerando as normas sociais da época vigente, ter sua manifestação socialmente aceita ou condenada. Assim o são, pois tais embates estão intrinsecamente relacionados a conflitos de autoridade, lutas de poder, demonstrações de dominação e posse, assim como formas de aniquilamento do outro ou de seus bens.

Neste sentido, a Organização Mundial da Saúde (2002) classifica a violência em:

- Violência coletiva: aquela que está intrinsecamente ligada à dominação de grupos e estados.
- Violência autoinfligida: ligada ao suicídio e/ou autoabusos.
- Violência interpessoal: relacionada a violência comunitária e familiar.

A esta classificação, Minayo (2006) incorpora mais um tipo de violência, a chamada de estrutural. A violência estrutural é relacionada aos processos sociais, econômicos e políticos, e que são aplicáveis à vulnerabilidade e violência contra LGBTQIA+ e suas famílias, que é o fato de a violência, em algumas sociedades, serem aceitas de forma velada, quase que encoberta, ou seja, traz o tema para o contexto social, para a cultura de um povo e para as regras instituídas pela sociedade. No caso do Brasil, a violência sempre esteve associada à forma de colonização e de desenvolvimento, e esta questão precisa ser tratada de forma urgente, sem encobrir a realidade dos fatos, pois só assim será possível verificar não só os pontos, mas a teia que se entrelaça nos casos apontados pela mídia e nos estudos sobre as violências que atingem não só os corpos, mas as mentes, os sonhos e os direitos de toda uma população.

Diversos grupos sociais estão vulneráveis a sofrerem cotidianamente atos violentos, incitados pela estigmatização e a exclusão social, tal qual a população LGBTQIA+, como resultado da LGBTQIA+fobia social. Esses processos que suportam a base das discriminações funcionam de modo distinto para grupos díspares, apesar de haver questões comuns e transversais. Dessa forma, a intolerância dirigida a homens negros, por exemplo, tem origens e formas de atuação que são diferentes daquelas que caracterizam a discriminação que incide sobre mulheres lésbicas. Portanto, para compreender a discriminação dirigida a pessoas LGBTQIA+, é importante perceber as suas especificidades (Felice, Jeanderson e Grayce, 2018).

É nesse contexto que Moleiro et al. (2016) tratam do conceito envolvendo insulto, invisibilidade e isolamento para tratar das singularidades da população LGBTQIA+. Estas categorias são importantes, uma vez que essas pessoas se desenvolvem dentro de um cenário no qual as palavras utilizadas para designar outros indivíduos LGBTQIA+ são sempre associadas a termos pejorativos e insultuosos, levando a uma consequente rejeição de si mesmo, de seus desejos e da forma como se enxerga no mundo. Do mesmo modo, a orientação sexual não é uma característica visível, e a vida em um sistema de crenças e valores que nega e estigmatiza qualquer comportamento, identidade ou relação não heterossexual leva várias pessoas LGBTQIA+ a se invisibilizarem, de modo geral ou apenas em contextos específicos. Além disso, as trajetórias de vida das pessoas LGBTQIA+ podem ser marcadas por um considerável isolamento, considerando que elas não se desenvolvem e crescem, na maioria dos casos, em uma comunidade LGBTQIA+ ou em contato com pessoas na mesma situação, precisamente, porque estas tendem a ser invisíveis.

Nesse sentido, esta população ainda tem seus direitos humanos básicos violados diariamente, o que as coloca em condição de vulnerabilidade. Como pontuado por Cardos e Ferro (2012), há que se considerar que os corpos da população LGBTQIA+ foram sempre objeto de agressão, de exclusão e de chacota, devido à sua "inadequação" ao sexo biológico ou à identidade sexual heterocisnormativa. Portanto, traz para o contexto a discussão do preconceito e da discriminação como fatores propulsores dos dados epidemiológicos observados quanto às diversas formas de violência que acometem essa população, anteriormente citados.

De acordo com Costa, Ludemir e Avelar (2007), o fenômeno da violência ocupa na atualidade posição de destaque na pauta da saúde coletiva. Desse modo, faz-se necessário sair da dimensão individual para a coletiva, em um movimento de cultura pela paz e por respeito. É buscar a construção da cidadania e observar as necessidades coletivas e individuais da população LGBTQIA+. A partir deste contexto, houve avanços relacionados à promoção dos direitos humanos das pessoas LGBTQIA+ e combate ao estigma, a exclusão social e a discriminação em função da orientação sexual e da identidade de gênero dessa população.

No Brasil, essas mudanças incluem programas e ações como:

- Brasil sem homofobia (BSH): programa de combate à violência e à discriminação contra LGBT e de promoção da cidadania homossexual, em 2004.
- Realização da I Conferência Nacional de *Gays*, Lésbicas, Bissexuais, Travestis e Transexuais, com o tema direitos humanos e políticas públicas: o caminho para garantir a cidadania de *gays*, lésbicas, bissexuais, travestis e transexuais, em 2008.

- Lançamento do Plano Nacional de Promoção da Cidadania e Direitos Humanos de Lésbicas, *Gays*, Bissexuais, Travestis e Transexuais – PNDCDH-LGBT, 2009.
- Criação da Coordenadoria Nacional de Promoção dos Direitos de LGBT, no âmbito da Secretaria de Direitos Humanos, em 2010.
- Implantação do Conselho Nacional LGBT, em 2010, com representação paritária do governo federal e da sociedade civil.
- A Política Nacional de Saúde Integral de LGBT, instituída pela Portaria n. 2.836 de 1º de dezembro de 2011.

É importante destacar que estes avanços são parte de um processo histórico dos movimentos sociais pelos direitos LGBTQIA+ no mundo e no Brasil.

A VIOLAÇÃO DOS DIREITOS HUMANOS À COMUNIDADE LGBTQIA+

São muitas as conquistas alcançadas no decorrer da luta pela efetivação dos direitos humanos no que diz respeito às populações em vulnerabilidades sociais, como as listadas anteriormente. De outro modo, no entanto, são alarmantes as notícias de violência cometidas contra pessoas LGBTQIA+ que continuam sendo noticiadas diariamente em virtude da discriminação em face do sexo e do gênero, o que acaba revelando a ausência do Estado no seu dever de promover, proteger e concretizar esses mesmos direitos, principalmente o de garantir, nos termos do art. 1°, III, da Constituição da República Federativa do Brasil (1988), a dignidade da pessoa humana sem nenhuma forma de distinção. No Brasil, isso não é diferente, visto que, por um lado, a Parada do Orgulho LGBTQIA+ de São Paulo se manifesta como o maior evento desta natureza no mundo, ao mesmo tempo em que o país também se mantém como um dos mais hostis contra essa mesma população, com uma expressiva letalidade, sobretudo contra transexuais e travestis (Parker e Camargo Jr., 2000).

A omissão do Estado em fomentar políticas públicas significativas para a população LGBTQIA+ encontra-se alinhada a um projeto higienista que conta com a colaboração de várias instituições, a exemplo dos espaços de saúde. Eis o desafio: ser sujeito neste sistema de sujeição. A "sinergia de vulnerabilidades" (Parker e Camargo Jr., 2000) ampara-se na fragilidade constitutiva de ações voltadas ao enfrentamento destas discriminações, assim como de políticas públicas destinadas às necessidades básicas deste segmento, como acesso aos estudos, à profissionalização e a bens e serviços de qualidade em saúde, contribuindo, assim, para a perpetuação do quadro de rejeição social.

Judith Butler (2015), em sua obra *Quadros de Guerra*, afirma que a existência de uma vida só é possível quando passível de luto e garantida por uma série de direitos providos por diversas instituições. A quem pertence o *status* de "humano"? Quais corpos podem ser chorados? Quais mortes são sentidas? Quais violências são percebidas? É por meio da capacidade de comoção que as vidas começam a receber classificações de "merecedoras de luto e de proteção", ou seja, as que não passam por esse crivo estão apenas vivas no campo do precário. Em quais destes "lados" se encaixa a vivência LGBTQIA+?

Esse cenário traz para o contexto da discussão do preconceito e discriminação como propulsores das violências que são cometidas contra a população LGBTQIA+. Estas violências ocorrem das mais variadas formas, inclusive na coleta de informações sobre estes indivíduos, uma vez que as estatísticas brasileiras não revelam a realidade do país, pois muitos instrumentos que poderiam ser utilizados para mapear e compreender a realidade LGBTQIA+ não incluem espaços relativos à identidade de gênero ou sobre a orientação sexual. É visível o quadro de extensa desvalorização demonstrado pelos estudos epidemiológicos e sociais, e associado a isso existe ainda uma forte subnotificação dos casos de violência pela mídia, o que pode aparentar inicialmente que houve uma queda nos números de ocorrências. No entanto, isso, na verdade, expõe mais uma violação de direitos com a invisibilização desses acontecimentos (Benevides e Nogueira, 2019).

É preciso ter em mente que a crueldade e a brutalidade envolvida nas diversas formas de violências cometidas contra população LGBTQIA+ são uma realidade social de fato. Assim, Filho (2016) traz em seu relato informações quanto aos crimes relacionados ao ódio contra homossexuais no Estado da Paraíba, dos anos de 2011 e 2012:

> Sobre o corpo de José Renato dos Santos, os peritos contaram 26 facadas. Sobre o de Sandro Almeida Lúcio, 30. Jurandir Leite foi estrangulado. Seu cadáver trazia marcas de luta corporal. Laís Martins sofreu violências sexuais antes de ser assassinada. Seu rosto foi completamente desfigurado por pedradas. Severino Antônio, esfaqueado e estuprado antes da morte, levou um golpe de faca peixeira no ânus. Djalma Matos morreu por espancamento. Teve a face defor-

mada. Carlos de Lima recebeu diversos tiros, antes ou depois da morte. A cabeça de Jeová Albino foi esmagada por uma pedra; disparos de arma de fogo, contudo, causaram o homicídio. Assassinado, Ronaldo Carvalho teve seu pênis decepado.

Todos esses casos, apresentam características que os distinguem dos crimes comuns, e mesmo dos passionais. Esses homicídios e agressões "com requintes de crueldade", em sua maioria, envolvem tortura prévia, excessivo número de golpes, associados muitas vezes a um lugar geográfico no corpo da vítima (genitais e ânus), desfiguração da face, violências sexuais, entre outras. Tudo isso se relaciona com uma clara tentativa de desumanizar esses corpos e negar sua existência. Por outro lado, é muito comum a negativa, por parte das instituições governamentais e da mídia, de que esses crimes sejam motivados pela homotransfobia, mas sim por questões alheias às condições de gênero e sexualidade (Silva, 2020).

Parente, Moreira e Albuquerque (2018) afirmam que o perfil da violência física perpetrada contra a população LGBTQIA+ no interior do Nordeste brasileiro é um dos mais violentos. Foram estudadas 316 pessoas, em sua maioria *gays*, solteiros, pardos e com idade média de 24,3 anos. Destes, a violência física ocupou a segunda colocação (31,3%): empurrões (21,8%) e socos (17,4%) e o local do corpo mais afetado foi a face (84,4%), e as agressões foram acometidas por pessoas desconhecidas em sua grande maioria (13,6%). Afirmam, ainda, que os resultados encontrados demonstram um quadro de LGBTQIA+fobia social: são vítimas de agressões que provocam um quadro temporário de sequelas temporárias e/ou permanentes e que vivem sobre ameaça constante, tendo em vista que seus agressores podem ser qualquer pessoa.

O Relatório sobre violência Homofóbica no Brasil (2012) apresenta números de denúncias feitas ao Governo Federal no período de 2011 a 2012, no qual o Estado de Mato Grosso ocupou o primeiro lugar no *ranking* de denúncias em relação a 2011 (1.657%), seguido por Rondônia, com 550%, e Distrito Federal, com 431,11%. O estado do Piauí foi o único que apresentou uma queda nas denúncias em relação a 2011, na ordem de 36,45%. Em Pernambuco, o percentual de aumento foi de 121,15%.

Especificamente em relação à população de travestis e transexuais, o Brasil se destaca por ser um dos países que mais consome pornografia transexual, ao mesmo tempo que também é o líder do *ranking* mundial de assassinatos de pessoas trans. Esses dados foram apresentados no relatório da Transgender Europe (TGEU, 2016), instituição que monitora os casos de assassinatos de pessoas transexuais pelo mundo. No Brasil, há uma invisibilização e negação à vivência da pessoa travesti e transexual, até mesmo na hora de suas mortes, quando, por exemplo, utilizam pronomes masculinos para tratar da morte de travestis (Benevides e Nogueira, 2019).

No Brasil, em 2018, dentre os casos notificados, ocorreram 163 homicídios de pessoas transexuais, sendo 158 travestis e mulheres transexuais, 4 homens trans e 1 pessoa não binária. O estado do Rio de Janeiro concentrou o maior número de mortes, com 16 assassinatos, seguido pela Bahia, com 15 casos, e em terceiro ficando São Paulo, com 14 ocorrências. Os índices mais altos desses episódios envolvendo essa população estão diretamente relacionados com questões etárias e raciais, nos quais pessoas mais jovens estão em situação de maior vulnerabilidade e, consequentemente, de sofrerem violência. Além disso, e em especial àquelas que trabalham na prostituição, que concentra uma grande parcela de travestis e transexuais negras, que estão suscetíveis a diversas formas de violência, seja ela psicológica, simbólica, física ou mesmo ao assassinato (Benevides e Nogueira, 2019).

O levantamento supracitado se baseia em ocorrências com ampla divulgação da mídia, redes sociais ou por informações de redes afiliadas. A inexistência de dados oficiais sobre este tipo de violência no Brasil favorece a subnotificação, em especial de homens trans, considerando que grande parte do falecimento destes sujeitos ocorre por suicídio no ambiente doméstico, sem direito a repercussão social ou respeito à identidade de gênero.

Ao analisar os crimes por LGBTQIA+fobia no Brasil, relatórios produzidos por movimentos sociais, a exemplo do Grupo Gay da Bahia (TGEU, 2016), apontam que a maioria dos crimes foi cometida no período noturno ou durante a madrugada, em espaços ermos ou domiciliares, dificultando assim a identificação da autoria do crime. Quando há existência de testemunhas, é comum a recusa destes sujeitos em depor, considerando o medo de retaliação, assim como a descrença no sistema jurídico, que comumente ignora a conotação LGBTQIA+fóbica destes crimes que, pela impunidade, alimentam a engrenagem de violências de gênero e sexualidades.

Armas de fogo, armas brancas, asfixia, apedrejamento e pauladas, são diversas as formas de genocídio desta população no Brasil. A crueldade das violências que acometem a população LGBTQIA+ demonstra o grau de vulnerabilidade e da necessidade de construção de uma rede de proteção, que vai desde a questão das garantias de direitos, acesso às ações e serviços de saúde, como também a inserção no mercado de trabalho.

A fragilidade de políticas públicas voltadas à população LGBTQIA+ com vista à garantia da integridade destes corpos encontra-se alinhada à perspectiva de salvaguardar a heterocisnormatividade. Se os corpos heterossexuais/cisgêneros transitam livremente pelos espaços públicos e acessam os diversos serviços, aos que transgridem esta norma resta o medo de ocupar espaços e o descrédito nos aparelhos do Estado responsáveis por assegurar a "ordem social" (Araruna, 2017).

Sujeitos com identidades de gênero e orientações sexuais variadas (lésbicas, *gays*, travestis, mulheres trans, homens trans) sobrevivem a aniquilamentos e discriminações cotidianas, opressões que se entrecruzam nas diversas dimensões. A diferença que marca determinados corpos é mobilizada como forma de produção de desigualdades e apagamento de singularidades. Precariedade social com suas diversas faces: nas relações familiares, escolares, no mercado do trabalho, no acesso aos serviços públicos de saúde e na própria condição de existência (Santos, 2019).

Dentro desta lógica encontra-se o atendimento dos e das profissionais da saúde à população LGBTQIA+, demarcado por valores e tradições morais que desqualificam ou invisibilizam determinadas formas de ser e existir, constituindo, assim, uma barreira que impede o acesso destes usuários e usuárias aos serviços de saúde. É urgente que profissionais no âmbito da saúde estejam em diálogo constante com as políticas públicas destinadas à população LGBTQIA+, reconhecendo suas particularidades na busca pela qualificação dos serviços ofertados (Santos, 2019). Neste sentido, pode-se afirmar que "não existe problema específico, exceto, talvez, o problema, mais geral, dos próprios pré-conceitos que historicamente acompanharam a sexualidade humana e as relações nela historicamente estabelecidas pelos humanos" (Schramm, Barboza e Guimarães, 2011). Logo, a mudança da lógica de violência para a lógica do cuidado pode ser historicamente constituída.

ATENDIMENTO A VÍTIMA E FAMILIARES PELA LÓGICA DO CUIDADO E ACOLHIMENTO

Fazer um atendimento com a lógica de cuidado e acolhimento perpassa por várias caracterizações sobre esta forma de proceder. Em um primeiro plano, importante destacar que "os direitos à identidade e à liberdade de orientação sexual estão inseridos no conteúdo de tutela da dignidade da pessoa, pois não se cogita falar em autonomia ético-existencial se não for dado ao indivíduo sequer o direito ao livre desenvolvimento de sua personalidade" (Menezes, Oliveira, 2009, p. 123), isso significa que os atendimentos com fim de cuidado e acolhimento são os feitos como forma de promoção da cidadania LGBTQIA+. Aquele que atende tem de ter cuidado em respeitar a individualidade de cada um ou uma, conforme estes mesmos se reconhecem e se autoidentificam.

É necessário que o profissional em atendimento tenha a ideia de que esta não é uma abordagem de sua vida pessoal, mas sim o exercício de sua profissão, devendo realizar assim um trabalho ético-estético na saúde, sem juízo de valor e comprometido com a supressão do preconceito, discriminação e violência (Nogueira e Aragão, 2019). Esses prejulgamentos podem ser resultados da formação pela qual os profissionais foram submetidos, com base em uma cultura inteiramente heterocisnormativa e que não acolhe o LGBTQIA+. Os preconceitos e as discriminações por si só já são violações aos direitos humanos, e neste processo de atenção à saúde o juízo de valor não pode ocorrer, pois não há de se falar em juízo de valor diante da autonomia da vontade relacionada com orientação sexual e identidade de gênero de outrem.

No exercício de um atendimento acolhedor, de cuidado e humanizado, é preciso se preocupar com a formação contínua de quem atende. É necessário o investimento nesta formação humana e social no atendimento de populações vulneráveis, nos quais a sensibilidade e empatia serão colaboradoras para garantia e reconhecimento de direitos desta minoria, bem como ser a promoção da cidadania, na produção de saúde e ampliação de acesso aos dispositivos disponíveis no ordenamento jurídico (Nogueira e Aragão, 2019). A preocupação na formação contínua é necessária para se fazer mudanças histórico-culturais.

Ao se tratar de formação, deve-se pensar na formação, na graduação e na pós-graduação. Como se trata de processos contra-hegemônicos, é preciso começar a repensar o processo de formação em saúde, incluindo-se também a segurança pública, pela perspectiva do acolhimento de identidades que são marginalizadas da sociedade, que tornou essas pessoas invisíveis, irreconhecíveis e desconhecíveis nos cenários formais de aprendizagem e nos currículos utilizados na formação profissional. Ao se pensar em uma formação mais humana e social, pode-se incluir a flexibilidade curricular para considerar essas "novas" subjetividades como sujeitos deste processo, no caminho de um acolhimento efetivo para o reconhecimento destas identidades sociais (Carvalho Júnior e Silva, 2019).

Um outro fator importante é inserir estas mudanças culturais no Sistema Único de Saúde (SUS). O SUS, enquanto uma ferramenta pública, é um instrumento primordial para o enfrentamento da desigualdade, e muito mais do que isso, é preciso compreender a saúde como um fenômeno da diversidade humana, na qual se pauta a atuação do sistema em toda a sua abrangência, as identidades de gêneros e orientações sexuais como fatores determinantes sociais do processo saúde-doença. Neste ínterim, a lógica do adoecimento, que é complexa, recebe aceitação social, pois replica modelos hegemônicos e desconsidera o empoderamento como uma ferramenta de luta por direitos (Brasil, 2017). O SUS, em si, pode ser o maior aliado para efetivar uma abordagem contra-hegemônica.

Na lógica de cuidado e acolhimento destas "novas" subjetividades e sujeitos de direito, todos os profissionais de saúde devem ter zelo nessa postura de acolhimento do diferente. Estes profissionais podem ter uma visão global e de cadeia que implica a vulnerabilidade e, por consequência, leva a população ao adoecimento. No entanto, deve-se centrar na abordagem de que as políticas públicas de saúde podem facilitar o sistema de saúde na mentalidade de acesso a este. Saber que o sistema e a cadeia podem ser modificados é importante para se ter uma racionalidade de cuidado e acolhimento (Cardoso e Ferro, 2012).

CONSIDERAÇÕES FINAIS

A vulnerabilidade e a violência se relacionam intrinsecamente contra a população LGBTQIA+. Estes são vulneráveis por vários motivos institucionalizados pela heterocisnormatividade social, com base social de preconceitos e discriminações que assolam a dignidade da pessoa LGBTQIA+. Neste sentido, a racionalidade à pessoa LGBTQIA+ é de adoecimento e não de saúde-doença pelo acolhimento e cuidado. Quando se trata de atendimento e repercussões para a vítima e sua família, fala-se também em efetivas violações de direitos humanos à pessoa LGBTQIA+ e à família desta.

A contra sensu, ao se relacionar a vulnerabilidade e a violência contra a população LGBTQIA+, pode-se ter uma outra abordagem e lógica racional. Na perspectiva de um atendimento de cuidado e acolhimento, como repercussões para a vítima e sua família, há de se considerar a saúde como promoção da cidadania, do acolhimento das subjetividades, das identidades de gêneros, das orientações sexuais a partir da dignidade da pessoa LGBTQIA+, ou seja, do acolhimento e cuidado, sem juízo de valor. Por fim, é importante se destacar que, só poderá haver esta outra abordagem quando se trata de pessoa LGBTQIA+ quando a sociedade e os profissionais envolvidos estiverem em um processo de mudança histórico-cultural de acolhimento e cuidado.

REFERÊNCIAS

Albuquerque GA, Parente JS, Belém JM, et al. Violência psicológica em lésbicas, gays, bissexuais, travestis e transexuais no interior do Ceará, Brasil. Saúde debate. 2016;40(109):100-11.

Araruna MLFB. O direito à cidade em uma perspectiva travesti: uma breve autoetnografia sobre socialização transfeminina em espaços urbanos. Periódicus – Revista de Estudos Indisciplinares em Gêneros e Sexualidades. 2017;1(8):13353.

Benevides BG, Nogueira SNB. Dossiê: assassinatos e violência contra travestis e transexuai no Brasil em 2018. [Internet]. Brasília: ANTRA, DISTRITO DRAG, IBTE; 2019. p. 1-60. Disponível em https://antrabrasil.files.wordpress.com/2019/01/dossie-dos-assassinatos-e-violencia-contra-pessoas-trans-em-2018.pdf [acesso em 2 mai 2020].

Brasil ML, Santos LV, Diniz BM, et al. Política Nacional de Saúde Integral LGBT: um estudo reflexivo sob a perspectiva dos princípios doutrinários do SUS. Revista Rede de Cuidados em Saúde. 2017;11(1):1-10.

Brasil. Constituição (1988). Constituição da República Federativa do Brasil. Brasília, DF: Senado Federal; 1988.

Brasil. Ministério da Saúde. Secretaria de Direitos Humanos. Relatório sobre violência homofóbica no Brasil: ano de 2012. Brasília, DF; 2012. Disponível em http://www.rcdh.es.gov.br/sites/default/files/RELATORIO%20VIOLENCIA%20HOMOFOBICA%20ANO%202012.pdf [acesso em 3 mai 2020].

Butler J. Quadros de guerra: quando a vida é passível de luto? Rio de Janeiro: Civilização Brasileira. 2015; p.13-53.

Cardoso MR, Ferro LF. Saúde e população LGBT: demandas e especificidades em questão. Psicologia. ciência e profissão. 2012;32(3):552-63.

Carvalho Júnior JAM, Silva AC. Aprender para acolher: formação em Enfermagem e acolhimento de Lésbicas, Gays, Bissexuais e Transgêneros nos serviços de saúde. XII Encontro Nacional de Pesquisa em Educação em Ciências –XII ENPEC Universidade Federal do Rio Grande do Norte, Natal, RN – 25 a 28 de junho de 2019. Educação em Saúde. Disponível em https://docplayer.com.

br/169888022-Aprender-para-acolher-formacao-em-enfermagem-e-acolhimento-de-lesbicas-gays-bissexuais-e-transgeneros-nos-servicos-de-saude.html [acesso em 4 mai 2020].

Costa IER, Ludermir AB, Avelar I. Violência contra adolescentes: diferenciais segundo estratos de condição de vida e sexo. Cien Saude Colet. 2007;12(5):1193-200.

De Menezes JB, de Oliveira CB. O direito à orientação sexual como decorrência do direito ao livre desenvolvimento da personalidade. Novos Estudos Jurídicos. 2009;14(2):105-25.

Felice FTLSM, Jeanderson JSP, Grayce GAA. Violência física contra lésbicas, gays, bissexuais, travestis e transexuais no interior do nordeste brasileiro. Rev Salud Pública. 2018;20(4):445-52.

Filho R. Corpos brutalizados: conflitos e materializações nas mortes de LGBT. Cad Pagu. 2016;(46): 311-40.

Krug, EG, Mercy JA, Dahlberg LL, Zwi AB. The world report on violence and health. Lancet. 2002;360(9339):1083-8.

Minayo MCS. Violência e saúde. Ciência & Saúde Coletiva. Fiocruz. 2006;13:805-6.

Moleiro C, Pinto N, Oliveira JM, et al. Violência doméstica: boas práticas no apoio a vítimas LGBT: guia de boas práticas para profissionais de estruturas de apoio a vítimas [Internet]. Comissão para a Cidadania e a Igualdade de Género, editor. Comissão para a Cidadania e a Igualdade de Género; 2016. p. 70. Disponível em http://hdl.handle.net/10071/15563 [acesso em 3 mai 2020].

Mott L, Cerqueira M. Causa mortis: homofobia. Violação dos direitos humanos e assassinato de homossexuais no Brasil. Salvador: Grupo Gay da Bahia; 2000.

Nogueira FJS, Aragão TAP. Política nacional de saúde integral LGBT: o que ocorre na prática sob o prisma de usuários (as) e profissionais de saúde. Saúde e Pesquisa, Maringá (PR). 2019;12(3):463-70

Parker RG, Camargo Jr KR. Pobreza e HIV/AIDS: aspectos antropológicos e sociológicos. Cadernos de Saúde Pública. 2000;16(1):89-102.

Polidoro M, Canavese D (orgs.). Situação da violência contra as populações negra, LGBT, indígena e em situação de rua no Sistema Único de Saúde do Rio Grande do Sul, Brasil panorama situacional do Sistema de Informação de Agravos de Notificação (SINAN) de 2014 a 2017/Instituições coordenadoras do projeto: Universidade Federal do Rio Grande do Sul, Instituto Federal do Rio Grande do Sul. Porto Alegre: UFRGS; 2018. 63 p: il.

Santos D. Sobrevivi para contar: experiências escolares transgêneras na educação de jovens, adultos e idosos (EJAI). 147f. Dissertação (Mestrado em Educação) – Universidade Federal de Pernambuco, Recife; 2019.

Schramm FR, Barboza HH, Guimarães A. A moralidade da transexualidade: aspectos bioéticos e jurídicos. The Morality of Transsexuality: Bioethical and Juridical Aspects. Revista Redbioética/UNESCO. 2011;1(3):66-77.

Silva A, Njaine K, Oliveira QBM, et al. A violência homofóbica no Rio de Janeiro a partir do jornalismo digital. Interface – Comunicação, Saúde, Educação. 2020;24:1-13.

TGEU. Projeto de investigação TvT. Observatório de Pessoas Trans Assassinadas (TMM). Transrespect versus Transphobia Worldwide (TvT) project. 2016.

PARTE 3

Formação e atuação em Enfermagem Forense

CAPÍTULO

8

Sistema penal brasileiro e inserção da Enfermagem

Fábio Soares de Melo
Genival Fernandes de Freitas

A saúde dentro do sistema prisional brasileiro ainda é um tema pouco estudado e discutido por pesquisadores sendo que, somente em meados dos anos 1980 começou a configurar nas pautas de discussões do Governo ainda que de forma muito tímida.

Poucas são as pesquisas e publicações, nesta área do conhecimento, relacionadas à questão de saúde da população privada de liberdade (Barsaglini, 2016), constituindo um desafio construir uma reflexão acerca de como estão sendo realizados os cuidados em saúde dentro deste território restrito composto pela população privada de liberdade e por funcionários que atuam dentro dos presídios brasileiros.

Quando se opta por delimitar o objeto de interesse deste estudo e a questão volta-se para entender a atuação do profissional enfermeiro dentro das unidades prisionais, torna-se mais difícil localizar estudos realizados que abordam esta temática. Em uma consulta às bases de dados BVS, Pubmed, CINAHL, Scopus e Web of Science, usando os descritores Penitentiary System ou Prison System, Nursing e Brazil, foram localizados 22 registros, e, dentre estes, somente sete trabalhos abordavam a Enfermagem no sistema prisional brasileiro.

Muitas são as barreiras que dificultam a produção de estudos nesta área, e a principal delas é o isolamento social imposto ao indivíduo, dificultando o acesso do pesquisador a seu objeto de estudo. Outra barreira percebida tem relação ao desinteresse dos profissionais de saúde atuantes dentro das unidades prisionais em produzir estudos voltados para esta área. Nenhum dos estudos levantados tem como autores funcionários do sistema prisional.

Atualmente, nota-se o surgimento de alguns estudos, ainda insuficientes, para se traçar um panorama geral sobre a atuação deste profissional nos presídios brasileiros. Contudo, apontam a necessidade de se olhar mais para este complexo e frágil sistema no qual os processos de degradação humana e perda de direitos humanos fundamentais são uma constante. A situação carcerária, segundo Freitas et al. (2016), constitui-se em um dos problemas de maior complexidade da realidade social brasileira.

Tais estudos somente estão sendo possíveis graças a um intenso processo de reformulação na área da saúde prisional, iniciado a partir da criação de leis que buscam garantir o direito à saúde a todos os brasileiros, inclusive da população carcerária. Demandas vindas da sociedade civil e instituições nacionais e internacionais, cobrando explicações do Governo acerca da péssima atenção dada às necessidades de saúde de seus encarcerados, também tiveram grande influência neste processo de revisão de todo o sistema de saúde disponibilizado a este grupo de indivíduos.

Contudo, falar sobre saúde no sistema prisional brasileiro, na atualidade, requer que façamos um retrospecto de como originou-se o sistema prisional brasileiro e seu papel desempenhado na sociedade. Silveira (2015, p. 6) afirma que "entender as condições carcerárias ao longo da história é pertinente para que haja uma compreensão sobre como se deu o processo de efetivação dos direitos aos apenados".

Assim, este capítulo pretende abordar brevemente as condições carcerárias no Brasil ao longo da história, passando pelas legislações que mais influenciaram o processo de mudança na forma de olhar a saúde dos encarcerados e, por fim, abordando o processo de trabalho realizado pelo enfermeiro dentro das unidades prisionais.

BREVE HISTÓRICO SOBRE O SISTEMA PRISIONAL BRASILEIRO

O cárcere privado surgiu a partir da necessidade de dar uma resposta à sociedade referente às questões envolvendo aqueles cidadãos que apresentavam comportamentos contrários às normas de convivência em sociedade.

Até por volta do século XVI, segundo Silveira (2015), não havia penas específicas para a população prisional em todo o mundo. Ainda não se pensava nas prisões como um local para cumprimento de pena, ressocialização e posterior reingresso à sociedade. Estes locais cumpriam a função de depósitos de indivíduos, locais para confinamento onde eles aguardavam a aplicação da pena que lhes seria imposta. Na maioria das vezes, resultava em torturas, mutilações e morte.

Nesta perspectiva, os locais de confinamento eram túneis subterrâneos ou calabouços – locais insalubres – conservados apenas com o intuito de isolar os presos, não oferecendo condições de saúde, uma vez que o resultado seria de mutilações e mortes (Silveira, 2015). Segundo esta concepção, não haveria espaço para pensar em cuidar da saúde do preso mantendo-o em condições de reingresso à sociedade.

No Brasil, este sistema perdurou até meados do século XIX, quando, em 1830, foi aprovado o Código Criminal do Império. Este novo código criminal significou uma ruptura em relação às penalidades suplicantes até então praticadas (Pessoa, 2016). Pela primeira vez, pensava-se em aplicação de pena privativa de liberdade, um novo conceito de pena, em substituição às penas de tortura, mutilação e morte, e sugerindo a construção de um novo modelo de casas penitenciárias (Silveira, 2015).

Entretanto, as condições de cumprimento da pena continuavam as mesmas, os presos ainda eram mantidos nos subterrâneos e calabouços, locais insalubres, escuros e úmidos, sem a menor condição de higiene e manutenção de um bom estado de saúde (Silveira, 2015). A questão saúde continuava sendo negligenciada.

Outro agravante das condições de saúde da população carcerária, ocasionado pelo banimento das penas de morte, consistiu no aumento do número de presos recolhidos nestes espaços insalubres, contribuindo para uma piora na condição de saúde destes indivíduos. "Promiscuidade e a falta de higiene ainda continuavam sendo componentes do sistema punitivo, bem como também não havia preocupação com as medidas reeducativo-penais" (Oliveira, 2006, p. 2).

Somente no final do século XIX, em 1890, com o advento da Proclamação da República, esse sistema foi substituído com o objetivo de melhorar as condições de vida dos prisioneiros (Pessoa, 2016). Adentrando o século XX, ganharam espaço concepções mais modernas sobre "ressocialização dos homens criminosos, em que o sistema prisional passa a ter uma visão mais crítica em relação aos mesmos, apesar de ainda existirem muitas falhas na aplicação do sistema prisional" (Oliveira, 2006, p. 2).

O Governo, então, precisou olhar para o contexto nada favorável no qual o sistema prisional estava inserido e buscar soluções para os inúmeros problemas pelos quais o sistema prisional passava, traçando políticas públicas destinadas a oferecer à população privada de liberdade melhores condições para cumprimento da pena.

MARCOS LEGAIS

Desde sua concepção até os tempos atuais, o sistema prisional brasileiro vem tentando reorganizar-se com vistas à garantia de um melhor cumprimento de pena pela população carcerária. Dos primórdios, quando a pena imposta ao criminoso era o isolamento para posterior aplicação de punições como torturas, mutilações e mortes, até final do século XX, onde já se concebia a ideia de ressocialização do apenado com vistas à sua reintegração social, uma questão pouco evoluiu. Trata-se da garantia dos direitos fundamentais da pessoa privada de liberdade enquanto ser humano.

Direitos como dignidade da pessoa humana, manutenção dos laços afetivos com familiares, direito à manutenção da saúde enquanto cumpridor da sentença, estavam sendo negligenciados ou negados aos indivíduos a partir do momento em que entravam para o cárcere.

No que tange ao direito à saúde, este era totalmente negado, fruto de um processo histórico de negligência. Relatos como os de Assis (2007, p. 1), que constata que "a superlotação das celas, sua precariedade e sua insalubridade tornam as prisões em um ambiente propício à proliferação de epidemias e ao contágio de doenças", e de Barsaglini (2016, p. 1435) dizendo que "as condições insalubres geradoras de agravos e doenças dificultam e/ou impedem as ações de prevenção" davam um panorama de como estava sendo o tratamento destinado à pessoa privada de liberdade.

Alguns fatores contribuem para esse agravo na saúde da população prisional, como superlotação, condições insalubres das unidades prisionais – geradas pelo saneamento básico precário, falta de higiene dos presos, condições estruturais dos presídios, pouca iluminação e ventilação – e número insuficiente de profissionais de saúde para a assistência (Adorno, 1991; Sousa et al., 2013; Fernandes et al., 2014; Barsaglini, 2016; Freitas et al., 2016). Essa conjuntura só poderia resultar em ações de saúde extremamente pontuais e restritas, pois a estrutura sobre a qual o sistema prisional sustenta-se não permite intervenções que garantam o direito à saúde dentro de uma perspectiva de cuidado, visando prevenção e promoção desta.

Tal panorama do sistema prisional brasileiro, construída historicamente, forjou a concepção de que o indivíduo que cumpre pena é um ser desprovido de direitos. O processo de desumanização era implacável para com os apenados, constituindo-se um problema de difícil abordagem, tamanho era o estigma envolvendo esse grupo de indivíduos.

A partir dos anos 1980, o Governo precisou rever esta concepção acerca da população carcerária, frente a questionamentos oriundos da sociedade e de organismos internacionais dos quais o Brasil é signatário, por exemplo, a Organização das Nações Unidas (ONU) e a Organização Mundial da Saúde (OMS), que questionavam e cobravam um tratamento digno à população privada de liberdade consonante com os preceitos da Declaração Universal dos Direitos Humanos.

Alguns marcos legais contribuíram para esta ressignificação, pois era necessário e urgente mudar de um sistema prisional em que praticamente não se pensava em saúde prisional para um sistema prisional empenhado em ressocializar com foco nas questões envolvendo direitos humanos fundamentos.

O primeiro destes marcos legais foi a aprovação de Lei de Execução Penal (LEP) n. 7.210, de 11 de julho de 1984, cujo artigo 3° prevê ao condenado e ao internado a garantia de todos os direitos não atingidos pela sentença ou pela lei. Por meio do parágrafo único do referido artigo, nota-se uma preocupação em dirimir qualquer erro de interpretação quando acrescenta: "não haverá qualquer distinção de natureza racial, social, religiosa ou política" (p. 20).

Os direitos garantidos por este artigo foram especificados no artigo 11°, e dentre eles estão o direito à saúde, a qual deve ser, conforme artigo 14°, de caráter preventivo e curativo compreendendo atendimento médico, farmacêutico e odontológico. Este último artigo também prevê a possibilidade de realização da assistência médica em outro local quando o estabelecimento penal não estiver aparelhado para a devida assistência; bem como acompanhamento médico à mulher, principalmente no pré-natal e no pós-parto, extensivo ao recém-nascido (parágrafos 2° e 3°).

A LEP foi instituída com a proposta de garantir condições para que haja um eficaz cumprimento da pena imposta ao indivíduo e para uma harmônica interação social. Para isso, buscou organizar toda a dinâmica envolvendo as unidades prisionais, como, por exemplo, as relações de trabalho envolvendo o apenado, estabelecimento de seus direitos e deveres, bem como estabelecimento das assistências às quais o indivíduo cumpridor da sentença tem direito.

Esta lei buscou instituir uma nova relação entre o Estado e a pessoa privada de liberdade, e no tocante ao direito de assistência à saúde, a LEP trouxe garantias nunca antes estendidas aos apenados. Contudo, deixou uma lacuna quando não tratou, de forma clara, como seria organizado o processo de assistência à saúde, ficando por conta de cada estabelecimento penal organizá-lo, e isso contribuiu, segundo Barsaglini (2016), para que continuasse permanecendo ações pontuais em saúde.

A promulgação da Constituição Federal de 1988, outro marco importante para a garantia de direitos, reforçou o resgate da dignidade da pessoa humana quando, em seu artigo 5°, declara que todos são iguais perante a lei, bem como rompeu, definitivamente, com todo um sistema penal pensado e articulado no qual as ações ali empregadas contribuem para a perda da dignidade humana:

> "XLVII: não haverá penas:
> a) de morte, salvo em caso de guerra declarada, nos termos do art. 84, XIX;
> b) de caráter perpétuo;
> c) de trabalhos forçados;
> d) de banimento;
> e) cruéis;
> [...]
> XLIX: é assegurado aos presos o respeito à integridade física e moral;
> L: às presidiárias serão asseguradas condições para que possam permanecer com seus filhos durante o período de amamentação" (Artigo 5°)

A Carta Magna endossa o direito à saúde da população carcerária preconizado pela LEP, e seu artigo 6° é contundente quando estende a todos o direito à saúde como um direito social, não excluído deste direito qualquer cidadão independente de sua condição.

Consecutivamente, nova lei instituiu o SUS, Lei n. 8.080, de 19 de setembro de 1990, ancorada na premissa de que "a saúde é um direito fundamental do ser humano, devendo o Estado prover as condições indispensáveis ao seu pleno exercício" (art 2°). Trata-se do Estado assumindo o protagonismo nessa empreitada de ofertar assistência à saúde a todos os cidadãos "assegurando acesso universal e igualitário às ações e aos serviços para a sua promoção, proteção e recuperação" (art 2°, § 1°).

A criação SUS iniciou um novo modelo de assistência, auspicioso e inovador, no que tange à garantia do direito fundamental à saúde da população em geral e, por conseguinte, buscou incluir, através do princípio da universalidade, um grupo excluído e esquecido de quaisquer processos de assistência à saúde: a população carcerária.

Embora este conjunto de leis objetivassem abarcar a todos os cidadãos brasileiros, era notório que esse grupo apresentava maior dificuldade em ter seus direitos assistidos. Desta forma, "a superação das dificuldades historicamente no que tange à garantia do direito à saúde daqueles que se encontram em prisão constituiu-se como uma das pautas prioritárias para a agenda de Saúde Pública (grifo nosso)" (Brasil, 2004 apud Schultz et al., 2017, p. 94).

Estes mesmos pesquisadores relataram a intensa mobilidade dos Poderes na tentativa de dar uma resposta à questão da dificuldade de implantar o SUS dentro do sistema prisional:

> O Legislativo e o Executivo, no âmbito federal, passaram a estabelecer um conjunto de normas complementares ao texto constitucional e à LEP, definindo diretrizes explícitas para a organização e a gestão da saúde no sistema prisional brasileiro, consonantes com as diretrizes e princípios do SUS e com ênfase na implementação de serviços e ações de Atenção Primária à Saúde (APS). (p. 94)

Consequentemente, foram instituídas diretrizes com abrangência em todo o território nacional, visando modificar a relação de oferta de serviços e ações de saúde até então praticadas no sistema prisional. A primeira delas visou dar um retorno à grande massa carcerária, que vinha sofrendo com a falta de cuidados em saúde. Trata-se da criação da Portaria Interministerial n. 1.777, de 9 de setembro de 2003, através da qual foi aprovado o Plano Nacional de Saúde no Sistema Penitenciário (PNSSP) com o intuito de "prover a atenção integral à saúde da população prisional confinada em unidades masculinas e femininas, bem como nas psiquiátricas" (art 1°, p. 1).

Seu texto apresenta um conjunto de ações e serviços de saúde cujas finalidades centravam-se em "promover a saúde dessa população e contribuir para o controle e/ou redução dos agravos mais frequentes que a acometem" (art 1, p. 1). Esta Portaria representa a primeira tentativa clara de estender a atenção básica à saúde à população prisional em consonância com os princípios e diretrizes do SUS.

Contudo, alguns entraves ainda dificultavam a implantação desse programa de assistência ao detento, conforme relata Fernandes et al. (2014, p. 276):

> A variabilidade de agravos à saúde de acordo com as características da população carcerária; a capacidade instalada prevista e real para o atendimento; as características das equipes de saúde no que se refere à disponibilidade e capacitação; e a relação da unidade prisional com a hierarquia do Sistema Único de Saúde (SUS).

Era evidente, segundo o autor, a presença de um descompasso entre a forma como as unidades prisionais brasileiras foram estruturadas e o que se propunha o PNSSP, inviabilizando quaisquer tentativas de implementação dos planos de ações e serviços em saúde nas unidades prisionais.

Como proposta de resolução deste entrave, foi instituída a Política Nacional de Atenção Integral à Saúde das Pessoas Privadas de Liberdade no Sistema Prisional (PNAISP), por meio da Portaria Interministerial n. 01, de 2 de janeiro de 2014. Último marco legal, esta Portaria veio para assegurar "o acesso ao cuidado integral em saúde, proporcionando atenção universal para todas as pessoas no sistema prisional" (Freitas et al., 2016, p. 177).

Desta forma, esta política foi instituída no âmbito do SUS, cujo objetivo geral, explicitado em seu artigo 5°, é garantir o acesso das pessoas privadas de liberdade no sistema prisional ao cuidado integral. Para tanto, fez-se necessário o cadastramento de 100% da população prisional no SUS e, com isso, buscava-se assegurar a garantia de que o direito à cidadania se efetivasse na perspectiva dos direitos humanos.

O grande desafio trazido por esta Portaria diz respeito aos processos de trabalho, os quais seriam realizados em conjunto com unidades prisionais e Rede de Atenção à Saúde, sendo "a intersetorialidade (grifo nosso) como forma de enfrentamento da situação" (Barsaglini, 2016, p. 1435).

Mesmo sendo relativamente nova, esta Portaria representou um profundo avanço no que tange à promoção do cuidado, pois garantiu a inclusão da população recolhida no sistema prisional nas ações de cuidado integral preconizado pelo SUS. Porém, essa mesma intersetorialidade, vista como o caminho mais viável para a garantia de cuidado integral aos encarcerados, gerou um outro problema de ordem relacional.

As intervenções em saúde passaram a ser realizadas, também, fora do ambiente prisional aproximando o território intramuros do território extramuros. Os atendimentos externos aumentaram consideravelmente requerendo "ações compartilhadas em uma parceria que coloca em interação instituições com histórias, valores e missões distintas" (Barsaglini, 2016, p. 1438). Essas interações tornaram-se rotineiras e começaram a gerar tensões, pois colocavam em confronto olhares e percepções distintos acerca do mesmo indivíduo, o apenado – tensões estas que careciam de resolução, pois comprometem a efetivação do direito à saúde.

Dentre os objetivos específicos apontados nesta Portaria, um merece destaque por estar diretamente relacionado ao propósito que motivou a elaboração desse estudo. Trata-se do inciso II do artigo 6°, a saber: "garantir a autonomia dos profissionais de saúde para a realização do cuidado integral das pessoas privadas de liberdade" (p. 3).

INSERÇÃO DA ENFERMAGEM

Basicamente, a autonomia dos profissionais de saúde, defendida no texto da Portaria Interministerial nº 1, era muito limitada dada à precariedade do sistema prisional brasileiro. Sousa et al. (2013, p. 145) referem que "a superlotação das celas, sua precariedade e insalubridade transformam as prisões em um ambiente propício à proliferação de doenças". Aos profissionais de saúde incumbe a pífia tarefa de tentar controlar os agravos que acometem a população carcerária.

Intervir, quando as condições favoreciam, com ações de tratamento após o agravo já instalado era a realidade das equipes de saúde nas unidades prisionais. E, quando se menciona "condições favoráveis", refiro-me à condição mínima necessária para que o cuidado em saúde seja realizado de forma satisfatória, como, por exemplo, disponibilidade de medicação, de profissionais de saúde e de espaço adequado para realização dos procedimentos.

A superlotação mencionada por Sousa et al. (2013) pode ser comprovada através do Levantamento Nacional de Informações Penitenciárias (Infopen) – atualização junho 2016 (2017), cujos dados apresentados apontam um crescimento exponencial do contingente de pessoas em situação de cárcere. Em números, a população de indivíduos encarcerados até junho de 2016 atingia a proporção de 726.712 indivíduos. Comparado ao número de indivíduos encarcerados em 1990, que eram de 90 mil recolhidos no sistema prisional, houve um aumento nesse período de 707%.

Esse mesmo relatório aponta que, em 2016, havia um total de 368.049 vagas disponíveis nas unidades prisionais do Brasil, para uma população de indivíduos privados de liberdade de 726.712. Havia, na época, um déficit de vagas de 358.666, configurando um problema de superlotação ainda não solucionado.

Dados preocupantes, pois Fernandes et al. (2014, p. 276), em consonância com Sousa et al. (2013), afirmam que "qualquer ambiente de concentração populacional é propício ao agravo de condições de saúde prévias, bem como ao desenvolvimento de novos agravos". Dentre esses agravos incluem-se infecções sexualmente transmissíveis, doenças de transmissão aérea e por contato, bem como doenças respiratórias.

Contrariamente ao crescimento exponencial da população carcerária, o número de profissionais de saúde no sistema prisional continua insuficiente (Sousa et al., 2013; Fernandes et al., 2014). Segundo dados do Infopen (2017), o número de enfermeiros que atuavam no sistema prisional brasileiro em junho de 2016 era de 1.098 profissionais. Estudos anteriores a esses dados já apontavam para essa carência de profissionais de saúde no sistema prisional e alertavam para o comprometimento das "ações de promoção, prevenção, cura e tratamento dos agravos mais comuns" (Fernandes et al., 2014, p. 278).

Segundo o Infopen (2017), aproximadamente 85% da população privada de liberdade no Brasil encontra-se custodiada em unidades prisionais que contam com módulo de saúde, uma conquista muito importante para a garantia do direito à saúde expressados na LEP de 1984, na Carta Magna de 1988 e na Lei do SUS de 1990. Contudo, há pesquisas que alertam para a defasagem dessas equipes de saúde nas unidades prisionais as quais, frequentemente, encontram-se incompletas, bem como alertam para as dificuldades que estas equipes encontram na promoção da assistência (Fernandes et al., 2014; Souza, Cabral e Leite-Salgueiro, 2018).

Basta realizar uma divisão simples entre os dados referentes ao número de pessoas privadas de liberdade com os dados referentes ao número de profissionais enfermeiros em atividade no sistema prisional brasileiro que, facilmente, chega-se à conclusão de que essa situação é extremamente desfavorável e comprometedora para a assistência à saúde preconizada pelo SUS. Consequentemente, "produzindo intervenções pontuais de baixa resolubilidade, ações de pronto-atendimento e necessidade elevada de deslocamento para serviços de saúde oferecidos fora das unidades prisionais" (Fernandes et al., 2014, p. 276).

Nesse contexto extremamente desfavorável, torna-se fácil inferir que a assistência à população privada de liberdade está seriamente comprometida. Alguns estudos apontam que um dos principais motivos que contribuem para esse déficit de profissionais enfermeiros reside no fato de eles considerarem o sistema prisional altamente perigoso (Souza, Passos, 2008; Sousa et al., 2013; Fernandes et al., 2014).

Outro fator também limitante das ações e serviços de saúde prestados pela equipe de Enfermagem configura-se na presença de outro personagem, o Agente de Segurança Penitenciária, que, na percepção de Sousa et al. (2013) dificulta a autonomia do enfermeiro no desempenho de suas ações.

Contrariamente, um estudo realizado em mesmo período por Jesus, Scarparo e Lermen (2013) constatou que dificuldades como falta de autonomia pela dependência do funcionamento da segurança, vulnerabilidade frente à periculosidade do apenado e falta de infraestrutura nos locais de atendimento, vivenciadas pelos profissionais de saúde ao se depararem com um território desconhecido, com seus limites bem-definidos e acesso fortemente controlado, foram atenuadas através do apoio de outros profissionais de saúde já atuantes no sistema prisional e através do apoio, também, da equipe de segurança, que orientava quanto ao funcionamento dos estabelecimentos prisionais.

É consenso entre os autores citados no parágrafo anterior que:

> Para que se concretize a organização das ações e serviços de saúde nas prisões, torna-se imprescindível a corresponsabilização das instâncias da segurança pública, pois são nesses contextos que vão ser ditados possíveis processos de trabalho, modos de compreender a saúde e formas de lidar com os fluxos internos e externos de acesso às diversas redes de serviços públicos. (p. 40)

Tal assertiva é relevante, pois o profissional enfermeiro ao adentrar no território que compreende o sistema prisional depara-se com uma realidade até então desconhecida por ele e exigirá deste profissional uma profunda adaptação a este complexo e restrito sistema em que questões de segurança podem assumir um lugar de destaque frente às questões de saúde. A castração profissional será uma consequência caso essa adaptação não seja bem conduzida, pois o sistema prisional reúne em si percepções díspares sobre o mesmo indivíduo, o preso privado de liberdade.

Preso e paciente, configurado em um único indivíduo que passa a ser figura central na relação entre profissionais com funções distintas, é fruto de uma contradição criada pelo próprio sistema prisional que assume as funções de punir, castigar, vigiar e disciplinar, concomitantemente com as funções de ressocializar e cuidar (Jesus, Scarparo, Lermen, 2013; Barsaglini, 2016).

Souza e Passos (2008, p. 418) diziam que "a ações inerentes à profissão de Enfermagem quer sejam administrativas ou assistenciais, dadas as especificidades do Sistema Penal, se diferenciam na sua aplicabilidade da realidade extramuros". Esta afirmativa já assinalava claramente para uma realidade presente no sistema prisional que não se assemelhava com a realidade vivenciada pelos demais profissionais de enfermagem nas unidades básicas de saúde.

Tal condição exige dos profissionais de enfermagem no sistema prisional o exercício de suas funções centrado nas necessidades individuais do apenado, sempre considerando os aspectos éticos e legais da profissão, bem como considerando as características singulares do sistema prisional no qual, segundo Souza e Passos (2008, p. 423), "a segurança prevalece em relação ao tratamento de saúde dos apenados".

Igualmente, ratificam este quadro desfavorável para a assistência à saúde dentro do sistema prisional os autores Jesus et al. (2013, p. 45) quando afirmam que "o processo de trabalho em saúde é atravessado por inúmeras limitações locais e deve atentar para a capacidade de produzir cuidado de acordo com as possibilidades da instituição". Porém, enfatizam que, mesmo diante deste quadro desfavorável, as ações de saúde, visando atender às necessidades das pessoas privadas de liberdade devem estar bem próximas das diretrizes do SUS.

Barbosa et al. (2014, p. 591) compartilham da mesma opinião ao afirmarem que "é fundamental que o enfermeiro reconheça as especificidades do processo de trabalho nas penitenciárias, mantendo a conduta ética e respeitando os princípios que regem a profissão, a fim de garantir o direito à saúde e dignidade humana.".

Talvez por sua natureza histórica, o sistema prisional contribua para o surgimento e perpetuação de vários paradoxos geradores de tensões que influenciam o comportamento desses atores envolvidos na rotina de uma unidade prisional. O primeiro grande paradoxo que pode ser inferido diz respeito à finalidade atribuída a uma unidade prisional, caracterizada como um espaço de controle, segregação, disciplinador e punitivo, mas que, ao mesmo tempo, se propõe a ser um espaço para reeducar, ressocializar e cuidar.

Esta é uma contradição tão relevante que vai determinar como ocorrerão todas as interações entre os profissionais dentro desse território, gerando até outros paradoxos. Profissionais de saúde apontam como um fator negativo para o desenvolvimento dos processos de trabalho em saúde a falta de autonomia e limitações (Souza, Passos, 2008; Sousa et al., 2013; Jesus, Scarparo, Lermen, 2013; Barbosa et al., 2014) decorrente da necessidade do fator segurança ter maior relevância, pois todas as rotinas internas e externas de atendimento necessitam do acompanhamento constante de um funcionário da segurança.

Esses mesmos profissionais de saúde apontam a periculosidade de se trabalhar em uma unidade prisional como fator preocupante para sua segurança (Souza, Passos, 2008; Sousa et al., 2013). Então, reivindicam dos agentes de segurança (aos quais atribuem a responsabilidade por tirar-lhes a autonomia) maior atuação a fim de promover-lhes maior segurança. Aqui estabelece-se outro paradoxo, envolvendo profissionais de saúde e agentes de segurança, o que interfere diretamente nos processos de trabalho em saúde.

Um outro paradoxo estabelecido diz respeito à interação profissional de saúde e detento, à medida em que o primeiro aponta a prática do cuidado como um elemento de responsabilidade e significativo para o desempenho das atividades de Enfermagem (Souza, Passos, 2008), ao deparar-se com seu sujeito do cuidado, esta relação é influenciada por fatores como "valores, ideais, preconceitos, crenças, expectativas que estão presentes em cada um dos sujeitos envolvidos" (Souza, Passos, 2008, p. 420).

Decorrente disso, um questionamento fica latente frente a esse panorama desfavorável para a realização dos processos de trabalho desempenhados pelo profissional enfermeiro: quais ações de saúde o enfermeiro consegue desenvolver em seu local de trabalho – a unidade prisional – diante de tantas tensões oriundas das relações estabelecidas entre enfermeiro, pessoa privada de liberdade, agente de segurança e local de trabalho?

Souza e Passos (2008) relatam algumas ações de enfermagem descritas pelos próprios profissionais em seu estudo, desenvolvidas no âmbito prisional: aferição de pressão arterial, sinais vitais, administração de medicamentos, assistência psicológica, curativos, banho de leito, encaminhamento para outros profissionais, escuta, conversas, conselhos. Estas ações exemplificam muito bem o que os pesquisadores vêm discutindo quanto à limitação dos profissionais de saúde, especialmente os enfermeiros, em promover ações mais amplas que visem não somente o tratamento dos agravos mais comuns decorrentes da situação de confinamento, mas principalmente sua prevenção.

Conforme dito anteriormente, a carência de estudos nessa área dificulta a composição de um panorama mais atual sobre as atividades desenvolvidas pelo profissional de enfermagem dentro das unidades prisionais brasileiras; contudo, alguns trabalhos sugerem que estas ações descritas por Souza e Passos (2008) talvez tenham encontrado pouco espaço para mudanças significativas. É o caso do estudo realizado por Barbosa et al. (2014), com objetivo de descrever aspectos estruturais e características do trabalho na atenção básica à saúde em penitenciárias masculinas do estado da Paraíba, cuja conclusão foi de que "os consultórios de Enfermagem apresentaram as piores avaliações quanto à dimensão, iluminação, ventilação e ruído" (p.589).

A lógica é que dificuldades de qualquer natureza encontradas nas práticas clínicas geram descontentamento e pouca motivação para exercê-las, ou seja, geram entraves à assistência.

Outro estudo que também nos direciona para uma reflexão desfavorável acerca dos processos de trabalho desenvolvidos pela Enfermagem são os dados levantados no relatório Infopen (2017), no qual foram computadas e valorizadas somente as consultas médicas, consultas psicológicas e consultas odontológicas ocorridas no primeiro semestre de 2016. Esse relatório desconsiderou uma ação muito importante e que tem contribuído muito para aumentar o acesso à saúde no âmbito do SUS: trata-se da Consulta de Enfermagem, atividade privativa do enfermeiro garantido pela Lei n. 7.498/1986, de 25 de junho de 1986, especificada em seu artigo 11°, inciso I, letra I.

Na Atenção Básica à Saúde, essa atividade é amplamente utilizada pelos profissionais enfermeiros, com resultados significativos em relação ao aumento do acesso à saúde e da oferta de ações e serviços de saúde, sendo considerada um momento único e importante para a realização de aconselhamento individual, acompanhamento de tratamentos prescritos, dentre outros benefícios que esta ação proporciona à população em geral.

No âmbito do sistema prisional, as Portarias Interministeriais que instituíram o Plano Nacional de Saúde no Sistema Penitenciário, em 2003, e a Política Nacional de Atenção Integral à Saúde das Pessoas Privadas de Liberdade no Sistema Prisional, em 2014, buscam garantir o atendimento às necessidades de saúde da população prisional em consonância com princípios e diretrizes do SUS. A consulta de enfermagem, neste contexto, constitui-se em uma ferramenta muito importante e facilitadora do acesso à saúde para esse grupo de indivíduos.

O relatório Infopen, ao não considerar as consultas de Enfermagem como uma ação relevante para garantia de acesso à saúde, nega à Enfermagem seu protagonismo dentro da visão multidisciplinar que alicerça o SUS, pois "a Enfermagem é a parte da equipe multidisciplinar que mais se aproxima do cliente" (Souza, Passos, 2008, p. 420).

Este contato mais próximo entre enfermeiro e encarcerado confere a este profissional um papel fundamental dentro da equipe multidisciplinar, favorecendo a construção de uma relação de ajuda mediante a prática do cuidado e possibilitando o desenvolvimento de ações tanto no âmbito individual quanto coletivo, com vistas à promoção da saúde e prevenção de agravos.

Desta forma, a Enfermagem assume um papel de suma importância no que tange às atribuições da profissão, além de garantir os direitos desta população e abrandar as falhas no sistema de saúde prisional (Souza, Cabral, Leite-Salgueiro, 2018).

CONSIDERAÇÕES FINAIS

Os autores trouxeram à baila a discussão sobre o papel social e político do sistema prisional no Brasil e como neste se inseriu a Enfermagem, como uma prática socialmente relevante na oferta de cuidados e a organização dos serviços na área da saúde.

Há aspectos históricos e políticos que são abordados no processo de inserção da Enfermagem no contexto prisional, não sendo diferentes os desafios que se apresentam nesse campo, mormente no tocante às condições de vida, de segurança e de adoecimento tanto da população aprisionada quanto dos profissionais que ali atuam.

REFERÊNCIAS

Adorno S. Sistema penitenciário no Brasil: problemas e desafios. Rev USP. 1991;(9):65-78.

Assis RD. A realidade atual do sistema penitenciário brasileiro. DireitoNet [internet]. 2007. Disponível em https://www.direitonet.com.br/artigos/exibir/3481/A-realidade-atual-do-sistema-penitenciario-brasileiro [acesso em 30 jan 2019].

Barbosa ML, Celino SDM, Oliveira LV, et al. Atenção básica à saúde de apenados no sistema penitenciário: subsídios para a atuação da enfermagem. Esc Anna Nery. 2014;18(4):586-92.

Barsaglini R. Do Plano à Política de saúde no sistema prisional: diferenciais, avanços, limites e desafios. Physis Revista de Saúde Coletiva. 2016;26(4):1429-39.

Brasil. Constituição, 1988. Constituição da República Federativa do Brasil: texto constitucional promulgado em 5 de outubro de 1988, com as alterações determinadas pelas Emendas Constitucionais de Revisão n. 1 a 6/94, pelas Emendas Constitucionais nos 1/92 a 91/2016 e pelo Decreto Legislativo n. 186/2008, de 1988 [internet]. Brasília. 2016. Disponível em https://www2.senado.leg.br/bdsf/bitstream/handle/id/518231/CF88_Livro_EC91_2016.pdf [acesso em 30 jan 2019].

Brasil. Lei n. 7.210, de 11 de julho de 1984. Institui a Lei de Execução Penal [internet]. Brasília. 1984. Disponível em http://www.planalto.gov.br/ccivil_03/LEIS/L7210.htm [acesso em 30 jan 2019].

Brasil. Lei n. 7.498, de 25 de junho de 1986. Dispõe sobre a regulamentação do exercício da Enfermagem e dá outras providências [internet]. Brasília. 1986. Disponível em http://www.cofen.gov.br/lei-n-749886-de-25-de-junho-de-1986_4161.html [acesso em 30 jan 2019].

Brasil. Lei n. 8.080, de 19 de setembro de 1990. Dispõe sobre as condições para a promoção, proteção e recuperação da saúde, a organização e o funcionamento dos serviços correspondentes e dá outras providências [internet]. Brasília. 1990. Disponível em http://www.planalto.gov.br/ccivil_03/leis/L8080.htm [acesso em 30 jan 2019].

Brasil. Ministério da Justiça e Segurança Pública, Departamento Penitenciário Nacional. Levantamento Nacional de Informações Penitenciárias Atualização – Junho de 2016 [internet]. Brasília. 2017. Disponível em http://depen.gov.br/DEPEN/noticias-1/noticias/infopenlevantamento-nacional-de-informacoes-penitenciarias-2016/relatorio_2016_22111.pdf [acesso em 30 jan 2019].

Brasil. Portaria Interministerial n. 01, de 02 de janeiro de 2014. Institui a Política Nacional de Atenção Integral à Saúde das Pessoas Privadas de Liberdade no Sistema Prisional (PNAISP) no âmbito do Sistema Único de Saúde (SUS) [internet]. Brasília. 2014. Disponível em https://central3.to.gov.br/arquivo/370304/ [acesso em 30 jan 2019].

Brasil. Portaria Interministerial n. 1777, de 09 de setembro de 2003. Aprovar o Plano Nacional de Saúde no Sistema Penitenciário [internet]. Brasília. 2003. Disponível em http://www.crpsp.org.br/sistemaprisional/leis/2003Portaria1777.pdf [acesso em 30 jan 2019].

Fernandes LH, Alvarenga CW, Santos LL, et al. Necessidade de aprimoramento do atendimento à saúde no sistema carcerário. Rev Saúde Pública. 2014;48(2):275-83.

Freitas RS, Zermiani TC, Nievola MTS, et al. Política Nacional de Atenção Integral à Saúde da Pessoas Privadas de Liberdade no Sistema Prisional: uma análise do seu processo de formulação e implementação. R Pol Públ. 2016;20(1):171-84.

Jesus LO, Scarparo HBK, Lermen HS. Desafios profissionais no campo da saúde no sistema prisional: dilemas na interface entre saúde e segurança. Aletheia. 2013;41:39-52.

Oliveira HSM. O caráter ressocializador da atividade laborativa. ETIC – II Encontro de Iniciação Científica e I Encontro de Extensão Universitária [internet]. 2006. Disponível em http://intertemas.toledoprudente.edu.br/index.php/ETIC/article/view/1176/1125 [acesso em 30 jan 2019].

Pessoa GTA. Código Criminal do Império. Arquivo Nacional Memória da Administração Pública Brasileira [internet]. 2016. Disponível em http://mapa.an.gov.br/index.php/menu-de-categorias-2/281-codigo-criminal [acesso em 30 jan 2019].

Schultz ALV, Dias MTG, Lewgoy CMB, et al. Saúde no Sistema Prisional: um estudo sobre a legislação brasileira. Argum. 2017;9(2):92-107.

Silveira NO. A trajetória da saúde prisional no Brasil [internet]. Porto Alegre: Faculdade de Medicina da Universidade Federal do Rio Grande do Sul; 2015. Disponível em https://www.lume.ufrgs.br/handle/10183/131203 [acesso em 30 jan 2019].

Sousa MCP, Alencar Neto FJ, Sousa PCC, et al. Atenção à saúde no sistema penitenciário: revisão de literatura. R Interd. 2013;6(2):144-51.

Souza GC, Cabral KDS, Leite-Salgueiro CDB. Reflexões sobre a assistência em enfermagem à mulher encarcerada: um estudo de revisão integrativa. Arq Cienc Saúde UNIPAR. 2018;22(1): 55-62.

Souza MOS, Passos JP. A prática de enfermagem no sistema penal: limites e possibilidades. Esc Anna Nery Rev Enferm. 2008;12(3):417-23.

CAPÍTULO

9

Abordagem Forense sob a ótica da enfermagem em saúde mental

Rafaela Sales Medeiros
Dionasson Altivo Marques
Maria do Perpétuo S. S. Nóbrega

> A culpa não começava uma vez reunida todas as provas: peça por peça, ela era constituída por cada um dos elementos que permitiam reconhecer um culpado. Assim, uma meia-prova não deixava inocente o suspeito enquanto não fosse completada: fazia dele um meio-culpado; o indício, apenas leve, de um crime grave, marcava alguém como um pouco criminoso.
>
> FOCAULT, 1999, p. 60.

INTRODUÇÃO

A Enfermagem em Saúde Mental e Psiquiátrica contribui com os princípios ideológicos e contextuais na área de Enfermagem Forense ao proporcionar uma interface entre a análise jurídica e a percepção clínica sobre pessoas com transtornos mentais. Nesse sentido, fornece uma concepção que auxilia na implementação de evidências científicas que apoiarão a análise das circunstâncias referentes ao comportamento desses indivíduos, subsidiando as decisões forenses (Cucu et al., 2014).

Segundo a Organização Mundial da Saúde (OMS), os transtornos mentais são caracterizados por alterações psíquicas no âmbito do pensamento, da percepção, da emoção e do comportamento, que afetam o cotidiano e as interações biopsicossociais do indivíduo (WHO, 2017). Como elucidado na Classificação Internacional de Doenças, na 10ª versão (CID-10), os transtornos mentais e de comportamento são caracterizados individualmente por sinais e sintomas e características específicos, conforme os possíveis diagnósticos no contexto da psiquiatria (OMS, 1996).

Corroborando essas definições, o Manual de Diagnóstico e Estatístico de Transtornos Mentais, em sua 5ª versão (DSM-V), designa os transtornos mentais e de comportamento como uma síndrome caracterizada por perturbação clinicamente significativa na capacidade cognitiva, na regulação emocional ou no comportamento de uma pessoa, que interfere nos processos psicológicos, biológicos ou sociais (APA, 2014).

Tendo em vista esses conceitos, o Brasil atingiu um processo de redirecionamento na assistência em saúde mental, investindo na consolidação da Rede de Atenção Psicossocial (RAPS), ancorada na Lei n. 10.216, de 6 de abril de 2001 (Brasil, 2001). Nessa perspectiva, o cuidado de enfermagem em saúde mental passa por mudanças, estabelecendo novas estratégias de cuidado, como o relacionamento interpessoal terapêutico e a comunicação terapêutica, além de outros recursos como o conhecimento técnico e científico em psicofarmacologia e realização de exame psíquico (APA, 2014; Brasil, 2005).

No bojo da implementação dessas estratégias de cuidado, infere-se que os enfermeiros enfrentam muitos desafios e complexidades no seu cotidiano assistencial, em especial no contexto forense, que exige intervenções para a mudança comportamental e reabilitação psicossocial de pessoas que muitas vezes cometem atos ilícitos, impulsivos e agressivos, ou são consideradas pela justiça incapazes de gerir seus bens, assim como tomar decisões (Schafer e Peternelj-Taylor, 2003).

Portanto, é necessário considerar que as habilidades e as competências do profissional enfermeiro no contexto da saúde mental contribuem para a atuação da Enfermagem no âmbito forense ao reputar a importância da intersubjetividade das pessoas com transtornos mentais. Todavia, o enfermeiro precisa refletir sobre a sua prática assistencial com intuito de propiciar a construção do processo de Enfermagem, em consonância com a responsabilidade penal, com vista à promoção de evidências clínicas e judiciais (Townsend, 2017).

ASPECTOS EPIDEMIOLÓGICOS

A atual prevalência global estimada para os principais transtornos mentais (depressão, ansiedade, transtorno pós-traumático, transtorno afetivo bipolar, esquizofrenia e outras psicoses) foi constatada em um estudo norte-americano, representando um percentual de 22,1% (Charlson et al., 2019). Inferiram-se que aproximadamente 9% da população analisada em 39 países, entre os anos de 1980 e 2017, apresentava diagnóstico de transtornos mentais moderado ou grave. Ao considerar o fator idade, a prevalência média pontual associada às comorbidades decorrentes dos distúrbios graves foi de 5,1%.

Segundo as estimativas apresentadas no relatório global da OMS, a depressão corresponde a 4,3% das doenças globais que acometem o ser humano, sendo considerada uma das maiores causas de incapacitação. Notadamente, o número de pessoas com depressão aumentou cerca de 18% em 10 anos, entre 2005 e 2015, o que corresponde a um quantitativo global de 322 milhões de indivíduos com esta patologia (WHO, 2017). Diante disso, a conjectura do impacto negativo que os transtornos mentais graves acarretarão à economia mundial será de US$ 16,3 milhões no período compreendido entre 2011 e 2030 (WHO, 2013).

No tocante aos transtornos mentais, estudos internacionais destacam que as pessoas com esses distúrbios psíquicos, quando envolvidas em questões forenses, apresentam maior expressividade dos aspectos cognitivos e comportamentais de embotamento afetivo, apatia, fobia social, desesperança e agressividade, quando comparadas com os indivíduos que não têm esses transtornos (Epperson et al., 2014; Wolf et al., 2013).

No Brasil, a população com transtornos mentais é estimada em 20,2%, o que corresponde a aproximadamente 400.000 pessoas que sofrem de distúrbios mentais ou comportamentais no país (Faisal-Cury et al., 2009).

Conforme dados estatísticos da OMS, a prevalência de depressão no Brasil foi de 5,8%, o que representa 11.548.577 pessoas com esse transtorno mental, enquanto os transtornos relacionados à ansiedade acometem um percentual ainda maior, cerca de 9,3% da população brasileira, o equivalente a 18.657.943 casos diagnosticados (WHO, 2017).

Caracterização dos transtornos mentais

Os transtornos depressivos incluem diversos grupos, cuja diferença entre eles é determinada pelo período de duração, momento de instauração ou a causa do transtorno. Entretanto, reportaremos ao transtorno depressivo maior, devido à recorrência de pessoas com esse diagnóstico submetidas a investigações forenses (Cucu et al., 2014; APA, 2014).

Caracteriza-se como transtorno depressivo maior a combinação de sintomas que envolvem alterações significativas no comportamento, na afetividade, nas funções cognitivas e neurovegetativas e em estágios interepisódicos de remissão da doença. Alguns sintomas peculiares são: humor depressivo, tristeza profunda, inibição ou ausência da capacidade de sentir alegria ou prazer, redução da energia e fatigabilidade aumentada, letargia e diminuição da libido (APA, 2014).

Na maioria dos casos, esse transtorno é recorrente e tem duração aproximada de 2 semanas. Todavia, a persistência dos sintomas tem duração prolongada, e os índices de mortalidades são altos, representados principalmente pelos óbitos por suicídio, embora não seja a causa exclusiva de mortes (APA, 2014).

A 5ª e última versão revisada do DSM define o transtorno bipolar como uma condição patológica em que há alterações do humor, da energia, dos sentimentos, pensamentos e do comportamento. Dentre as classificações, destacam-se o transtorno bipolar tipo I e tipo II. O primeiro não necessariamente apresenta sintomas psicóticos ou episódio de transtorno depressivo maior. Porém, a maioria das pessoas que atendem aos critérios diagnósticos de transtorno bipolar tipo I sofrerá episódios de mania, assim como episódios depressivos maiores em algum momento da vida (APA, 2014).

O mesmo manual descreve que os episódios maníacos são representados por um período de anormalidade do humor, caracterizado por euforia e irritabilidade, acompanhado de aumento exacerbado de energia e da libido, alterações na autoestima (grandiosidade), diminuição da necessidade de sono, impulsividade para compras e insensatez nos investimentos financeiros. Na ocorrência de mania, os indivíduos comumente apresentam fuga de ideias, pensamentos acelerados, agitação psicomotora, taquilalia, entre outros sintomas (APA, 2014).

De acordo com Videbeck (2012), o transtorno bipolar tipo II consiste em um ou mais episódios depressivos maiores alternados por episódios hipomaníacos, os quais associam-se a mudanças aparentes no funcionamento do indivíduo, o que difere quando encontram-se assintomáticos. A duração da fase hipomaníaca é de aproximadamente 4 dias consecutivos, enquanto o período de mania dura no mínimo 1 semana, acompanhado de perturbações do humor grave, acarretando sérios prejuízos para o indivíduo. Em muitos casos, há necessidade de hospitalização para o manejo das crises maníacas com ou sem presença de sintomas psicóticos, a fim de prevenir danos ao cliente ou a outras pessoas.

Vale ressaltar que as ideações suicidas em decorrência do transtorno bipolar são estimadas em pelo menos 15 vezes os índices da população em geral. Nesse sentido, um quarto de todos os casos notificados de morte por suicídio corresponde a pessoas com transtorno bipolar. Um dos principais motivos de autoextermínio dessas pessoas que sofrem psiquicamente com este transtorno se deve à presença de transtorno depressivo maior e padrão de oscilação do humor persistente (APA, 2014; Videbeck, 2012).

A esquizofrenia é um dos transtornos considerados mais graves. Na maioria das pessoas afetadas, resulta em uma incapacitação, sendo caracterizado pela manifestação de um ou mais sintomas como delírios, alucinações e pensamento (discurso) desorganizado e sintomas negativos (Videbeck, 2012).

Os delírios são crenças estabelecidas pelos indivíduos com sintomas psicóticos, não sofrem alterações mesmo quando há evidências de situações conflitantes. Apresentam uma gama de modalidades, a saber: persecutório, de referência, somático, religioso e de grandeza. As alucinações são experiências que se assemelham a uma percepção, e independem de um estímulo do ambiente externo. As pessoas que apresentam sintomas de alucinação não têm controle sobre eles, visto que a sua ocorrência é involuntária. Os delírios ocorrem em quaisquer modalidades sensoriais: visuais, gustativas, olfativas, táteis e auditivas, sendo estas últimas as mais comuns na esquizofrenia (APA, 2014).

A desorganização do pensamento é observada a partir do discurso do sujeito, que muda constantemente de um tópico a outro durante a narrativa incoerente e descarrilhada. As respostas a perguntas podem atingir um parâmetro oblíquo ou simplesmente assumir uma tangencialidade; quando esse sintoma é grave, o processo comunicacional do indivíduo é comprometido. Durante o período que antecede ou nos períodos residuais da esquizofrenia, é comum ocorrer minimização ao que concerne à desorganização do pensamento ou do discurso (APA, 2014).

Por fim, os sintomas negativos proeminentes na esquizofrenia são: comportamento desorganizado, catatônico, negativismo, mutismo, embotamento afetivo, apragmatismo, flexibilidade ou rigidez muscular, lentificação dos gestos, avolia, alogia, apatia e anedonia. Em síntese, esses sintomas representam uma expressão emocional diminuída e um desinteresse do indivíduo na comunicação e participação em atividades com objetivo estabelecido, restringindo suas interações sociais (APA, 2014; Videbeck, 2012).

ASPECTOS ÉTICOS E JURÍDICOS EM SAÚDE MENTAL E PSIQUIATRIA

Acerca dos transtornos mentais, são identificados vários fatores que devem ser observados e analisados com cautela, como as diferentes modalidades de internação hospitalares, eletivas e/ou voluntárias. Entretanto, na análise forense, é necessário abordar medidas além deste contexto, como as internações psiquiátricas involuntárias, compulsórias e judiciais (Barros e Teixeira, 2015).

A internação involuntária é realizada quando o cliente não apresenta condições de avaliar a necessidade desse processo devido ao comprometimento de seu quadro psicopatológico ou de sua incapacidade cognitiva. Diante disso, é necessário que alguém intervenha ou que uma equipe médica determine a internação, por intermédio da comunicação em um período de até 72 horas ao Ministério Público sobre as potenciais razões pelas quais devem ser tomadas essas medidas (Brasil, 2001; Barros e Castellana, 2015).

Este órgão público que representa os interesses da sociedade recebe e analisa o laudo do médico responsável para o deferimento da internação sem consentimento do indivíduo. Nesse delineamento, a internação compulsória segue os mesmos preceitos da internação involuntária, sendo determinada por autoridade judicial (Barros e Castellana, 2015).

De acordo com Brasil (2001), Art. 9° da Lei n. 10.216:

> A internação compulsória é determinada, de acordo com a legislação vigente, pelo juiz competente, que levará em conta as condições de segurança do estabelecimento, quanto à salvaguarda do paciente, dos demais internados e funcionários.

Correlacionado ao processo de internação compulsória, alguns conceitos importantes precisam ser considerados: a imputabilidade designada como a capacidade do indivíduo no reconhecimento e na avaliação de sua conduta ou comportamento ilícitos, o que infere responsabilidade perante a pena judicial ou a ausência dessa capacidade, definida como inimputabilidade (Cordeiro, 1987).

Outro vértice a ser considerado é que o profissional responsável pela perícia judicial tem a responsabilidade de empregar os seus conhecimentos específicos para identificar a relação dos sintomas psicopatológicos da pessoa em avaliação pericial com o fato ocorrido. Entretanto, não basta relacionar apenas a psicopatologia do réu, mas também da vítima, ou de qualquer sujeito envolvido no processo (Barros e Castellana, 2015).

Barros e Teixeira (2015) atestam que, por meio de uma perícia médica, determina-se o comportamento de imputabilidade e inimputabilidade de determinada pessoa que sofre a condição de acusação. Destarte, a equipe psiquiátrica deverá avaliar a capacidade ou incapacidade do indivíduo de discernir sobre a responsabilidade penal.

Nesse prisma, enfoca-se que a incapacidade atribuída ao sujeito pode ser total ou parcial, caracterizando-o como "absolutamente incapaz" ou "relativamente incapaz", respectivamente. Dessa maneira, a lei determina que as pessoas consideradas com incapacidade total precisam ser representadas nas repartições privadas e públicas competentes (Diniz, 2017).

Por outro lado, aqueles considerados relativamente incapazes devem ser apenas assistidos, não tendo maiores restrições no que tange os atos da vida civil (Diniz, 2017). Todavia, a Lei n. 10.406, de 10 de janeiro de 2002 (Código Civil Brasileiro) (Brasil, 2010), passa a vigorar com uma expressiva alteração: apenas os menores de 16 anos são considerados absolutamente incapazes. Sendo assim, foram revogadas todas as considerações excludentes acerca das pessoas com deficiência, com vistas ao favorecimento do processo de inclusão social, autonomia e cidadania (Brasil, 2015).

Interfaces da ciência forense e saúde mental e psiquiatria

No âmbito da saúde mental e psiquiatria, considerando as interconexões da ciência forense, as alterações de funções psíquicas da crítica e do juízo em detrimento ao comportamento e atitudes das pessoas devem ser analisadas criteriosamente por meio de exames físico e psíquicos, para que se alcancem resultados detalhados, pautados na imparcialidade capazes de fornecer subsídios clínicos para a concretização de uma análise pericial (Barros e Castellana, 2015).

No momento da realização analítica do sujeito envolvido na ação penal, pode ser considerado o seu discurso como potencial informante dos dados que retratam a realidade. Não obstante, os artifícios que envolvem a psicopatologia abrangem muitas percepções e sentimentos. Portanto, o profissional precisa estar capacitado e utilizar as técnicas e seus conhecimentos, enquanto especialista, para delimitar os aspectos da objetividade e intersubjetividade que incorporam a psique humana (Barros e Castellana, 2015; Lynch, 2017).

Em virtude dos argumentos apresentados, ao remeter as peculiaridades do processo de análise, não é plausível considerar apenas as evidências que podem ser vistas como provas de condição criminal, pois não é possível verificar as intenções e as atitudes que propiciaram a condição de réu ao sujeito, examinando estritamente o que os olhos observam, mas deve-se analisar concomitantemente a ampla extensão das condições psíquicas inseridas no momento da ação que possivelmente contribuirão para a certificação das reais intenções do indivíduo (Barros e Castellana, 2015; Lynch, 2017).

ASPECTOS CLÍNICOS E ASSISTÊNCIA DE ENFERMAGEM

Atendendo ao escopo deste capítulo, a assistência de enfermagem no contexto da saúde mental com interface na ciência forense será descrita tomando por base o caso clínico a seguir (Quadro 1).

QUADRO 1 Caso clínico, São Paulo, 2019

Fase 1 - Pronto-socorro
PRD, 39 anos, casada, trazida ao pronto-socorro junto a seu filho de 4 anos por policiais. A mulher apresentava nível de consciência rebaixado e múltiplas fraturas, e após avaliação da clínica cirúrgica, foi encaminhada à cirurgia. A criança, por sua vez, foi trazida envolvida em um edredom e dois cobertores, avaliada pela clínica cirúrgica e encaminhada para avaliação pela clínica médica, por apresentar discreta escoriação no joelho. Após avaliações e exames, a criança teve alta na companhia do pai. Segundo relato da escolta policial, a polícia foi acionada por vizinhos após a mulher defenestrar seu filho de 4 anos pela janela, que logo caiu sobre um toldo de uma padaria próxima à residência. A mulher ainda ateou fogo na porta do apartamento e atirou-se do quinto andar do prédio onde reside, a uma altura de aproximadamente 15 metros. Vizinhos referiram que a mulher apresentou um episódio de surto psicótico e referia a todo momento que os vizinhos entrariam no apartamento e fariam mal a ela e a seu filho. Ela permanecerá sob escolta policial e responderá a processo judicial de tentativa de homicídio simples.
Fase 2 - Internação na clínica cirúrgica
Nos dias posteriores, permanecendo sob escolta da polícia militar, apresentou pinos na região do quadril, no joelho e no cotovelo esquerdo. Evoluiu com dor em local da cirurgia e na região da coluna. Refere sentir intensa tristeza e remorso pelo ocorrido, e que somente desejava proteger o filho e a si mesma, e que viu a janela como fuga. Faz uso de bota gessada em membro inferior esquerdo. Necessita de supervisão durante o banho, pois relata sentir medo quando está em ambientes fechados. Recebeu alta da clínica cirúrgica com acompanhamento ambulatorial e transferência para a unidade de internação psiquiátrica.

(continua)

QUADRO 1 Caso clínico, São Paulo, 2019 (*Continuação*)

Fase 3 - Internação na clínica psiquiátrica
Em sua história pregressa, apresenta diagnóstico de depressão, que foi acentuada no período pós-parto, com sintomas psicóticos, de cunho persecutório, em uso de risperidona 2 mg (1-0-1), clonazepan 2 mg (0-0-1), ácido valproico 500 mg (0-0-1). Paciente conta que, no momento do ocorrido, tinha em seu pensamento que estava sendo ameaçada e perseguida há algum tempo pelos vizinhos. Quando percebeu que estes de alguma forma estavam prestes a invadir a sua casa para causar algum mal a ela e a seu filho, enrolou o filho em cobertores, esperou um casal de idosos passar na rua, que de alguma forma representavam confiança para ela, e lançou o filho do quinto andar para ser amparado por eles. Em seguida, jogou-se para socorrer o filho, e também fugir do perigo em sua residência. Segue aceitando as condutas determinadas pela equipe clínica, aceitando todos os medicamentos e intervenções. O juiz mantém determinação de que não pode receber visita do filho. Permanece sob escolta policial.
Fase 4 - Evolução na clínica psiquiátrica
Aos 30 dias de internação, a paciente permanece em regime de observação, atendendo às solicitações clínicas e apresentando melhora da crítica em relação ao fato, com estabilidade no quadro psicopatológico. Enfatiza a falta que sente do filho e que gostaria de receber a visita da criança. Seu discurso permanece de que queria se proteger e que agora entende que os vizinhos não estavam perseguindo-os, e que deseja ir para a sua casa. Pela ordem do juiz, permanece impedida de receber visita do filho.
Fase 5 - Evolução na clínica psiquiátrica - encaminhamento para o hospital-dia
Paciente permanece com quadro psicopatológico estável, sem intercorrências nas últimas 3 semanas. Aguarda ansiosa o andamento do processo. Refere que tem dificuldade para deambular, pois ainda não se sente segura em pisar com o pé esquerdo, e que, ao andar, ainda sente dor. Apresentação adequada, higiene preservada, atitude colaborativa, pensamento de curso preservado, sentimento de persecutoriedade diminuído. A equipe clínica defere laudo para o juiz demonstrando a estabilidade da paciente, que por enquanto recebe o tratamento adequado e que poderia cumprir seu período de reclusão em regime de hospital-dia. #Conduta: aguardando andamento do processo e encaminhada ao hospital-dia. A escolta policial é mantida e a impossibilidade de contato com o filho permanece.

Fonte: os autores.

O olhar do enfermeiro deve ser terapêutico, inclusive na abordagem forense. O detalhamento criterioso dos aspectos psicopatológicos do indivíduo inserido no contexto penal possibilita a necessidade de uma observação que transcende a situação em análise, atingindo as esferas do cuidado (Foucault, 1999).

A principal estratégia do enfermeiro nesse contexto deve ser embasada no desenvolvimento de intervenções efetivas ao quadro clínico do cliente. Para tanto, torna-se necessária uma avaliação psíquica criteriosa, por meio de uma anamnese clínica que envolva exames físico e psíquico bem realizados (Cucu et al., 2014; Bordignon e Monteiro, 2016).

A avaliação do estado mental representa uma importante implicação para a assistência de enfermagem, pois sustenta condutas do cliente envolvido em determinada ação penal e contribui para o seu progresso clínico. Constitui, portanto, um conjunto de observações e impressões levantadas pelo enfermeiro. Ao analisar as funções psíquicas dos indivíduos, o enfermeiro deve expressar empatia, prestando um cuidado desprovido de julgamentos e criticidade (Fluttert et al., 2010). O Exame do Estado Mental pode ser conduzido em qualquer cenário assistencial, identificando as alterações das funções psíquicas, conforme designado no Quadro 2.

QUADRO 2 Exame do estado mental, São Paulo, 2019

Funções psíquicas	Alterações possíveis
Consciência: lucidez ou alerta, variando da vigília até o coma	Obnubilação/sonolência, confusão: estupor, coma, hipervigilância, *delirium*
Atenção: capacidade de concentração e manutenção em determinada atividade	Aprosexia, hipoprosexia, hiperprosexia, paraprosexia; atenção espontânea, voluntária ou ativa; distração, distraibilidade
Sensopercepção: capacidade de perceber e interpretar estímulos por meio dos órgãos dos sentidos	Ilusão, alucinação (visuais, auditivas, táteis, olfativas, gustativas, cenestésicas, cinestésicas)
Orientação: condição do indivíduo para situar-se no tempo, espaço e quanto a si mesmo	Desorientação (autopsíquica e alopsíquica), desorientação (temporal e espacial)
Memória: capacidade de evocar, reconhecer, fixar informações e experiências passadas	Amnésia total, parcial, anterógrada, retrógrada, retroanterógrada, hipormnésia, hipomnésia
Humor: emoção global e constante segundo a percepção que a pessoa tem sobre o mundo	Eutímico, depressivo, disfórico, hipertímico/exaltado, expansivo, ansioso, irritável, triste, apático, lábil, eufórico

(continua)

QUADRO 2 Exame do estado mental, São Paulo, 2019 (*Continuação*)

Funções psíquicas	Alterações possíveis
Afeto: emoção subjetiva e imediata, que pode ser observada por manifestações objetivas	Adequado, inadequado, embotado, restrito ou limitado, lábil
Pensamento: ideias, símbolos e associações dirigidas a um objetivo	Ilógico, com fuga de ideias, tangencial, circunstancial, com bloqueio, perseverança, reverberante descarrilamento, ecolalia, neologismo, incoerente, condensado, despersonalização, desrealização, prolixo, taquipsíquico, arborizado, bradipsíquico, roubo do pensamento, pobreza do pensamento, delírio (persecutório ou paranoides, grandeza ou megalomaníaco, bizarro, niilista, pobreza, místico, somático, referência, controle, ciúme, erotomaníaco, hipocondríaco, autoacusação, transformação corporal)
Julgamento: condição para perceber e avaliar adequadamente a realidade externa, agindo de modo adequado conforme o contexto exige	Julgamento crítico prejudicado, autoritário/automático, prejudicado
Crítica: compreensão sobre si, sobre o estado emocional, doença e consequências	*Insight* intelectual, *insight* emocional/verdadeiro
Fala: expressão de ideias, sentimentos e pensamentos por meio da linguagem	Disartria, bradilalia, taquilalia, ecolalia, logorreia, mutismo, pobreza da fala, coprolalia, solilóquio
Psicomotricidade: inclui impulsos, motivações, desejos, vontades, instintos e anseios	Ecopraxia, apraxia, apragmatismo, flexibilidade cérea, maneirismo, estupor catatônico, agitação psicomotora, acatisia, hipercinese, automatismo, obediência automática, ritual, tique, excitação catatônica, catalepsia, ataxia, abulia

Fonte: Dalgalarrondo (2018).

O exame físico realizado no processo de enfermagem é o momento no qual o enfermeiro tem a oportunidade de coletar e esclarecer dados pertinentes ao quadro global do paciente. A anamnese completa e isenta de julgamentos não clínicos contribui e favorece a reabilitação psicossocial dos clientes (Barros, 2016). O exame físico pode ser conduzido em qualquer cenário assistencial, conforme designado no Quadro 3.

QUADRO 3 Exame físico, São Paulo, 2019

Exame Físico	Alterações possíveis
Integridade da pele	Lesões autoinfligidas, descuido, cicatrizes ou marcas de crises anteriores
Aparência	Descuidada, excesso de zelo, higiene precária, vestuário extravagante, vestes não condizentes com o clima ou à situação ao qual está exposto
Postura	Introjetada, exacerbada, inquieta, apática, hiperativa, inquieta, agitada, letárgica
Fala	Dificuldade em articular as palavras, mutismo, excesso ou falta de salivação
Atitude	Hostilidade, pouca colaboração, resistência, reservada, sedutora, defensiva, desconfiada, amigável
Marcha	Dificuldade de marcha, lentificação ou ausência de marcha

Fonte: Barros (2016).

As informações obtidas nas avaliações dos exames físicos e psíquicos são o fundamento de uma construção de uma anamnese que fundamenta os cuidados de enfermagem prestados no âmbito da saúde mental. Existem fatores relacionados ao caso clínico anteriormente apresentado, como estratégias de ação e justificativas que corroboram as práticas de enfermagem baseadas em evidências, conforme destacado no Quadro 4.

QUADRO 4 Avaliação e conduta frente ao caso clínico, São Paulo, 2019

Ação	Justificativa	Caso clínico
Identificar a evolução do cliente frente ao tratamento para os transtornos mentais diagnosticados	Esse aspecto é muito importante, pois identifica se o episódio psicótico representa a primeira crise aguda ou se a cliente está em acompanhamento psiquiátrico adequado à sua patologia, sendo cuidada por equipe que atua na área de saúde mental	A paciente (PRD) não estava assistida de forma adequada, não aderia ao tratamento farmacológico prescrito e não fazia tratamento com um profissional psiquiatra

(continua)

QUADRO 4 Avaliação e conduta frente ao caso clínico, São Paulo, 2019 (*Continuação*)

Ação	Justificativa	Caso clínico
Investigar o histórico de crises agudas ou transtornos mentais na família	A compreensão do contexto social e familiar da cliente tipificada no caso clínico pode servir de subsídio para uma análise efetiva dos aspectos psicopatológicos	O histórico de surtos é um dado importante para o estabelecimento de intervenções eficazes com vistas à reabilitação psicossocial do cliente. A história pregressa também deve ser analisada, assim como as situações de violência anteriores, relações de família desagregadas, possíveis desamparos, falta de ambiente seguro, que possa suscitar comportamentos impulsivos, entre outros
Identificar as relações afetivas com a possível vítima	O fato de defenestrar seu filho primeiro e jogar-se na sequência	A preocupação em envolver o filho em um edredom e cobertor e lançá-lo no toldo para amortecer a queda. Destaca-se que o paciente não teve o mesmo cuidado consigo mesma
Analisar a atitude de atear fogo no apartamento antes de jogar-se pela janela	O delírio persecutório instaurado representa um sentimento de desproteção e perseguição, o qual o indivíduo se coloca em risco ou a outros, por medo e pela crença de que pode ser prejudicado e corre perigo. Tais convicções podem propiciar comportamentos impulsivos (APA, 2014)	O conteúdo do delírio é evidente no caso da cliente, permitindo que ela não mensurasse os riscos a ela e ao seu filho, representados pela queda de uma altura aproximada de 15 metros. Não considerou as perdas materiais e nem os danos que as chamas de fogo poderiam ocasionar em si, no seu filho e nos moradores do prédio. Na ocasião, ela estava convicta de que oferecia segurança ao seu filho e a si

(*continua*)

QUADRO 4 Avaliação e conduta frente ao caso clínico, São Paulo, 2019 (*Continuação*)

Ação	Justificativa	Caso clínico
Contextualizar o fato de jogar-se da janela	Uma análise do fato somente pela observação externa poderia caracterizar a ação como suicídio e não homicídio	A tentativa de proteger o filho e fugir era o objetivo principal; o despreparo em lançar-se é evidenciado pelas diversas fraturas que teve pelo corpo e pelos danos que, apesar de passar por cirurgias, as sequelas motoras ainda estavam presentes
Apreender um pedido de socorro silencioso	Pelo relato da polícia, os vizinhos em algum momento referiram ter ciência dos indícios de piora do quadro psicopatológico da paciente (PRD) e que sabiam de seus medos e pensamentos	A piora do quadro psicopatológico, em alguns casos, requer um acompanhamento profissional com uma percepção sensível. No caso em tela, a paciente apresentou sinais e sintomas característicos de manifestação de uma crise aguda e não houve intervenção preventiva por parte dos familiares

Fonte: os autores.

CONSIDERAÇÕES FINAIS

A aplicabilidade e a contribuição deste capítulo podem justificar a necessidade de implementação de programas e práticas no contexto da saúde mental em associação com a área de Enfermagem Forense, em termos de proporcionar a participação social da pessoa envolvida em ação penal, além de facilitar a implementação das estratégias de cuidado de Enfermagem que favoreçam a concretude pericial.

Conclui-se que a abordagem forense em saúde mental, na perspectiva da Enfermagem, ultrapassa a realização de um diagnóstico situacional direcionado a pessoas com transtornos mentais sob as penas da lei. Portanto, esse enfoque retrata uma reflexão sobre as distintas formas de apreender os aspectos cognitivos e comportamentais dos indivíduos nesse contexto, na busca por um modelo teórico de Enfermagem capaz de contribuir com o processo de reabilitação psicossocial em consonância com o conceito ampliado de saúde nos cenários forenses.

REFERÊNCIAS

American Psychiatric Association. Diagnostic and Statistical Manual of Mental Disorders, 5. Ed. (DSM-V). Arlington, VA: American Psychiatric Association; 2014.

Barros ALBL. Anamnese e exame físico: avaliação diagnóstica de enfermagem no adulto. 3. ed. Porto Alegre: Artmed; 2016. p. 472.

Barros DM, Castellana GB. Psiquiatria forense: interfaces jurídicas, éticas e clínicas. Rio de Janeiro: Elsevier; 2015. p. 400.

Barros DM, Teixeira EH. (orgs). Manual de perícias psiquiátricas. Porto Alegre: Artmed; 2015. p. 184.

Bordignon M, Monteiro MI. Violence in the workplace in Nursing: consequences overview. Rev Bras Enferm. 2016;69(5):996-9.

Brasil. Lei n. 10.406, 10 de janeiro de 2002. Institui o Código Civil. Diário Oficial da República Federativa do Brasil, Brasília. 2002. Disponível em http://www.planalto.gov.br/ccivil_03/leis/2002/L10406compilada.htm [acesso em 06 jun 2021].

Brasil. Lei n. 13.146, 6 de julho de 2015. Lei Brasileira de Inclusão da Pessoa com Deficiência. Diário Oficial da República Federativa do Brasil, Brasília. 2015. Disponível em http://www.planalto.gov.br/ccivil_03/_ato2015-2018/2015/lei/l13146.htm [acesso em 06 jun 2021].

Brasil. Ministério da Saúde. Lei n. 10.216, de 06 de abril de 2001. Dispõe sobre a proteção e os direitos das pessoas portadoras de transtornos mentais e redireciona o modelo assistencial em saúde mental. Diário Oficial da República Federativa do Brasil, Brasília. 2001. Disponível em http://www.planalto.gov.br/ccivil_03/LEIS/LEIS_2001/L10216.htm [acesso em 06 jun 2021].

Brasil. Ministério da Saúde. Secretaria de Atenção à Saúde. DAPE. Coordenação Geral de Saúde Mental. Reforma psiquiátrica e política de saúde mental no Brasil. Documento apresentado à Conferência Regional de Reforma dos Serviços de Saúde Mental: 15 anos depois de Caracas. OPAS. Brasília. 2005. Disponível em http://bvsms.saude.gov.br/bvs/publicacoes/Relatorio15_anos_Caracas.pdf [acesso em 06 jun 2021].

Charlson F, Ommeren MV, Flaxman A, et al. New WHO prevalence estimates of mental disorders in conflict settings: a systematic review and meta-analysis. Lancet. 2019;394(10194):240-8.

Cordeiro JD. A saúde mental e a vida – pessoas e populações em risco psiquiátrico. Lisboa: Edições Salamandra; 1987.

Cucu A, Daniel I, Paduraru D, et al. Forensic Nursing emergency care. Rom J Leg Med. 2014;22(2): 133-6.

Dalgalarrondo P. Psicopatologia e semiologia dos transtornos mentais. 3. ed. Porto Alegre: Artmed; 2018. p. 520.

Diniz MH. Direito civil brasileiro: teoria geral do direito civil. 32. edição. São Paulo: Saraiva; 2017. p. 648.

Epperson MW, Wolff N, Morgan RD, et al. Envisioning the next generation of behavioral health and criminal justice interventions. Int J Law Psychiatry. 2014;37(5):427-38.

Faisal-Cury A, Menezes P, Araya R, et al. Common mental disorders during pregnancy: prevalence and associated factors among low-income women in São Paulo, Brazil: depression and anxiety during pregnancy. Arch Womens Ment Health. 2009;12(5):335-43.

Fluttert F, Meijel BV, Nijman H, et al. Detached concern of forensic mental health nurses in therapeutic relationships with patients the application of the early recognition method related to detached concern. Arch Psychiatr Nurs. 2010;24(4):266-74.

Foucault M. Vigiar e punir: nascimento da prisão. Tradução de Raquel Ramalhete. Título original: Surveiller et punir. 20. ed. Petrópolis: Vozes; 1999. p. 288.

Lynch SM, DeHart DD, Belknap JE, et al. An examination of the associations among victimization, mental health, and offending in women. Cri Just and Behavior. 2017;44(6):796-814.

Organização Mundial da Saúde. Classificação Estatística Internacional de Doenças e Problemas Relacionados à Saúde: CID-10 10. rev. trad. do Centro Colaborador da OMS para a Classificação de Doenças em Português. 3. ed. São Paulo: EDUSP; 1996.

Schafer P, Peternelj-Taylor C. Therapeutic relationships and boundary maintenance: the perspective of forensic patients enrolled in a treatment program for violent offenders. Issues Ment Health Nurs. 2003;24(6-7):605-25.

Townsend CM. Enfermagem de saúde mental e psiquiátrica – conceitos de cuidado na prática baseada na evidência. 7. ed. Rio de Janeiro: Guanabara Koogan; 2017. p. 980.

Videbeck SL. Enfermagem em saúde mental e psiquiatria. 5. ed. Porto Alegre: Artmed; 2012. p. 536.

Wolff N, Morgan RD, Shi, J. Comparative analysis ofattitudes and emotions among inmates: Does mental illness matter? Cri Just and Behavior. 2013;40(10):1092-108.

World Health Organization. Depression and Other Common Mental Disorders: Global Health Estimates. Geneva: World Health Organization; 2017. Disponível em https://www.who.int/mental_health/management/depression/prevalence_global_health_estimates/en/ [acesso em 06 jun 2021].

World Health Organization. Mental Health Action Plan 2013–2020. Geneva: World Health Organization; 2013. Disponível em https://www.who.int/mental_health/publications/action_plan/en/ [acesso em 06 jun 2021].

CAPÍTULO

10

Abordagem Forense em situações de uso de substâncias psicoativas sob a ótica da enfermagem em saúde mental

João Carlos Marchiori de Claudio
Gabriella de Andrade Boska
Erika Gisseth Leon Ramirez
Maria do Perpétuo S. S. Nóbrega

O contrário da droga e da miséria não é a abstinência nem a pena, mas a ampliação da vida, a liberdade, o direito, o comum, o perdão e a fuga.

Antonio Lancetti

INTRODUÇÃO

Os transtornos relacionados ao uso de substâncias psicoativas (SPA) produzem impactos importantes sobre a vida dos indivíduos, das famílias e da comunidade. Em muitos casos, contribuem para prejuízos biopsicossociais, relacionados tanto a saúde física e mental como a perdas econômicas, conflitos nas relações e, por vezes, resultam em problemas jurídicos legais. É evidenciada pela literatura a associação entre o uso prejudicial de SPA e situações de violências, acidentes de trânsito e crimes em geral (Gomes-Medeiros et al., 2019; Andreuccetti, 2018).

Enquanto especialidade, a Enfermagem Forense é reconhecida no Brasil desde 2011, e tem entre suas competências gerais proceder a avaliação de vítimas e colaborar com o sistema judicial (Cofen, 2017). A International Association of Forensic Nurses (IAFN) considera que os serviços de saúde mental e de psiquiatria são cenários críticos para o atendimento de casos clínicos forenses (Lynch, 2006), desse modo, este capítulo propõe somar e contribuir com a prática profissional do enfermeiro forense sob a perspectiva técnica e científica no campo do uso de substâncias psicoativas.

LEGISLAÇÃO BRASILEIRA E SUBSTÂNCIAS PSICOATIVAS

A política de álcool e outras drogas no Brasil sofreu poucas alterações pelo poder legislativo nos últimos anos. Em outubro de 1976, foi criada a primeira Lei n. 6.876, conhecida também como Lei de Tóxicos, baseada em um modelo de justiça retributiva na qual predominava a cultura punitiva (Brasil, 1976). Anos depois, foi proposta sua substituição, em 2002, pela Lei n. 10.409, não sendo deferida por não oferecer contribuições substanciais (Brasil, 2006). Já em 2006, atendendo a uma necessidade de reforma, foi criada a Lei n. 11.343, conhecida como Lei de Drogas, visando a uma justiça de modelo restaurativo e a manutenção dos critérios da lei de tóxicos sobre inimputabilidade dos usuários de SPA ilícitas (Brasil, 2006).

Esta lei define, no artigo 28, que usuário de SPA é aquele que "adquirir, guardar, tiver em depósito, transportar ou trouxer consigo, para consumo pessoal, drogas sem autorização ou em desacordo com determinação legal ou regulamentar" e poderá, de acordo com artigo 28, ser submetido às seguintes penas (Brasil, 2006):

> I – advertência sobre os efeitos das drogas;
> II – prestação de serviços à comunidade;
> III – medida educativa de comparecimento a programa ou curso educativo.

De acordo com os § 1 e 2 (Brasil, 2006):

> § 1° Às mesmas medidas submetem-se a quem, para seu consumo pessoal, semeia, cultiva ou colhe plantas destinadas à preparação de pequena quantidade de substância ou produto capaz de causar dependência física ou psíquica.
>
> § 2° Para determinar se a droga destinava-se a consumo pessoal, o juiz atenderá à natureza e à quantidade da substância apreendida, ao local e às condições em que se desenvolveu a ação, às circunstâncias sociais e pessoais, bem como à conduta e aos antecedentes do agente.

Embora a Lei n. 11.343/2006 inclua a despenalização do porte de SPA ilícitas na legislação de drogas do Brasil, o que acompanha uma tendência mundial, existe até hoje uma fragilidade que perpetua a criminalização do usuário de SPA e dificulta uma adequada aplicação da mesma. Trata-se da ausência de definição de critérios objetivos para classificação do indivíduo, pois não existe uma quantidade de porte estipulada que configure usuário, dependente, produtor e traficante, sendo essa determinada pelo poder jurídico. Tal situação possibilita uma interpretação humana e subjetiva frente ao porte de SPA (Brasil, 2006), diferentemente do que ocorre em outros países, como Portugal, Espanha, Uruguai e Colômbia, nos quais a quantidade de SPA que pode ser portada por cada pessoa possui uma definição clara em termos de quantidade.

De acordo com a Lei n. 11.343/2006, o perito que assume um caso relacionado ao uso de SPA deve identificar se o indivíduo apresenta um quadro de dependência e se no momento do delito apresentou alguma incapacidade de entendimento e autodeterminação para tal, o que poderá gerar os quesitos de inimputabilidade penal para os sujeitos, que pode ser considerada nos seguintes casos (Brasil, 2006; Challub e Telles, 2006):

- No caso de uso de álcool, deve-se considerar se houve uma clara relação entre o uso da bebida alcoólica e o sinistro. Serão considerados casos de ingestão acidental ou por coação, dependência ou síndrome de abstinência alcoólica.
- Com relação ao uso de substâncias ilícitas, serão considerados casos de dependência, síndrome de abstinência e situações que comprometam a capacidade de entendimento e tomada de decisão do indivíduo.

No intuito de garantir a melhor aplicação da lei e apresentar uma adequada avaliação pericial nestes casos, o enfermeiro ou profissional responsável deverá considerar alguns critérios (Abdalla-Filho, Miguel e Lisieux, 2016):

- **Elementos biológicos ou causais**: corresponde às manifestações clínicas presentes na Classificação Internacional de Doenças (CID-10). Esta classificação constata o conceito de transtorno mental e comportamental relacionado ao uso de SPA.
- **Elementos psicológicos ou consequenciais**: capacidade de entendimento cognitivo e volitivo, que determina se a condução do ato realizado pelo sujeito é entendida como ilícito ou prejudicial frente a lei.
- **Elemento cronológico ou temporal**: condição do sujeito frente aos elementos biológicos e psicológicos no momento/realização do delito.

Para isso, a realização da anamnese e o levantamento do histórico clínico, familiar e pessoal devem ser conduzidos. Se comprovada a ausência da capacidade de entendimento da situação, há a isenção de pena para o sujeito, de acordo com o artigo a seguir (Brasil, 2006):

> Art. 45. É isento de pena o agente que, em razão da dependência, ou sob o efeito, proveniente de caso fortuito ou força maior, de droga, era, ao tempo da ação ou da omissão, qualquer que tenha sido a infração penal praticada, inteiramente incapaz de entender o caráter ilícito do fato ou de determinar-se de acordo com esse entendimento.

A sentença embasada pelo juiz diante dos dados apresentados pelo perito dá ao sujeito o direito do tratamento da saúde pelo sistema penitenciário como o artigo 26 (Brasil, 2006):

> Art. 26. O usuário e o dependente de drogas que, em razão da prática de infração penal, estiverem cumprindo pena privativa de liberdade ou submetidos à medida de segurança, têm garantidos os serviços de atenção à sua saúde, definidos pelo respectivo sistema penitenciário.

Contudo, deve-se considerar que a avaliação pericial em casos de porte e uso de substâncias psicoativas é um processo que garante ao sujeito um julgamento imparcial e justo, bem como a possibilidade do acesso ao cuidado em saúde. Além disso, é necessário conhecer o contexto epidemiológico do uso de SPA no qual encontra-se inserida a pessoa julgada, com vistas a ter maiores elementos para elaboração do laudo.

DADOS EPIDEMIOLÓGICOS

No que diz respeito à realidade mundial, cerca de 2 bilhões de pessoas acima de 15 anos fizeram uso de álcool (43%), e 273 milhões, do uso drogas ilícitas ou lícitas (5,6%), ambas no ano de 2016. Calcula-se que 283 milhões de pessoas sofrem com transtornos relacionados ao consumo do álcool, e 31 milhões de pessoas relacionados ao uso de outras substâncias ilícitas. Ademais, o uso nocivo do álcool tem causado a morte de aproximadamente 3,3 milhões de pessoas anualmente, o que corresponde a 5,3% das mortes no mundo, sendo superior a mortes por HIV/AIDS (1,8%) ou acidentes de carro (2,5%). Já o uso de outras SPA está associado a 452 mil mortes/ano (WHO, 2018a; WHO, 2018b).

No Brasil, a maior consequência relatada de exposição a riscos decorrente do uso de SPA é dirigir sob efeito de álcool (7,5%) e também de drogas ilícitas (0,7%). Quanto à violência, o uso de SPA está associado a casos de desentendimentos interpessoais (discutir com alguém), destruição de objetos ou patrimônio público, agredir ou ferir outra pessoa. Quando abordadas lesões e ferimentos sofridos pela própria pessoa que fez uso, 1,95% da população refere ter se ferido ou ter sido agredido (espancamento, tentativa de sufocamento, ferimento por arma branca e arma de fogo) quando sob efeito de álcool, e 0,27%, por outras drogas (Bastos et al., 2017).

A respeito de encarceramento, estudo regional realizado com 326 presos em regime fechado encontrou uma taxa de 42,33% de crimes cometidos por pessoas sob efeito de SPA, principalmente álcool (17,17%), maconha (11,34%), cocaína (6,44%) e crack (4,90%), e 6,74% estavam sob o efeito de mais de uma substância. Quando resultado em reclusão, as penas foram cumpridas por tráfico de drogas, roubo e assaltos, destes 9,8% cometeram o delito para comprar drogas (Girardi e Silva, 2013).

Além de existir associação entre o uso prejudicial de SPA e alguns problemas de cunho jurídico legal, estudos internacionais comprovam que as causas mais frequentes de morte durante o encarceramento são aquelas relacionadas a overdose e abstinência de SPA (Clark, Dolan e Farabee, 2017; Miguel-Arias et al., 2019), o que diz respeito a situações diretamente associadas ao uso de SPA ou dependência na instituição carcerária.

Reconhecendo os retornos negativos associados ao encarceramento, muitas jurisdições começaram a considerar alternativas como despenalização do uso pessoal de drogas ilícitas, provisão de tratamento e reintegração social dos usuários, e uma mudança de foco da redução da oferta para medidas de redução de demanda e danos na comunidade e na prisão (Clark, Dolan e Farabee, 2017).

Diante do exposto, no contexto da assistência em saúde, é necessário instaurar uma avaliação padronizada e baseada em evidências que auxilie a tomada de decisão de cada caso.

ENFERMAGEM FORENSE NO USO PREJUDICIAL DE SUBSTÂNCIAS PSICOATIVAS

O enfermeiro forense tem o papel de avaliar a situação do indivíduo em julgamento e realizar um exame pericial para elucidar o fato de interesse das autoridades responsáveis pelo caso (policiais, judiciárias, administrativas entre outras). O exame pericial é tão importante quanto uma prova física para seu desfecho. De acordo com o Artigo 139 do Código de Processo Civil (CPC) e a Lei n. 13.105/2005, a perícia deve-se apresentar com clareza na inscrição dos achados, como também nas conclusões sobre o caso para ambas as partes, defesa e acusação. O laudo do enfermeiro forense é uma prova junto às outras que auxiliará o juiz na tomada de decisão e, portanto, apresentada sempre de forma isenta e imparcial frente ao sujeito (Brasil, 2015).

O exame pericial

O exame pericial tem por base a consulta de enfermagem especializada em saúde mental e no uso de SPA; contudo, a principal diferença é o objetivo legal. Este tem como foco a união dos dados apresentados pelo sujeito (histórico familiar, dados clínicos e outros), junto com os aspectos legislativos (Abdalla-Filho, Miguel e Lisieux, 2016).

A entrevista forense

É a ferramenta mais importante que o enfermeiro pode utilizar durante a coleta de dados, pois auxilia na elaboração do futuro laudo. Para conduzir a entrevista, primeiramente, é essencial construir uma relação de confiança com o sujeito; para isso, a empatia e o não julgamento devem estar presentes.

Deve ter como foco o esclarecimento de dois eixos:

1. **Eixo longitudinal**: refere-se a um histórico de vida detalhado do sujeito, desde o nascimento até o presente momento. Podem ser utilizados prontuários, antecedentes criminais, informações sobre a relação com a comunidade de origem e relações interpessoais em outros contextos.
2. **Eixo transversal**: é uma exploração mais detalhada sobre a pessoa durante a realização do ato pelo qual está sendo julgado. A coleta de material toxicológico, os relatos de testemunhas, além de outras evidências como imagens e gravações, podem ser pertinentes. O exame do estado mental (EEM) e o histórico da doença atual (HDA) são essenciais para compor a avaliação, que pode ser realizada em três etapas (Abdalla-Filho, Miguel e Lisieux, 2016):
   - Etapa 1: o enfermeiro deve se preocupar com a criação de vínculo com o indivíduo, demonstrando receptividade, junto a uma contextualização do seu histórico de vida, clínico, de saúde mental, uso de SPA e situação

atual, conduzindo a relação por meio de perguntas abertas. Atente-se para as manifestações não verbais e alterações psíquicas.

- Etapa 2: a segunda etapa deve focar no delito e em sua relação com o uso de substâncias; deve-se realizar de uma forma não diretiva, possibilitando a participação do sujeito na construção dos fatos. Deve-se chegar ao motivo de sua entrevista gradativamente, o que é possível a partir da relação estabelecida. Esta etapa exigirá uma extrema habilidade do perito em Enfermagem no uso das técnicas de comunicação terapêutica (clarificação, expressão, validação), que podem ser utilizadas durante a abordagem.
- Etapa 3: nesta fase, acontece a conclusão da entrevista, a qual deve ser comunicada ao sujeito examinado, dando espaço para que relate ou esclareça o que acha relevante. Deve-se levar em consideração que o resultado pericial deve ser sigiloso perante o sujeito, mas é possível a discussão de inimputabilidade com outros peritos para coleta de mais informações. Lembrando que o laudo final é de autoridade do perito que foi indicado.

Ainda, deve-se entender que a realização da entrevista de enfermagem não necessariamente será executada em um único encontro, podendo ser estendida para outros momentos, com o intuito de aprimorar as informações coletadas.

Estrutura do exame psíquico: suporte para Enfermagem Forense na avaliação clínica no uso de substâncias psicoativas

O psiquismo humano significa o modo de funcionamento de uma pessoa, a forma como esta responde às situações cotidianas da vida e como se relaciona consigo mesma e com o outro (Motta et al., 1995). Para o enfermeiro, este tem por objetivo a elaboração de hipóteses diagnósticas e a proposição de intervenção e cuidados, quando necessários.

Sempre durante o exame, o profissional deve comparar suas vivências com a do sujeito, se perguntando: "Se eu tivesse experimentado essas situações, esses pensamentos, essas sensações, como eu me sentiria? Como eu reagiria?" (Stefanelli, Fukuda e Arantes, 2008).

As funções psíquicas são divididas entre objetivas e subjetivas, e poucas vezes podem ser medidas, ou seja, a aptidão clínica do enfermeiro é a habilidade mais importante. Para avaliar se uma função alterada é patológica, é necessário avaliar o contexto sociocultural da pessoa, investigar há quanto tempo estes sintomas ocorrem, o quanto eles prejudicam a sua vida, e principalmente descartar o efeito de SPA no momento da avaliação, pois estas geram grandes alterações (Motta et al., 1995).

No caso dos sujeitos avaliados, aqui é indicado que o EEM seja realizado, se for caso, tanto sob o efeito de SPA como após sua cessação. Isso é importante para que o enfermeiro consiga afirmar a associação do uso com alterações mentais e/ou identifique outros transtornos mentais que antecederam o consumo, ou que se intensificaram no momento do delito.

A abordagem para o exame deve ser feita em local privativo, sem estímulos externos, de preferência na presença apenas do enfermeiro perito, ou de outros profissionais da saúde aptos a contribuir com a avaliação (Stefanelli, Fukuda e Arantes, 2008). O Quadro 1 apresenta as principais funções e suas alterações relacionadas ao uso de SPA.

QUADRO 1 Funções psíquicas e alterações decorrentes do uso de substâncias psicoativas

Função psíquica	Definição	Principais alterações
Consciência	Permite saber se a pessoa está apta para interagir com seu mundo externo, o quanto está acordada e conhecendo a realidade	Ruptura da consciência do eu Sonolência, coma Confusão mental Perda da capacidade de tomada de decisão Hipervigilância
Impulsividade	Atos isolados, involuntários e desprovidos de finalidade. Não podem ser contidos	Aumento, redução ou ausência de impulsividade, movimentos estereotipados Ambivalência de vontade Ausência de movimentos Episódios bulímicos Tricotilomania
Psicomotricidade	Exteriorização de estímulos psíquicos para o físico	Atitudes, maneiras de se comportar, movimentos, postura Agitação psicomotora Redução da movimentação Maneirismos, tiques
Afetividade/ humor	Vida emocional do ser humano manifestada externamente a partir de determinadas situações. Apresenta polos (amor e ódio; alegria e tristeza)	Labilidade: oscilações rápidas de humor Embotamento: dificuldade de manifestar qualquer afeto Anedonia: perda de prazer em atividades que antes desenvolvia

(continua)

QUADRO 1 Funções psíquicas e alterações decorrentes do uso de substâncias psicoativas *(Continuação)*

Função psíquica	Definição	Principais alterações
Sensopercepção	Percepções de estímulos sobre os órgãos dos sentidos (visão, audição) são totalmente involuntárias	Ilusão: ver objetos, pessoas de forma alterada Alucinação (visual, auditiva, tátil): ouvir vozes, ver coisas, pessoas, insetos, sensações que não existem
Juízo Crítica	Capacidade de ser coerente com a realidade e definir valores e atributos. Reconhecer a necessidade de ajuda ou atos	Delírio: criar uma realidade inexistente (perseguição, grandeza, místico/religioso, culpa) Exaltada/culpa, insuficiente, suspensa (rebaixamento de consciência)

Fonte: baseado em Motta, Wang, Del Sant (1995).

Na sequência são apresentados conceitos e instrumentos fundamentais a serem aplicados de forma complementar durante a realização de uma perícia de enfermagem, dentre eles a classificação de padrões de uso de SPA definida pela Classificação Internacional de Doenças (CID-10) e o Manual Diagnóstico e Estatístico de Transtornos Mentais (DSM) V que permitem ao enfermeiro obter uma visão mais objetiva do uso e a revisão de conceitos-chave como o mecanismo fisiológico da dependência química e sintomas de abstinência apresentados pelo paciente nas principais classes.

CONCEITOS IMPORTANTES PARA CONDUZIR A AVALIAÇÃO CLÍNICA

Efeitos das drogas no cérebro: aspectos fisiológicos

É importante que o enfermeiro conheça não só o mecanismo da fisiologia da dependência química, mas também o comprometimento que este gera. Para isso, compreender que pessoas sob o efeito de SPA apresentam importantes alterações no nível do sistema nervoso central é de suma importância, como visto anteriormente.

O mecanismo de recompensa cerebral que está envolvido no processo de uso abusivo e dependência de SPA é responsável por estimular comportamentos positivos e negativos do indivíduo. É um sistema que intensifica a realização de tarefas e traz a sensação de prazer quando estas são realizadas. A sensação de prazer aumenta a quantidade do neurotransmissor dopamina, que tem importância no sistema de recompensa e no mecanismo do uso abusivo/dependência das drogas, o qual ativa um reforço positivo no indivíduo, causando a sensação de prazer ao utilizá-la, resultando em uma busca cada vez maior pelo seu uso.

Padrões de uso de substâncias psicoativas

Durante a avaliação realizada pelo enfermeiro forense, é fundamental conhecer e identificar os diferentes padrões de uso de SPA, com o intuito de fornecer uma definição clara que auxilie a tomada de decisão nos casos de inimputabilidade jurídica, definida pelo Artigo 26 do Código Penal (Brasil, 2006). Assim, descrevem-se os padrões de uso conforme a Organização Mundial da Saúde (OMS) (Quadro 2).

QUADRO 2 Padrões de uso de substâncias psicoativas e suas respectivas definições

Padrão	Definição
Uso experimental	Indivíduo que experimenta a substâncias por uma, ou algumas vezes, por curiosidade do seu efeito. Este padrão pode ser seguido de um desinteresse por repetir a experiência do uso
Uso ocasional	Utilização de uma ou várias drogas pelo indivíduo quando estas estão disponíveis e/ou ele se encontra em um ambiente favorável para o uso. Este padrão não apresenta uma ruptura nas esferas afetivas, sociais ou profissionais do indivíduo em questão
Uso social/ habitual	Uso constante da substância, mas não apresenta uma ruptura afetiva, social ou profissional do usuário. Não apresenta uma perda do controle do uso quando consome. A diferença entre o ocasional e o habitual é a presença da droga, junto com um ambiente favorável
Uso controlado	Uso constante e regular da mesma quantidade da SPA, porém, não compulsivo e não disruptivo com as esferas do sujeito
Uso recreativo	Uso que não implica dependência ou problemas em outros aspectos da vida. Realizado em momento específicos

(continua)

QUADRO 2 Padrões de uso de substâncias psicoativas e suas respectivas definições *(Continuação)*

Padrão	Definição
Uso em binge	Consumo de grandes quantidades da SPA em um curto período de tempo. Esse padrão pode ser esporádico e acontecer semanalmente ou mesmo mensalmente
Uso nocivo/ abusivo	Uso da substância de forma prolongada, contínua e recorrente, que apresenta inúmeros prejuízos biopsicossociais, mas não preenchem os critérios de dependência
Dependência química	Alteração cerebral neurobiológica proveniente da ação direta do uso contínuo de uma ou várias SPA Deve ser acompanhada de tolerância e sintomas de abstinência e demais problemas biopsicossocias

Fonte: baseado em Senad (2017).

Lembrando que, no consumo de múltiplas substâncias, definido como uso de duas ou mais SPA simultaneamente ou dentro de um curto período de tempo, é necessário realizar a avaliação do padrão de uso para cada substância consumida, pois mesmo que o indivíduo tenha preferências, os padrões e, consequentemente, os problemas podem diferir entre si.

Instrumentos para classificação do padrão de uso de substâncias psicoativas

O uso de instrumentos validados ajudará a endossar os dados apresentados no laudo por meio da identificação do padrão de uso e dos possíveis malefícios decorrentes do uso das SPA na vida dos sujeitos, o qual pode ajudar na elaboração de uma primeira intervenção.

Especificamente com relação ao álcool, o enfermeiro deve entender o conceito básico de dose padrão. Este foi criado para identificar as diferentes concentrações de álcool puro nas bebidas. Uma dose padrão é cerca de 14 gramas, ou, 17,5 mL de álcool puro. Por exemplo, é muito mais fácil atingir um nível de álcool sanguíneo alto com bebidas destiladas (cachaça, pinga ou uísque) do que com fermentadas (cerveja ou vinho) (Senad, 2017).

O Quadro 3 apresenta a graduação alcoólica juntamente com o volume que é representado por uma dose padrão de acordo com o tipo da bebida.

QUADRO 3 Tipo de bebidas com teor alcoólico e a dose padrão

Tipo de bebidas	Exemplares	Teor alcoólica	Dose-padrão (valor referente a uma dose)	Representação física do valor de uma dose padrão
Fermentadas	Vinho do porto, vermute, licor	~28%	85 mL	Uma taça de 85 mL
	Cerveja ou chope	~5%	340 mL	Uma lata de 340 mL
	Vinho de mesa	~12%	140 mL	Uma taça de 140 mL
Destiladas	Conhaque, uísque, vodka, cachaça, pinga, gim	~40%	40 mL	Uma dose (*shot*) de 40 mL

A seguir estão descritos os principais instrumentos que podem ser utilizados para esta avaliação.

Alcohol Use Disorders Identification Test (AUDIT)

Este questionário aborda a identificação do padrão de uso de álcool. Foi elaborado pela OMS no ano de 1982, teve como finalidade ser um dos primeiros testes de rastreamento construído especificamente para serviços de Atenção Primária à Saúde (APS) e tem sido recomendado por diversos pesquisadores como alternativa mais eficiente (Daeppen et al., 2000; Lima et al., 2005).

É composto por 10 questões e avalia o uso recente de álcool sintomas de dependência e problemas relacionados ao uso. A cada questão, tem-se a pontuação de 0 a 4, sendo a maior pontuação indicativa de problemas com o uso abusivo de álcool. Após a finalização das 10 questões, há a classificação do participante em uma das quatro zonas, de acordo com o escore obtido pela sua resposta aos itens: zona I (até 7 pontos: indica uso de baixo risco ou abstinência); zona II (de 8 a 15 pontos: indica uso de risco); zona III (de 16 a 19 pontos: sugere uso nocivo), e zona IV (acima de 20 pontos: provável dependência).

Alcohol Use Disorders Identification Test-C

É uma avaliação rápida, baseada no instrumento demonstrado anteriormente, o qual visa auxiliar apenas na identificação do padrão de consumo do álcool, mas não consegue captar a magnitude do problema. É composto por três perguntas, com escore de 0 a 12 pontos, tendo pontuações específicas para cada sexo. Para o sexo masculino, o escore de 0 a 3 pontos é considerado de baixo risco; de 4 a 5 pontos, risco moderado; de 6 a 7 pontos, alto risco; e de 8 a 12 pontos, risco severo. Já para o sexo feminino, a pontuação de 0 a 2 pontos, baixo risco; de 3 a 5 pontos, risco moderado; de 6 a 7 pontos, alto risco; e de 8 a 12 pontos, risco severo (Senad, 2017).

Alcohol, Smoking and Substance Involvement Screening Test (ASSIST)

Este questionário aborda a identificação do uso problemático tanto de álcool como de outras SPA por profissionais da saúde na APS. É composto por 8 questões, sendo que as questões de 1 a 7 são referentes a SPA lícitas ou ilícitas e, a questão 8 refere-se a drogas injetáveis. Este pode fornecer ao profissional de saúde dados referentes ao uso de SPA do indivíduo nos últimos 3 meses e no decorrer de sua vida (Senad, 2017).

Identificação de uma provável dependência por substâncias psicoativas

De acordo com a OMS, a dependência química só pode ser diagnosticada pelo preenchimento de três ou mais dos critérios a seguir nos últimos 12 meses (OMS, 1993).

- Forte desejo ou sensação de compulsão para consumir a substância.
- Dificuldades em controlar o comportamento de consumir a substância, em termos de início, término e níveis de consumo.
- Estado de abstinência fisiológica, quando o uso da substância cessou ou foi reduzido, evidenciado pela síndrome de abstinência, ou quando faz-se o uso da mesma substância com a intenção de aliviar ou evitar sintomas de abstinência.
- Evidência de tolerância, de tal forma que doses crescentes da substância psicoativa são requeridas para alcançar efeitos originalmente produzidos por doses mais baixas.
- Abandono progressivo de prazeres e interesses alternativos, em favor do uso da substância psicoativa. Aumento, também, da quantidade de tempo necessário para obter ou ingerir a substância, assim como para se recuperar de seus efeitos.
- Persistência no uso da substância, a despeito de evidência clara de consequências nocivas, tais como: danos ao fígado por consumo excessivo de bebidas alcoólicas, estados de humor depressivos, períodos de consumo excessivo da substância, comprometimento do funcionamento

cognitivo etc. Nesse caso, deve-se fazer esforço para determinar se o usuário estava realmente (ou se poderia esperar que estivesse) consciente da natureza e extensão do dano.

Vale ressaltar que não é cabido legislativamente o diagnóstico de dependência pelo enfermeiro, e sim pelo profissional médico; entretanto, o enfermeiro pode se salvaguardar em seu laudo pericial pelo preenchimento e coleta de dados obtidos através do exame de enfermagem, da entrevista do enfermeiro forense, do preenchimento de questionário previamente validado (AUDIT, ASSIST e outros) e dos sinais e sintomas descritos anteriormente. Todas essas evidências endossam o laudo pericial que será apresentado pelo enfermeiro.

Síndrome de abstinência

O enfermeiro forense deve saber identificar os sinais e sintomas de síndromes de abstinência independentemente de sua etiologia, pois esta condição clínica implica em casos de dependência, além de necessitar de cuidados específicos e emergenciais pela equipe de saúde. Deve-se descartar outras patologias de base tanto físicas quanto mentais. Vale ressaltar que a síndrome de abstinência alcoólica (SAA) é a manifestação clínica mais grave e mais comum apresentada pela população, merecendo atenção específica pela equipe de saúde.

O Quadro 4 apresenta os principais sintomas das síndromes de abstinência.

QUADRO 4 Sinais e sintomas de síndromes de abstinência frente às classes das substâncias psicoativas

Estimulantes	Depressoras	Alucinógenas
Cessação ou redução do uso prolongado de cocaína, crack, anfetamina. Humor alterado. Presença de dois ou mais sintomas após o último uso: ▪ Fadiga ▪ Sonhos vívidos e desagradáveis ▪ Insônia ou hipersonia ▪ Aumento do apetite ▪ Retardo ou agitação psicomotor	Cessação ou redução do uso prolongado de opioides, maconha, álcool. Presença de dois ou mais sintomas após o último uso: ▪ Taquicardia ▪ Sudorese ▪ Tremor nas mãos ▪ Insônia ▪ Náusea ou vômito ▪ Alucinações ou ilusões visuais* ▪ Agitação psicomotora ▪ Ansiedade ▪ Convulsão tônico-clônica generalizada**	Cessação ou redução do uso prolongado de inalantes, LSD. Presença de dois ou mais sintomas após o último uso: ▪ Tontura ▪ Nistagmo ▪ Incoordenação motora ▪ Fala arrastada ▪ Letargia ▪ Reflexos diminuídos ▪ Retardo psicomotor ▪ Tremor

*Específico da síndrome de abstinência alcoólica (SAA) na forma de zoopsias. **Específico da SAA.
Fonte: adaptado de American Psychiatric Association (2014).

CASO CLÍNICO

Por fim, para melhor concretizar o que foi estudado durante este capítulo, apresenta-se um caso clínico hipotético (Quadro 5) em que pode ser solicitada a perícia de um enfermeiro forense. Logo em seguida, apresentamos breves comentários que podem ser abordados pelo profissional durante a elaboração do laudo para o juiz.

QUADRO 5 Caso clínico

Márcio, 39 anos, casado, funcionário de uma empresa particular. É usuário de álcool há 20 anos, com uso de aproximadamente meia garrafa (500 mL) de uísque por dia. Há 5 anos, iniciou uso esporádico de cocaína, cerca de 10 pinos por semana (aproximadamente 10 g). Desde o início de sua carreira profissional, procura trabalhar arduamente para dar as melhores condições para sua família, contudo, devido a corte de gastos na empresa, está aflito e incerto com o seu futuro. Esta situação, que perdura há 3 anos, fez com que ele aumentasse o consumo de álcool para uma garrafa (1 L) ao dia. Márcio já chegou sob efeito de álcool no trabalho, com hálito etílico e mudanças de comportamento. Algumas vezes não retornou para casa após o consumo de drogas, pois dormiu em prostíbulos. Tentou parar de consumir álcool, porém, sem sucesso, pois apresenta taquicardia, sudorese, tremores nas mãos e humor irritado. Nos últimos meses, apareceu com maior frequência alcoolizado no trabalho, o que fez com que ele fosse demitido por justa causa, o que o fez migrar diariamente de casa para o bar, e do bar para o prostíbulo, aumentando o consumo das SPA. Em razão da dificuldade financeira, a esposa de Márcio, Camila, precisou encontrar alguma fonte de renda para a família, e começou a trabalhar como vigia de um armazém no período noturno. Desde então, Márcio passou a desconfiar de uma suposta traição por parte de Camila, mantendo comportamento desafiador, intimidando-a e, algumas vezes, direcionando ameaças. Após um dia de uso intenso de álcool e cocaína, Márcio procura sua esposa no armazém e após intensa discussão, comete homicídio atropelando-a, tendo alegado traição.

BREVE AVALIAÇÃO DE ENFERMAGEM FORENSE

Frente ao caso, deve-se observar que Márcio é usuário de múltiplas substâncias (álcool e cocaína). Apresenta um padrão de uso de álcool de cerca de 25 doses de uísque ao dia nos últimos 3 anos, o qual, de acordo com o preenchimento do AUDIT-C, corresponde a 12 pontos, ou seja, risco severo frente a seu consumo de álcool. Com o preenchimento do AUDIT completo, conseguimos perceber que sua pontuação poderia ultrapassar 20 pontos.

Além disso, ele apresenta sinais e sintomas de abstinência e aumento do consumo indicativo de tolerância, bem como problemas econômicos, sociais e de relações interpessoais. Este conjunto pode classificá-lo como provável dependente do álcool.

Com relação à cocaína, o padrão de uso poderia ser classificado como recreativo, bem como pontuaria no instrumento ASSIST uma necessidade de intervenções não especializadas. Contudo, é importante perceber que a associação do álcool com a cocaína intensifica as alterações psíquicas apresentadas por Márcio, como afeto e humor irritado, impulsividade no ato, redução da crítica, e principalmente uma alteração de juízo com um delírio persecutório de traição, o que contribuiu para a realização do delito.

Todos estes dados podem ser a base para a elaboração do laudo pericial de Enfermagem Forense no uso de SPA, porém, uma melhor investigação do histórico de vida de Márcio deve ser realizada por meio da entrevista de enfermagem, como também dos dados obtidos com familiares e amigos sobre a situação anterior e atual. Por fim, com base nos aspectos jurídicos legais, Márcio poderia ser julgado como uma possível inimputabilidade judicial, pois apresenta quadro claro de dependência de álcool e uso nocivo de cocaína, que pode evoluir também para dependência, de acordo com os critérios da OMS.

Com isso, tendo como base os artigos 45 ou 46 da Lei n. 10.343, para diferenciar a conclusão da possível inimputabilidade, a realização de um bom exame de Enfermagem Forense é de extrema necessidade para esclarecer as devidas condições do mesmo frente ao ato delitivo, tendo em mente os três elementos para elaboração de um bom laudo.

CONSIDERAÇÕES FINAIS

O devido enfermeiro que tem interesse na temática apresentada deve ter noção das leis vigentes frente ao respectivo réu que está sendo acusado. Para isso, esse profissional deve realizar uma entrevista com os mais diversos instrumentos relatados brevemente neste capítulo, para assim conseguir elaborar o laudo mais preciso e condizente com os fatos que ocorreram. Lembrar-se de coletar o máximo de provas é de suma importância para a elaboração do laudo e, para além disso, a escuta e o estabelecimento de uma relação interpessoal isenta de julgamentos e estigmas.

Em consonância, deve-se entender que o devido capítulo é uma breve introdução para esta área que está crescendo no contexto da Enfermagem brasileira, e, para se fixar o máximo possível a busca pelo entendimento dos casos, assim como o entendimento de ações jurídicas, é de grande valor para agregar melhor o profissional de Enfermagem nesta nova área.

REFERÊNCIAS

Abdalla-Filho E, Miguel C, Lisieux EBT. Psiquiatria forense de Taborda. 3. ed. Porto Alegre: Artmed; 2016.

American Psychiatric Association (APA). Manual diagnóstico e estatístico de transtornos mentais: DSM-5. 5. ed. Porto Alegre: Artmed; 2014.

Andreuccetti G, Cherpitel CJ, Carvalho HB, Leyton V, Miziara ID, Munoz DR, et al. Alcohol in combination with illicit drugs among fatal injuries in São Paulo, Brazil: an epidemiological study on the association between acute substance use and injury. 2018;49(12):2186-92.

Bastos et al. (orgs.). III Levantamento Nacional sobre o uso de drogas pela população brasileira. Rio de Janeiro: Fiocruz/ICICT. 2017. p. 528.

Brasil, Presidência da República, Casa Civil, Lei n. 11.343, de 23 de agosto de 2006. Institui o Sistema Nacional de Políticas Públicas sobre Drogas – Sisnad; prescreve medidas para prevenção do uso indevido, atenção e reinserção social de usuários e dependentes de drogas; estabelece normas para repressão à produção não autorizada e ao tráfico ilícito de drogas; define crimes e dá outras providências. [Internet]. Brasília: Casa Civil. 2006. Disponível em http://www.planalto.gov.br/ccivil_03/_ato2004-2006/2006/lei/l11343.htm [acesso em 06 jun 2021].

Brasil, Presidência da República, Casa Civil. Lei n. 6.368, de 21 de outubro de 1976. Dispõe sobre medidas de prevenção e repressão ao tráfico ilícito e uso indevido de substâncias entorpecentes ou que determinem dependência física ou psíquica, e dá outras providências [Internet]. Brasília: Casa Civil. 1976. Disponível em http://www.planalto.gov.br/ccivil_03/leis/L6368.htm [acesso em 06 jun 2021].

Brasil. Presidência da República. Casa Civil. Lei n. 13.105, de 16 de março de 2015. Código de Processo Civil [Internet]. Brasília: Casa Civil. 2015. Disponível em http://www2.senado.leg.br/bdsf/item/ id/507525 [acesso em 06 jun 2021].

Chalub M, Telles LEB. Álcool, drogas e crime. Rev Bras Psiquiatr. 2006;28(Suppl 2):s69-s73.

Clark N, Dolan K, Farabee D. Public health alternatives to incarceration for drug offenders. Eastern Mediterranean Health Journal. 2017;23(3):222-30.

Conselho Federal de Enfermagem Cofen – 556/2017. Regulamenta a atividade do enfermeiro forense no Brasil. In: Diário Oficial da União, Brasília, de 23 de agosto de 2017. Disponível em http://www.cofen.gov.br/resolucao-cofen-no-05562017_54582.html [acesso em 06 nov 2019].

Daeppen JB, Yersin B, Landry U, Pécoud A, Decrey H. Reliability and validity of the Alcohol Use Disorders Identification Test (AUDIT) imbedded within a general health risk screening questionnaire: results of a survey in 332 primary care patients. Alcohol Clin Exp Res. 2000;24(5): 659-65.

Girardi M, Silva F. Relação delito e drogas psicoativas, perspectivas de prevenção e tratamento da dependência química no sistema prisional. Sistema penitenciário gaúcho Artigos Acadêmicos. 2013. p. 27. Disponível em http://www.susepe.rs.gov.br/upload/1358790403_ARTIGO%20FINAL%20-%20apresentacao[1].pdf [acesso em 06 jun 2021].

Gomes-Medeiros D, Faria PH, Campos GWS, et al. Política de drogas e Saúde Coletiva: diálogos necessários. Cad Saúde Pública. 2019;35(7):e00242618.

Lima CT, Freire AC, Silva AP, et al. Concurrent and construct validity of the audit in an urban brazilian sample. Alcohol. 2005;40(6):584-9.

Lynch VA. Forensic nursing. St. Louis: Elsevier Mosby; 2006.

Miguel-Arias D, Pereiro-Gómez C, Bermejo-Barrera AM, et al. Deaths from acute drug reactions in Galician (Spain) Prisons (2001-2010). Rev Esp Sanid Penit. 2017;19(2):49-56.

Motta T, Want YP, Del Sant R. Funções psíquicas e sua psicopatologia. In: Louza Neto MR, Motta T, Wang YP, Elkis H. Psiquiatria básica. Porto Alegre: Artes Médicas; 1995. p. 33-52.

Organização Mundial da Saúde. Classificação de transtornos mentais e de comportamento da CID-10. Porto Alegre: Artmed; 1993.

Secretaria Nacional de Políticas sobre Drogas Senad. Efeitos de substâncias psicoativas: módulo 2. 11. ed. Brasília: Secretaria Nacional de Políticas sobre Drogas. 2017. p. 146.

Stefanelli MC, Fukuda IMK, Arantes EC. Enfermagem psiquiátrica em suas dimensões assistenciais. Barueri: Manole; 2008.

WHO. Global status report on alcohol and health 2018. Geneva: World Health Organization; 2018.

WHO. Saving lives, spending less. A strategic response to noncommunicable diseases. Geneva: World Health Organization; 2018.

CAPÍTULO

11

Enfermagem Forense e assédio moral no trabalho

Marcus Vinicius de Lima Oliveira
Genival Fernandes de Freitas
Margarida Maria Silveira Barreto
Ellen Maria Hagopian

INTRODUÇÃO

A violência é uma epidemia mundial, constituindo-se a principal causa de morte de indivíduos entre 15 e 44 anos, causando prejuízos estimados em bilhões de dólares e impactando negativamente os sistemas de saúde e a economia global. Existe um custo subjetivo que não pode ser calculado, advindo dos atos de violência ocultos que ocorrem na sociedade e nos locais de trabalho, no qual vítimas que são submetidas a atos violentos não podem falar, denunciar ou se defender, sendo obrigadas a guardar silêncio sobre sua condição (WHO, 2002).

Algumas das causas da violência são facilmente detectáveis, ao passo que outras são bastante subjetivas, estando entremeadas na sociedade, na cultura e na economia, interagindo entre os indivíduos, manifestando-se na família, na comunidade, o que não deve ser aceito como aspecto inevitável, haja vista existirem sistemas comunitários, filosóficos, legais e religiosos para coibi-la, que devem ser usados como ferramentas para sua limitação ou prevenção (Dahlberg e Krug, 2006).

Como já citado, a violência permeia também o ambiente laboral, advinda da complexidade da globalização, da perda da nitidez entre capital e trabalho, da supressão da autonomia e criatividade, da diminuição dos direitos dos trabalhadores, obrigando-os à flexibilização e uberização, incentivando o individualismo competitivo, revelando a sutil violência neste ambiente (Barreto, 2013).

Esta condição submete o ambiente laboral à constante e grave incidência de violência, constituindo-se em uma violação da dignidade e dos direitos humanos, ligada às relações desiguais de poder, nas quais as mulheres correm maior risco, especialmente as imigrantes e migrantes, trabalhadoras domésticas e familiares e trabalhadoras informais não protegidas por acordos de negociação ou legislação (ILO, 2011).

O termo violência no ambiente laboral refere-se a práticas desenvolvidas com o objetivo de forçar a submissão de trabalhadores para explorar, oprimir, dominar e controlar, impedindo a manifestação da vontade e da autonomia, suprimindo a capacidade de exercer direitos, impedindo o protagonismo da carreira profissional e o exercício pleno da cidadania, traduzindo-se em violência física, psicossocial e psicológica resultantes do assédio moral e sexual, da violência sexual e do abuso (Teles, 2011; ILO, 2017).

Na última década do século XX, a Organização Mundial do Trabalho (OIT) constatou os tipos distintos de assédio em diferentes países, reconhecendo a violência no ambiente de trabalho e a importância do ato sobre a vida dos trabalhadores, apontando que 4% foram vítimas de violência física, 2% de violência sexual, e 8% de intimidação (Hirigoyen, 2015).

A VIOLÊNCIA E O ASSÉDIO MORAL

A OIT reconheceu que a terminologia para definir a violência pode variar entre países, mas que o termo "violência e assédio" foi útil na compreensão de um fenômeno inaceitável de comportamentos e práticas que podem resultar em danos físicos, psicológicos, sexuais e de sofrimento, com uma atenção especial na violência baseada no gênero (ILO, 2016).

Na origem do assédio moral estão as exigências, que vão desde o aumento da produtividade à sujeição e aceitação de uma condição desfavorável, aliadas aos fatores psicossociais e a um conjunto de sentimentos inconfessáveis, que colocam o trabalhador em uma posição de impotência, sendo agredido sem que possa revidar, em uma relação profissional assimétrica de dominação na qual ocorre a perda da identidade do dominado.

Mesmo ocorrendo entre colegas no mesmo nível hierárquico ou de forma ascendente, existe a dominação psicológica e a submissão da vítima em incidentes nos quais a ausência de testemunhas ou interlocutores fazem com que a identidade do agredido possa ser facilmente destruída (Hirigoyen, 2015).

O assédio moral é definido por muitos termos, em diferentes culturas e contextos, mas em todas refere-se à conduta abusiva entre trabalhadores em um mesmo local, que se manifesta por meio de atos, comunicados ou advertências verbais ou escritas, gestos, ameaças, ataques físicos ou psicológicos, cobranças, constrangimentos, humilhações e repreensões. Estas condutas contaminam o ambiente laboral, ocorrendo de forma imprevisível, injusta e irracional, trazendo degradação, desconfiança, desprazer, sofrimento e tristeza, com graves consequências e danos de ordem física, psíquica e social aos indivíduos assediados (Barreto, 2013; Hirigoyen, 2015; Costa e Reusch, 2014).

O assédio moral está relacionado ao autoritarismo e às formas de organizar e administrar o trabalho, no incentivo à competição exagerada, na supervalorização da hierarquia nas empresas, nas estratégias de treinamento mal definidas, na cultura de indiferença e insensibilidade com o sofrimento alheio, combinadas com as reestruturações para corte de gastos e jornadas extras impostas e não pagas. Esta combinação acarreta sobrecarga física e mental dos trabalhadores, sendo fator predisponente de agravos à saúde do trabalhador (Barreto, 2013; Barreto, 2015).

O assédio moral ocorre de maneira muito ampla e sutil em relação às atitudes dos agressores, bem como nas reações dos assediados, sendo confundido com brincadeiras ou problemas de menor importância que devem ser resolvidos entre adultos, sendo até a pouco tempo ignorada pelo direito, como fato corriqueiro e irrelevante, limitando-se a atender casos pontuais e mais graves relacionados à discriminação e a prejuízos causados às vítimas (Araujo, 2003).

TIPOS E FORMAS DA OCORRÊNCIA DO ASSÉDIO MORAL NO AMBIENTE LABORAL

O assédio moral pode incidir sobre qualquer trabalhador no ambiente laboral, não importando seu tipo de contrato e nem sua posição hierárquica (Carnero, Martínez e Sánchez-Mangas, 2010; Uchimura, 2015).

O assédio moral horizontal ou simétrico ocorre entre colegas de trabalho, na mesma posição hierárquica, motivado por competitividade, inimizade, produção ou promoção, ou por características pessoais ligadas a raça, orientação sexual ou religião, manifestando-se através de brincadeiras ou piadas grosseiras, gestos obscenos e desprezo generalizado por tudo que a vítima faz ou significa, agravados pela negligência institucional que permite que tais fatos ocorram, sem qualquer tipo de controle (Hirigoyen, 2015).

QUADRO 1 Tipo de assédio relacionado ao agressor e ao agredido

Tipo de assédio	Agressor	Agredido
Horizontal ou simétrico	Nível hierárquico idêntico	Nível hierárquico idêntico
Vertical ou assimétrico ascendente	Subordinados	Nível hierárquico superior
Vertical ou assimétrico descendente	Nível hierárquico superior	Subordinados
Misto	Nível hierárquico superior, idêntico e subordinados	Nível hierárquico superior, idêntico e subordinados

Fonte: compilado de Hagopian EL e Freitas GF, 2017.

O assédio moral ascendente é mais raro, mas com o mesmo poder destrutivo dos outros tipos, nos quais os trabalhadores de um grupo ou equipe se unem contra um superior hierárquico imputando-lhe falsas alegações de assédio moral, ou reações coletivas contra decisões tomadas, ou ainda contra o modo de agir do superior hierárquico, sem motivo justificado, deixando o assediado sem opção na busca de auxílio, pois pessoas nesta posição hierárquica podem não ter acesso a entidades de defesa dos direitos dos trabalhadores (Hirigoyen, 2015; Hirigoyen, 2014).

O assédio moral descendente está vinculado à imposição aos assediados de aceitar condições desfavoráveis ou prejudiciais para manterem seus empregos, subordinados a chefias que comandam de forma perversa, abusando de sua posição hierárquica, com permissão institucional conivente ou negligente em relação à integridade física e/ou psíquica de seus funcionários, gerando graves consequências aos trabalhadores atingidos que, isolados pelo assediador em relação ao grupo, encontram grande dificuldade em lidar com a situação e encontrar uma solução adequada (Hirigoyen, 2015; Hirigoyen, 2014).

O assédio moral misto decorre de situação de conivência ou negligência, ou omissão, nas quais os superiores hierárquicos tornam-se cúmplices de colegas assediadores da vítima, reforçando o comportamento do grupo em relação a uma ou mais vítimas, ou ainda pode advir do superior hierárquico que escolhe uma ou mais vítimas para praticar o assédio moral, sendo seguido pelos colegas do mesmo nível hierárquico. Estas ocorrências fazem com que as vítimas, não suportando o assédio moral, modifiquem seu comportamento, reforçando seu isolamento frente aos colegas de trabalho no ambiente laboral (Hirigoyen, 2015).

O assédio moral está dividido em cinco grupos específicos de ações direcionadas às vítimas (Quadro 2), ocorrendo de forma dissimulada, com ausência de testemunhas, trazendo ao fenômeno um alto grau de subjetividade, tornando-o camuflado e quase invisível, o que dificulta sua comprovação, detecção e penalização, sendo difícil relacionar o sofrimento da vítima a esta causa e encobrindo as marcas do agressor (Gonzalez de Rivera e Rodríguez-Abuin, 2005; Carnero, Martínez e Sánchez-Mangas, 2010).

QUADRO 2 As cinco principais manobras para destruir um bom profissional

1. Limitar a comunicação	Imposição da autoridade do assediador, limitando o que pode ser dito, negando à vítima o direito de falar ou de ser ouvida
2. Limitar o contato social	Inviabilizar a comunicação e a informação isolando fisicamente a vítima, não falando com ela, e evitando que alguém o faça
3. Desacreditar e ridicularizar	Permitir ou fazer piadas ridicularizando a vítima, sua família ou suas características pessoais na presença da equipe de trabalho
4. Desqualificar profissionalmente	Atribuir tarefas abaixo ou acima da capacidade da vítima, obrigando-a a executar tarefas absurdas ou inúteis, criticando-a pelos menores erros ou defeitos, desprezando seu trabalho e habilidades
5. Comprometer a saúde ou integridade física	Submeter a vítima a trabalhos prejudiciais ou perigosos

Fonte: compilado de Gonzalez de Rivera e Rodríguez-Abuin, 2005.

É de extrema importância a compreensão de que a violência não acontece somente no âmbito interpessoal. E, qualquer que seja sua dimensão, a violência laboral impede a vítima de ações, o que a faz sentir um vazio e ficar sem reação. Sua vontade de reagir fica momentaneamente anulada e tomada pelo medo, pois as humilhações repetitivas e constantes destroem a liberdade de pensar e reagir.

ASSÉDIO MORAL E CONFLITO NO AMBIENTE LABORAL

No ambiente laboral as relações são dinâmicas, situação na qual eventualmente pode ocorrer o conflito, que é comum e faz parte do relacionamento humano. Existe uma linha quase imperceptível que separa as situações de conflito e as situações do assédio moral, havendo confusão entre as duas. Em uma definição simplificada, o conflito, que é uma situação na qual as pessoas podem falar, discutir e equacionar situações; já o assédio moral ocorre quando o conflito é suprimido e substituído por uma situação na qual impera a subjetividade, quando não se dialoga e passa a imperar o que não é dito, e na qual se esconde e não se resolvem os conflitos cotidianos, prevalecendo o que é escondido (Hirigoyen, 2015).

O conflito é choque entre diferentes culturas, visões, valores, reivindicações, disputas de poder e recursos entre os indivíduos no ambiente laboral. Em ambientes muito competitivos, na existência da dificuldade em lidar com essas diferenças, na falta de convergência de interesses e opiniões, vai ocorrer uma situação de desequilíbrio na relação interpessoal entre as pessoas, que isoladamente não pode ser definida como assédio moral, gerando uma desigualdade nas forças correlatas, resultando em uma situação de submissão e inferioridade para uma das partes, ocorrendo de forma repetitiva e ao longo do tempo, podendo, então, ser definida como assédio moral (Soboll e Horst, 2015).

QUADRO 3 Diferenças entre conflitos e situações que favorecem a ocorrência do assédio moral

Conflitos	Situações de assédio moral
Regras e tarefas claras	Ambiguidade nas regras
Relações colaborativas	Comportamento não cooperativo/ boicote
Objetivos comuns e compartilhados	Falta de previsão e planejamento
Relações interpessoais explícitas	Relações interpessoais ambíguas
Organização saudável	Falhas organizacionais
Confrontos e discordâncias ocasionais	Ações antiéticas sistemáticas e de longa duração
Estratégias abertas e francas	Estratégias equivocadas
Conflito aberto e discussão	Ações encobertas e negação de conflitos
Comunicação direta	Comunicação oblíqua e evasiva

Fonte: compilado de Cassito et al., 2003.

O AMBIENTE DE OCORRÊNCIA DO ASSÉDIO MORAL

Quando se fala sobre o assédio moral, há quem acredite que o fenômeno está restrito ao assediador e ao assediado, e que o ambiente laboral é um espaço neutro, o que, para formação do ambiente conceptual, os únicos fatores influentes seriam as personalidades, o comportamento e o posicionamento dos trabalhadores que nele atuam (Oliveira, 2018).

Uma organização pode ser considerada um "coletivo moral" a partir da possibilidade de que seus trabalhadores podem decidir autonomamente entre diversas opções de ação, e serem responsabilizados pessoalmente por suas ações, caso contrário, a estrutura e os princípios organizacionais estão em primeiro plano na determinação das relações interpessoais no ambiente laboral. Empresas e instituições têm responsabilidade de ação como agentes morais, pois possuem personalidade jurídica e normas que trazem responsabilidade ética e moral relevante, impossibilitando-as de definirem-se como inimputáveis ou de se atribuírem a elas fatores atenuantes. Quando estes princípios não são respeitados, institui-se um estado denominado violência estrutural, que atua de forma anônima e impessoal, trazendo à instituição desumanização e rigidez hierárquica com o objetivo de adestrar e subjugar trabalhadores em prol do poder dominante (Lessinger, 2001).

O assédio moral é praticado em ambientes laborais onde existe um ambiente estressante e competitivo, com alta incidência de exigências e falta de regras internas para os comportamentos e métodos de gestão, resultando em alta tensão, em que os assediados que não a suportam são eliminados. Existem instituições que desprezam a violência laboral e o assédio moral, ou ainda os encorajam, gerando uma competição desleal entre os trabalhadores, que perdem seus referenciais, deixando-se influenciar pela política institucional, os quais, com medo de perder postos ou o próprio trabalho, suprimem o respeito mútuo, deixando que sentimentos negativos balizem suas condutas, favorecendo o processo de desvalorização e desumanização do ambiente, criando um estado de coisificação ou robotização do ser humano, em que importa mais a submissão aos objetivos institucionais ligados à produtividade ou de "vestir a camisa" do que o que se pensa, sente ou vive (Hirigoyen, 2015; Hirigoyen, 2014).

O poder do diretivo do empregador não é absoluto, mas é limitado pelos direitos fundamentais previstos na Constituição Federal, tais como a dignidade da pessoa humana, a privacidade e a intimidade, trazendo direitos e garantias à parte hipossuficiente da relação trabalhista, que é o empregado. As instituições são responsáveis pelos atos praticados por seus prepostos, sendo culpadas em duas situações específicas: culpa *in elegendo*, quando seleciona um profissional não levando em conta as questões éticas inerentes ao indivíduo contratado, dando ênfase somente às competências técnicas, aos resultados e à lucratividade, ou por culpa *in vigilando*, por não verificar, perceber ou controlar atitudes relacionadas à pratica do assédio moral advindas de seus funcionários (Farias, 2017; Benhame, 2006).

Quando as empresas e instituições dão ênfase a valores relacionados somente à produção e ao lucro, demonstram falta de ética institucional, que se manifesta através da discriminação, exclusão e atitude de omissão em relação aos trabalhadores adoecidos e marginalizados, diminuindo seu *status*, impedindo-os de exercer suas atividades, coisificando-os e fazendo com que sintam-se inúteis, o que resulta em autodesvalorização, desinteresse e desapego pela vida (Barreto, 2013).

CONSEQUÊNCIAS DO ASSÉDIO MORAL

O ambiente laboral é um lugar de longa permanência para os indivíduos, local em que saúde e trabalho estão indissociavelmente ligados ao cotidiano e às rotinas, onde ocorrência da violência e do assédio moral poderá causar ao trabalhador sofrimentos físicos e psíquicos. Esta situação merece a atenção das instituições, organizações de saúde, dos profissionais e da sociedade em geral, pelos graves danos que pode provocar na desestruturação da vida de uma pessoa, não somente no desempenho no trabalho, mas também a sua autoestima e relações sociais (Thofehrn et al., 2008).

Todo o contexto já exposto pode ser agravado pela ausência de políticas públicas efetivas para a proteção dos trabalhadores, deixando em seu rastro doentes dentro do ambiente laboral, em consequência das atividades laborais desenvolvidas de forma inadequada, em ambiente inadequado, com o agravante de que os trabalhadores que não produzem na forma e na maneira como o mercado espera serão demitidos, marginalizados, destituídos de sua dignidade e de seus direitos fundamentais (Barreto, 2013).

Entretanto, quando necessitamos estabelecer o nexo causal, é indispensável avaliarmos os riscos psicossociais e que estão presentes na organização e condições de trabalho, e que compreendem: as jornadas de trabalho, se tem pessoal suficiente ou se há acumulo de funções; se o trabalho é cansativo e desgastante; se os trabalhadores estão expostos a riscos de acidentes e doenças; se há autoritarismo permeando as relações ou controle excessivo das chefias; se faltam equipamentos necessários à execução da tarefa, entre outros. Como fatores indutores de risco psicossocial, podemos citar as caraterísticas físicas dos locais de trabalho, a inadequada concepção dos postos de trabalho sem local para descansar, fatores que aumentam a pressão mental e emocional, interferindo nos afetos e percepções que permeiam as relações no meio ambiente de trabalho.

Devemos questionar os fatores associados ao contexto de trabalho, assim como aqueles associados ao conteúdo do trabalho. Ou seja, se a definição das políticas se dá de forma objetiva, se a estrutura organizacional apresenta uma liderança eficiente ou, ao contrário, mostra-se inerme e com deficiente comunicação. Se existe ambiguidade e conflito de papéis ou dúvidas quanto à definição de responsabilidades; se há sobrecarga ou insuficiência de funções; se as orientações são contraditórias; se o trabalho é repetitivo e monótono; se exige posturas inadequadas, se há baixa valorização do trabalho realizado, entre tantas outras dimensões que poderíamos resumir no Quadro 4.

Segundo a OMS, podem acontecer diversas manifestações em diferentes âmbitos da vida do trabalhador, decorrentes dos efeitos da incidência do assédio moral no ambiente laboral onde atuam, conforme descrito no Quadro 4.

QUADRO 4 Consequências do assédio moral para a saúde dos trabalhadores

Psicopatológicas	Psicossomáticas	Comportamentais
▪ Ansiedade ▪ Apatia ▪ Depressão ▪ Insegurança ▪ Irritação ▪ Insônia ▪ Melancolia ▪ Mudança de humor ▪ Pânico e fobias ▪ Pesadelos	▪ Cefaleias ▪ Crises de asma ▪ Dermatites ▪ Doenças coronarianas ▪ Dores musculares ▪ Gastrite ▪ Hipertensão arterial ▪ Taquicardia	▪ Agressividade contra si e contra os outros ▪ Aumento do consumo de álcool de outras drogas ▪ Aumento do consumo de cigarros ▪ Disfunções de apetite ▪ Disfunção sexual ▪ Isolamento social

Fonte: traduzido e adaptado de WHO, 2003.

Os trabalhadores submetidos ao assédio moral sentem-se desmotivados, desqualificados, desvalorizados, traídos e apresentam baixa autoestima, o que os leva a ser prisioneiros de afetos tristes, experimentando e vivendo emoções correlatas a angústia, medo, mágoa, raiva, revolta, ressentimentos, vergonha e vingança, impedindo-os ainda de tomar qualquer decisão ou ação contra esta ocorrência destruidora (Barreto, 2013).

A submissão dos trabalhadores ao assédio moral pode causar alterações psíquicas e imediatas, que se manifestam através da confusão mental, dificuldade para pensar, o que gera estresse e dúvidas quanto à própria responsabilidade e culpa pelas ocorrências, ou, a longo prazo, pode trazer a piora das alterações, causando modificações psíquicas mais intensas, manifestas pela depressão crônica, paranoia ou psicose alucinatória crônica (Caniato e Lima, 2008).

A pior e última das consequências decorrentes da submissão do trabalhador ao assédio moral é a ideação suicida, consistindo em um estado relativo ao indivíduo que pensa em tirar sua própria vida. Pesquisas demonstraram que a forma como é organizado o trabalho, a duração e a frequência do assédio moral, bem como o tipo de assédio sofrido, podem ter papel crucial e significativo sobre o trabalhador e a ideação suicida (Barreto, Netto e Pereira, 2011).

A prática do assédio moral e suas consequências trazem às empresas e instituições o aumento dos custos, por ausência dos trabalhadores por doenças, por diminuição da capacidade de produção e por despesas com processos judiciais. Um trabalhador assediado pode apresentar diminuição de até 60% de sua capacidade produtiva (Guedes, 2006).

O Estado e a sociedade também pagam um alto custo em virtude do assédio moral, com despesas decorrentes da diminuição da capacidade produtiva do país e de sua economia, com o aumento desnecessário de despesas do sistema de saúde, que cuidará e gerará despesas com o tratamento dos trabalhadores assediados que eventualmente fiquem doentes, e finalmente com o sistema previdenciário, que arcará com as licenças de saúde e com as aposentadorias precoces (Terrin e Oliveira, 2007).

A ENFERMAGEM FORENSE E A INTERFACE COM O ASSÉDIO MORAL

O trabalho é o mais importante e mais produtivo instrumento de alcance de condições de vida dignas e superação da pobreza de que dispõem as populações, tendo grande importância pessoal e social. A violência sofrida dentro do ambiente laboral é de grande relevância para as vítimas, gerando problemas de saúde e sendo de difícil detecção, constituindo-se um campo vasto para o enfermeiro forense atuar na detecção de atos violentos, educação dos indivíduos, encaminhamentos legais e prevenção do fenômeno da violência e maus-tratos nos diversos ciclos de vida dos indivíduos vitimizados (Cofen, 2017).

A epidemia mundial de violência, em que está incluso o assédio moral, gerou uma demanda de atendimento especializado, favorecendo a formação e o preparo de profissionais da saúde para atuar na detecção de sinais de violência em vítimas, na educação para redução da violência e na prevenção deste fenômeno. O profissional de enfermagem tem conquistado espaço e reconhecimento na área forense devido à sua capacidade de observação para a sistematização do cuidado, bem como à sua experiência no desempenho do cuidado individual e para a coletividade, não estando limitado a coletar exames ou evidências, mas também com habilidade para o pleno atendimento a pessoas envolvidas em qualquer forma de violência (Silva e Silva, 2009).

No que tange o atendimento às vítimas do assédio moral, segundo a resolução do Conselho Federal de Enfermagem, que regulamenta o exercício da Enfermagem Forense no Brasil, o enfermeiro forense, em sua atuação, pode:

- Acolher a vítima de violência, estabelecendo prioridades e definindo estratégias de intervenção.
- Elaborar plano de cuidado à vítima envolvida em situação de maus-tratos, trauma e violência.
- Proceder à avaliação da vítima e colaborar com o sistema judicial.
- Identificar lesões relacionadas a maus-tratos, traumas e outras formas de violência.
- Reconhecer possíveis situações de violência, identificando a vítima potencial, elaborando diagnóstico de enfermagem no contexto de maus-tratos, traumas e outras formas de violência.
- Promover a garantia dos direitos humanos e das garantias legais da vítima e seus familiares.
- Desenvolver prioridades, implementar e supervisionar sistemas de resposta de saúde decorrentes de maus-tratos e outras formas de violência, em todos os contextos da prática da Enfermagem.
- Promover a atuação interdisciplinar para garantir maior eficiência e melhores resultados nas intervenções realizadas.
- Prestar depoimento em juízo na qualidade de perito em participação ativa com o sistema judicial.

- Estabelecer prioridades e estruturar planos terapêuticos em Enfermagem nas atividades com ofensores, desenvolvendo prática segura e mobilizando dinâmicas próprias para cada contexto.
- Desenvolver a prática da Enfermagem com as vítimas, capacitando-as a reunir recursos intrínsecos e extrínsecos, que auxiliem no estabelecimento da saúde mental, reintegrando à sociedade e atendendo aos contextos vivenciados.
- Cumprir protocolos de ação existentes na prestação de cuidados forenses legalmente instituídos.

A SUBJETIVIDADE DO ASSÉDIO MORAL E A ATUAÇÃO DA ENFERMAGEM FORENSE

A vítima do assédio moral, quando não encontra apoio dentro do local de trabalho, sofre as consequências e o impacto do fenômeno sobre sua saúde, e pode buscar apoio junto a profissionais e entidades externas à empresa onde trabalha. Os profissionais ou as entidades procurados pelas vítimas devem ter postura acolhedora e prudente e de apoio, pois, ao contrário, estas sofrerão um segundo ataque fora do seu ambiente laboral por parte daqueles que têm o papel de protegê-las (Hirigoyen, 2015).

Frente às características do assédio moral quanto à sua invisibilidade e à dificuldade de relacionar a ocorrência do fenômeno aos sinais e sintomas apresentados pelas vítimas, a intervenção do enfermeiro forense deve ir além da prestação de cuidados relacionados às queixas ou lesões visíveis, intervindo também no âmbito psicológico e social no ambiente relacionado às situações de maus-tratos, para atender de forma completa às necessidades daqueles a quem atender (Machado et al., 2009).

Os profissionais da saúde, dentre estes o enfermeiro forense, têm como objetivo primordial manter a vida e promover a saúde daqueles a quem prestam seus serviços; todavia, prestarão melhor serviço à sociedade conhecendo, documentando, preservando, recolhendo e registrando evidências de forma consciente e profissional, que possam ter *a posteriori* significado legal (Susana, 2011).

Alia, ainda, o conhecimento científico de sua atividade às questões forenses ao prestar cuidados à saúde, atuando em locais onde existem indivíduos vítimas de violência, coletando evidências, examinando e prestando cuidados, com plena capacidade profissional e autonomia. Atua como um investigador, constituindo-se um elo entre o cenário onde ocorreu a violência, as vítimas e o direito (Silva e Silva, 2009).

As vítimas de violência, ao serem submetidas aos processos tradicionais de investigação, são abordadas por vários profissionais, em busca de pistas ou vestígios como elementos e provas para investigações e processos. Isso gera um desconforto, que pode ser diminuído com uma abordagem única, realizada pelo profissional que frequentemente é o primeiro a acolher, avaliar e atender às vítimas de violência: o enfermeiro. O enfermeiro forense deve ter conhecimento sobre questões legais na coleta de evidências, informações e provas, relacionados a um crime cometido contra uma vítima, atuando como uma ligação entre o ato da violência cometido, a vítima e a justiça (Marcelo e Barreto, 2019).

O enfermeiro forense tem o papel preponderante de ajudar as vítimas do assédio moral, ouvindo e buscando entender o sofrimento do trabalhador, estimulando-o a buscar uma opinião jurídica concomitante ao tratamento junto a um advogado ou à sua entidade representativa. Pode, ainda, ensinar o trabalhador a manter a calma diante de situações afrontosas, bem como a registrar as ofensas, humilhações e a violência laboral. Mesmo que não conheça o ambiente laboral, pode avaliar a presença do assédio moral no ambiente laboral através da aplicação de instrumentos e escalas validados, bem como avaliar os efeitos do fenômeno na saúde do trabalhador, dando crédito ao seu relato e atestando em seus relatórios as relações entre o relato do trabalhador, da saúde, da doença e do ambiente laboral (Barreto, 2013; Hirigoyen, 2015).

O enfermeiro com conhecimento na área das ciências forenses constitui-se elemento fundamental para atuar junto a entidades de defesa do trabalhador e, também, a profissionais da área médica e do direito na defesa da sociedade, atuando na resolução de processos em todos os âmbitos. Por muitas vezes, ao lidar prestando o primeiro atendimento em situações de violência, bem como no acolhimento e na classificação para o atendimento de vítimas da violência, espera-se que este profissional tenha a capacidade para cooperar de forma responsável e profissional com a justiça, usando conhecimentos e saberes transversais (Santos, 2019).

Em geral, os enfermeiros forenses refletem que, para resolver o assédio moral no ambiente de trabalho, é necessária uma intervenção organizacional, na qual esteja inclusa a capacitação das chefias e de gerentes quanto ao tratamento de seus subordinados, na medida em que o poder não deve ser usado como expressão de liderança e que medidas de prevenção e contenção sejam tomadas.

CONSIDERAÇÕES FINAIS

Os autores discutiram a violência no ambiente de trabalho em Enfermagem e as possíveis causas e os desdobramentos tanto da violência quanto do assédio moral (que também representa uma forma de violência) sobre a saúde do trabalhador dessa área. Além disso, foram apontados e analisados os tipos e as formas da ocorrência do assédio moral, bem como a distinção entre assédio moral e conflitos entre as pessoas no ambiente laboral. Com isso, conclui-se que ao se discorrer sobre a violência e o assédio moral, tais fenômenos não estão dissociados e também não estão restritos às relações interpessoais entre duas ou mais pessoas [o(s) assediador(es) e a(s) sua(s) vítima(s)], porém sabe-se que os ambientes de trabalho não são neutros, ao contrário, possuem responsabilidade sobre às ocorrências em seu ambiente laboral, e infelizmente ainda existem organizações em que o trabalho se desenvolve sob intensa pressão e até abusos, que favorecem a ocorrência da violência laboral e o assédio moral, inclusive no ambiente das organizações de saúde.

Os autores discutiram os principais aspectos da atuação da Enfermagem Forense em interface com o assédio moral, além da subjetividade desse fenômeno envolvendo as práticas de assédio e a dificuldade de sua comprovação, considerando-se a possibilidade de que a vítima da violência laboral e do assédio moral nem sempre encontra apoio em seu ambiente de trabalho ou na empresa onde labora. Torna-se, por vezes, imprescindível que o assediado busque o apoio externo necessário para o enfrentamento desse problema, com profissionais especializados (enfermeiro forense, psicólogo, advogado, dentre outros), ou grupos de suporte (associação, sindicato, conselho profissional), para que o ajude com soluções para o assédio e a violência sofridos no ambiente laboral.

REFERÊNCIAS

Allan NA, Gizzi JS de B, Cozero PT (orgs). Assédio moral organizacional: as vítimas dos métodos de gestão nos bancos. Bauru: Canal 6; 2015.

Antunes BM, Carlotto MS, Strey MN. Mulher e trabalho: visibilizando o tecido e a trama que engendram o assédio moral. Psicologia em Revista. 2012;18(3):420-45.

Araujo AR. O assédio moral organizacional [internet]. São Paulo: Direito, Pontifícia Universidade Católica; 2003. Disponível em https://tede2.pucsp.br/bitstream/handle/7054/1/dissertacao.pdf [acesso em 21 jul 2019].

Barreto M. La intolerancia social y el acoso laboral en el medioambiente de trabajo. In: Eduardo M. Bustos Villar ... [et al.]; compilado por Eduardo M. Bustos Villar Eduardo Bustos Villar; Marcelo Caputo; Elizabeth Aranda Coria; Gimenez M. Hostigamiento psicológico laboral e institucional en iberoamérica: estado del arte y experiencias de intervención. Ciudad Autónoma de Buenos Aires: SB; 2015. p. 95-108.

Barreto MMS. Violência, saúde e trabalho: uma jornada de humilhações. 3. Reimp. São Paulo: EDUC; 2013.

Barreto M, Netto NB, Pereira LB (orgs.). Do assédio moral à norte de si: significados sociais do suicídio no trabalho. São Paulo: Matsunaga; 2011.

Benhame ML. Empresa é responsável por assédio moral de funcionário. Revista Eletrônica Consultor Jurídico [Internet]. 2006. Disponível em https://www.conjur.com.br/2006-mai-12/empresa_responsavel_assedio_moral_funcionario [acesso em 4 set 2019].

Cahú GRP, Costa SFG, Costa ICP, et al. Situações de assédio moral vivenciadas por enfermeiros no ambiente de trabalho. Acta paul. enferm. 2014;27(2).

Caniato AMP, Lima EC. Assédio moral nas organizações de trabalho: perversão e sofrimento. Cad Psicol Soc Trab. 2008;11(2):177-92.

Carnero MA, Martínez B, Sánchez-Mangas R. Mobbing and its determinants: the case of Spain. Applied Economics. 2010;42(29):3777-87.

Cassitto MG, Fattorini E, Gilioli R, et al. Raising awareness of psycological harassment at work [internet]. Geneve: World Health Organization (WHO); 2003. Disponível em https://www.who.int/occupational_health/publications/en/pwh4e.pdf [acesso em 21 jul 2019].

Conselho Federal de Enfermagem. Resolução n. 556, de 23 de agosto de 2017. Regulamenta a atividade da Enfermagem Forense no Brasil [internet]. Brasília, 2017. Disponível em http://www.cofen.gov.br/wp-content/uploads/2017/08/ANEXO-RESOLU%C3%87%C3%83O-556-2017.pdf [acesso em 4 set 2019].

Costa AC, Reusch PT. O assédio moral nas relações de trabalho sob a perspectiva de gênero. Anais do Seminário Internacional de Demandas Sociais e Políticas Públicas na Sociedade Contemporânea [internet]. 2014. Disponível em https://online.unisc.br/acadnet/anais/index.php/sidspp/article/download/11762/1603 [acesso em 21 jul 2019].

Dahlberg LL, Krug EG. Violência como problema global de saúde pública. Ciência e Saúde Coletiva. 2006;11(2):1163-78.

Farias DFGFS. Assédio moral no ambiente de trabalho: os limites do poder diretivo e a caracterização do assédio moral [Internet]. Lisboa: Universidade Autônoma de Lisboa; 2017. Disponível em http://repositorio.ual.pt/handle/11144/3445 [acesso em 4 set 2019].

Gonzalez de Rivera JL, Rodríguez-Abuin MJ. Cuestionario de estrategias de acoso en el trabajo. El LIPT-60. Madrid: Editorial EOS; 2005.

Guedes MN. Terror psicológico no trabalho. 2. ed. São Paulo: Ltr; 2006.

Hagopian EL, Freitas GF. Assédio moral na Enfermagem. In: Oguisso T, Zoboli E (orgs.). Ética e bioética: desafios para a enfermagem e a saúde. Barueri: Manole; 2017.

Hirigoyen MF. Assédio moral: a violência perversa no cotidiano. Tradução Maria Helena Kühner.15. ed. Rio de Janeiro: Bertrand Brasil; 2014.

Hirigoyen MF. Mal-estar no trabalho: redefinindo o assédio moral. Tradução Rejane Janowitzer. 8. ed. Rio de Janeiro: Bertrand Brasil; 2015.

International Labour Organization (ILO). Gender-based violence in the world of work: overview and selected bibliography/International Labour Office [internet]. Geneva: ILO; 2011. Disponível em https://www.ilo.org/wcmsp5/groups/public/---dgreports/---gender/documents/publication/wcms_155763.pdf [acesso em 21 jul 2019].

International Labour Organization – ILO. Igualdade de gênero e raça no trabalho: avanços e desafios[internet]. Brasília: OIT, 2010. Disponível em https://www.ilo.org/wcmsp5/groups/public/---americas/---ro-lima/---ilo-brasilia/documents/publication/wcms_229333.pdf [acesso em 4 set 2019].

International Labour Organization (ILO). Report of the Director-General, Fifth Supplementary Report: Outcome of the Meeting of Experts on Violence against Women and Men in the World of Work [internet]. ILO Governing Body, 328th Session, Geneva, 2016. Disponível em https://www.ilo.org/wcmsp5/groups/public/---ed_norm/---relconf/documents/meetingdocument/wcms_553577.pdf [acesso em 21 jul 2019].

International Labour Organization (ILO). Violence and harassment against women and men in the world of work: trade union perspectives and action/International Labour Office [internet]. Bureau for Workers' Activities (ACTRAV). Genebra: ILO; 2017. Disponível em https://www.ilo.org/wcmsp5/groups/public/---ed_dialogue/---actrav/documents/publication/wcms_546645.pdf [acesso em 21 jul 2019].

Lessinger KM. Ética empresarial: responsabilidade global e gerenciamento moderno. Petrópolis: Vozes; 2001.

Machado C, Matos M, Saavedra R, et al. Crenças e atitudes dos profissionais face à violência conjugal: Estudos com profissionais de saúde, polícias e professores. Acta Médica Portuguesa. 2009;22(6):735-42.

Marcelo KCFR, Barreto CA. Enfermagem forense sobre a regulamentação no brasil. Revista Saúde em Foco. 2019;11:560-6.

Oliveira MVL. Assédio moral na enfermagem: uma abordagem quantitativa [internet]. São Paulo. Universidade de São Paulo, Escola de Enfermagem; 2018. Disponível em https://teses.usp.br/teses/disponiveis/7/7140/tde-08052019-123156/pt-br.php [acesso em 4 set 2019].

Santos C. Contributos para a implementação da enfermagem forense em Portugal [internet]. Coimbra: Faculdade de Medicina, Universidade de Coimbra; 2013. Disponível em https://estudogeral.uc.pt/bitstream/10316/26042/2/Contributos%20para%20a%20Implementa%c3%a7%c3%a3o%20da%20Enfermagem%20Forense%20em%20Portugal.pdf [acesso em 4 set 2019].

Silva KB, Silva RC. Enfermagem Forense: uma especialidade a conhecer. Cogitare Enfermagem. 2009;14(3):564-8.

Soboll AP, Horst AC. In: Allan NA, Gizzi JS de B, Cozero PT (orgs.). Assédio moral organizacional: as vítimas dos métodos de gestão nos bancos. Bauru: Canal 6; 2015.

Susana IFG. Vivências dos enfermeiros na manutenção de provas forenses no serviço de emergência [internet]. Porto: Instituto de Ciências Biomédicas Abel Salazar, Universidade do Porto; 2011. Disponível em https://repositorio-aberto.up.pt/bitstream/10216/57083/2/TeseSusanaGoncalves.pdf [acesso em 4 set 2019].

Terrin KAP, Oliveira LJ. Assédio moral no ambiente do trabalho: propostas de prevenção. Revista do Direito Público. 2007;2(2):3-24.

Thofehrn M, Amestoy SC, Carvalho KK, Andrade FP, Milbrath VM. Assédio moral no trabalho da enfermagem. Cogitare Enfermagem. 2008;13(4):597-601.

Uchimura GC, Allan NA, Gizzi JS de B, Cozero PT (orgs.). Assédio moral organizacional: as vítimas dos métodos de gestão nos bancos. Bauru: Canal 6; 2015.

World Health Organization. The world health report 2002: reducing risks, promoting healthy life [internet]. Geneva: World Health Organization; 2002. Disponível em https://www.who.int/whr/2002/en/whr02_en.pdf?ua=1 [acesso em 21 jul 2019].

CAPÍTULO

12

Dimensões e enfoques da violência no ambiente laboral da Enfermagem

Ellen Maria Hagopian
Genival Fernandes de Freitas
Margarida Maria Silveira Barreto
Marcus Vinícius de Lima Oliveira

INTRODUÇÃO

A violência laboral na Enfermagem se manifesta como abuso de poder nas relações interpessoais, nas quais ocorrem ações desrespeitosas que levam trabalhadores e trabalhadoras ao sofrimento, adoecimento e até mesmo à morte. Este capítulo reflete sobre o acontecimento na categoria e aborda questões éticas e legais da violência, ressaltando a importância de se construir relações solidárias e de respeito ao outro, sendo necessária a implantação de programas de prevenção por parte das instituições.

O teor da violência no trabalho em Enfermagem amplifica suas análises ante o intento de que a reverberação na saúde do trabalhador manifesta e evidencia graves prejuízos, uma vez que fomenta danos em sua saúde física, mental, no desenvolvimento profissional e nas relações sociais, além de efeitos negativos no ambiente de trabalho, tanto para a instituição quanto para a equipe.

Neste contexto, diríamos que a violência no trabalho, de forma geral se expressa em velhas e novas roupagens: tendência à intensificação do trabalho, impulsionada por sua reorganização (flexibilização, terceirizações, trabalho parcial e temporário), e pelas novas tecnologias usadas em função da otimização da taxa de lucros, o que leva a aumento de acidentes, doenças e óbitos, e favorecendo o aparecimento de novas patologias físicas e mentais relacionadas ao trabalho, assim como favorece o desemprego, que exclui o ser humano das relações sociais e o "demite" da vida.

Deste modo, a violência no trabalho pode ser descrita, como "qualquer ação, todo incidente ou comportamento que não se pode considerar uma atitude razoável e com a qual se ataca, prejudica, degrada ou fere uma pessoa dentro do ambiente de seu trabalho ou devido diretamente ao mesmo" (Khalef, 2003). Esta violência inclui todas as formas de comportamento, agressivo, autoritário e abusivo, que possam causar dano físico ou psicológico ou desconforto em suas vítimas, sejam enquanto alvos intencionais, ou não.

O conceito de violência laboral vai além da mera agressão e inclui o uso de poder e da força que pode ser física, política, econômica, psicológica e moral. Envolve relações laborais no âmbito individual ou coletivo e se desdobra em diversas faces (Freitas, Heloani e Barreto, 2008).

No Reino Unido, a definição de violência no local de trabalho é considerada como todo incidente em que o trabalhador seja insultado, ameaçado ou agredido por outra pessoa no desempenho de seu trabalho. Quanto ao assédio laboral, constitui um conjunto de procedimentos de destruição do outro que culmina com afastamento por doença ou mesmo pedido de demissão. São condutas verbais e atitudes que ameaçam, intimidam, desqualificam, desmoralizam e constrangem o outro de forma abusiva, repetitiva e sistemática e que ocorrem no local de trabalho. Portanto, o assédio laboral em suas diferentes configurações e manifestações (individual ou coletivo) é um processo de destruição insidioso e que se prolonga no tempo, provocando danos à saúde física e mental dos trabalhadores, cuja origem está na organização do trabalho e forma de administrá-lo.

Entretanto, esta violência não é restrita ao ambiente de trabalho, o que a torna um evento pernicioso à vida do trabalhador, de sua família e amigos como um todo. Estudos contemporâneos exploram distintas abordagens da violência no contexto da Enfermagem nacional e internacional.

Pesquisa de natureza qualitativa, no objetivo de compreender as vivências de enfermeiros no que concerne aos efeitos da violência moral, indica que estes profissionais sujeitam-se a situações infames e degradantes com o propósito de manutenção a estabilidade do emprego e, como reflexo, sofrem as consequências como vítimas do assédio moral (Hagopian, Freitas e Baptista, 2017).

Alguns efeitos que relações desgastadas por violência no ambiente laboral incitam na saúde do trabalhador são: dores, entorses, dano à audição, palpitações, distúrbios no sono, estresse, depressão, cansaço, dores de cabeça, medo, ansiedade, gastralgia, solidão, irritabilidade, raiva, tristeza, baixa autoestima e crises de choro (Atn et al., 2013; Ahmed, 2012).

Estudos das implicações da violência moral na saúde das vítimas corroboram com as pesquisas desenvolvidas na área da Enfermagem. Os efeitos desta violência são categorizados com o sintoma causado, conforme apresentado no Quadro 1 (Piñuel e Zabala, 2003).

QUADRO 1 Sintomas e manifestações da violência moral na saúde das vítimas

Sintomas	Manifestação
Efeitos cognitivos e hiper-reação psíquica	Perdas de memória, dificuldade para se concentrar, depressão, apatia, irritabilidade, nervosismo/agitação, agressividade/ataques de fúria, sentimento de insegurança, hipersensibilidade a atrasos
Sintomas psicossomáticos de estresse	Pesadelos, dores de estômago e abdominais, diarreia/colite, vômito, náuseas, falta de apetite, sensação de nó na garganta, isolamento
Sintomas de desajustes do sistema nervoso autônomo	Dores no peito, sudorese, boca seca, palpitação, sensação de sufocamento, falta de ar, hipertensão arterial
Sintomas de desgaste físico resultantes de estresse prolongado	Dores nas costas e na nuca, dores musculares (fibromialgia)
Transtornos do sono	Dificuldades para dormir, sono interrompido, despertar muito cedo
Cansaço e debilidade	Fadiga crônica, cansaço nas pernas, debilidade, desmaios, tremores

Fonte: Pinuel y Zabala, 2003.

A violência no trabalho requer alerta especial nas instituições de saúde, certo a retumbância desvantajosa para a saúde do trabalhador, assim como para a organização. Não obstante, a competição saliente no mercado de saúde em um contexto de precarização transfigura como banalizadas as injustiças, isola o trabalhador e gera uma sensação de abandono e solidão (Dejours, Abdoucheli e Jayet, 2009).

Ao se tratar das condições de trabalho, é preciso indagar-se sobre os significados dos termos *precarização* e *flexibilização das relações laborais*. Nesse sentido, há estudiosos que defendem que "a precarização é um processo multidimensional que altera a vida dentro e fora do trabalho" (Franco, Druck e Seligmamm-Silva, 2010).

Nas empresas, a precarização se expressa em forma de organização pautada no *just-in-time*, na gestão pelo medo, nas práticas participativas forçadas, na imposição sutil de aceleração, na multifuncionalidade, entre outros métodos voltados ao controle maximizado (Franco, Druck e Seligmamm-Silva, 2010).

São processos de dominação que mesclam insegurança, incerteza, sujeição, competição, proliferação da desconfiança e do individualismo, sequestro do tempo e da subjetividade, em que os trabalhadores se "submetem por si mesmos", tornando-se simultaneamente obedientes e dependentes (Han, 2015).

A desestabilização e a vulnerabilidade sociais conduzem à desvalorização simbólica, com a corrosão do sistema de valores, da autoimagem e das representações da inserção de cada um na estrutura social" (Franco, Druck e Seligmamm-Silva, 2010).

Com isso, depreende-se uma série de malefícios do trabalho precarizado, em especial na vida profissional e social do trabalhador, que se vê cada vez mais desprotegido do ponto de vista laboral, social e dos direitos humanos, propriamente ditos.

Por outro lado, esses mesmos autores entendem que há que se considerar que a precarização anda de mãos dadas com a flexibilização do trabalho. Segundo eles, "a flexibilização das relações de trabalho diluiu a nítida linha de separação entre incluídos e excluídos. Através da terceirização e da desregulamentação social, produziu-se a desestabilização do mundo do trabalho que atingiu, inicialmente, os trabalhadores industriais e depois todos os assalariados, afetando, hoje, todos os que vivem do trabalho" (Franco, Druck e Seligmamm-Silva, 2010).

Assim, configurada dentro da equipe de saúde, a Enfermagem é uma das categorias mais acometidas pela violência no trabalho. A ela, é imputada acentuada relevância nos serviços de saúde dispondo de aptidão para o cuidado, objetivo essencial da profissão. Em contrapartida, a interferência de fenômenos sociais, em particular a precarização e a flexibilização das leis que regulam atividades profissionais no mercado, apontam muitas das condições de trabalho nas instituições assistenciais em virtude da globalização e do neoliberalismo, o que reflete diretamente nas relações laborais (Freitas et al., 2015).

A sombra de um forte movimento político para que a precarização perdure por meio da flexibilização dos vínculos dos trabalhadores, com relação às jornadas de trabalho, ao duplo vínculo e ao trabalho em cooperativas representam, em geral, redução dos direitos sociais e das garantias do trabalhador (Silva, 2013).

Recorre-se, então, à seriedade com a qual a violência no trabalho na Enfermagem deva ser imprescindivelmente discutida, analisada e mapeada, por meio de incentivo a pesquisas e ações preventivas em campos de trabalho.

A conscientização dos trabalhadores e estudantes em relação à correta conceituação e correlação das definições, bem como suas repercussões sociais e legais, é sinônimo de urgência nas instituições de saúde em suas distintas atuações.

A VIOLÊNCIA E SUAS DEFINIÇÕES

Ao passo que o cuidar em saúde seja uma necessidade ao desenvolvimento humano, o mesmo pode ser prejudicial à saúde dos trabalhadores, fato que deve ser problematizado não somente na comunidade científica (Pedro et al., 2019).

Concernente aos riscos laborais aos quais esses profissionais estão expostos, sublinham-se estes como uma "reação complexa que envolve componente físicos e psicológicos de enfrentamento do ser humano a uma variedade de situações de temeridade dos quais excedem os recursos disponíveis para lidar com uma ocorrência" (Pedro et al., 2019).

O desdobramento do risco psicossocial com maior evidência epidemiológica é a violência no trabalho, que se faz de complexa definição. Esta deve ser reconhecida como um revés de múltiplos atributos. Os episódios de violência no trabalho acometem um grupo de pessoas e não somente as vítimas, entre elas: colegas de trabalho, familiares e empregadores (Fernandes e Pereira, 2016).

Caracterizada como um fenômeno histórico na constituição da sociedade, sendo a escravidão uma de suas manifestações mais marcantes à violência, a partir do século XIX deixa de ser uma questão somente política e configura-se como um fenômeno social, inquietando o poder público (Junior e Dias, 2004). Para a saúde do trabalhador, a violência ganhou notoriedade recentemente com a expansão dos direitos dos trabalhadores.

É de suma importância explanar sobre a complexidade de se conceituar a violência, uma vez que alcançar definições consensuais esbarra na dificuldade das distintas facetas a serem desvendadas sobre o tema.

A fim de assimilar o exposto anteriormente citado, a iniciativa de uma disciplina é ineficaz para todo o entendimento da violência. É necessário, assim, a junção de diversas áreas, tais como: ciências sociais, antropologia, história, psicologia, direito, biologia, epidemiologia, entre outras (Junior e Dias, 2004).

Para iniciar uma discussão sobre as suas pluralidades, o dicionário da língua portuguesa traz: "Violência. S.f. 1. Qualidade de violento. 2. Ato violento. 3. Ato de violentar. 4. Constrangimento físico ou moral; uso da força; coação", e no sentido do termo, "Violento. Adj. 1. Que age com ímpeto; impetuoso. 2. Que se exerce como força. 3. Agitado, tumultuoso. 4. Irascível, irritadiço. 5. Intenso, veemente. 6. Em que se faz uso da força bruta. 7. Contrário ao direito e à justiça" (Ferreira, 2010).

Os Quadros 2 e 3 resumem as características que diversos autores utilizaram para a concepção da violência e as distintas definições do tema.

QUADRO 2 Descrição, autores, origem de algumas concepções sobre a violência

Concepções sobre a violência	
Descrição	*Origem*
"A violência primária é entendida como a realizada pelos primatas como estruturante e fundadora de equilíbrio na ordem da vida designada como violência original, praticada como uma necessidade incontrolável no processo de luta pela sobrevivência. A violência secundária é entendida como desestruturante e desagregadora e evidenciada por formas sutis e destrutivas."	Fraga, 2002
"Formas específicas de violência perpassam as várias fases da vida e se instauram nas mais variadas relações humanas, tendo como característica essencial o fato de ser fenômeno social, travado a nível das relações sociais."	Minayo e Souza, 1999
"Estudar e pensar a violência implica estudar e pensar a sociedade."	Baierl e Almendra, 2002
"Violência é um ato contrário ao direito e à justiça, impetuoso, tumultuoso e intenso, em que se faz uma coação ou uso da força e que causará constrangimento físico ou moral."	Ferreira, 2010
"O entendimento da violência apenas como uma problemática de desvio deve ser abandonado. As preocupações públicas e inquietações coletivas apontam para a emergência de um novo paradigma da violência, que está a dizer algo além do mero crime, e dizem respeito a: mudança de hábitos, exacerbação de novos conflitos sociais, adoção de soluções que desafiam tradições democráticas, demarcação de novas fronteiras sociais, esquadrinhamento de novos espaços de realização pessoa e social, sentimento de desordem e caos espelhados na ausência de justiça social."	Adorno, 1999

(continua)

QUADRO 2 Descrição, autores, origem de algumas concepções sobre a violência *(Continuação)*

Concepções sobre a violência	
Descrição	*Origem*
"Violência é um processo e não um eixo isolado, existindo, em consequência disso, diversos tipos, momentos, formas e intensidades de violência. Deve-se considerar suas causas, modalidades, formas concretas de expressão, seus agentes e suas vítimas e consequências."	Agudelo, 1990

QUADRO 3 Definições e fontes sobre a violência

Definições sobre violência	
Definição	*Fonte*
"A violência é o caos, uma porta aberta para o caos; ela é a falta de limite, o imprevisível."	Rifiotis, 2019
"Violência é a utilização de força física ou de coação psíquica ou moral por parte de um indivíduo ou de um grupo de indivíduos, contra objetos ou contra pessoas e grupos de pessoas, produzindo resultado de destruição ou dano do objeto, e limitação ou negação de qualquer direito estabelecido das vítimas."	Agudelo, 1990
"Força empregada contra os direitos, contra as leis e contra a liberdade."	Nurse Advocate, 2000
"A violência, em seu sentido geral, é definida como um conceito amplo manifestado por comportamento que causa intencionalmente dano ou intimidação a outra pessoa, invadindo a autonomia, a integridade física ou psicológica e, até mesmo, a vida do outro."	Campos, 2002

A VIOLÊNCIA E SUAS RELAÇÕES COM O TRABALHO DA ENFERMAGEM

A relação da violência com os trabalhadores da área da saúde (no caso deste estudo, especificamente os profissionais da Enfermagem) forma um nó, tendo em vista a exposição a ambientes sob alta pressão, exigências, jornadas exaustivas, estresse, competitividade e precariedade. A característica das relações de trabalho na área da saúde pelos motivos citados anteriormente torna vulnerável o profissional que, além de tudo, trabalha com as frustrações e dores alheias.

Assim como o termo violência, a definição de violência no trabalho contempla várias concepções e classificações.

Nas diretrizes para enfrentar a violência no trabalho no setor de saúde, um grupo formado pela Organização Internacional do Trabalho (OIT), pelo Conselho Internacional de Enfermeiros, pela Organização Mundial da Saúde (OMS) e pelos Serviços Públicos Internacionais, a violência no trabalho aniquila os trabalhadores quando submetidos a condições e ambientes de trabalho insalubres, originados em processos que suscitam em desconfortos, sofrimentos, desgastes, fadigas, adoecimento e até morte (ILO, 2002).

Conforme a OIT, a violência no trabalho envolve "todas as formas de comportamento agressivo ou abusivo que possam causar dano físico ou psicológico ou desconforto em suas vítimas, sejam estas alvos intencionais ou envolvidos impessoais ou incidentais" (ILO, 2002).

O Conselho Internacional de Enfermagem utiliza-se da definição de violência no trabalho aliado com um programa que se propõe a estudar o tema, como: "incidentes em que os trabalhadores são abusados, ameaçados ou atacados em circunstâncias relacionadas ao seu trabalho, envolvendo um risco implícito ou explícito para sua segurança, bem-estar ou saúde" (ILO, 2002).

Em estudo realizado sobre maneiras consideradas como violência no trabalho, foram elencados alguns atos listados no Quadro 4 (Hirigoyen, 2010).

QUADRO 4 Atos que podem ser considerados violência no trabalho

1) Deterioração intencional das condições de trabalho
▪ Não transmitir à pessoa informações úteis para a realização de tarefas ▪ Contestar sistematicamente todas as suas decisões ▪ Vigiar constantemente suas atividades e criticar seu trabalho de forma injusta ou exagerada ▪ Privar acesso aos instrumentos de trabalho: telefone, computador ▪ Retirar o trabalho que normalmente lhe compete ▪ Atribuir-lhe proposital e sistematicamente tarefas inferiores e/ou superiores às suas competências, assim como obrigá-la a realizar favores particulares para a chefia ou outrem ▪ Pressionar para que não faça valer os seus direitos (férias, horários, licenças) ▪ Atribuir-lhe, contra a vontade, trabalhos penosos ▪ Não levar em conta recomendações de profissional de saúde ▪ Induzir ao erro

(continua)

QUADRO 4 Atos que podem ser considerados violência no trabalho *(Continuação)*

2) Isolamento e recusa de comunicação
▪ Recusar que os colegas tenham contato com a pessoa ▪ Isolar do grupo ▪ Recusarem os superiores hierárquicos qualquer pedido de contato
3) Atentado contra a dignidade
▪ Utilizar insinuações desdenhosas ▪ Fazer gestos de desprezo diante do outro (suspiros, olhares desdenhosos, levantar de ombros) ▪ Espalhar rumores a respeito do outro ▪ Atribuir ao outro problema psicológico ▪ Zombar de origem ou nacionalidade, de deficiências físicas ou de aspecto físico, e crenças religiosas ou ideologias políticas ▪ Criticar a vida privada do outro ▪ Responsabilizar a pessoa pelo seu próprio sofrimento decorrente de uma situação de violência
4) Violência verbal, física ou sexual
▪ Ameaçar a pessoa de violência física ▪ Agredir o outro fisicamente, mesmo que levemente (empurrar, fechar a porta na cara etc.) ▪ Falar aos gritos ▪ Invadir a privacidade ▪ Assediar ou agredir sexualmente (gestos ou propostas) ▪ Desconsiderar problemas de saúde

Fonte: Hirigoyen, 2010.

Na Enfermagem, as consequências da violência no trabalho vão além das relacionadas à saúde física e psicológica. A diminuição do comprometimento organizacional, relacionado ao abuso emocional interno, o impacto no desempenho no trabalho causando decréscimo em sua qualidade e o aumento da demanda psicológica são exemplos de efeitos que corroboram com o efeito acrescido da violência no ambiente laboral (Atn et al., 2013).

Classificações da violência

As classificações dos episódios de violência também têm mais de uma referência, em função das pessoas implicadas e o tipo de relação entre elas. A Division of Occupational Safety and Health do Department of Industrial Relations do Estado da Califórina, nos EUA, Cal/OSHA, dividiu a violência nos seguintes fatores (OSHA, 2016):

- Tipo I ou externa: o indivíduo que pratica o ato violento não tem nenhuma relação com a vítima. Por exemplo: atos violentos com intenção de roubo.
- Tipo II ou praticada por clientes/pacientes: existe algum tipo de relação profissional entre o praticante do ato violento e a vítima. Por exemplo: pacientes realizam agressões físicas, ofensas verbais e ameaças.
- Tipo III ou interna: o indivíduo que pratica o ato violento tem algum tipo de ligação com o local de trabalho ou com o trabalhador. Por exemplo: brigas entre colegas de trabalho.

A violência no trabalho também é dividida em violência física e psicológica, sendo esta última subdividida em agressão verbal, assédio moral, assédio sexual, discriminação racial, ameaças e intolerância, em especial religiosa.

Violência física e verbal

A violência física é definida pela OMS como "o uso intencional de força física ou poder, ameaçados ou reais, contra si mesmo, contra outra pessoa ou contra um grupo ou comunidade, que resultem ou tenham grande probabilidade de resultar em ferimento, morte, dano psicológico, mau desenvolvimento ou privação (WHO, 2003).

A agressão verbal é entendida como a transgressão das regras verbais que humilha, degrada ou indica falta de respeito para com a dignidade e o valor do indivíduo. A discriminação racial é qualquer conduta ameaçadora baseada em etnia, cor, idioma, nacionalidade, religião, associação com minoria ou outro *status* que seja unilateral, afetando a dignidade (ILO, 2002).

Pesquisa realizada na Turquia identifica que 60,8% do quadro de enfermeiros foi exposto à violência verbal e/ou física provenientes de pacientes, visitantes e/ou colegas de trabalho (Atn et al., 2013).

Já na Suíça, estudo demonstra que as agressões por parte de pacientes e visitantes atingiram 95% dos profissionais enfermeiros em algum momento de sua carreira, sendo 72% correspondentes à agressão verbal, e 42%, física (Hahn et al., 2010).

Diante de análise da situação das condições de trabalho em que a equipe de Enfermagem atua, ao inquirir sobre o tema, 19,7% afirmam que já sofreram algum tipo de violência no trabalho, e 9%, às vezes, totalizando aproximadamente 30%. Ao categorizar os tipos de violência relatados, a psicológica é evidenciada em 66,5% dos profissionais, sendo 17,1% a institucional, 15,6% a física, e 0,9% a sexual (Machado et al., 2016).

A Figura 1 ilustra o percentual de violência sofrida por tipo de violência e categoria profissional (Machado et al., 2016).

FIGURA 1 Equipe, enfermeiros, auxiliares e técnicos de enfermagem segundo tipo de violência sofrida no ambiente de trabalho no Brasil

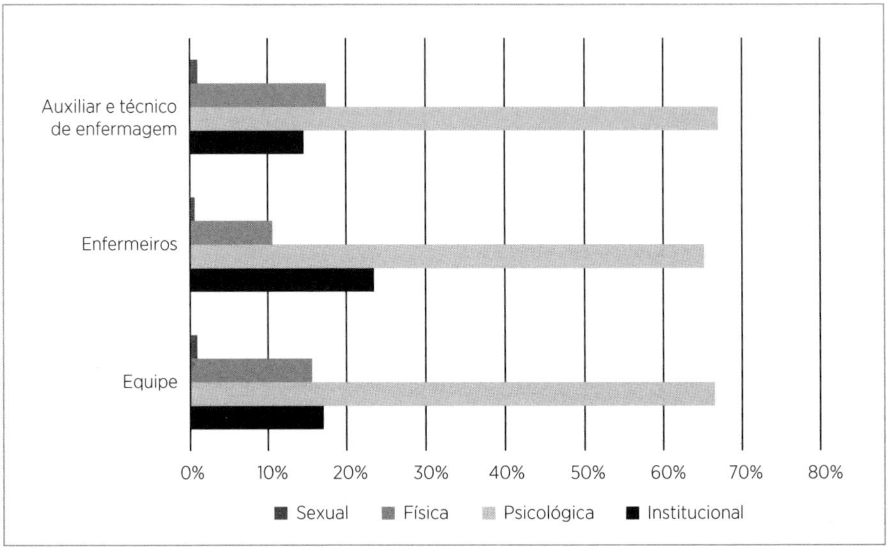

Fonte: pesquisa perfil da Enfermagem no Brasil – Fiocruz/Cofen.

Ao investigar 88 casos de violência psicológica na rede hospitalar pública do Estado do Maranhão, a agressão verbal foi a identificada com maior ocorrência, 95% dos casos, seguida por assédio moral, em 27% dos casos e, em menor proporção, o assédio sexual, 9%, e a discriminação racial, também com 9% (Lima e Souza, 2015).

Em estudo de revisão sistemática realizado com objetivo de analisar as investigações do assédio sexual no trabalho, três tópicos foram categorizados: a compreensão, as consequências e as estratégias de enfretamento do assédio sexual no trabalho (Silva et al., 2018).

ONDE A VIOLÊNCIA ESBARRA?

Após contextualizar o termo violência no trabalho da Enfermagem e suas distintas singularidades, merece dedicação despender um espaço às sustentações dos compromissos estabelecidos com a sociedade no que se reporta ao tema tratado neste capítulo.

Na Declaração Universal dos Direitos Humanos, ao se tratar de violência, depara-se com a violação da declaração dos direitos humanos, destacando alguns de seus artigos: Artigo 5°, que estabelece que "Ninguém será submetido à tortura nem a tratamento ou castigo cruel, desumano ou degradante", bem como o Artigo 12°, cujo teor propugna que "Ninguém sofrerá intromissões arbitrárias na sua vida privada, na sua família, no seu domicílio ou na sua correspondência, nem ataques à sua honra e reputação. Contra tais intromissões ou ataques toda a pessoa tem direito a proteção da lei". Já a Constituição Federal Brasileira, de 1988, elenca um rol de direitos, conforme destacam-se os dispositivos seguintes: Art. 5° "Todos são iguais perante a lei, sem distinção de qualquer natureza, garantindo-se aos brasileiros e aos estrangeiros residentes no país a inviolabilidade do direito à vida, à liberdade, à igualdade, à segurança e à propriedade". No tocante à Enfermagem, o nosso Código de Ética elenca direitos, deveres e proibições aos profissionais. Dentre os direitos, destacam-se: Art. 1° "Exercer a Enfermagem com liberdade, segurança técnica, científica e ambiental, autonomia, e ser tratado sem discriminação de qualquer natureza, segundo os princípios e pressupostos legais, éticos e dos direitos humanos". E o Art. 2° "Exercer atividades em locais de trabalho livre de riscos e danos e violências física e psicológica à saúde do trabalhador, em respeito à dignidade humana e à proteção dos direitos dos profissionais de Enfermagem". O Art. 8° estabelece outro importante direito "Requerer ao Conselho Regional de Enfermagem, de forma fundamentada, medidas cabíveis para obtenção de desagravo público em decorrência de ofensa sofrida no exercício profissional ou que atinja a profissão". O Art. 21° "Negar-se a ser filmado, fotografado e exposto em mídias sociais durante o desempenho de suas atividades profissionais" e o Art. 22° "Recusar-se a executar atividades que não sejam de sua competência técnica, científica, ética e legal ou que não ofereçam segurança ao profissional, à pessoa, à família e à coletividade". Esses dispositivos complementam-se com o Art. 23° que estabelece "Requerer junto ao gestor a quebra de vínculo da relação profissional/usuários quando houver risco à sua integridade física e moral, comunicando ao Coren e assegurando a continuidade da assistência de Enfermagem". Por outro lado, o referido Código prevê deveres profissionais, destacando-se: Art. 25° "Fundamentar suas relações no direito, na prudência, no respeito, na solidariedade e na diversidade de opinião e posição ideológica" e o Art. 26°

"Conhecer, cumprir e fazer cumprir o Código de Ética dos Profissionais de Enfermagem e demais normativos do Sistema Cofen/Conselhos Regionais de Enfermagem". Quanto às proibições, podemos destacar o Art. 61° "Executar e/ou determinar atos contrários ao Código de Ética e à legislação que disciplina o exercício da Enfermagem". O Art. 64° "Provocar, cooperar, ser conivente ou omisso diante de qualquer forma ou tipo de violência contra a pessoa, família e coletividade, quando no exercício da profissão" e o Art. 71° que diz que é proscrito "Promover ou ser conivente com injúria, calúnia e difamação de pessoa e família, membros das equipes de Enfermagem e de saúde, organizações da Enfermagem, trabalhadores de outras áreas e instituições em que exerce sua atividade profissional".

Com isso, verifica-se que há, ao menos teoricamente, proteção legal nos diplomas citados anteriormente no que tange à vida, à segurança e à integridade física e moral do ser humano, especialmente do profissional de Enfermagem, conforme sinalizados nos dispositivos do nosso Código de Ética e na própria CF/1988. Mas onde esbarra a violência? Talvez na própria organização do trabalho, nas relações interpessoais, na competição desenfreada nas empresas entre as pessoas e as instituições, no próprio modo de produção capitalista, que propicia a desigualdade social e econômica entre as pessoas no bojo da coletividade social, em que algumas poucas pessoas e organizações sociais detêm o poder econômico e político e impõem à massa de trabalhadores sua vontade, por vezes massacrando-a. Assim, cada vez mais faz-se mister a necessidade da interferência do Estado, fomentando ações políticas de equilíbrio dessas desigualdades, fiscalizando e punindo as organizações que expõem as pessoas a situações de trabalho aviltantes à dignidade humana.

A VIOLÊNCIA E A SAÚDE DOS TRABALHADORES DE ENFERMAGEM

Para compreendermos os novos transtornos à saúde, é necessário compreender a relação do trabalhador com o meio ambiente, as condições de trabalho e relações laborais, pois sentir bem-estar é estar e ter harmonia no local de trabalho; ser criativo e reconhecido no seu saber-fazer, uma vez que o bem-estar revela um estado dinâmico da mente com as necessidades e expectativas do trabalhador e seu entorno laboral. Contrariamente, a insegurança ligada ao medo de perder o emprego gera frustações, angústia e sofrimento, alterando o equilíbrio e o bem-estar nos trabalhadores.

Todos nós estamos expostos a tensões e conflitos, o que vai demandar em sentidos e significados que contemplam tanto o corpo biológico como o histórico-social; o existencial e as relações de poder; a dimensão da afetividade ética e os direitos humanos fundamentais. Um trabalhador sadio é aquele que apresenta um bom equilíbrio entre corpo e mente; está em harmonia com seu entorno físico e social; controla plenamente suas faculdades físicas e mentais, sem dicotomias. Portanto, ter saúde não é uma simples ausência de doença, mas uma atitude alegre para com a vida e uma aceitação otimista das responsabilidades que a vida lhe impõe, uma vez que a vida tem sentido histórico e social tanto quanto um significado biológico e existencial. E, por conseguinte, poderíamos dizer que ter saúde é uma maneira de abordar a existência, de criar valores, de instaurar normas vitais (Schreiber e Antunes, 2015). E quando somos cotidianamente humilhados e constrangidos no ambiente de trabalho, qual o espaço da saúde?

Sabemos que o processo saúde-doença é um acontecimento coletivo e não simplesmente, ou unicamente, individual. Deste modo, é necessário compreendermos não somente as mudanças que ocorrem nos espaços do mundo do trabalho, mas como se estabelecem as relações de produção, como vivem e adoecem os diferentes grupos hierárquicos dentro do espaço fabril, e quais os valores e crenças que perpassam cada grupo socioeconômico, qual a práxis social destes distintos grupos dentro da empresa, entre outras questões.

Esse olhar nos permitirá compreender as consequências da organização do trabalho à saúde da Enfermagem, a necessária defesa coletiva que deve ser assumida pelo conjunto de trabalhadores ante a ofensiva produtiva, as exigências constantes e as condições de trabalho. Essa postura evitaria que o biológico justificasse quase tudo ou que a ideologia da autoculpa, dos medos e vergonha, fosse ideologicamente instrumentalizada e cultivada, omitindo simultaneamente as causas contidas no espaço social do trabalho, geradoras de adoecimentos e sofrimento. Lembramos, ao final, que o medo sufoca a disposição à defesa da dignidade e favorece o silêncio, como forma de resistência. A prioridade em se manter empregado para grande parte dos trabalhadores de Enfermagem tornou-se o motivo pelo qual muitos se submetem a este silêncio e, consequentemente, a situações degradantes em suas relações no trabalho, isso porque a precariedade social desencoraja o enfrentamento de forma isolada.

CONSIDERAÇÕES FINAIS

Para lançar luz sobre as questões mais urgentes quanto ao assédio laboral, diríamos que inspecionar, prevenir e erradicar a violência no local de trabalho é responsabilidade das empresas públicas ou privadas, sendo necessária a avaliação dos riscos, e que deve incluir os fatores psicossociais, as formas de organizar o trabalho, as relações interpessoais, as políticas de gestão e o sistema de mando que existe. E, neste sentido, a administração do trabalho tem papel importante no estabelecimento do diálogo, na exigência do respeito ao outro; no estabelecimento de uma política de reconhecimento e promoção justa e sem punições, mas permeada pela autoestima e por laços de solidariedade; no estabelecimento de uma política de metas e produção compatíveis com o trabalho decente e uma vida digna e saudável para todos os trabalhadores. Desse modo, as instituições devem primar por manuais de condutas éticas que ditam, fiscalizam, criam canais para permitir um ambiente mentalmente e psicologicamente saudável. Daí que, ao implantarmos medidas preventivas, devemos nos focar tanto na instituição quanto no coletivo, variando desde cursos de sensibilização, acolhimento, apoio, orientação até mudanças na organização do trabalho. Se observarmos que pouca transformação ocorreu, devemos repensar as causas, o que é da organização de trabalho, ou das formas de administrar.

Assim, devemos buscar a causalidade não somente indo à raiz dos problemas, mas, em especial, submergindo nas entranhas da relação capital e trabalho e encontrando suas contradições. Excluir essa dimensão é abstrair-se da realidade concreta, pois o assédio laboral deve ser compreendido como um risco não visível derivado dos modos de organizar e administrar o trabalho; das condições laborais estabelecidas e de vetores psicossociais assumidos; da cultura organizacional que induz a reproduzir as fofocas e boatos pelo "ouvir dizer" do senso comum, contando com total tolerância dos gestores a essa nefasta cultura do disse que disse.

REFERÊNCIAS

Adorno S. Violência e civilização. In: Tavares dos Santos JV, Gugliano AA. A sociologia para o século XXI. Pelotas: Educat; 1999. p. 77-106.

Agudelo SF. La violência: um problema de salud publica que se agrava em la región. Bol Epidemiol OPS. 1990;10(2):1-7.

Ahmed AS. Verbal and pysical abuse against Jordanian nurses in the work environment. East Mediterr Health J. 2012;18(4):318-24.

Atn U, Arabaci B, Sirin A, et al. Violence experienced by nurses at six university hospitals in Turkey. J Psychiatr Ment Health Nurs. 2013;20(10):882-9.

Baierl LF, Almendra CAC. A dinâmica perversa do medo e da violência urbana. Serv Soc & Socied. 2002;23(70):59-74.

Campos AS. Violência e trabalho. In: Mendes R. Patologia do trabalho. 2. ed. atual. rev. Rio de Janeiro: Atheneu; 2002. p. 1641-55.

Dejours C, Abdoucheli E, Jayet C. Psicodinâmica do trabalho: contribuições da Escola Dejouriana à análise da relação prazer, sofrimento e trabalho. São Paulo: Atlas; 2009.

Fernandes C, Pereira A. Exposição a fatores de risco psicossocial em contexto de trabalho: revisão sistemática. Revista de Saúde Pública. 2016;50(24):1-15.

Ferreira ABH. Novo Aurélio Século XXI: o dicionário da língua portuguesa. 4. ed. totalmente rev. e ampl. Rio de Janeiro: Nova Fronteira; 2010.

Fonseca TS, Portela AVM, Freire SEA, et al. Assédio sexual no trabalho: uma revisão sistemática de literatura. Ciências Psicológicas. 2018;12(1):25-34.

Fraga PD. Violência: forma de dilaceramento do ser social. Serv Soc & Socied. 2002;23(70):44-58.

Franco T, Druck G, Seligmamm-Silva E. As novas relações de trabalho, o desgaste mental do trabalhador e os transtornos mentais no trabalho precarizado. Revista Bras de Saúde Ocupacional. 2010;35(122):229-48.

Freitas GF, Hagopian EM, Silva TA, et al. Regulação do trabalho de enfermagem. In: Vale EG, Peruzzo SA, Felli VEA (orgs.). PROENF – Programa de Atualização em Enfermagem: Gestão: Ciclo 5. Porto Alegre: Artmed Panamericana; 2015. p. 109-36.

Freitas ME, Heloani R, Barreto M. Assédio moral no trabalho. São Paulo: Cengage learning; 2008.

Hagopian EM, Freitas GF, Baptista PCCP. Assédio moral no trabalho em enfermagem. Rev Baiana Enferm. 2017;31(1):e16588.

Hahn S, Muller M, Needham I, et al. Factors associated with patient and visitor violence experienced by nurses in general hospital in Switzerland: a cross-sectional survey. J Clin Nurs. 2010;19(23-24):3535-46.

Han BC. Sociedade do cansaço. Tradução de Giachini EP. Petrópolis, RJ: Vozes; 2015.

Hirigoyen MF. Assédio moral: a violência perversa no cotidiano. 16. ed. São Paulo: Bertrand; 2010.

Internacional Labour Organization, International Council of Nurses, World Health Organization, Public Services Intrenational. Framework Guidelines for Addressing Workplace Violence in Heatlh Sector. Geneva, ILO/ICN/WHO/PSI Joit Programe on Workplace Violence in Heatlh Sector, 2002. p. 32. Disponível em http://www.ilo.org/public/english/dialogue /sector/ papers/ heatlh/guidelines.pdf [acesso em 28 jan 2019].

Junior EAS, Dias EC. Violência no trabalho: uma revisão de literatura. Rev. Bras. Med. Trab. 2004;2(1):36-54.

Khalef A. Es la violencia en el trabajo una fatalidad? In: OIT. La violencia en el trabajo: Educación obrera. Genebra: Oficina Internacional del Trabajo; 2003.

Lima GHA, Sousa SMA. Violência psicológica no trabalho da enfermagem. Rev Brasil Enferm. 2015;68(5):535-41.

Machado MH, Santos MR, Oliveira E, et al. Condições de trabalho da enfermagem. Enfermagem em foco. 2015;6(1/4):79-90.

Minayo MCS, Souza ER. Violência no Brasil. Causas e recomendações políticas para sua prevenção. Ciên & Saúde Coletiva. 1999;4:53-69.

Nurse Advocate. Definitions of violence & workplace violence. Nurse Advocate, 2000. Disponível em http://www.nurseadvocate.org/def.html [acesso em 1 fev 2021].

Occupational Safety and Health Administration (OSHA), Guidelines for Preventing Workplace Violence for Healthcare and Social Service Workers. US: Department of Labor, 2016. Disponível em https://www.osha.gov/ Publications/osha3148.pdf [acesso em 28 jan 2019].

Pedro DRC, Silva GKT, Lopes APAT, et al. Violência ocupacional na equipe de enfermagem: análise à luz do conhecimento produzido. Saúde debate. 2017;41(113):618-29.

Piñuel y Zabala I. Mobbing: como sobreviver ao assédio psicológico no trabalho. Cidade: São Paulo: Loyola; 2003.

Rifiotis T. Nos campos da violência: diferença e positividade. Departamento de Ciências Sociais da Universidade Federal de Santa Catarina. Disponível em http://www.cfh.usfc.br/raiva/visrj.html [acesso em 18 fev 2019].

Schreiber FCC, Antunes MC. Cyberbullying: do virtual ao psicológico. Bol. – Acad Paul Psicol. São Paulo. 2015;35(88):109-25.

Silva CCM. Um olhar crítico sobre a flexibilização da legislação trabalhista no Brasil sob um duplo viés: a flexisegurança e a precarização dos vínculos trabalhistas. Tuiuti: Ciência e Cultura. 2013;46:95-114.

World Health Organization (WHO. Psychological Harassment at work. Geneva: WHO. [internet] 2003. Disponível em http://www.who.int/ occupational_health/publications/en/pwh4e.pdf [acesso em 22 jan 2019].

CAPÍTULO

13

Formação do enfermeiro para a atuação em Enfermagem Forense

Vilanice Alves de Araújo Püschel
Kelli Borges dos Santos
Taka Oguisso

Discorrer sobre a formação do enfermeiro para a atuação em Enfermagem Forense constitui, de fato, um desafio para qualquer profissional. Primeiro porque a elevada demanda de trabalho acadêmico exigiria um debruçar-se sobre a temática que ainda não é muito corrente no Brasil. Depois, porque o assunto suscitou curiosidade de busca bibliográfica para saber o que vem sendo produzido a respeito do assunto e, a partir de leituras e reflexões, buscar fazer o diálogo necessário à formação do enfermeiro na atualidade.

Algumas perguntas surgiram, tais como: O que é Enfermagem Forense? Qual o estado atual da Enfermagem Forense no Brasil? O conteúdo relacionado à Enfermagem Forense deverá ser abordado no ensino de graduação ou de pós-graduação de Enfermagem, ou em ambos? É uma especialidade ou uma área de conhecimento que deve estar inserida também na formação inicial do enfermeiro? Quais aspectos devem ser considerados? No ensino de graduação, por que é importante ensinar? O que ensinar? Como ensinar? E em qual momento do curso de graduação ensinar?

Assim, vamos tecendo algumas considerações a seguir, de modo a contribuir para o debate em torno do tema que é, de certo modo, uma novidade no Brasil.

BREVE HISTÓRIA, O CONCEITO E O ESTADO ATUAL DA ENFERMAGEM FORENSE

Para Simons (2014), a Enfermagem Forense começou quando os primeiros Programas SANE (*sexual assault nurse examiner* – enfermeiro examinador de agressão sexual) foram informalmente organizados no início dos anos 1970 por enfermeiros que reconheceram a necessidade de uniformidade no processo, na técnica e na habilidade na coleta de evidências e interpretação dos achados.

Embora os Programas SANE tenham começado há mais de 40 anos, na atualidade, existe uma maior conscientização, e movimentos organizados trazem à tona a violência sexual, maus-tratos com idosos, abusos infantis, violência doméstica e tantos outros tipos, explicitando os graves efeitos não apenas para as pessoas acometidas, mas para familiares, a sociedade e seu impacto na saúde pública, despertando preocupação nos profissionais de saúde (Freedberg, 2008) e necessidade de formação na área.

Para compreender o estado atual da Enfermagem Forense, foi feita uma busca, em 11 de setembro de 2019, no Portal da Biblioteca Virtual em Saúde (BVS) e no PubMed, utilizando as palavras-chave: Enfermagem Forense/Forensic Nursing/Enfermería Forense; Educação em Enfermagem/Education, Nursing/Educación en Enfermería; Programas de Graduação em Enfermagem/Education, Nursing, Diploma Programs/Programas de Graduación en Enfermería.

Na BVS, a busca por Enfermagem Forense, considerando regiões e países, mostrou os seguintes resultados de artigos identificados: América do Norte (33), Europa (9), Ásia (4), Oceania (3), África (1), América do Sul (1) e Brasil (1). Na busca por assunto, foram obtidos os seguintes resultados: Enfermagem Forense (83), Papel do Profissional de Enfermagem (60), Medicina Legal (55), Enfermagem Psiquiátrica (51), Psiquiatria Legal (43), Estupro (39) e Enfermagem em Emergência (24).

No PubMed, com os termos "Forensic Nursing"[Mesh] OR "Forensic Nursing"[Tw] OR "Forensic Nursing" [Tiab], foram identificados 573 artigos. Com os termos (("Forensic Nursing"[Mesh] OR"Forensic Nursing"[Tw] OR "Forensic Nursing" [Tiab])) AND (("Education, Nursing, Diploma Programs"[Mesh]) OR "Education, Nursing"[Mesh]), foram identificados 33 artigos. Com os termos (("Forensic Nursing"[Mesh] OR" Forensic Nursing"[Tw] OR "Forensic Nursing" [Tiab])) AND "Education, Nursing"[Mesh], também foram identificados 33 artigos. Vários destes serão referidos ao longo do texto, o que mostra que o tema é ainda pouco investigado quando se associam os termos de busca ao ensino de Enfermagem. Dos 33 artigos identificados, o primeiro é um Editorial, publicado em 1995, de autoria de Virginia Lynch, com o título Forensic Nursing: What's New? (Lynch, 1995), em que a autora aborda a importância e o papel da Enfermagem Forense, a introdução deste tema em algumas universidades e os assuntos que vêm sendo abordados; ressalta o papel da Associação Internacional de Enfermeiros Forenses (IAFN; International Association of Forensic Nurses) e finaliza o editorial mencionando que os "enfermeiros e aqueles de quem cuidam estarão mais bem servidos se todos pudermos nos tornar mais 'conscientes forenses'" (Lynch, 1995).

A IAFN, fundada em 2008, conta com uma rede de mais de 5.000 membros que praticam e apoiam a Enfermagem Forense em 26 países. A Associação oferece certificações, educação continuada *on-line*, diretrizes educacionais, trabalho em rede, eventos, edita o Journal of Forensic Nursing, organiza a Conferência Internacional de Ciência e Prática de Enfermagem Forense, além de desenvolver várias outras iniciativas.

Para esta associação, Enfermagem Forense é "a prática da enfermagem em nível global quando os sistemas jurídico e de saúde se cruzam."

Para Simons (2014), a Enfermagem Forense "combina um corpo único de conhecimento científico com habilidades específicas para cuidar daqueles afetados pela violência."

Segundo Drake et al. (2015), a Enfermagem Forense:

> (...) é uma especialidade de enfermagem que presta serviços a uma variedade de populações de pacientes que sofreram violência, incluindo violências interpessoais, morte súbita ou inesperada e colisões de veículos a motor.

A Enfermagem Forense foi reconhecida como especialidade em 1995 pela American Nurses Association (ANA).

No Brasil, é uma especialidade reconhecida pelo Conselho Federal de Enfermagem (Cofen), desde 2011 (Cofen, 2011), mantida em todas as resoluções posteriores que tratam das especialidades em Enfermagem (Cofen, 2018).

Em termos associativos, já foi constituída no Brasil a Associação Brasileira de Enfermagem Forense (Abeforense), que promoveu Concurso de Título de Especialista em Enfermagem Forense, realizado no primeiro Congresso Internacional e Interdisciplinar de Enfermagem Forense, no período de 5 a 9 de novembro de 2018, em Sergipe.

A Sociedade Brasileira de Enfermagem Forense (Sobef) foi criada com a missão de:

> (...) promover assistência de enfermagem às vítimas e perpetradores de violência, durante o ciclo vital ou *post mortem*, facilitando a elucidação dos fatos, por meio da pratica ética e imparcial, enraizada na ciência, garantindo dignidade humana

dos preceitos elevados dos direitos humanos; na busca incessante da verdade, atitude socialmente referendada e baseada nas melhores práticas científicas relativas às competências da enfermagem forense, no Brasil e no mundo.

Em março de 2019, o Cofen criou a Comissão Nacional de Enfermagem Forense, constituída por membros do Cofen (2019) e pelas presidentes da Abeforense e Sobef.

Ressalta-se que o Cofen publicou matéria em seu *site* intitulada "1ª Especialização em Enfermagem Forense do Brasil começa em Recife", mencionando que "na América Latina, a área está nascendo e o Conselho Federal de Enfermagem, de forma visionária, já reconhece esta especialidade desde 2011".

Tais aspectos evidenciam que a Enfermagem Forense é uma realidade no Brasil e traz ao debate aspectos relacionados à formação do enfermeiro na área.

A FORMAÇÃO DO ENFERMEIRO FORENSE

Na matéria publicada em 2016, no *site* do Cofen, é mencionado que o enfermeiro forense:

> (...) é responsável por prestar assistência especializada a vítimas dos mais variados tipos de violência e aos agressores, deve estar preparado para lidar com os traumas físicos, psicológicos e sociais de cada caso ou desastre de massa. Além disso, deve dominar o conhecimento sobre os sistemas legais, saber recolher provas, prestar depoimentos em tribunais. Constitui profissional-ponte entre a Legislação e as Ciências da Saúde. Outras áreas de atuação do profissional forense podem incluir: investigação da morte, enfermagem psiquiátrica forense, preservação de vestígios, consultoria, enfermagem forense carcerária.

A partir da iniciativa do Cofen de dar publicidade a um curso de Especialização em Enfermagem Forense, a matéria veiculada anunciou que, no dia 5 de março de 2016, iniciava-se em Pernambuco o primeiro curso de pós-graduação *Lato sensu* em Enfermagem Forense do país, credenciado pela Abeforense e oferecido pela Faculdade Redentor do Instituto de Desenvolvimento Educacional (IDE). No curso, seriam ministradas disciplinas que abordavam os temas violência sexual, balística, investigação clínica da morte e outras diversas áreas forenses.

A partir de uma pesquisa realizada na internet em 19 de setembro de 2019, foram identificados vários cursos de especialização em Enfermagem Forense, sendo a maioria deles na modalidade de Educação à Distância (EaD). Uma instituição oferece curso em polos distribuídos nos estados de Santa Catarina (Fraiburgo), São Paulo (Capital, São José dos Campos, São José do Rio Preto, Mogi Guaçu, Jaboticabal), Sergipe (Aracaju), todas com início no segundo semestre de 2019, com duração de 8 meses, carga horária de 360 horas. As disciplinas a serem abordadas são: Conceito e Caracterização de Locais de Crimes (60 horas); Criminalística e Psicopatologia Forense (60 horas); Desenvolvimento Profissional (40 horas); Enfermagem Forense: Investigação e Perícias (40 horas); Redação e Estruturação de Laudos Periciais; Pareceres e Quesitos (60 horas); Tópicos de Direito: Penal, Penal Especial, Processual Penal e Cível (60 horas); e Toxicologia, Drogas e Auditoria em Procedimentos Hospitalares (60 horas).

Em outra Instituição, é oferecida especialização em Enfermagem Forense, com duração de 14 meses, ministrada em período diurno, em sábados, quinzenalmente, porém não foi explicitada a carga horária no *site*.

A Faculdade que iniciou o oferecimento do curso no Brasil, publicizada pelo Cofen, iniciou a terceira turma em setembro de 2019, com carga horária de 480 horas, oferecida em um final de semana por mês (8-18h) e duração de 24 meses. As disciplinas abordadas no curso são: Dermatologia e Traumatologia Forense; Toxicologia, Sexologia Forense no Atendimento à Mulher; Metodologia da Pesquisa 1; Anatomia e Fisiologia Sexual do Homem, com Foco na Antropologia Forense; Sexologia Forense no Atendimento a Homens e Crianças; Prática de Perícia da Violência Sexual (Serviço Especializado ou Prática Simulada em Sala de Aula); Anatomia e Fisiologia Infantil; Genética Forense; Direito Processual Criminal; Balística; Introdução à Enfermagem Forense; Enfermagem Forense em Psiquiatria e Enfermagem Forense Carcerária; Gestão Psicológica do Enfermeiro Forense de Testemunho em Tribunal; Investigação Clínica da Morte; Práticas de Investigação Clínica da Morte; Coleta; Recolha e Preservação de Vestígios no Intra e Pré-hospitalar e Desastres em Massa; Ética, Bioética e Legislação em Enfermagem; Psicologia da Violência; Metodologia Científica 2; Tanatologia e Entomologia Forense; Anatomia e Fisiologia Sexual da Mulher, com foco na Antropologia Forense; Violência e Saúde Pública.

Verifica-se, portanto, que a especialidade vem se consagrando no Brasil, por meio da realização de cursos de especialização ou por Concurso de Título de Especialista, certificado pela Abeforense e Sobef.

Os conteúdos ministrados nesses cursos são variados, ficando evidenciada a abordagem somente de conteúdos teóricos, não tendo sido identificados nos *sites* pesquisados o oferecimento de experiência prática, o que é uma lacuna, especialmente em uma área que tem uma especificidade até então não abordada em currículos de Enfermagem.

Simons (2014) apresenta o modelo de um curso de pós-graduação em Enfermagem Forense que pode ser usado como guia curricular. O conteúdo foi dividido em três grandes áreas: Ciência da Enfermagem Forense; Documentação e Coleta de Evidências de Assistência Forense à Saúde; e Assistência Forense à Saúde para Populações Vulneráveis. Nesse curso, os participantes puderam realizar a prática forense em diferentes instâncias. O curso possibilitou a conscientização do problema da violência em todos os contextos de prática, e forneceu aos enfermeiros ferramentas adicionais para cuidar de pacientes e famílias.

Conteúdos de Enfermagem Forense devem ser abordados na formação inicial do enfermeiro, ou seja, nos cursos de graduação em Enfermagem?

Caldwell e Cochran (2018) mencionam que as:

> (...) experiências clínicas forenses são muitas vezes inconsistentes nos cursos de graduação em Enfermagem. Estudantes de Enfermagem não são incluídos no processo de coleta de evidências forenses, geralmente devido à natureza sensível da situação.

Hellman et al. (2018) mencionam que, como o ensino de graduação em Enfermagem fornece a base para futuros enfermeiros forenses, o desenvolvimento de métodos bem-sucedidos para aumentar crenças e comportamentos de empatia social e justiça social entre estudantes de Enfermagem tem efeito benéfico na especialidade de Enfermagem Forense. Os autores concluíram que:

> (...) quando estudantes de Enfermagem participam de experiências de simulação da pobreza, eles adquirem uma compreensão maior da vulnerabilidade e complexidade de viver na pobreza e são motivados a advogar pelos pacientes e se tornarem agentes de mudança, e o aumento da empatia social e promoção da justiça social afetará positivamente suas práticas futuras e informará seu desenvolvimento como enfermeiros forenses.

Cannon e Bauer (2017) mostram a experiência no ensino de graduação na Escola de Enfermagem da Indiana State University, ao oferecer na disciplina de enfermagem médico-cirúrgica, desde 2012, a oportunidade aos alunos de assistirem a biópsias com um patologista forense. Nas experiências vividas pelos estudantes, emergiram percepções emocionais, psicológicas e baseadas no conhecimento. Esses autores mencionam que as características dos alunos e a causa da morte influenciaram em como alguns alunos viram a experiência da autópsia.

Estudo desenvolvido para aumentar a compreensão dos estudantes de Enfermagem sobre a violência e promover o reconhecimento e a intervenção com vítimas de violência proporcionou reflexão dos estudantes a respeito de mitos sociais sobre vitimização sexual, compreensão da experiência vivida da vítima, exploração de crenças e valores pessoais e o relacionamento da experiência do indivíduo ao conteúdo teórico do curso (Amar, 2008).

Verifica-se que o ensino de Enfermagem Forense na graduação em Enfermagem é ainda incipiente, mesmo em alguns países que já têm sociedades bem estabelecidas, como a IAFN, que congrega membros de 26 países.

No entanto, consideramos que as Escolas/Faculdades de Enfermagem devam incluir em seus currículos conteúdos de Enfermagem Forense e dar oportunidades para que os estudantes problematizem situações de violência vivenciadas por cidadãos vítimas de violência e que buscam assistência em saúde.

Nos serviços de saúde, os enfermeiros costumam ser os primeiros profissionais a terem contato com pessoas afetadas pela violência. No entanto, o conteúdo de enfermagem forense é limitado nos currículos de graduação e pós-graduação (Simons, 2014), o que precisa ser revisto.

Gökdoğan e Bafra (2010) chamam atenção para o fato de que:

> (...) frequentemente, pouco ou nenhum conhecimento dos métodos corretos de localização, recuperação, embalagem e preservação de espécimes de evidência compromete o exame forense em tribunal. Esse problema ocorre quando o profissional da saúde não é formado adequadamente sobre os aspectos probatórios e o tratamento de uma vítima.

Linden (2011) menciona que vítimas de agressão sexual atendidas em serviços de emergência devem ser avaliadas quanto a traumas agudos e lesões físicas, e coletadas evidências forenses de acordo com protocolos jurisdicionais.

Quando se recebe uma pessoa vítima de trauma ou violência em um serviço de emergência, a equipe de enfermagem ou os profissionais de saúde, de modo geral, se preocupam em prestar atendimento para salvar a vida. Se há roupas sujas de sangue ou de qualquer produto que pode servir de evidência para elucidar um crime, por exemplo, a preocupação maior costuma ser em retirar a vestimenta para prover o cuidado. Esta vestimenta é descartada no lixo hospitalar e não se observa, via de regra, preocupação de armazená-las para uma possível investigação policial em busca de evidências/provas de que um crime ocorreu.

Na formação em Enfermagem, ensina-se a registrar todo o processo de Enfermagem: história do paciente, entrevista e exame físico, identificação de problemas/diagnósticos de Enfermagem, prescrição de cuidados, evolução do paciente. A avaliação e o cuidado requerem registro frequente. Também é enfatizado que o registro de enfermagem deve ser claro, objetivo e completo.

Portanto, o registro é importante e necessário para a continuidade do cuidado, para a evolução do paciente, para pesquisa e como fonte de dado ou evidência para fins legais.

Outro elemento importante é que o cuidado em saúde baseado em evidências (CSBE), ou prática baseada em evidências, tem sido fortemente recomendado em todos os currículos mundialmente (American Association of College of Nursing, 2002; Zabalegui et al., 2006; Waters, Crisp Rychetnik e Barrat, 2009). Jordan e colaboradores (Jordan, Lockwood, Aromataris e Munn, 2017) definem o CSBE como:

> (...) a tomada de decisão que considera a viabilidade, adequação, significado e efetividade das práticas de saúde. A melhor evidência disponível, o contexto em que os cuidados são prestados, a individualidade da pessoa e o julgamento e experiência do profissional de saúde informam este processo.

Evidência é a prova de que algo é verdadeiro e, segundo o dicionário (Dicionario Aulete Digital, 2021): "indicação, traço, vestígio que permite induzir fato, ocorrência, processo etc."

O JBI desenvolveu uma metodologia do cuidado em saúde com base em evidências por meio do curso de implementação de evidências. Em todos os tópicos de auditoria, o registro do cuidado em prontuário é um critério que é auditado, quando se verifica a conformidade dos profissionais no registro dos cuidados prestados.

Sendo assim, o registro é o elemento fundamental da prática profissional e deve ser reforçado e muito valorizado na formação do enfermeiro.

Nesse aspecto, é importante considerar: O que ensinar? Quais conteúdos? Em que momento do curso? Como ensinar?

No próprio registro de dados, deve ser dada ênfase à importância do registro tanto para atender a um critério do CSBE como também para fins legais. Registro de enfermagem é conteúdo essencial em todas as disciplinas do currículo.

Conteúdos de anatomia, fisiologia e fisiopatologia são essenciais para que os alunos entendam biópsia, como recomendam Cannon e Bauer (2017), ou para avaliar uma mulher ou criança que tenha sofrido abuso sexual.

Artigo publicado em parceria pela Associação de Enfermeiros em Emergência e IAFN (The Joint Position Statement, 2017), sobre atendimento de adultos e adolescentes vítimas de agressão sexual no Serviço de Atendimento de Emergêncio, explicita que o enfermeiro de emergência é um membro essencial da equipe e instrumental na coordenação de cuidados de saúde às vítimas, e colabora com advogados, assistentes sociais e pessoal de aplicação da lei. No artigo, posicionam-se a respeito desse assunto com muita clareza.

Simons (2014) menciona que o aumento do conteúdo forense na graduação e pós-graduação preparará melhor os enfermeiros para cuidarem de vítimas e autores de violência, e que o conteúdo do ensino forense de Enfermagem se aplica a todos os enfermeiros que cuidam de vítimas, bem como autores de violência e abuso em todas as configurações e durante toda a vida útil.

Em que momento do curso de Enfermagem se deve ensinar conteúdo de Enfermagem Forense? Na verdade, deveria ser desde a entrada do estudante no curso de Enfermagem. Este deve ser um conteúdo transversal ao currículo.

Como ensinar? O ensino deve ser feito de modo a dar sentido ao que se busca ensinar e que permita ao estudante aprender. Ênfase também deve ser dada à maneira de se ensinar, que deve ser de forma articulada, ou como um tema a ser abordado quando se ministram conteúdos de ética e legislação, quando se aborda a saúde da mulher ou questões de gênero, ou quando se abordam conteúdos de urgência e emergência, por exemplo. Isso pode ser feito em forma de discussão de casos de violência, em que se convidam pessoas de outras áreas, como psicólogos, advogados, legistas, juristas e até vítimas para debaterem o assunto, o que oportuniza o debate interdisciplinar. O ensino por simulação é uma outra estratégia que pode ser bem utilizada.

Caldwell e Cochran (2018) mencionam que:

> (...) experiência simulada do paciente proporciona oportunidade única para explorar a natureza sensível do trauma sexual em um ambiente de aprendizado seguro. Essa estratégia facilita a aplicação de princípios forenses teóricos, utilizando atores ao vivo ou com manequins de alta fidelidade em laboratório.

Para os autores, a aplicação da teoria a cada paciente simulado infunde conhecimento conceitual no ponto de atendimento.

Com essas estratégias, pode-se também oportunizar a experiência de aprendizado de estudantes de Enfermagem e de enfermeiros, o que serviria de base para a formação continuada de profissionais da saúde.

Algumas estratégias vêm sendo relatadas na literatura para formação continuada de enfermeiros, utilizando simuladores para aprimorar e melhorar o atendimento a pacientes que foram agredidos sexualmente (2015); por meio de cursos *on-line*, que avaliam o conhecimento de enfermeiros antes e após participação em um programa nacional de treinamento para examinadores forenses de agressão sexual, desenvolvido pela IAFN (Patterson e Resko, 2015); por meio do conhecimento de características, motivação e barreiras externas que podem influenciar a conclusão de um curso *on-line* para SANE (Patterson e Resko, 2015b); por meio do uso de *kits* de ferramentas de avaliação orientada para o profissional (Campbell e Townsend, 2015), ou ainda para apoiar profissionais a levantar a questão e prestar cuidados adequados em casos de violência e abuso (Dugmore e Channell, 2010).

Simons (2014) sugere que o "Desenvolvimento de módulos de educação continuada em violência doméstica, abuso infantil, abuso de idosos, agressão sexual, coleta de evidências, fotografia forense e outros é um passo na preparação de profissionais de enfermagem para melhor cuidar das pessoas afetadas pela violência em qualquer ambiente e com qualquer população".

Essas iniciativas são importantes para a formação continuada do enfermeiro, e são úteis para que os estudantes, ao vivenciarem experiências em campos de prática, encontrem profissionais de enfermagem mais bem preparados para cuidar das pessoas vítimas de violência.

Este é um possível caminho.

CONSIDERAÇÕES FINAIS

Frente ao que se buscou discutir neste capítulo, o diálogo está aberto. Consideramos que os princípios forenses de avaliação, de documentação e de cuidado do profissional de enfermagem possam servir para apoiar e comprovar a suspeita de que pessoas que buscaram os serviços de saúde são vítimas de situações criminais ou abusivas (Winfrey, 1996). Tais princípios devem ser ensinados na formação inicial do enfermeiro, e as habilidades devem ser aprimoradas em cursos de pós-graduação.

REFERÊNCIAS

Amar AF. Violence education in nursing: critical reflection on victims' stories. Journal of Forensic Nursing. 2008;4(1):12-8.

American Association of College of Nursing.Hallmarks of the professional nursing practice environment. J Prof Nurs. 2002;18(5):295-304.

Caldwell R, Cochran C. Infusing social justice in undergraduate nursing education. Journal of Forensic Nursing. 2018;14(2):88-97.

Campbell R, Townsend SM, Shaw J, et al. Can a workbook work? Examining whether a practitioner evaluation toolkit can promote instrumental use. Evaluation and Program Planning. 2015;52: 107-17.

Cannon EJ, Bauer RN. Baccalaureate Nursing Students' Perceptions Regarding Autopsy Experiences. Journal of Forensic Nursing. 2017;13(4):203-9.

Conselho Federal de Enfermagem. Decisão Cofen n. 40, de 13 de março de 2019. Cria a Comissão Nacional de Enfermagem Forense do Conselho Federal de Enfermagem e dá outras providências. Publicada no Diário Oficial da União em 14 de março de 2019. Edição: 50. Seção 1, p. 111.

Conselho Federal de Enfermagem. Resolução 389, de 18 de outubro de 2011. Atualiza, no âmbito do Sistema Cofen/Conselhos Regionais de Enfermagem, os procedimentos para registro de título de pós-graduação lato e stricto sensu concedido a Enfermeiros e lista as Especialidades. Publicada no Diário Oficial da União n. 202, de 20 de outubro de 2011, seção 1. p. 146. Disponível em http://www.cofen.gov.br/resoluo-cofen-n-3892011_8036.html [acesso em 06 jun 2021].

Conselho Federal de Enfermagem. Resolução 581, de 5 de junho de 2018. Atualiza, no âmbito do Sistema Cofen/Conselhos Regionais de Enfermagem, os procedimentos para Registro de Títulos de Pós-Graduação Lato e Stricto Sensu concedido a Enfermeiros e aprova a lista das especialidades. Publicada no Diário Oficial da União em 18 de julho de 2018. Edição: 137, Seção 1, p. 119.

Dicionario Aulete Digital. Disponível em http://aulete.com.br [acesso em 16 jun 2021].

Drake SA, Langford R, Young A, et al. Forensic nursing science knowledge and competency. Critical Care Nursing Quarterly, 2015;38(1):81-8.

Dugmore L, Channell J. Developing a training programme for detecting and tackling childhood sexual abuse. Nurs Times. 2010;2-8;106(8):14-5.

Faculdade IDE. Disponível em https://www.faculdadeide.edu.br/pos-graduacao/enfermagem-forense-recifeturma-3/ [acesso em 16 jun 2021].

Faculdade Unyleya. Disponível em https://wpos.com.br/ [acesso em 16 jun 2021].

Freedberg P. Integrating forensic nursing into the undergraduate nursing curriculum: a solution for a disconnect. J Nurs Educ. 2008;47(5):201-8.

Gökdoğan MR, Bafra J. Development of a sexual assault evidence collection kit – The need for standardization in Turkey. Nurse Education Today. 2010;30(4):285-90.

Hellman AN, Cass C, Cathey H, et al. Understanding Poverty. Journal of Forensic Nursing. 2018,14(1):11-7.

International Association of Forensic Nurses. Disponível em https://www.forensicnurses.org/ [acesso em 16 jun 2021].

Jordan Z, Lockwood C, Aromataris E, et al. The updated JBI model for evidence-based healthcare. Adelaide (Austrália): The Joanna Briggs Institute; 2016.

Linden JA. Care of the Adult Patient after Sexual Assault. New England Journal of Medicine. 2011;365(9):834-41.

LS Educacional. Disponível em https://www.ls.edu.br/?curso_ pos2=enfermagem-do-trabalho [acesso em 16 jun 2021].

Lynch VA. Forensic nursing: what's new? J Psychosoc Nurs Ment Health Serv. 1995;33(9): 6-8.

Patterson D, Resko S. Predictors of attrition for a Sexual Assault Forensic Examiner (SAFE) Blended Learning Training Program. Journal of Continuing Education in the Health Professions. 2015b;35(2):99-108.

Patterson D, Resko SM. Is online learning a viable training option for teaching sexual assault forensic examiners? Journal of Forensic Nursing. 2015;11(4):181-9.

Primeira Especialização em Enfermagem Forense do Brasil começa em Recife. Conselho Federal de Enfermagem (Cofen). 29 fev 2016. Disponível em http://www.cofen.gov.br/primeira-especializacao-em-enfermagem-forense-da-america-latina-sera-realizado-em-pernambuco_37987.html [acesso em 16 jun 2021].

Scannell M, Lewis-O'Connor A, Barash A. Sexual Assault Simulation Course for Healthcare Providers. Journal of Forensic Nursing. 2015;11(4):188-97.

Simmons B. Graduate Forensic Nursing Education. Nurse Educator. 2014;39(4):184-7.

The Joint Position Statement on Adult and Adolescent Sexual Assault Patients in the emergency care setting. Journal of Forensic Nursing. 2017;13(2):91-3.

Waters D, Crisp J, Rychetnik L, et al. The Australian experience of nurses preparedness for evidence-based practice. J Nurs Manag. 2009;17(4):510-8.

Winfrey M. Developing a graduate forensic nursing elective. J Emerg Nurs. 1996;22(1):54-7.

Zabalegui A, Macia L, Márquez J, et al. Changes in nursing education in the European Union. J Nurs Scholarsh. 2006;38(2):114-8.

CAPÍTULO

14

Padrões de aptidão do enfermeiro forense

Albino Manuel Gomes

INTRODUÇÃO

A violência é hoje um sério problema de saúde global e de proporções epidémicas (Institute for Economics and Peace, 2015), constituindo um grave problema de saúde pública (OMS, 2008). Atualmente, a violência é vista como um fenômeno abrangente, que exige ser compreendido nas suas diferentes dimensões e requer uma ação sistêmica e resiliente. É um processo complexo e dinâmico, que, pela gravidade e alcance, exige também a participação dos enfermeiros, por meio do compromisso e responsabilidade na preservação e restabelecimento da saúde das populações.

Os enfermeiros forenses estão capacitados com a proficiência e o saber no que concerne à identificação de cenários de violência, ao estabelecimento de diagnósticos contextualizados, à execução de medidas preventivas e terapêuticas legalmente suportadas, bem como a avaliação dos resultados, em ganhos para a saúde, no âmbito do trauma e violência. Aplicam o processo de enfermagem em uma simbiose entre a ciência de enfermagem, as ciências forenses e os cuidados de saúde específicos, especializados, colmatando necessidades forenses das vítimas, perpetradores, famílias, populações vulneráveis, com *handicaps* congênitos e de desenvolvimento, residentes em lares e abrigos, portadores de patologia psiquiátrica e/ou com comportamentos aditivos.

Os enfermeiros forenses são detentores do conhecimento e competência de uma enfermagem especializada. Apresentam uma compreensão do sistema de saúde, social e legal, enriquecida pelo conhecimento das ciências forenses e de saúde pública. Os enfermeiros colaboram com agentes judiciais, sistema legal, entidades governamentais e sociais, na investigação e interpretação clínica de lesões forenses, no vivo ou no falecido. A formação específica dos enfermeiros forenses no âmbito dos maus-tratos e da agressão sexual permite-lhes, enquanto peritos, procederem à avaliação médico-legal das vítimas e colaborarem com o sistema judicial.

A essência da prática da Enfermagem Forense assenta na resposta aos problemas de saúde decorrentes de trauma e/ou toda e qualquer forma de violência, nunca se limitando somente à prática clínica reparadora, mas passando, sim, pelo índice de suspeita de lesões sugestivas de traumatismos não acidentais e pela salvaguarda de vestígios de relevância criminal.

Os enfermeiros forenses visam a uma política de segurança para profissionais e vítimas e uma política de melhoria da qualidade da atividade da Enfermagem Forense, aplicada aos diversos contextos clínicos do quotidiano dos enfermeiros. Eles promovem um clima de segurança e proximidade com as pessoas envolvidas em cenários de violência, antecipando barreiras efetivas à comunicação, transpondo-as.

A implementação dos contextos forenses no processo de enfermagem permite aos enfermeiros forenses contribuírem para a administração da justiça, para a construção de uma nova cultura de não violência e intervenção social. Em bom rigor, os enfermeiros forenses contribuem para o reconhecimento e para a reconstrução de uma nova identidade social da disciplina de Enfermagem.

ÂMBITO E FINALIDADE

O perfil de competências específicas do enfermeiro com competências em Enfermagem Forense integra, junto com o perfil das competências comuns, o conjunto de competências clínicas especializadas que visa prover um enquadramento regulador para a certificação das competências e comunicar aos cidadãos o que podem esperar.

DESENVOLVIMENTO DE FUNÇÕES

Os pontos-chave no desenvolvimento da Enfermagem Forense incluem:

1. Em 1948, o artigo V da Declaração Universal dos Direitos Humanos documentou que “ninguém será submetido à tortura ou a tratamentos cruéis, desumanos ou degradantes” (UN, 2008).
2. Em 1984, a Sociedade Americana de Cirurgia identificou “a violência como um problema de saúde pública, e os prestadores de cuidados de saúde como agentes-chave na melhoria dos efeitos da violência nas nossas comunidades (NIH, 2008).
3. Em 1991, a American Nurses Association (ANA) publicou um documento afirmando que a violência contra as mulheres é uma questão prática de enfermagem (AACN, 1991).
4. Em 1991, a tese de Virginia Lynch conceituou o “enfermeiro forense”, na Universidade do Texas (IAFN, 2008).
5. Em 1992, foi criada a IAFN como uma organização profissional para enfermeiros forenses (IAFN, 2008).
6. Em 1995, a ANA reconheceu a Enfermagem Forense como uma especialidade (IAFN, 2006).

Esses eventos históricos foram importantes na formalização da Enfermagem Forense, levando as diversas organizações a reconhecerem o papel importante que os enfermeiros tinham na identificação, gestão e prevenção de lesões intencionais e não intencionais em uma comunidade global.

DEFINIÇÃO DE COMPETÊNCIA

A competência define-se como um conjunto de habilitações técnico-profissionais que têm como objetivo:

1. Aplicar conhecimentos e competências de Enfermagem na área forense, para investigação de situações de trauma, concomitantemente com o atendimento de emergência e apoio emocional às vítimas de crime violento.
2. Aplicar o processo de Enfermagem aos processos judiciais.
3. Integrar os aspectos dos cuidados de saúde, para a investigação científica e tratamento do trauma.
4. Utilizar habilidades, como perito, nas investigações relacionadas ao trauma e à violência.

5. Aplicar as habilidades para várias configurações, incluindo serviços de saúde, escolas e saúde ocupacional.
6. Garantir a preservação e a proteção de vestígios com relevância médico-legal.
7. Abordar as situações que envolvem violência sexual.
8. Identificar e documentar lesões forenses.
9. Encaminhar e orientar a vítima de violência interpessoal para apoio psicológico, social e jurídico.

DOMÍNIOS DA COMPETÊNCIA

Os domínios da competência do enfermeiro forense são:

- Maus-tratos, abuso sexual, trauma e outras formas de violência.
- Investigação da morte.
- Enfermagem psiquiátrica forense.
- Preservação de vestígios.
- Testemunho pericial.
- Consultoria.
- Desastres de massa.
- Direitos humanos.

Competências do domínio maus-tratos, abuso sexual, trauma e outras formas de violência

As competências do domínio maus-tratos, abuso sexual, trauma e outras formas de violência são as seguintes:

1. Estabelece respostas humanas aos processos de vida das vítimas, perpetradores e famílias, envolvidas em situações de maus-tratos, abuso sexual, trauma e outras formas de violência, em todos os contextos da prática de cuidados, ao longo do ciclo de vida.
   Descritivo: otimiza os ganhos em saúde pelos resultados da intervenção especializada, no contexto da Enfermagem Forense, dirigida a vítimas, perpetradores e famílias, ao longo do ciclo de vida, envolvidas em situações de maus-tratos, abuso sexual, trauma e outras formas de violência, em uma abordagem abrangente, multifacetada e célere.

Unidades de competência	Critérios de avaliação
1.1. Reconhece situações de violência, identifica potenciais vítimas e elabora os diagnósticos no contexto dos maus-tratos, abuso sexual, trauma e outras formas de violência, dando início à investigação científica dos casos	1.1.1. Reconhece a violência como problema de saúde pública 1.1.2. Identifica fatores de risco predisponentes do abuso e maus-tratos 1.1.3. Reconhece um ato criminoso, identifica a tipologia do crime e estabelece o contexto legal 1.1.4. Avalia o impacto da violência no estado de saúde da vítima, perpetrador e famílias, adulto ou criança 1.1.5. Identifica indicadores de suspeita de violência ou trauma não acidental no adulto ou na criança 1.1.6. Analisa e valoriza a dinâmica do abuso, maus-tratos ou trauma 1.1.7. Analisa e valoriza o peso das variáveis psicoemocionais, valores e crenças na intensidade dos sintomas e do sofrimento, no adulto e na criança 1.1.8. Identifica situações de caráter urgente em termos forenses 1.1.9. Analisa a habilidade e/ou disponibilidade de a vítima aprender/adotar medidas de segurança, atendendo ao seu estágio de desenvolvimento e cultura 1.1.10. Identifica barreiras a uma comunicação efetiva, caso a caso
1.2. Estabelece prioridades e desenvolve planos de intervenção e investigação para definir estratégias de atuação, mediante o contexto da violência e o seu enquadramento legal	1.2.1. Estabelece o nível de risco de segurança caso a caso, no adulto e na criança 1.2.2. Gera situações de urgência forense 1.2.3. Programa a denúncia de crime público 1.2.4. Planeja a entrevista antecipando barreiras, caso a caso, no adulto e na criança 1.2.5. Projeta a necessidade de envolver outros profissionais e familiares e/ou amigos, para responder às necessidades sociais, psicológicas e afetivas da vítima 1.2.6. Identifica vestígios com relevância criminal, mediante cada caso e planeja a sua recolha e preservação 1.2.7. Delineia os cuidados específicos forenses, dando sempre primazia aos cuidados gerais, perante situações de risco de vida 1.2.8. Estabelece estratégias para garantir a segurança de todos os intervenientes, mediante cada contexto

Unidades de competência	Critérios de avaliação
1.3. Implementa as intervenções planejadas, documentando todos os dados de relevância criminal, atendendo aos *timings* das urgências forenses, promovendo a segurança dos intervenientes	1.3.1. Executa cuidados de enfermagem do âmbito forense, respeitando as áreas de intervenção interdependentes e priorizando sempre situações de risco de vida 1.3.2. Procede à recolha e preservação de vestígios de relevância criminal 1.3.3. Documenta todos os pormenores relevantes de cada caso e dos procedimentos efetuados 1.3.4. Cumpre protocolos de atuação ou *guidelines* existentes, na prestação de cuidados forenses, legalmente suportados 1.3.5. Explana com a vítima as estratégias de segurança planejadas e adota-as com a concordância da vítima 1.3.6. Coordena a transição da vítima entre cenários de cuidados de saúde, para favorecer a continuidade dos cuidados e promover suporte à vítima, perpetrador e famílias 1.3.7. Faz a gestão de caso facultando ajuda e informação de recursos disponíveis existentes, ajustados mediante cada caso 1.3.8. Implementa intervenções psicoterapêuticas e socioterapêuticas, centradas nas respostas humanas ao processo de violência 1.3.9. Orienta o acesso a recursos jurídicos e de consultoria, atendendo cada situação 1.3.10. Ensina medidas alternativas de segurança, ou complementares, caso a caso 1.3.11. Envolve outros profissionais necessários, para promover a continuidade dos cuidados e a integração familiar e social 1.3.12. Executa os trâmites necessários para proceder à denúncia de crime público 1.3.13. Encaminha situações de risco para entidades e profissionais competentes, tanto na área do adulto como pediátrica 1.3.14. Colabora com entidades de apoio a vítimas de maus-tratos 1.3.15. Comunica com a vítima utilizando técnicas de entrevista, apropriadas a idade, estágio de desenvolvimento e culturalmente sensível, facilitando a expressão de emoções 1.3.16. Elabora o relatório de acordo com as normas estabelecidas

Unidades de competência	Critérios de avaliação
1.4. Avalia os resultados das intervenções reformulando estratégias, sempre perpetuando uma política de segurança e melhoria da qualidade dos cuidados especializados em Enfermagem Forense	1.4.1. Promove medidas de *follow-up* nos contextos de maus-tratos, abuso sexual, trauma e outras formas de violência 1.4.2. Afere os resultados das tomadas de decisão do processo de cuidados e a ponderação realizada, visando elevar a prática especializada da Enfermagem na área forense, em todos os contextos clínicos 1.4.3. Identifica e seleciona estratégias a reformular para conseguir a melhoria da qualidade da prática de cuidados à vítima, perpetrador e famílias, em casos de maus-tratos, abuso sexual, trauma e outras formas de violência 1.4.4. Estabelece prioridades de melhoria e definição de metas, desenvolvendo aptidões na prevenção de incidentes de prática insegura 1.4.5. Reorganiza e coordena o papel do enfermeiro forense nos contextos clínicos da atividade da Enfermagem Forense

2. Desenvolve, promove, implementa e supervisiona sistemas de resposta a problemas de saúde decorrentes de maus-tratos, abuso sexual, trauma e outras formas de violência, em todos os contextos da prática de cuidados. **Descritivo**: favorece a melhoria da qualidade dos cuidados forenses, nos âmbitos de maus-tratos, abuso sexual, trauma e outras formas de violência, com intervenções baseadas em evidências científicas, atuais e permanentes, constituindo um agente ativo na criação de protocolos de atuação, *guidelines* e programas de sensibilização, aplicados a todos os contextos clínicos.

Unidades de competência	Critérios de avaliação
2.1. Suporta a prática clínica especializada da Enfermagem Forense na evidência, investigação e conhecimento científico, com base na ciência de enfermagem e disciplinas forenses	2.1.1. Identifica lacunas do conhecimento e oportunidades relevantes de investigação para a Enfermagem Forense 2.1.2. Pesquisa e colabora em estudos de investigação, desenvolvendo projetos de pesquisa, dentro dos contextos da Enfermagem Forense 2.1.3. Analisa e divulga dados relevantes, resultantes da evidência científica, que contribuem para o saber e desenvolvimento da Enfermagem Forense 2.1.4. Contribui para o crescimento conceptual e para a evolução da prática da Enfermagem especializada na área forense, concebendo, desenvolvendo e participando em programas científicos

Unidades de competência	Critérios de avaliação
2.2. Concebe e colabora na formulação de políticas, procedimentos e padrões documentais para uma Enfermagem Forense especializada nos diversos contextos clínicos	2.2.1. Integra programas formativos em estreita colaboração com instituições de saúde educativas e outras parcerias sociais, visando à obtenção de medidas de atuação multissetoriais 2.2.2. Promove a responsabilidade para os paradigmas éticos, no âmbito dos maus-tratos, abuso sexual, trauma e outras formas de violência 2.2.3. Aplica os conhecimentos na prestação de cuidados especializados em Enfermagem Forense na formulação de *guidelines* para a boa prática, na área dos maus-tratos, abuso sexual, trauma e outras formas de violência 2.2.4. Realiza, participa e colabora no desenvolvimento de projetos e protocolos de atuação institucionais, que contribuem para a excelência dos sistemas de resposta 2.2.5. Atualiza e revê soluções eficientes dos sistemas de resposta às vítimas de maus-tratos, abuso sexual, trauma e outras formas de violência 2.2.6. Desenha documentos legais relacionados com a prestação de Enfermagem sob supervisão de juristas

3. Desenvolve uma prática de cuidados que respeita os direitos das vítimas, perpetradores e suas famílias e a responsabilidade profissional legalmente suportada, em contexto de maus-tratos, abuso sexual, trauma e outras formas de violência.
   Descritivo: demonstra uma prática segura, profissional, com bases ético-deontológicas, evidenciando respeito pelos direitos humanos, assumindo a responsabilidade de gerir situações potencialmente comprometedoras para as vítimas, perpetradores e suas famílias.

Unidades de competência	Critérios de avaliação
3.1. Promove a proteção dos direitos humanos e legais das vítimas, perpetradores e suas famílias, nos diferentes contextos clínicos	3.1.1. Assume a responsabilidade profissional legalmente suportada na defesa dos direitos das vítimas, perpetradores e suas famílias 3.1.2. Promove a confidencialidade e a segurança da informação 3.1.3. Demonstra respeito pelos valores, costumes, crenças e práticas das vítimas, perpetradores e suas famílias em contexto de maus-tratos, abuso sexual, trauma e outras formas de violência

Unidades de competência	Critérios de avaliação
3.2. Demonstra a tomada de decisão ética na prática especializada da Enfermagem Forense nos contextos clínicos	3.2.1. Desenvolve estratégias de resolução das necessidades das vítimas, perpetradores e suas famílias, em parceria com estes 3.2.2. Promove o exercício profissional de acordo com o código deontológico incorporando elementos do enquadramento legal nos diferentes contextos

Competências do domínio investigação da morte

As competências do domínio investigação da morte são as seguintes:

1. Aplica o processo de Enfermagem ao processo de investigação da morte (violenta ou indeterminada) que ocorra em qualquer etapa do ciclo de vida. **Descritivo**: aplica os conhecimentos da disciplina de enfermagem e ciências forenses em uma avaliação analítica do contexto da morte, e lida com os aspectos psicossociais inerentes aos processos de morte, utilizando a metodologia científica do processo de Enfermagem.

Unidades de competência	Critérios de avaliação
1.1. Identifica o processo de morte, iniciando a investigação, em uma avaliação inicial, em colaboração com o sistema judicial	1.1.1. Procede à recolha de informação pertinente, através de fotodocumentação e documentação escrita 1.1.2. Analisa o cenário da morte e suas circunstâncias 1.1.3. Analisa o cadáver da vítima através de metodologia forense 1.1.4. Observa os comportamentos e interações da família e/ou outros intervenientes presentes 1.1.5. Interage com as várias entidades envolvidas, na investigação da morte, colaborando com o sistema judicial 1.1.6. Faz juízo acerca do local da morte e questões de segurança
1.2. Estabelece diagnósticos das condições que possam ter levado à morte	1.2.1. Identifica as condições de saúde da vítima 1.2.2. Determina que informação subsequente é necessária para obtenção da causa e mecanismo de morte 1.2.3. Define que entrevistas são necessárias ao progresso da investigação da morte

Unidades de competência	Critérios de avaliação
1.3. Constrói objetivos e planeja estratégias de intervenção, com vista a determinar a trajetória da investigação da morte	1.3.1. Orienta a direção a dar as entrevistas 1.3.2. Planeja a obtenção da informação atendendo às medidas legais possíveis, sem pôr em causa o valor dos achados e informação 1.3.3. Reúne com a equipe multidisciplinar, discute estratégias de investigação e debate dificuldades do caso
1.4. Implementa o plano traçado para obter informação adicional, contribuindo para o desenvolvimento da investigação, conduzindo à confirmação dos achados e respondendo a novas questões	1.4.1. Realiza entrevistas forenses, com sensibilidade, consciência e respeito pelas respostas ao trauma 1.4.2 Gere processos internos de transferência e contra transferência 1.4.3. Recolhe histórico médico e social da vítima 1.4.4. Realiza a autópsia psicológica 1.4.5. Aplica os princípios relevantes a garantir a segurança e colabora na aplicação de planos de emergência 1.4.6. Cumpre medidas para garantir a segurança dos dados obtidos e registros efetuados
1.5. Avalia os resultados face os objetivos e rumo traçados, identificando alterações necessárias ao processo investigativo e reajustando as intervenções até ao término da investigação da morte	1.5.1 Analisa e avalia os resultados da investigação da morte 1.5.2. Determina a necessidade de mais resultados até obter as respostas da situação da morte 1.5.3. Revê intervenções e objetivos se identifica necessidade de mudança de trajetória no processo de investigação da morte

2. Interage com os sobreviventes e famílias e provê ajuda no processo de luto, ao longo do processo de investigação da morte.
   Descritivo: obtém informação necessária e relevante à compreensão do estado de saúde dos familiares e/ou pessoas significativas da vítima, durante o processo transitório de adaptação à perda, promovendo suporte emocional, social, informativo e organizacional ao longo do processo investigativo da morte.

Unidades de competência	Critérios de avaliação
2.1. Previne e/ou minimiza os prejuízos em saúde para familiares e/ou pessoas significativas da vítima, no processo de luto, ao longo do processo da investigação da morte.	2.1.1. Avalia as repercussões para a saúde, decorrentes do processo de morte da vítima, para familiares e/ou pessoas significativas 2.1.2. Antecipa respostas dos familiares e/ou pessoas significativas da vítima face a perda e a evolução do processo 2.1.3. Apoia familiares e/ou pessoas significativas enlutadas durante a investigação da morte 2.1.4. Promove o trabalho em parceria multidisciplinar no sentido de garantir a maior eficiência nos resultados das intervenções 2.1.5. Utiliza habilidades especializadas nos processos de negociação, com vista à colaboração multidisciplinar, garantindo o respeito pelas respostas individuais dos familiares e/ou pessoas significativas enlutadas 2.1.6. Monitora e controla as suas reações emocionais e comportamentais durante o processo de investigação e de apoio aos familiares e/ou pessoas significativas enlutadas

Competências do domínio psiquiatria forense

As competências do domínio da enfermagem psiquiátrica forense são as seguintes:

1. Desenvolve a sua atividade com ofensores, punidos por lei, em uma abordagem interdisciplinar nas tomadas de decisão com o sistema judicial, nos diversos contextos do Direito (penal, civil, militar e do trabalho).
   Descritivo: aplica o conhecimento da enfermagem psiquiátrica e das ciências forenses no desenvolvimento de estratégias de avaliação e correção de comportamento aplicados a ofensores, de modo a tornar viável a sua reinserção social, mediando as respostas possíveis com as diretrizes do sistema judicial, caso a caso.

Unidades de competência	Critérios de avaliação
1.1. Estabelece objetivos e estrutura planos terapêuticos na sua atividade com ofensores, desenvolvendo uma prática de segurança, mobilizando dinâmicas próprias de cada contexto	1.1.1. Aplica o conhecimento do quadro jurídico à prestação de cuidados 1.1.2. Avalia e gera o potencial de risco dos utentes dos serviços psiquiátricos forenses 1.1.3. Participa na gestão do processo de contenção e de transferência dos utentes, dos serviços psiquiátricos forenses 1.1.4. Promove a saúde física dos utentes dentro dos serviços psiquiátricos forenses 1.1.5. Defende as necessidades em saúde mental dos utentes que se encontram em ambiente de custódia prisional 1.1.6. Demonstra integridade profissional na resposta a comportamentos desafiadores 1.1.7. Demonstra competência nos requisitos de segurança física, processual e relacional 1.1.8. Compreende as interfaces da legislação de saúde mental 1.1.9. Elabora relatórios escritos e/ou pareceres que contribuam para a aplicação da justiça nos processos 1.1.10. Compreende o impacto do *status* de criminoso e encarceramento sobre o utente e familiares e as implicações para o processo de reinserção 1.1.11. Considera o tipo e a gravidade da infração e das implicações para a gestão de riscos em curso no planejamento dos cuidados de enfermagem 1.1.12. Compreende o impacto de um ambiente seguro e cultura sobre o comportamento do utente 1.1.13. Implementa e avalia estratégias para lidar com um comportamento desafiante 1.1.14. Reflete criticamente sobre as respostas pessoais do utente

Unidades de competência	Critérios de avaliação
1.2. Aplica os princípios éticos da prática clínica com os utentes dos serviços psiquiátricos forenses	1.2.1. Demonstra conhecimento de si e mantém uma fronteira profissional com o utente em regime de custódia 1.2.2. Gera juízos morais pessoais que conflituem com as obrigações profissionais 1.2.3. Aplica estratégias de gestão de tensão na sua atividade com o utente sob custódia 1.2.4. Entende o contexto sociopolítico dos cuidados de saúde e utiliza processos de tomada de decisão com base em evidências e isentos de interesses pessoais, de grupo ou de preconceitos da comunidade. 1.2.5. Respeita a decisão da família sobre o nível de envolvimento com o utente 1.2.6. Defende as necessidades de saúde mental dos utentes em ambiente de custódia prisional, ministrando formação aos agentes da custódia, no âmbito da saúde mental 1.2.7. Conhece a legislação e protege os direitos do utente minimizando a estigmatização e a discriminação 1.1.8. Envolve o utente, a família e outros membros da equipe interdisciplinar no desenvolvimento e implementação de planos de cuidados e planos de tratamento

2. Desenvolve a sua prática clínica com as vítimas, capacitando-as a reunir recursos intrínsecos e extrínsecos que facultem as opções mais ajustadas ao restabelecimento da saúde mental, caso a caso, atendendo aos contextos vivenciados.
   Descritivo: recolhe a informação necessária e pertinente à compreensão do estado de saúde mental das vítimas de violência, com vista ao processo de mobilização de aptidões nas vítimas, para a prevenção de perturbação mental e promoção e proteção da saúde.

Unidades de competência	Critérios de avaliação
2.1. Avalia o impacto do trauma nas vítimas de violência e define estratégias terapêuticas para minimizar os seus efeitos, de acordo com as situações de violência vivenciadas e as características intrínsecas da vítima	2.1.1. Demonstra conhecimento sobre trauma e implicações para a saúde 2.1.2. Identifica do evento traumático vivenciado pela vítima de violência qual o fator preditor e promotor do trauma 2.1.3. Avalia as respostas da família ou pessoas significativas, perante os eventos traumáticos 2.1.4. Acautela comportamentos agressivos que a vítima pode exibir em resposta à ameaça recebida 2.1.5. Acautela a revitimização da vítima 2.1.6. Concebe estratégias de empoderamento que permitam à vítima desenvolver conhecimentos, capacidades e fatores de proteção, para eliminar ou reduzir o risco de perturbação mental 2.1.7. Orienta a vítima no acesso a recursos comunitários

Competências do domínio preservação de vestígios

A competência do domínio preservação de vestígios:

1. Detém elevado conhecimento de recolha e preservação de vestígios, nos diferentes contextos da prática de Enfermagem e seus requisitos legais. **Descritivo**: reconhece as categorias forenses das vítimas possíveis de encontrar na prática clínica pré-hospitalar, hospitalar, comunitária ou outros contextos profissionais da atividade da Enfermagem, identificando os vestígios de relevância criminal, caso a caso, atendendo aos requisitos legais da recolha e preservação de vestígios.

Unidades de competência	Critérios de avaliação
1.1. Aplica o conhecimento da recolha de vestígios na prática clínica de Enfermagem, quer pré-hospitalar, hospitalar, comunitária ou outros contextos profissionais, cumprindo os limites legais aplicáveis	1.1.1. Conhece os padrões de morte violenta 1.1.2. Está atento ao princípio de transferência de vestígios 1.1.3. Determina e garante a segurança do local para proceder à recolha e preservação de vestígios 1.1.4. Faz uma análise rápida do local e observando a localização da vítima

Unidades de competência	Critérios de avaliação
1.1. (*Continuação*)	1.1.5. Presta socorro, sendo esta uma prioridade absoluta, se vítima viva, usando o conhecimento da preservação de vestígios nas suas ações 1.1.6. Preserva o local, em caso de morte, impedindo a contaminação do cenário de morte 1.1.7. Reconhece todos os itens de relevância criminal específicos em cada contexto de violência 1.1.8. Recolhe e preserva os vestígios atendendo as características específicas de cada vestígio. 1.1.9. Cumpre normas e protocolos de boas práticas existentes, para a recolha e preservação de vestígios 1.1.10. Assegura a cadeia de custódia cumprindo os seus princípios 1.1.11. Dá apoio à vitima e familiares durante a colheita e preservação de vestígios 1.1.12. Executa entrevistas estruturadas para orientação da recolha de vestígios relevantes para a investigação criminal 1.1.13. Documenta a recolha e preservação de vestígios, com descrição pormenorizada do local e condições da vítima, cumprindo os princípios básicos da identificação de vestígios de relevância criminal 1.1.14. Atende à privacidade da vítima na recolha de vestígios 1.1.15. Executa fotografia forense, cumprindo os seus princípios 1.1.16. Orienta a vítima para o cumprimento de regras básicas necessárias para garantir a preservação de vestígios 1.1.17. Conhece as categorias forenses das vítimas que recorrem aos serviços de saúde 1.1.18. Conhece os requisitos legais para a recolha de vestígios em pessoas 1.1.19. Mantém atualização constante dos princípios de recolha e preservação de vestígios, com base na evolução científica

Competências do domínio testemunho pericial

A competência do domínio testemunho pericial:

1. Exerce testemunho pericial em tribunal participando ativamente com o sistema judicial.
Descritivo: contribui para o processo judicial através de conhecimento, competência, experiência e formação, usando a sua capacidade para prestar testemunho em tribunal, quer seja na qualidade de perito, quer como testemunha de fato, sempre tendo por base os princípios éticos.

Unidades de competência	Critérios de avaliação
1.1. Presta testemunho em tribunal enquanto perito e testemunha de fato, de forma objetiva, honesta e imparcial	1.1.1. Conhece o padrão de atendimento e as evidências científicas para o caso em questão 1.1.2. Avalia os fatos clínicos, no caso em questão, identificando todas as informações, anotações e os procedimentos relevantes 1.1.3. Revê, na literatura científica, definições e normas de cuidados para situações idênticas 1.1.4. Analisa políticas e procedimentos em relação à recolha, identificação e preservação de vestígios, mantendo uma atualização permanente 1.1.5. Revê documentação da prestação de cuidados à vítima e/ou ao agressor 1.1.6. Identifica e utiliza pesquisa científica que possibilite a sustentação das suas opiniões enquanto perito 1.1.7. Demonstra objetividade e isenção de juízos de valor sobre o caso 1.1.8. Compreende o seu papel enquanto testemunha, conhecendo os procedimentos legais 1.1.9. Utiliza uma linguagem facilitadora de compreensão de conteúdos médicos para leigos em jargão médico 1.1.10. Expõe os limites da sua atividade sempre que lhe for exigida resposta a questões que considere exceder a abrangência da sua competência 1.1.11. Respeita os contributos de outros profissionais que prestam testemunho, sem que isso afete a sua opinião profissional sobre o caso

Competências do domínio consultoria

A competência do domínio consultoria consiste em:

1. Prestar apoio de consultoria a juristas em casos de litígios relacionados com área médico-legal no âmbito da negligência em cuidados de saúde, responsabilidade civil por lesões corporais, fraudes e abusos.
Descritivo: facilita a interpretação multidimensional arrolada à práxis de Enfermagem, assim como a aclaração, apuração ou avaliação dos casos médico-legais relacionados com cuidados de saúde, possibilitando a elaboração de estratégias aos profissionais da área jurídica, responsáveis pelos litígios e a resolução bem-sucedida entre as partes envolvidas.

Unidades de competência	Critérios de avaliação
1.1. Revê, analisa e interpreta registros clínicos e outros documentos relacionados, sintetizando a informação, em colaboração com profissionais da área jurídica	1.1.1. Dá assistência na avaliação inicial do litígio 1.1.2. Organiza e resume registros clínicos de Enfermagem 1.1.3. Revê, analisa e sintetiza registros clínicos e outros documentos, correlacionando-os com as alegações 1.1.4. Revê cronologias e prazos 1.1.5. Realiza pesquisa em cuidados de saúde acerca de padrões de atendimento, diretrizes e regulamentos, relacionados com os fatos da prestação de cuidados no caso em questão 1.1.6. Avalia descrição de lesões correlacionando os nexos de causalidade 1.1.7. Identifica possíveis necessidades de cuidados de saúde futuras e custos associados
1.2. Emite pareceres informados, enquanto consultor, sobre a prestação de cuidados de saúde e os resultados decorrentes, caso a caso	1.2.1. Executa entrevistas a testemunhas que se revelem pertinentes às questões de saúde, em colaboração com os profissionais da área jurídica 1.2.2. Identifica e localiza outros peritos para prestar testemunho 1.2.3. Instrui os profissionais da área jurídica envolvidos em casos de prestação de cuidados de saúde, nesse âmbito 1.2.4. Auxilia na elaboração de evidências demonstrativas 1.2.5. Provê estratégias de argumentação em casos jurídicos relacionados com cuidados de saúde, em colaboração com os profissionais da área jurídica responsáveis pelo caso 1.2.6. Presta testemunho como perito enquanto especialista de cuidados de saúde

Competências do domínio desastres de massa

As competências do domínio desastres de massa são as seguintes:

1. Estabelece respostas humanas aos processos de vida das pessoas envolvidas em cenários de desastres de massa, sejam eles de causa natural ou por intervenção humana.
   Descritivo: utiliza a metodologia do processo de Enfermagem na análise complexa das perdas em saúde decorrentes de um desastre de massa, de causas naturais ou de intervenção humana, desempenhando um papel dinamizador no suporte às populações afetadas, minimizando as perdas e otimizando respostas nos processos de transição, para promover a readaptação e o restabelecimento do estado de saúde da população em causa.

Unidades de competência	Critérios de avaliação
1.1. Identifica o tipo de evento, elaborando uma avaliação inicial da dimensão e repercussão do evento, em colaboração com a entidade gestora da catástrofe, antecipando prejuízos em saúde	1.1.1. Demonstra capacidade na determinação da magnitude do evento 1.1.2. Identifica as necessidades mais urgentes face ao contexto 1.1.3. Identifica os recursos disponíveis necessários 1.1.4. Reconhece o processo de gestão de catástrofe e identifica as entidades intervenientes respeitando a hierarquia de comando 1.1.5. Identifica as áreas em que pode intervir e integra as equipes de intervenção 1.1.6. Interage com as várias entidades intervenientes no evento 1.1.7. Inteira-se da legislação nacional e internacional relacionada com o contexto 1.1.8. Reconhece o seu papel na equipe interdisciplinar
1.2. Constrói objetivos e planeja estratégias de intervenção, com vista a determinar as prioridades em saúde em um desastre de massa	1.2.1. Colabora na reconstrução dos fatos, para o levantamento de necessidades, priorizando-as 1.2.2. Avalia e identifica possível risco de saúde pública 1.2.3. Identifica questões de risco de segurança decorrentes do evento 1.2.4. Identifica condições de saúde das vítimas

Unidades de competência	Critérios de avaliação
1.3. Formula estratégias priorizando as atividades mediante as necessidades avaliadas no decorrer do desastre de massa	1.3.1. Colabora no planejamento de medidas de segurança garantindo a manutenção do estado de saúde das equipes 1.3.2. Estabelece o tipo de cuidados necessários para atender às vítimas 1.3.3. Participa na elaboração de estratégias de procura e recuperação de vítimas, reconhecendo cenários de risco de vida e deterioração de saúde 1.3.4. Colabora no planejamento de estratégias na interação com os veículos de imprensa, compreendendo o seu papel
1.4. Executa o programa de intervenção planejado e adaptado às necessidades da população atingida, decorrentes do desastre de massa	1.4.1. Interage com os veículos de imprensa, cumprindo as diretrizes da entidade de gestão de catástrofe evitando especulação e emissão de opiniões pessoais 1.4.2. Realiza reportagem fotográfica forense 1.4.3. Identifica, recolhe e preserva vestígios para fins jurídicos e criminais 1.4.4. Presta apoio a familiares e sobreviventes 1.4.5. Colabora no resgate e atendimento das vítimas 1.4.6. Colabora no processo de identificação de cadáveres 1.4.7. Promove a descompressão psicológica dentro da equipe 1.4.8. Enfatiza a prevenção de doenças educando o público 1.4.9. Respeita as crenças culturais e normas religiosas da população atingida ou da comunidade onde ocorre o evento 1.4.10. Auxilia como intérprete nas barreiras linguísticas e culturais 1.4.11. Colabora na vigilância epidemiológica e no controle de doenças 1.4.12. Revê documentação e realiza entrevistas para obtenção de informação *ante-mortem* das vítimas 1.4.13. Participa nas medidas de preservação de cadáveres 1.4.14. Colabora na transmissão de informação aos familiares acerca da morte ou o desaparecimento de familiares com clareza, de modo ordenado e individualizado.

Unidades de competência	Critérios de avaliação
1.5. Avalia o projeto de intervenção perante os resultados, com vista ao aperfeiçoamento das respostas em situações de desastres de massa	1.5.1. Avalia as circunstâncias, as respostas e os resultados conseguidos, para melhoria de situações futuras 1.5.2. Participa em simulacros para atualização e aperfeiçoamento técnico 1.5.3. Promove a troca de experiências por meio de promoção, coordenação e participação em eventos científicos sobre a temática

Competência do domínio dos direitos humanos

As competências do domínio dos direitos humanos são as seguintes:

1. Desenvolve a sua prática com vítimas de violação de direitos humanos, capacitando-as a reunir recursos intrínsecos e extrínsecos, que ajudem ao restabelecimento da saúde, caso a caso.
2. Detém conhecimento sobre os direitos humanos, direito internacional e requisitos legais relacionados com crenças, culturas e religiões.
3. Desenvolve uma prática de cuidados que respeita os direitos das vítimas, perpetradores e suas famílias e a responsabilidade profissional legalmente suportada, em contexto de maus tratos, abuso sexual, trauma e outras formas de violência.

   Descritivo: Demonstra uma prática segura, profissional, com bases ético-deontológicas, evidenciando respeito pelos direitos humanos, assumindo a responsabilidade de gerir situações potencialmente comprometedoras para as vítimas, perpetradores e suas famílias.

Unidades de competência	Critérios de avaliação
3.1. Promove a proteção dos direitos humanos e legais das vítimas, perpetradores e suas famílias, nos diferentes contextos clínicos	3.1.1. Assume a responsabilidade profissional legalmente suportada na defesa dos direitos das vítimas, perpetradores e suas famílias 3.1.2. Promove a confidencialidade e a segurança da informação 3.1.3. Demonstra respeito pelos valores, costumes, crenças e práticas das vítimas, perpetradores e suas famílias em contexto de maus tratos, abuso sexual, trauma e outras formas de violência

Unidades de competência	Critérios de avaliação
3.2 Demonstra a tomada de decisão ética na prática especializada da enfermagem forense nos contextos clínicos	3.2.1. Desenvolve estratégias de resolução das necessidades das vítimas, perpetradores e suas famílias, em parceria com estes 3.2.2. Promove o exercício profissional de acordo com o código deontológico incorporando elementos do enquadramento legal nos diferentes contextos

CONSIDERAÇÕES FINAIS

Os padrões de aptidão do enfermeiro na área da Enfermagem Forense visam prover um enquadramento orientador do que são as áreas de intervenção e proficiências do enfermeiro forense e, deste modo, comunicar aos cidadãos o que podem esperar dos enfermeiros com formação forense.

Os enfermeiros têm um compromisso de longo prazo para a aprendizagem e para a manutenção de competência. Isso inclui a autoavaliação e avaliação pelos outros profissionais, para assegurar que a prática de Enfermagem Forense é realizada ao mais alto nível. Os enfermeiros são obrigados a ter conhecimentos relevantes para o atual padrão de prática de Enfermagem Forense.

Os enfermeiros forenses participam no avanço da prática por meio de educação, administração e desenvolvimento de conhecimento, bem como no avanço da profissão, através de uma política de cuidados de saúde, padrões de qualidade e disseminação de conhecimento pertinente para a prática da Enfermagem Forense e de domínios partilhados em saúde. Mais importante ainda, o enfermeiro forense tem responsabilidades para com as vítimas, de forma a responder adequadamente, para melhorar o acesso aos cuidados de Enfermagem Forense e trazer a mudança social que cria um mundo sem violência.

REFERÊNCIAS

American Association of Colleges of Nursing. Essentials of baccalaureate education for professional nursing practice. Washington, DC: American Association of Colleges of Nursing; 1998.

American Association of Colleges of Nursing. Position statement: Physical violence against women. Washington, DC: American Association of Colleges of Nursing; 1991.

American Association of Colleges of Nursing. The essentials of doctoral education for advanced nursing practice. Washington, DC: American Association of Colleges of Nursing; 2006.

American Board of Nursing Specialties. A position statement on the value of specialty nursing certification. 2005. Disponível em http://nursingcertification.org/pdf/value_certification.pdf [acesso em 12 jun 2008].

American Nurses Association, & International Association of Forensic Nurses. Forensic Nursing Scope and Standards of Practice. Washington, DC: American Nurses Association; 1997.

American Nurses Association. Code of ethics for nurses with interpretive statements. Silver Spring, MD: American Nurses Publishing; 2001.

American Nurses Association. Code of ethics for nurses with interpretative statements. Washington, DC: American Nurses Association; 2005a.

American Nurses Association. Nursing: Scope and Standards of Practice. Washington, DC: American Nurses Association; 2004.

American Nurses Association. Nursing's social policy statement. Washington, DC: American Nurses Publishing; 2003.

American Nurses Association. Recognition of a nursing specialty, approval of a specialty nursing scope of practice statement, and acknowledgment of specialty nursing standards of practice. Paper presented at the Congress on Nursing Practice and Economics, Washington, DC; 2005b.

Bader D. Gabriel S. Forensic nursing a concise manual. CRC Press LLC: USA; 2010.

Burgess AW, Berger AD, Boersma RR. Forensic nursing: investigating the career potential in this emerging graduate specialty. American Journal of Nursing. 2004:104(3):58-64.

Canadian Nurses Association, & Canadian Federation of Nurses Unions. Joint position statement. Practice environments: Maximizing client, nurse, and system outcomes. 2006. Disponível em http://www.cna-aiic.ca/CNA/documents/pdf/publications/PS88-Practice-Environments-e.pdf [acesso em 12 jun 2008].

Canadian Nurses Association. Advanced nursing practice: A national framework. Ottawa, ON: Canadian Nurses Association; 2008.

Canadian Nurses Association. Code of ethics for registered nurses. 2002. Disponível em http://www.cna-aiic.ca/cna/documents/pdf/publications/CodeofEthics2002_e.pdf [acesso em 8 jun 2008].

Canadian Nurses Association. Framework for the practice of registered nurses in Canada. 2007. Disponível em http://www.cna-aiic.ca/CNA/documents/pdf/publications/RN_Framework_Practice_2007_e.pdf [acesso em 13 mai 2008].

Consensus Panel on Genetic/Genomic Nursing Competencies. Essential Nursing Competencies and Curricula Guidelines for Genetics and Genomics. Silver Springs, MD: American Nurses Association; 2006.

Constantino R, Young S, Crane P. Forensic nursing evidence-based principles and practice. USA: Davis Company; 2012.

Darnell C. Forensic science in healthcare. CRC Press LLC: USA; 2011.

Fisher B. Techniques of crime scene investigation 7. ed. USA: CRC Press LLC; 2004.

Gomes A. Enfermagem forense. Vol. 1. Lisboa: Lidel; 2014.

Gomes A. Enfermagem forense. Vol. 2. Lisboa: Lidel; 2014.

IAFN. Forensic nursing scope and standards of practice. USA: Nursing Standards; 2009.

Institute for Economics and Peace. The Economic Cost Of Violence, 2015. Disponível em http://economicsandpeace.org/wp-content/uploads/2015/06/The-Economic-Cost-ofViolence-Containment.pdf [acesso em 15 ago 2021].

International Association of Forensic Nurses. Core competencies for advanced practice forensic nursing. 2004. Disponível em http://www.forensicnurse.org/associations/8556/files/APN%20Core%20Curriculum%20Document.pdf [acesso em 13 mai 2008].

International Association of Forensic Nurses. History of forensic nursing. 2008. Disponível em http://www.forensicnurse.org/associations/8556/files/IAFN%20Presentation.ppt#283,4,history of forensic nursing [acesso em 11 jun 2008].

International Association of Forensic Nurses. The forensic nurse's code of ethics. 2006. Disponível em http://www.iafn.org/displaycommon.cfm?an=1&subarticlenbr=56 [acesso em 11 jun 2008].

International Council of Nurses. ICN code of ethics for nurses. Geneva, Switzerland: International Council of Nurses; 2006.

International Council of Nurses. Position statement: Scope of nursing practice. 2004. Disponível em http://www.icn.ch/psscope.htm [acesso em 11 jun 2008].

Lynch V, Duval J. Forensic nursing science. Philadelphia: Elsevier Mosby; 2011.

Lynch VA. Forensic nursing in the emergency department: a new role for the 1990s. Crit Care Nurs Q. 1991;14(3):69-86.

Lynch V. Forensic nursing. Philadelphia: Elsevier Mosby; 2006.

Lynch VA. Clinical forensic nursing: a descriptive study in role development. Unpublished Thesis. Arlington, TX: University of Texas Arlington; 1990.

Lynch VA. Clinical forensic nursing: a new perspective in the management of crime victims from trauma to trial. Crit Care Nurs Clin North Am. 1995;7(3):489-507.

Mason T, Mercer D. Forensic psychiatric nursing: Visions of social control. Australian and New Zealand Journal of Mental Health Nursing. 1996;5:153-62.

McClelland N, Humphreys M, Hillis T. Forensic nursing and mental disorder in clinical practice. USA: Butterworth Heinemann; 2001.

Merriam-Webster's Collegiate® Dictionary 11. ed. Springfield, MA: Merriam-Webster; 2008.

National Institutes of Health. Public health and private ethics. Profiles: C. Everett Koop, MD, Surgeon General. 1986. Disponível em http://profiles.nlm.nih.gov/QQ/B/B/F/W/_/qqbbfw.pdf [acesso em 12 jun 2008].

O'Carroll PW. Public Health Informatics Competencies Working Group. Informatics competencies for public health professionals. Seattle, WA: Northwest Center for Public Health Practice, University of Washington School of Public Health and Community Medicine; 2002.

Organização Mundial da Saúde (OMS). Classificação Internacional de Doenças: CID-10. 10. ed. São Paulo: EDUSP; 2008.

QUAD C. Public Health Nursing Competencies. 2003. Disponível em http://www.sphtc.org/phn_competencies_final_comb.pdf [acesso em 12 jun 2008].

Saferstein R. Criminalistics: an introduction to forensic science 6. ed. USA: Prentice Hall; 1998.

Schober M, Affara FA. International Council of Nurses: Advanced Nursing Practice. Malden, MA: Blackwell Publishing; 2006.

Sheridan DJ. Legal and forensic nursing responses to family violence. In: Humphreys J & Campbell JC (Eds.). Family violence and nursing practice. Philadelphia, PA: Lippincott, Williams & Wilkins; 2004. p. 385-406.

Shives LR. Basic concepts of psychiatric mental health nursing. 7. ed. Philadelphia, PA: Lippincott, Williams and Wilkins; 2008.

Speck PM, Peters S. Forensic nursing: Where law and nursing intersect. Advance for Nurse Practitioners; 11. 1999.

The National Nursing and Nursing Education Taskforce. A national specialisation framework for nursing and midwifery. 2006. Disponível em http://www.nnnet.gov.au/downloads/recsp_spec_framework.pdf [acesso em 11 jun 2008].

United Nations. Universal Declaration of Human Rights, General Assembly resolution 217 A (III). 1948. Disponível em http://www.un.org/Overview/rights.html [acesso em 12 jun 2008].

Weiss CH. Evaluation. 2. ed. Upper Saddle River, NJ: Prentiss Hall; 1998.

CAPÍTULO

15

Papel da Enfermagem no atendimento a vítimas de intoxicações exógenas

Betise Mery Alencar Sousa Macau Furtado
Rodrigo Patriota Pires
Ana Carolina Bezerra de Lima
Bruno Albuquerque Campos

INTRODUÇÃO

Praticamente todas as substâncias podem ser nocivas ao homem, a depender da dose administrada. E é a partir desta prerrogativa que deriva a toxicologia clínica, ciência multidisciplinar que, além de estudar os efeitos adversos causados por agentes químicos no homem e no meio ambiente, investiga também as propriedades físico-químicas de cada substância e avalia a segurança de seu uso (Andrade Filho, Campolina e Dias, 2013).

Para o estudo da toxicologia clínica, é necessário o emprego de alguns conceitos básicos pelos profissionais que se interessam em aprimorar os conhecimentos nesta importante área. Assim, com base nos trabalhos de Klaassen e Watkins (2015), consideraremos os seguintes conceitos para o estudo deste capítulo:

- **Agente tóxico**: é uma substância química, de origem natural ou sintética, capaz de causar uma interação com um organismo e produzir alterações em um sistema biológico, inclusive podendo levar à morte.
- **Toxina**: refere-se à substância tóxica produzida por um organismo vivo (microrganismo, animal ou vegetal).
- **Veneno**: termo de uso popular que, embora possa ser utilizado como sinônimo de agente tóxico, é reservado especificamente para designar substâncias de origem animal ou vegetal, utilizadas primariamente como

componente corporal para digestão, entre outras funções, e secundariamente para a autodefesa e agentes nocivos aos outros seres vivos, como é o caso dos venenos de origem ofídica, de plantas, entre outros.

As intoxicações e os envenenamentos são motivos de atendimentos nos serviços de urgência e emergência, e de internações em unidades de suporte avançado de vida (SAV), afetando indivíduos de todos os gêneros e em todas as faixas etárias, podendo ser de forma intencional ou não intencional (Costa e Alonzo, 2019). A Organização Mundial da Saúde (OMS) afirma que pouco mais de 35% dos casos de doença cardíaca isquêmica e cerca de 42% dos acidentes vasculares cerebrais poderiam ser prevenidos através da redução ou eliminação da exposição a substâncias químicas. Essas substâncias podem estar associadas a afecções respiratórias, neoplasias, adversidades na gravidez, transtornos neurológicos e outros problemas de saúde pública (OMS, 2016).

Estima-se que quase 5% de todos os atendimentos em emergências e que 5% a 14% das internações de adultos em terapia intensiva são decorrentes de envenenamentos agudos (Andrade Filho, Campolina e Dias, 2013). As drogas farmacêuticas, os opioides, os pesticidas e os acidentes com animais peçonhentos são as exposições mais comuns, com vários padrões de toxicidade em diferentes regiões, sendo os fármacos mais prevalentes em países desenvolvidos, e os inseticidas, nos países em desenvolvimento ou subdesenvolvidos (Mehrpour, Akbari e Jahani, 2018).

Seria prudente que plantonistas das várias especialidades que atuam em unidades de pronto-atendimento e de terapia intensiva tivessem conhecimento básico sobre a ação de substâncias químicas naturais ou sintéticas que, em algumas situações, podem agir sobre o organismo humano, interagir com medicamentos ou provocar reações adversas com danos menores ou às vezes com ameaça à vida desses pacientes. Esse conhecimento pode contribuir no diagnóstico diferencial, a exemplo de pacientes que apresentam acidose metabólica decorrente de acidentes graves com escorpião, bem como em pacientes com diagnóstico de edema agudo de pulmão, em decorrência de intoxicação por venenos anticolinesterásicos (Andrade Filho, Campolina e Dias, 2013).

Os enfermeiros de urgência e emergência devem estar aptos para o atendimento ao paciente vítima de intoxicação exógena e envenenamento, visto que são uma parte dos profissionais de saúde à frente na assistência direta ao paciente no primeiro atendimento. De acordo com a Lei n. 7.498, de 25 de junho de 1986, que dispõe sobre a regulamentação do exercício da Enfermagem e dá outras providências, o enfermeiro exerce todas as atividades de Enfermagem, cabendo-lhe, privativamente, os cuidados diretos a pacientes graves, com risco de vida, de maior complexidade técnica e que exijam conhecimentos de base científica e capacidade de tomar decisões imediatas (Cofen, 1986).

A Lei do Exercício Profissional (Cofen, 1986) garante aos enfermeiros atuação direta na assistência às vítimas de intoxicações agudas, por se tratar de pacientes considerados graves, seja durante o exame físico inicial, na preparação e estabilização dos sinais vitais, nas medidas de descontaminação inicial, na administração de antídotos ou drogas com efeitos antagonistas às alterações causadas pelo tóxico ou veneno envolvido. Além disso, os enfermeiros assumem um papel crucial no acompanhamento e monitoramento direto e ininterrupto ao paciente durante toda sua internação, tendo em vista a instabilidade clínica comumente presente nas vítimas de intoxicações ou envenenamentos.

Assim, neste capítulo, serão priorizados os atendimentos de pacientes intoxicados e envenenados mais comuns nas emergências e internamentos hospitalares do Brasil, de acordo com os registros do Ministério da Saúde (Brasil, 2017). Dentre tantas substâncias químicas orgânicas e inorgânicas existentes, simples ou associadas, e venenos presentes na biodiversidade brasileira, abordaremos as intoxicações agudas por fármacos, por inibidores colinesterásicos (sobretudo os venenos carbamatos/organofosforados) e pelos acidentes com animais peçonhentos (especialmente acidentes escorpiônicos e ofídicos).

PREMISSAS BÁSICAS PARA TODOS OS TIPOS DE INTOXICAÇÃO

O atendimento ao paciente vítima de intoxicação aguda segue, em determinados casos, algumas linhas gerais de enfrentamento, que consistem em algumas etapas básicas, a saber (Andrade Filho, Campolina e Dias, 2013; Klaassen e Watkins, 2015; OMS, 2016):

- Suporte de vida, corrigindo os sinais vitais com medidas salváveis.
- Identificação do agente tóxico e estudo de suas características farmacológicas.
- Realização de um breve interrogatório inicial sobre o acidente, seja com o próprio paciente, com o acompanhante ou mesmo com o socorrista (inquérito toxicológico).

- Remoção da máxima quantidade do agente tóxico do organismo afetado.
- Criação de uma barreira à absorção, em se tratando de contaminação gástrica.
- Utilização de antídoto ou antagonista, quando isso for possível.
- Encaminhamento para uma unidade de suporte avançado de vida, quando for necessário.

ATENDIMENTO EM SITUAÇÕES ESPECÍFICAS

Intoxicação medicamentosa

Nas intoxicações por fármacos, devemos levar em consideração informações importantes que envolvem a exposição da vítima, a exemplo das informações técnicas e farmacológicas do agente envolvido, descritas a seguir (Klaassen e Watkins, 2015):

- Dose terapêutica: quantidade necessária de um agente para causar um efeito terapêutico, ou seja, o efeito desejado.
- Meia-vida: quantidade de tempo característica do decaimento exponencial da presença de um fármaco na circulação sanguínea. É o tempo necessário para que a concentração plasmática de determinado fármaco seja reduzida pela metade.
- Pico plasmático: concentração plasmática máxima atingida pelo fármaco após a administração.
- Dose tóxica: menor dose tóxica publicada (TDLo, do inglês, *toxic dose low*), é a menor dosagem de uma substância por unidade de massa corporal (miligramas de substância por quilogramas de massa corporal) que produz sinais de toxicidade em uma espécie animal em particular.
- Dose letal: DL50 ou LD500 (do inglês, *lethal dose*). É a dose necessária de uma dada substância ou tipo de radiação para matar 50% de uma população em teste.

Além destes conceitos, também devemos observar a circunstância da exposição pela vítima, para avaliar a intenção, o tipo, a quantidade do agente tóxico envolvido e, consequentemente, a gravidade. As principais circunstâncias das intoxicações são (Costa e Alonzo, 2019; OMS, 2016; Mehrpour, Akbari e Jahani, 2018):

- Tentativa de suicídio ou autoextermínio.
- Envenenamentos intencionais.
- Ingesta acidental, envolvendo principalmente crianças.
- Exposição ambiental, predominantemente as exposições ocupacionais.

No Brasil, existe uma farmácia (ou drogaria) para cada 3.300 habitantes, e o país está entre os 10 que mais consomem medicamentos no mundo. O acesso às drogarias e a facilidade na aquisição de fármacos no popularmente conhecido "balcão da farmácia" promovem um acréscimo no consumo de medicamentos pela população brasileira e, consequentemente, aumentam o risco de intoxicação por esses fármacos (Brasil, 2019).

Medidas gerais de atendimento ao paciente intoxicado por fármacos consistem em:

- Oferecer suporte clínico de vida (respiratório, cardiovascular, neurológico e outros).
- Administrar oxigênio úmido (quando indicado).
- Providenciar acesso vascular periférico de bom calibre.
- Hidratar o paciente com cristaloides endovenosos.
- Realizar sondagem gástrica.
- Realizar lavagem gástrica por sonda gástrica (SG), com soro fisiológico (SF) 0,9%.
- Carvão ativado por SNG. Obs.: em alguns casos, injetar a solução lentamente, para evitar velocidade de expansão gástrica e refluxo para o duodeno.
- Correção da hipoglicemia (administração de glicose se glicemia < 60 mg/dL).
- Correção de distúrbios hidroeletrolíticos, e em especial pacientes submetidos a lavagem gástrica e vômitos intensos.
- Métodos dialíticos podem ser usados em pacientes com insuficiência renal ou com intoxicação grave e risco de vida (hemodiálise).

Cabe ao enfermeiro, além do atendimento inicial e da realização de medidas gerais, realizar o chamado Inquérito Toxicológico, na tentativa de elucidar as circunstâncias da intoxicação e propor medidas de enfrentamento específicas para cada situação (Andrade Filho, Campolina e Dias, 2013).

O Quadro 1 descreve algumas etapas da realização deste inquérito.

QUADRO 1 Etapas para a realização do inquérito toxicológico

Etapas
▪ Comunicar-se com o relator - a pessoa que encontrou a vítima. ▪ Investigar quantos comprimidos foram ingeridos. ▪ Anotar a quantidade de cada medicamento, calculando todas as doses. ▪ Avaliar circunstancialmente as doses: terapêutica - tóxica - letal. ▪ Avaliar se foi utilizado mais de um tipo de medicamento. ▪ Perguntar se a vítima já faz uso rotineiro da medicação. ▪ Descobrir como é armazenado o fármaco. ▪ Investigar o que foi encontrado próximo à vítima.

Fonte: adaptado de Andrade Filho, Campolina e Dias, 2013.

A partir da sequência observada no Quadro 1, e como representação de um atendimento a um caso de intoxicação por medicamento, a seguir teremos um exemplo de como o enfermeiro deve proceder, na linha de atendimento, às intoxicações por medicações. O exemplo será um caso de intoxicação aguda pelo Fenobarbital.

Inicialmente, é necessário conhecer as principais características do medicamento envolvido.

Barbitúrico — Fenobarbital

- Anticonvulsivante e sedativo.
- Caixa com 20 comprimidos de 50 mg e 100 mg.
- Provoca depressão do sistema nervoso central (SNC).
- Apresenta alta mortalidade por aspiração brônquica e insuficiência respiratória.

Características farmacológicas

- **Pico plasmático**: 8 horas em adultos e 4 horas em crianças.
- **Meia-vida plasmática**: em crianças, a meia-vida plasmática é de 40 a 70 horas; nos adultos, é de 50 a 140 horas, sendo ligeiramente maior em pacientes idosos e em casos de insuficiência renal ou hepática (Andrade Filho, Campolina e Dias, 2013; Klaassen e Watkins, 2015).

O fenobarbital é distribuído através de todo o organismo, particularmente no cérebro, devido à sua lipossolubilidade. Atravessa a barreira placentária e é excretado, inclusive no leite materno. É metabolizado no fígado a um derivado hidroxilado inativo e, em seguida, em glicuroconjugado ou sulfoconjugado, sendo posteriormente excretado pelos rins na forma inalterada (principalmente se a urina é alcalina). As doses terapêuticas, tóxicas e letais são (Andrade Filho, Campolina e Dias, 2013; Klaassen e Watkins, 2015):

- **Doses terapêuticas**: adultos, de 100 a 200 mg por kg; crianças, de 5 a 8 mg por kg.
- **Doses tóxicas**: adultos, de 18 a 36 mg por kg; crianças, de 10 mg por kg.
- **Dose letal**: 5 a 10 gramas, se a ingestão for isolada (50 comprimidos de 100 mg).[1]

Fisiopatologia

Os barbitúricos deprimem a atividade de todos os tecidos excitáveis de maneira reversível, sendo o SNC particularmente sensível à sua ação. Efeitos em outros sistemas (Andrade Filho, Campolina e Dias, 2013; Klaassen e Watkins, 2015):

- **Sistema respiratório**: deprimem o impulso respiratório e os mecanismos responsáveis pelo ritmo da respiração, com pouco efeito sobre os reflexos protetores.
- **Sistema cardiovascular**: doses hipnóticas modificam pouco a frequência cardíaca e a pressão arterial; porém, doses mais elevadas diminuem a contratilidade miocárdica e deprimem a musculatura lisa dos vasos.
- **Sistema digestivo**: diminuem o tônus da musculatura de todo o trato gastrointestinal, retardando, assim, o tempo de esvaziamento gástrico e a velocidade do trânsito intestinal.

Quadro clínico em casos de intoxicações

Alguns sinais podem acompanhar o quadro clínico nos casos de intoxicações, tais como sonolência, hipotensão, depressão respiratória, diminuição do tônus muscular, diminuição do peristaltismo intestinal, além de parada cardiorrespiratória e insuficiência renal (Andrade Filho, Campolina e Dias, 2013; Klaassen e Watkins, 2015).

---

[1] De acordo com Olson (2014), a dose letal dos barbitúricos varia de forma ampla, a depender da via de administração, da dose administrada e de características do indivíduo. No geral, a dose letal é considerada quando se atinge um valor 5 a 10 vezes maior do que a dose hipnótica (terapêutica), tanto para adultos quanto para crianças.

Tratamento

No desempenho das atividades do enfermeiro frente às intoxicações por fármacos, alguns aspectos da terapêutica devem ser considerados (Andrade Filho, Campolina e Dias, 2013; Olson, 2014).

Descontaminação gástrica e o uso da sonda gástrica

A descontaminação gástrica através do uso da passagem de sonda e lavagem é indicada para remover fármacos líquidos e sólidos em caso de overdose maciça ou ingestão de substâncias particularmente tóxicas. Tal técnica tem maior probabilidade de eficácia se iniciada dentro de 30 a 60 minutos após a ingestão, embora seja útil mesmo após várias horas da ingestão de agentes que retardam o esvaziamento gástrico, como os salicilatos (p. ex., ácido acetilsalicílico – AAS), opioides (p. ex., fentanil, morfina) ou fármacos anticolinérgicos (p. ex., atropina, escopolamina) (Olson, 2014).

Técnica por meio da sondagem gástrica (via oral ou nasal)

Deverá ser realizada a lavagem gástrica com solução de soro fisiológico (SF) a 0,9% (em média, 2.000 mL), até retorno limpo. Deve-se ter cautela no volume infundido. Em cada sessão, durante as lavagens gástricas que envolvem intoxicações por medicamentos, é necessário infundir cerca de 200 a 300 mL de SF a 0,9%, por vez (Andrade Filho, Campolina e Dias, 2013; Olson, 2014), com o objetivo de evitar que o estômago, estando cheio, desloque a medicação no seguimento digestivo, via duodeno.

Em algumas situações, a sondagem gástrica para lavagem dos resíduos está contraindicada, como na intoxicação por substâncias que têm ação cáustica e/ou corrosivas (ácidos, amoníaco, soda cáustica e derivados do petróleo). Essas contraindicações são pela ineficiência da ação, pelo risco de estimular o vômito, de perfurar áreas friáveis, pelo risco de aspiração de conteúdo gástrico ou corpo estranho na árvore traqueobrônquica, o que pode provocar nas vias respiratórias queimaduras químicas. Além disso, também deve haver cautela na realização da lavagem gástrica em pacientes inconscientes (Andrade Filho, Campolina e Dias, 2013; Klaassen e Watkins, 2015; Olson, 2014), pelo risco de aspiração pulmonar.

Carvão ativado

Os compostos adsorventes, a exemplo do carvão ativado, são substâncias que têm a capacidade de se ligar ao agente tóxico, tornando-se um composto estável que não é absorvido pelo trato gastrointestinal, sendo eliminado pelas fezes. O carvão ativado é obtido a partir da pirólise de material orgânico e apresenta-se na forma de pó, que possui partículas porosas com alto potencial adsorvente do agente tóxico. Em geral, este composto é utilizado após a lavagem gástrica, através de sondagem, mas também pode ser aplicado por via oral, como medida única de descontaminação gástrica (Andrade Filho, Campolina e Dias, 2013; Olson, 2014).

Principais ações do carvão ativado

- Impossibilita a absorção pelo aparelho digestivo do produto tóxico.
- Forma um impermeabilizante em todo o trato gastrointestinal.

O carvão ativado pode ser administrado em dose única ou em doses seriadas, a depender do quadro clínico do paciente, embora o uso seriado de carvão ativado seja o método de descontaminação mais utilizado atualmente (Klaassen e Watkins, 2015). As doses de ataque preconizadas para o uso do carvão ativado estão descritas a seguir:

- **Criança**: 1 g/kg em suspensão com água ou SF 0,9%, para crianças menores de 12 anos.
- **Adulto**: 50 g do carvão ativado com água ou SF 0,9%, para maiores de 12 anos.

Após a administração da dose de ataque, o carvão pode ser utilizado em doses de 25 g de 4/4 horas por no máximo 24 horas – em caso de intoxicações com medicações depressoras do SNC, que retardam o esvaziamento gástrico ou que cursam com recirculação êntero-hepática, processo este em que os sais biliares e as outras substâncias excretadas pelo fígado são reabsorvidos pela mucosa intestinal e retornam ao fígado através da circulação portal, como é o caso do fenobarbital (Andrade Filho, Campolina e Dias, 2013; Klaassen e Watkins, 2015; Olson, 2014).

Caso não disponha de uma balança de precisão, pode-se utilizar como parâmetro um frasco de exame laboratorial que, quando totalmente cheio de carvão ativado, possui quantidade muito próxima de 25 g do adsorvente (Figura 1).

Além dos cuidados descritos anteriormente em relação à administração do carvão ativado, deve-se atentar também para a manutenção da sonda fechada, de forma a evitar que o carvão ativado retorne pela mesma (Andrade

FIGURA 1 (**A**) Carvão ativado contido em 1 frasco de exame laboratorial. (**B**) Pesagem em balança de precisão do carvão ativado contido no frasco de exame laboratorial

Foto: Enfermeiro Rodrigo Patriota. Centro de Assistência Toxicológica de Pernambuco (Ceatox), Recife, PE.

Filho, Campolina e Dias, 2013). São contraindicações para o uso do carvão ativado: administração em recém-nascidos, gestantes ou pacientes muito debilitados; pós-operatório recente de cirurgia abdominal; ingestão de cáusticos ou solventes; obstrução intestinal; intoxicação por substâncias não adsorvidas efetivamente pelo carvão (ácidos, álcalis, álcoois, cianeto, metais, entre outros) (Olson, 2014).

Diurese forçada e alcalinização da urina

Outra forma de tratamento para as intoxicações por fenobarbital é o aumento da diurese com a alcalinização da urina, por meio da administração de bicarbonato de sódio, que estimula a excreção do produto, pois o aumento do pH urinário (meio mais básico) aumenta também a excreção do fármaco em 5 a 10 vezes além do normal. Assim, recomenda-se a manutenção de um pH urinário entre 7,5 e 8,0 (medir com fita a cada a 2 horas) (Andrade Filho, Campolina e Dias, 2013; Olson, 2014).

A alcalinização é realizada com a infusão de bicarbonato de sódio ($NaHCO_3$) na concentração de 1 a 2 mEq/kg, diluído em 15 mL/kg de soro glicosado e fisiológico (em partes iguais), em infusão intravenosa em 3 horas, conforme prescrição médica. O potássio sérico deve ser mantido acima de 4,0 mEq/L, pois a alcalinização não é efetiva na hipocalemia (Andrade Filho, Campolina e Dias, 2013; Klaassen e Watkins, 2015; Olson, 2014). Além disso, o monitoramento de eletrólitos e função renal deve ser rigorosamente efetuado.

Assim, cabe ressaltar que o enfermeiro deve estar atento, especialmente na preparação e administração desses compostos, no sentido de garantir a terapêutica e acompanhamento adequados. Como parte das atribuições deste profissional estão a realização do Inquérito Toxicológico anteriormente apresentado, além da realização das etapas do Processo de Enfermagem no atendimento ao paciente.

Nessa perspectiva, a relação dos principais Diagnósticos de Enfermagem frente às intoxicações por fármacos encontra-se detalhada no Quadro 2.

QUADRO 2 Diagnósticos de Enfermagem relacionados à intoxicação por fármacos

Diagnósticos
▪ Comportamento de saúde propenso a risco *(Domínio 1. Promoção da saúde)* ▪ Controle ineficaz da saúde *(Domínio 1. Promoção da saúde)* ▪ Risco de glicemia instável *(Domínio 2. Nutrição)* ▪ Risco de desequilíbrio eletrolítico *(Domínio 2. Nutrição)* ▪ Risco de motilidade gastrointestinal disfuncional *(Domínio 3. Eliminação e troca)* ▪ Distúrbio no padrão de sono *(Domínio 4. Atividade/Repouso)* ▪ Padrão respiratório ineficaz *(Domínio 4. Atividade/Repouso)* ▪ Risco de débito cardíaco diminuído *(Domínio 4. Atividade/Repouso)* ▪ Risco de pressão arterial instável *(Domínio 4. Atividade/Repouso)* ▪ Risco de confusão aguda *(Domínio 5. Percepção/Cognição)* ▪ Ansiedade relacionada à morte *(Domínio 9. Enfrentamento/Tolerância ao estresse)* ▪ Risco de suicídio *(Domínio 11. Segurança/Proteção)*

Fonte: adaptado de Herdman e Kamitsuru, 2018.

Intoxicação por agrotóxicos de uso agrícola

O modelo de desenvolvimento agrário vem sofrendo mudanças estruturais devido à globalização e ao crescimento econômico mundial, cuja capacidade de geração de alimentos a nível nacional ou para a exportação está associada ao uso de agrotóxicos de maneira ascendente. No Brasil, a utilização de agrotóxicos em larga escala teve início nos anos 1960 e, 10 anos depois, sua comercialização foi impulsionada pelo Estado, com a criação do Programa Nacional de Defensivos Agrícolas (PNDA) (Lopes e Albuquerque, 2018).

A Lei Federal n. 7.802/1989, regulamentada pelo Decreto n. 4.074, de 2002, define os agrotóxicos como (Brasil, 1989):

> Produtos e os agentes de processos físicos, químicos ou biológicos, destinados ao uso nos setores de produção, no armazenamento e beneficiamento de produtos agrícolas, nas pastagens, na proteção de florestas, nativas ou implantadas, e de outros ecossistemas e também de ambientes urbanos, hídricos e industriais, cuja finalidade seja alterar a composição da flora ou da fauna, a fim de preservá-las da ação danosa de seres vivos considerados nocivos. (Brasil, 1989, p. 1)

Não obstante, a expansão dos agrotóxicos colocou o Brasil em primeiro lugar, desde 2008, no *ranking* mundial de consumo desses produtos. No entanto, o uso abusivo destas substâncias está associado a consideráveis impactos à saúde pública nos âmbitos social, ambiental e sanitário (Brasil, 1989). Assim, o uso de agrotóxicos encontra-se entre os principais fatores de risco à saúde humana, notadamente em se tratando de riscos ocupacionais e desenvolvimento de neoplasias, além de estarem nas estatísticas como agentes mundialmente associados às tentativas de suicídio (OMS, 2016; Jung et al., 2019; Gangemi et al., 2016; Silva et al., 2016; Teixeira et al., 2014).

No Brasil, acontece uma média equivalente a 15,5 intoxicações por agrotóxico diárias, ou 1 a cada 90 minutos, com uma taxa média de 2,3 casos por cada 100 mil habitantes e letalidade média de 7,6%. Entre os principais representantes estão os inseticidas organoclorados, inseticidas piretroides e, em maior escala, os inibidores da colinesterase (Costa, 2015), que serão pormenorizados a seguir.

Inseticidas organoclorados

Entre o grupo de agrotóxicos para o uso no controle de insetos, os compostos organoclorados representam a primeira classe importante de pesticidas desenvolvidos pela indústria química desde a primeira metade do século XX. Trata-se de compostos orgânicos caracterizados pela presença de átomos de cloro em sua composição química, cujos principais representantes são os derivados de etano clorado (DDT) e os ciclodienos, representados pelo clordano, dieldrin, aldrin (metabolizado em dieldrin), hexacloreto de benzeno (BHC), e outros (Costa, 2015).

Em virtude de sua alta característica neurotóxica e comprometimento ecológico, a produção e a comercialização dos inseticidas organoclorados passaram a ser proibidas em nível mundial, com exceção do DDT e do BHC, apesar de ainda limitados. No Brasil, este grupo de pesticidas também teve seu uso proibido ou em processo de retirada. Além da toxicidade a nível do SNC, os inseticidas organoclorados também são responsáveis por uma série de desregulações endócrinas, afetando o sistema reprodutivo e induzindo a alterações pancreáticas e tireoidianas (Mohammadi et al., 2019).

Piretroides

Os piretroides são uma classe de inseticidas sintéticos derivados de piretrinas isoladas de plantas do gênero *Chrysanthemum*, desenvolvidos a partir dos anos 1970. No caso de exposição prolongada, este tipo de pesticida é responsável por induzir distúrbios no organismo humano através de mecanismos de ação variados, podendo incluir ação inflamatória, estresse oxidativo, disfunção mitocondrial e apoptose (Mohammadi et al., 2019).

De acordo com sua toxicidade, são divididos em dois tipos, cujas principais características encontram-se no Quadro 3.

QUADRO 3 Principais características dos inseticidas piretroides

Tipos de inseticidas piretroides	Descrição	Características fisiopatológicas	Principais representantes
Tipo I	Tremor ou síndrome T	Excitação comportamental, hiperexcitação, ataxia, tremor corporal	Permetrina *Allethrin* Cimetrina Bifentrina Bioaletrina
Tipo II	Coreoatetose com salivação ou convulsão clônica	Hipersensibilidade, tremor grosso progredindo para coreoatetose, salivação profusa e convulsões clônicas	Deltametrina *Cyfluthrin* *Cyhaluthrin* Cipermetrina Tralometetrina Flucitrinato

Fonte: adaptado de Mohammadi et al., 2019.

Os distúrbios no organismo humano acontecem porque um dos principais mecanismos fisiopatológicos característicos dos piretroides é a neurotoxicidade, mais precisamente nos canais de sódio dependentes de voltagem, além de canais de cálcio e potássio, que permanecem ativos por um longo período e permitem a despolarização prolongada da membrana neuronal. Por este motivo, estudos recentes *in vivo* e *in vitro* evidenciam que uma das principais preocupações da exposição aos piretroides é a possibilidade de desenvolvimento de doenças neurodegenerativas e neurocomportamentais (Costa, 2015; Mohammadi et al., 2019).

Inibidores da colinesterase

Os agrotóxicos agrícolas inibidores da colinesterase, também chamados de inibidores da acetilcolinesterase (AChE) ou anticolinesterásicos, são um grupo de compostos orgânicos que bloqueiam a degradação fisiológica da acetilcolina (ACh) nos grupamentos acetato e colina, aumentando, assim, a concentração da ACh tanto no SNC quanto no sistema nervoso periférico (SNP) (Colović et al., 2013). São utilizados com finalidade agrícola, doméstica ou veterinária, sendo amplamente distribuídos no comércio brasileiro (Hernandez, Rodrigues e Torres, 2017).

Adicionalmente, vale ressaltar que os anticolinesterásicos também participam da composição de fármacos frequentemente utilizados no tratamento de doenças neurodegenerativas, tais como a doença de Alzheimer, doença de Parkinson e demência corporal de Lewy, visto que esses processos patológicos incluem a destruição de células produtoras de ACh e reduzem a transmissão colinérgica em diferentes regiões cerebrais (Singh e Sadiq, 2019). Além destes, os inibidores da AChE também têm uso em quadros de *miastenia gravis*, que levam à ativação dos receptores de acetilcolina nas membranas pós-sinápticas, resultando na melhora da contração e força muscular (Leão et al., 2019).

Na agricultura, os agentes anticolinesterásicos são amplamente utilizados no controle de insetos e outras pragas, sendo os principais representantes os carbamatos e os organofosforados (Singh e Sadiq, 2019).

A intoxicação por carbamatos e por organofosforados apresenta as mesmas características fisiopatológicas, descritas como sintomas muscarínicos, nicotínicos ou neurológicos, nais quais se destacam a presença de sialorreia, broncorreia, miose, fasciculação muscular, diarreia, convulsões e cianose, podendo evoluir, se não forem reconhecidos e tratados adequadamente, para coma ou morte (Singh e Sadiq, 2019). Tardiamente, também podem ocasionar distúrbios acidobásicos, hidroeletrolíticos e metabólicos (Lima, Soares e Pinho, 2016). As principais diferenças entre os carbamatos e os organofosforados estão detalhadas no Quadro 4.

QUADRO 4 Principais características dos inseticidas inibidores da acetilcolinesterase

Tipos de inibidores da AChE*	Derivação	Principais mecanismos de absorção	Tipo de inibição	Principais representantes
Carbamatos	Ácido carbâmico ou do ácido N-metilcarbâmico	Ingestão, inalação e absorção cutânea	Reversível	Aldicarb Carbaril Carbofuram Metomil Propoxur
Organofosforados	Ácido forfórico e seus homólogos	Bem absorvidos por todas as vias	Irreversível	Malathion Diazinon Nuvacrom Diclorvós (DDVP) Metamidofós (Tamaron)

*AChE: acetilcolinesterase.
Fonte: adaptado de Singh e Sadiq, 2019.

Recomenda-se o monitoramento laboratorial como parte da assistência às intoxicações por este grupo particular de agrotóxicos, através da determinação da atividade enzimática das colinesterases. A partir do método de Ellman, os valores de normalidade dependem do local de onde a amostra será analisada, entre os quais estão (Singh e Sadiq, 2019; Lima, Soares e Pinho, 2016):

- Plasmática: 1,3 a 7,8 ΔA/min/mL.
- Sangue total: 15,5 a 31,0 ΔA/min/mL.
- Eritrocitária: 32,0 a 58,0 ΔA/min/mL.

Assim, aliados às manifestações clínicas, resultados abaixo destes valores podem ser indicativos de intoxicação por inibidores da AChE.

ASSISTÊNCIA DE ENFERMAGEM

A atuação da equipe de Enfermagem nas unidades de emergência e de terapia intensiva é primordial, visto que são os profissionais que estão em contato com o paciente desde o momento de sua admissão. Na prática clínica do enfermeiro, os principais diagnósticos de Enfermagem frente à intoxicação por anticolinesterásicos encontram-se detalhados no Quadro 5.

QUADRO 5 Diagnósticos de Enfermagem relacionados à intoxicação por anticolinesterásicos

Diagnósticos
▪ Controle ineficaz da saúde *(Domínio 1. Promoção da saúde)* ▪ Risco de síndrome do desequilíbrio metabólico *(Domínio 2. Nutrição)* ▪ Risco de desequilíbrio eletrolítico *(Domínio 2. Nutrição)* ▪ Diarreia *(Domínio 3. Eliminação e troca)* ▪ Troca de gases prejudicada *(Domínio 3. Eliminação e troca)* ▪ Padrão respiratório ineficaz *(Domínio 4. Atividade/Repouso)* ▪ Risco de perfusão tissular cerebral ineficaz *(Domínio 4. Atividade/Repouso)* ▪ Confusão aguda *(Domínio 5. Percepção/Cognição)* ▪ Processos familiares interrompidos *(Domínio 7. Papéis e relacionamentos)* ▪ Risco de síndrome pós-trauma *(Domínio 9. Enfrentamento/Tolerância ao estresse)* ▪ Risco de choque *(Domínio 11. Segurança/Proteção)*

Fonte: adaptado de Herdman e Kamitsuru, 2018.

Em se tratando das intoxicações agudas por agrotóxico agrícolas, algumas medidas de suporte e de descontaminação devem ser tomadas, conforme detalhado no Quadro 6 (Andrade Filho, Campolina e Dias, 2013; Klaassen e Watkins, 2015; Singh e Sadiq, 2019).

QUADRO 6 Detalhamento das medidas de suporte e medidas de descontaminação das intoxicações agudas por agrotóxicos agrícolas

Medidas de suporte	Medidas de descontaminação
Desobstrução e permeabilidade de vias aéreas. Atenção: evitar o uso de succinilcolina em caso de intubação orotraqueal (IOT)	Os socorristas ou atendentes devem utilizar equipamentos de proteção individual (EPI) adequados, evitando contato com secreções ou roupas contaminadas
Administração de oxigênio suplementar, quando necessário	Realizar exposição da vítima à procura de contaminação cutânea e, em caso positivo, realizar a retirada de vestimentas e calçados contaminados, atentando para a prevenção de hipotermia
Manutenção de acesso venoso calibroso	Realizar descontaminação externa da pele, de cabelos e olhos, lavando a região acometida com água abundante e sabão neutro, se possível em banho de chuveiro
Monitoramento de sinais vitais	

continua

QUADRO 6 Detalhamento das medidas de suporte e medidas de descontaminação das intoxicações agudas por agrotóxicos agrícolas (*Continuação*)

Medidas de suporte	Medidas de descontaminação
Hidratação endovenosa adequada	Em caso de ingestão: ▪ Realizar precocemente a lavagem gástrica com soro fisiológico (SF) a 0,9%, em até 1 hora após ingestão. ▪ Administrar carvão ativado por sonda gástrica (SG), via nasal ou oral, após a realização da lavagem gástrica. Se o paciente apresentar episódios espontâneos de vômitos, não proceder à lavagem.
Realizar e reavaliar exame neurológico	
Administração de sintomáticos	

Fonte: adaptado de Hernandez, Rodrigues e Torres, 2017.

Em algumas situações, podemos utilizar antídotos para o tratamento dos envenenamentos por agrotóxicos agrícolas, como no caso dos anticolinesterásicos. O Aldicarb, do grupo dos carbamatos, é um dos pesticidas com maior toxicidade conhecido nacional e mundialmente e, além da exposição agrícola, seu papel vem sendo desviado da agricultura para o uso como raticidas, popularmente comercializado na figura do "chumbinho" (Andrade Filho, Campolina e Dias, 2013).

A utilização do Aldicarb está predominantemente relacionada com às internações por tentativas de suicídio, sendo responsável por grande parte das intoxicações. Nestes casos, além das medidas de suporte e descontaminação anteriormente citadas, o uso dos antivenenos deve ser iniciado o mais precocemente possível. Desta maneira, os principais antídotos utilizados nas intoxicações por inibidores da colinesterase em combate aos sintomas colinérgicos são (Andrade Filho, Campolina e Dias, 2013; Klaassen e Watkins, 2015; Hernandez, Rodrigues e Torres, 2017; Leão et al., 2019):

- **Atropina**: tem a ação de bloqueio dos receptores muscarínicos, impedindo a acumulação da acetilcolina nas sinapses e evitando a progressão de sintomas, como hipersecreção pulmonar, broncospasmo, elevação da frequência cardíaca, secura de pele e mucosas. A miose é, frequentemente, o último sintoma muscarínico a ser revertido e, portanto, não deve ser avaliada como parâmetro de resposta terapêutica à atropina.
  - **Dose inicial**: sulfato de atropina intravenoso (IV), na dose de 1 a 4 mg (em crianças, 0,05 a 0,1 mg/kg de peso) *in bolus*. Se persistirem os sintomas muscarínicos, repetir a cada 2 a 15 minutos até a

interrupção destes sintomas, dependendo da gravidade do caso. Evitar o uso da atropina em infusão contínua.

- **Oximas**: têm a ação de reativação da AChE e são indicadas apenas nas intoxicações por organofosforados, sendo mais efetivas se administradas nas primeiras 24 horas da exposição e mantidas em até 12 horas do desaparecimento dos sintomas colinérgicos.
  - **Principal representante**: pralidoxima. Dose: 1 a 2 g IV, diluída em 150 mL de SF 0,9%, em 30 minutos, a cada 4 a 6 horas, para adultos; em crianças, a dose usual é de 20 a 40 mg/kg, também diluída em SF 0,9%, em 30 minutos, a cada 4 a 6 horas (não exceder 4 mg/kg/min).

O uso do carvão ativado também foi destacado como abordagem terapêutica eficaz diante de um quadro sugestivo de intoxicação por anticolinesterásicos. Foi verificada a eficiência desta medida na associação com a atropina, especialmente na vigência de sintomas como miose, náusea, êmese ou taquicardia. A presença de pelo menos dois sintomas já é indicativa do uso do carvão ativado associado à atropina, sem a necessidade de esperar pelo aparecimento de mais sinais, influenciando positivamente na sobrevida e na redução do tempo médio de internação hospitalar (Leão et al., 2019).

ACIDENTES COM ANIMAIS PEÇONHENTOS

Os acidentes com animais peçonhentos representam um problema de saúde pública nos países tropicais em decorrência da frequência com que ocorrem e do seu desfecho, muitas vezes, desfavorável, dependendo do tempo de assistência médica adequada e do reconhecimento do animal que causou tal dano (Lima, Soares e Pinho, 2016).

Os animais peçonhentos diferem-se dos animais venenosos, visto que os primeiros possuem em sua anatomofisiologia glândulas de veneno que se ligam diretamente com ferrões, aguilhões ou mesmo dentes ocos, que permitirão a passagem do veneno, como é o caso de escorpiões, serpentes, aranhas, entre outros. Os animais venenosos, por sua vez, não possuem aparelho inoculador, mas, em contrapartida, liberam seu veneno por meio da ingestão (peixe baiacu), por contato direto (lonomia, lagarta-de-fogo) ou por compressão (sapo) (Andrade Filho, Campolina e Dias, 2013).

Todo e qualquer acidente com animal peçonhento possui uma gravidade, dependendo do quadro clínico que o paciente apresentar. São divididos em acidentes leves, quando a sintomatologia é breve e se resolve espontaneamente; acidentes moderados, quando o quadro clínico do paciente é prolongado; e acidentes graves, quando a sintomatologia é crítica e que possa causar risco de morte. Vale ressaltar que o processo de internação precoce é válido nos casos de acidentes moderados a graves (Meschial et al., 2013).

No Brasil, as serpentes e escorpiões têm maior importância médica em virtude da frequência dos acidentes, geralmente ocorridos nos mais variados tipos de ambientes (Brasil, 2011).

Os acidentes com serpentes são comuns em periferias de grandes cidades e também nas zonas rurais, visto que estes animais têm preferência por hábitats úmidos e por ambientes onde haja proliferação de roedores, um de seus principais alimentos. As serpentes, na maioria das vezes, só apresentam comportamento agressivo quando se sentem ameaçadas. Frequentemente, os acidentes por serpentes são causados pelas jararacas, em consideração à demasia com que é vista e pela sua maior disposição geográfica na extensão sul-americana (Parise, 2016).

Os acidentes com escorpiões são comuns durante todo o ano, visto que esses animais são de fácil adaptação aos mais inóspitos tipos de ambientes, sendo mais encontrados em áreas urbanas devido à facilidade de encontrar alimentos. Os escorpiões possuem hábitos noturnos, ao longo do dia escondem-se em entulhos de lixos, dentro das casas, e em roupas e calçados amontoados (Brasil, 2010).

Destacamos aqui que a identificação do animal que causou o acidente, bem como uma avaliação clínica detalhada, é de suma importância, pois esse processo auxilia os profissionais de saúde na indicação com mais acurácia dos soros antivenenos, que é a forma mais eficaz no tratamento por acidentes com animais peçonhentos.

Acidentes com escorpiões

No Brasil, os escorpiões responsáveis pelos acidentes graves ou fatais em humanos resumem-se a três espécies, sendo elas: *Tityus serrulatus* (escorpião-amarelo), *Tityus stigmurus* (escorpião-do-nordeste) e *Tityus bahiensis* (escorpião-marrom), todos pertencentes à família Buthidae e ao gênero *Tityus*, representando, ao todo, 60% da fauna escorpiônica neotropical. Há mínimas diferenças na prevalência de acidentes entre homens e mulheres, com taxa de letalidade de 0,2%, o grupo de maior vulnerabilidade é composto pelas crianças, com faixa etária menor do que 10 anos de vida (Brasil, 2001).

Os indivíduos jovens, representados por aqueles com idade inferior a 14 anos, são grupos de risco por apresentarem maior taxa de letalidade e óbitos nos acidentes com escorpiões. Os idosos, por apresentarem sistema imunológico mais debilitado, requerem maior atenção por parte dos profissionais de saúde, representado, assim como nos jovens, um grupo vulnerável a complicações (Silva, Bernarde e Abreu, 2015).

De acordo com a Fundação Nacional de Saúde (Funasa), as picadas por escorpiões ocorrem, em sua maioria, nos membros superiores, especialmente em mãos e antebraços. Sendo assim, para evitar esse tipo de acidente, é aconselhável o uso de equipamentos de proteção individual, como luvas, calças e calçados fechados ao manusear entulhos, lixos, amontoados de roupas, calçados, entre outros (Lima, Soares e Pinho, 2016).

A saúde pública brasileira tem se preocupado com o aumento da quantidade de escorpiões *Tityus serrulatus*, especialmente nas regiões do Recôncavo Baiano, Distrito Federal, de Minas Gerais, de São Paulo e do norte do Paraná. Esse aumento é explicado pelo fato de que esta espécie, em específico, se reproduz pelo processo de partenogênese (Brasil, 2011).

As ações do veneno bruto causam dor no local da picada e outras reações nos canais de sódio, despolarizando as terminações nervosas e liberando catecolaminas e acetilcolina, sendo estes responsáveis pelo surgimento de manifestações clínicas e, em consequência, a supremacia de efeitos simpáticos ou parassimpáticos no organismo (Andrade Filho, Campolina e Dias, 2013; Hernandez, Rodrigues e Torres, 2017).

As manifestações clínicas incluem dor local e parestesia, que são uma constante no escorpionismo; entretanto, em casos de acidentes moderados a graves, outras manifestações se sobressaem, como: hipotermia ou hipertermia, sudorese, náuseas, vômitos, sialorreia, arritmias cardíacas, hipo ou hipertensão arterial, dispneia, edema agudo de pulmão, agitação, sonolência, entre outros (Andrade Filho, Campolina e Dias, 2013; Hernandez, Rodrigues e Torres, 2017; Brasil, 2001).

Uma série de fatores determina a gravidade dos acidentes com escorpiões, como peso e sensibilidade do paciente ao veneno, quantidade de veneno inoculado no paciente, assim como o tempo entre o acidente e a assistência médica. Os acidentes são classificados em leves, moderados ou graves (Olson, 2014; Brasil, 2001).

Nos acidentes leves, os pacientes queixam-se de dor local e, na maioria das vezes, parestesias. Os acidentes moderados são caracterizados por dor intensa, acompanhada de náuseas, vômitos, sudorese, taquicardia, taquipneia e hipertensão leve. Por fim, nos acidentes graves, são comuns todas as queixas evidenciadas nos acidentes leves e moderados, seguidas de sudorese profusa, vômitos incoercíveis, salivação excessiva, insuficiência cardíaca, edema agudo de pulmão, choque, entre outros (Brasil, 2001).

Vale ressaltar que as principais complicações do escorpionismo são decorrentes do edema agudo de pulmão e do choque, resultando em desfechos desfavoráveis como o óbito. Geralmente são solicitados exames complementares para acompanhar a evolução do quadro clínico manifestado pelo paciente, como: eletrocardiograma, radiografia de tórax, glicemia, ELISA, ecocardiografia, hemograma, tomografia cerebral, entre outros (Andrade Filho, Campolina e Dias, 2013; Olson, 2014).

O tratamento para o escorpionismo pode ser sintomático, com base na administração de lidocaína a 2% sem vasoconstritor ou dipirona, na dose de 10 mg/kg de peso a cada 6 horas; ou tratamento específico, utilizando o soro antiescorpiônico (Saee) por via endovenosa (EV). Nos acidentes moderados, administra-se entre 2 a 3 ampolas de Saee por via EV e, nos acidentes graves, entre 4 a 6 ampolas (Andrade Filho, Campolina e Dias, 2013; Brasil, 2001).

Acidentes com serpentes

Acidente botrópico

Os acidentes com serpentes do gênero *Bothrops* têm ocorrido com frequências consideráveis, representando 90% dos envenenamentos, cuja principal representante é a jararaca (*Bothrops jararaca)* (Figura 2). As ações do veneno causam edema, bolhas e necrose (Figura 3), configurando uma ação proteolítica, assim como distúrbios na coagulação devido à ação coagulante, além disso, também são evidentes as hemorragias e plaquetopenias, correspondentes à ação hemorrágica (Andrade Filho, Campolina e Dias, 2013; Brasil, 2010).

As manifestações sistêmicas podem apresentar-se como gengivorragias, hematêmese, hematúria, epistaxes, sudorese, náuseas, vômitos, hipotensão arterial e até mesmo choque. De acordo com a sintomatologia que o paciente apresentar, o acidente botrópico pode ser classificado em leve, moderado ou grave (Andrade Filho, Campolina e Dias, 2013).

Nos acidentes leves, a sintomatologia é caracterizada por dor, edema local discreto ou ausente e manifestações hemorrágicas também discretas; neste tipo de acidente, o tempo de coagulação pode ou não estar alterado. Nos acidentes moderados, é observado edema, que vai além da região afetada pela

FIGURA 2 Jararaca coletada em uma instituição de saúde, levada pela vítima do acidente

Foto: Enfermeiro Rodrigo Patriota. Hospital da Restauração Governador Paulo Guerra (HR), Recife, PE.

FIGURA 3 Complicação advinda de acidente por jararaca

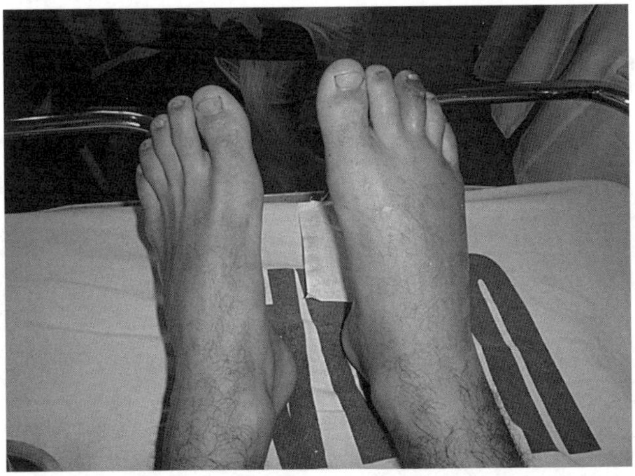

Foto: Enfermeiro Rodrigo Patriota. Hospital da Restauração Governador Paulo Guerra (HR), Recife, PE.

mordedura, acompanhado de alterações hemorrágicas locais e sistêmicas e dor. As complicações locais que podem se manifestar são síndrome compartimental, abscessos e necrose (Brasil, 2001).

Por último, nos acidentes botrópicos graves, há presença de bolhas, dor intensa, edema acentuado e extenso, que pode afetar todo membro lesionado pela mordedura da serpente. Há também outras complicações clínicas que definem o acidente botrópico como grave, a saber: choque, hemorragia intensa, oligúria e hipotensão arterial (Brasil, 2001).

Na assistência ao paciente vítima de acidente botrópico, geralmente são solicitados alguns exames complementares para acompanhamento da evolução do quadro clínico, como hemograma, tempo de coagulação, ureia, creatinina, sumário de urina, ELISA, entre outros (Brasil, 2019; Hernandez, Rodrigues e Torres, 2017).

O tratamento geral baseia-se na hidratação para manutenção da diurese entre 30 a 40 mL/hora no adulto e 1 a 2 mL/kg/h na criança; antibioticoterapia, em caso de infecção, além do uso de analgésicos e elevação do membro afetado. O tratamento específico, por sua vez, é caracterizado pela administração do soro antibotrópico (SAB) por via intravenosa; quando não disponível, pode ser administrado em associação os soros antibotrópico-crotálica (SABC) ou antibotropicolaquética (SABL). A fasciotomia (Figura 4) também pode ser realizada, nos casos em que está presente a síndrome compartimental (Andrade Filho, Campolina e Dias, 2013; Olson, 2014; Brasil, 2010; Brasil, 2001).

FIGURA 4 Fasciotomia realizada após síndrome compartimental por acidente com animal peçonhento

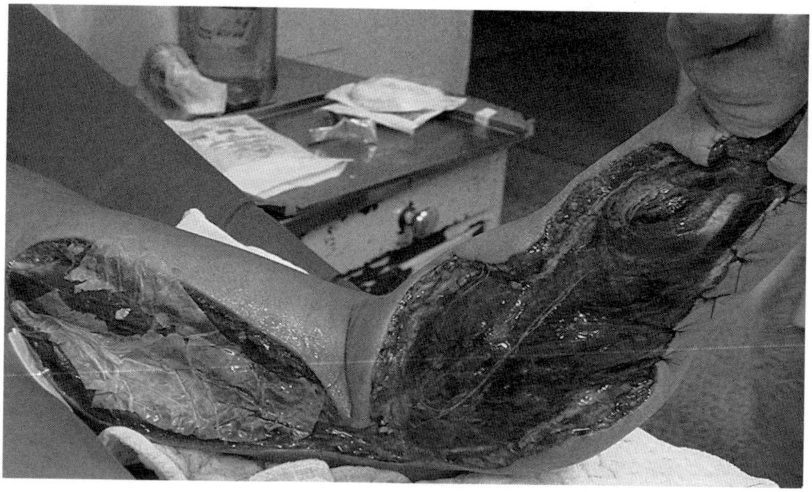

Foto: Enfermeiro Rodrigo Patriota. Hospital da Restauração Governador Paulo Guerra (HR), Recife, PE.

A soroterapia está diretamente ligada com a classificação do acidente, sendo administradas 2 a 4 ampolas nos acidentes leves, 4 a 8 ampolas nos moderados e 12 ampolas nos acidentes graves. Em alguns casos, o tempo de coagulação permanece alterado mesmo após 24 horas de administração da soroterapia e, nestas situações, são indicadas mais duas doses adicionais de soro antiveneno (Andrade Filho, Campolina e Dias, 2013; Brasil, 2001).

Por fim, os acidentes botrópicos geralmente apresentam bom prognóstico, com taxa de letalidade irrelevante, contudo, existem riscos de sequelas locais anatômicas ou funcionais após o incidente (Brasil, 2010; Silva, Bernarde e Abreu, 2015).

Acidente crotálico

Os acidentes envolvendo a cobra cascavel (Figura 5) revelam grandes preocupações por parte dos profissionais da saúde, tendo em vista a ampla ligação desse tipo de acidente com a insuficiência renal aguda (IRA) (Hernandez, Rodrigues e Torres, 2017). Ademais, as ações do veneno podem gerar paralisias motoras em resposta à ação neurotóxica, rabdomiólise em consequência da ação miotóxica e até mesmo incoagulabilidade sanguínea, devido à ação coagulante (Brasil, 2001).

FIGURA 5 Cascavel coletada em uma instituição de saúde, levada pela vítima do acidente

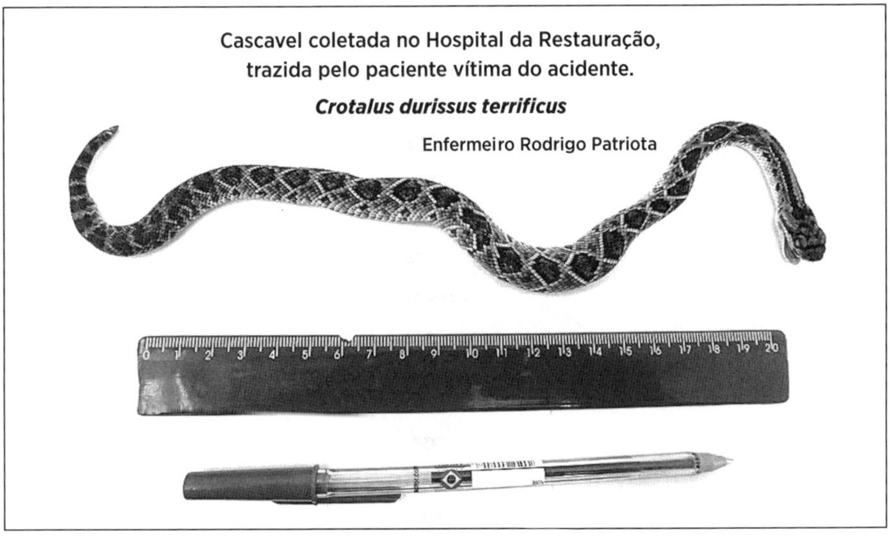

Foto: Enfermeiro Rodrigo Patriota. Hospital da Restauração Governador Paulo Guerra (HR), Recife, PE.

De maneira geral, as manifestações locais são discretas, como dor, parestesia, edema e eritema. As manifestações sistêmicas incluem mal-estar, náuseas, vômitos, sudorese, prostração, ptose palpebral uni ou bilateral caracterizando fácies miastênicas, oftalmoplegia, visão turva, diplopia, dores musculares, entre outras (Andrade Filho, Campolina e Dias, 2013; Klaassen e Watkins, 2015).

Com base nas manifestações clínicas supracitadas, os acidentes crotálicos são classificados em leves, quando a sintomatologia é discreta; moderados, com mialgia discreta, assim como sinais e sintomas neurotóxicos também discretos. Neste tipo de acidente pode haver alteração da coloração da urina. Nos acidentes graves, o paciente apresenta fácies miastênica, acompanhada de fraqueza muscular, mialgia intensa, oligúria ou anúria com urina de coloração escura (Andrade Filho, Campolina e Dias, 2013; Brasil, 2001).

Para acompanhar a evolução do quadro clínico instalado, é necessária a solicitação e o acompanhamento de alguns exames complementares, a saber: creatinoquinase (CK), desidrogenase lática (LDH), aspartase-amino-transferase (AST), aspartase-alanino-transferase (ALT), aldolase, tempo de coagulação (TC), hemograma e sumário de urina (Andrade Filho, Campolina e Dias, 2013; Hernandez, Rodrigues e Torres, 2017).

O tratamento geral baseia-se na hidratação para evitar a IRA, podendo utilizar manitol a 20%. O tratamento específico compreende a administração por via endovenosa do soro anticrotálico (SAC) ou soro antibotrópico-crotálico (SABC), na ausência do primeiro. Nos acidentes leves, administram-se 5 ampolas de SAC/SABC; 10 ampolas nos acidentes moderados; e 20 ampolas nos acidentes graves (Brasil, 2001).

O prognóstico irá depender do tempo entre o acidente e a assistência médica adequada, mas geralmente são favoráveis nos acidentes leves e moderados. Nos acidentes graves, o prognóstico será relativo, pois dependerá da instalação e resposta da IRA no organismo (Olson, 2014; Silva, Bernarde e Abreu, 2015).

Acidente laquético

Na literatura, poucos casos de acidentes laquéticos são descritos. Sua principal representante, a serpente surucucu, possui hábitat natural em áreas florestais e, nesses espaços, a densidade populacional é mínima, tornando raro o incidente (Hernandez, Rodrigues e Torres, 2017; Brasil, 2011).

O veneno da surucucu possui ação proteolítica, hemorrágica, coagulante e neurotóxica no organismo humano, assim como nos acidentes botrópicos. O quadro clínico é caracterizado por dor e edema, podendo atingir todo o membro, bem como a presença de vesículas e bolhas com conteúdo seroso ou sero-hemorrágico. As manifestações sistêmicas incluem vertigem, bradicardia, hipotensão arterial, cólicas abdominais e diarreia, decorrentes da síndrome vagal (Andrade Filho, Campolina e Dias, 2013; Olson, 2014; Hernandez, Rodrigues e Torres, 2017).

Pelo grande porte da serpente e, consequentemente, grande quantidade inoculada de veneno, todo acidente laquético será classificado como moderado ou grave, sendo determinados pela intensidade das manifestações sistêmicas. O acompanhamento laboratorial é preconizado nas unidades de saúde, devendo ser solicitados o tempo de coagulação (TC), dosagens de ureia e creatinina, eletrólitos, hemograma e, quando disponível, imunodiagnóstico (ELISA) (Andrade Filho, Campolina e Dias, 2013; Brasil, 2001).

O tratamento é constituído por medidas gerais equivalentes às tomadas nos acidentes botrópicos. O tratamento específico baseia-se na administração de 10 a 20 ampolas de soro antilaquético (SAL) ou antibotrópico-laquético (SABL) por via endovenosa (Brasil, 2001).

Acidente elapídico

Assim como nos acidentes laquéticos, os acidentes elapídicos acontecem em baixa frequência. O veneno da cobra coral verdadeira, a principal representante dos acidentes elapídicos, é composto por neurotoxinas que têm ação pré-sináptica e pós-sináptica. Sua principal complicação e, muitas vezes, causa de óbito, é a insuficiência respiratória aguda (Brasil, 2001).

A sintomatologia é caracterizada por dor local discreta acompanhada de parestesia, podendo ainda apresentar vômitos, mialgia, disfagia, fraqueza muscular progressiva, com a presença de fácies miastênica, ptose palpebral, oftalmoplegia e paralisia da musculatura respiratória, comprometendo as trocas gasosas e podendo evoluir para insuficiência respiratória aguda e apneia (Andrade Filho, Campolina e Dias, 2013; Olson, 2014).

O tratamento geral fundamenta-se nas manifestações clínicas da insuficiência respiratória, sendo ideal manter o paciente com suporte ventilatório adequado. Os fármacos usados são a neostigmina (ampola de 0,5 mg) na dosagem de 0,05 mg/kg IV em crianças e adultos, melhorando o quadro neurológico instalado, e a atropina (ampola de 0,25 mg), antagonista competitiva dos efeitos muscarínicos da acetilcolina (bradicardia e hipersecreção), que pode ser administrada na dosagem de 0,05 mg/kg em crianças e 0,5 mg/kg em adultos. O tratamento específico baseia-se na administração de 10 ampolas de soro antielapídico (SAE) via EV. Todos os acidentes envolvendo essa serpente são tratados como potencialmente graves (Andrade Filho, Campolina e Dias, 2013; Hernandez, Rodrigues e Torres, 2017; Brasil, 2001).

Neste tipo de acidente não há exames complementares específicos para auxiliar no diagnóstico clínico. Na maioria das vezes, o prognóstico é bom e irá depender da soroterapia, da assistência ventilatória tempo-resposta do suporte médico adequado (Brasil, 2001). A relação dos principais diagnósticos de Enfermagem para as intoxicações por animais peçonhentos está descrita no Quadro 7.

QUADRO 7 Diagnósticos de Enfermagem relacionados aos acidentes com animais peçonhentos

Diagnósticos
▪ Dor aguda *(Domínio 2. Conforto)* ▪ Náusea *(Domínio 2. Conforto)* ▪ Risco de glicemia instável *(Domínio 2. Nutrição)* ▪ Risco de desequilíbrio eletrolítico *(Domínio 2. Nutrição)* ▪ Risco de débito cardíaco diminuído *(Domínio 4. Atividade/Repouso)* ▪ Padrão respiratório ineficaz *(Domínio 4. Atividade/Repouso)* ▪ Risco de confusão aguda *(Domínio 5. Percepção/Cognição)* ▪ Ansiedade *(Domínio 9. Enfrentamento/Tolerância ao estresse)* ▪ Medo *(Domínio 9. Enfrentamento/Tolerância ao estresse)* ▪ Risco de infecção *(Domínio 11. Segurança/Proteção)* ▪ Integridade da pele prejudicada *(Domínio 11. Segurança/Proteção)*

Fonte: adaptado de Herdman e Kamitsuru, 2018.

CONSIDERAÇÕES FINAIS

Tendo em vista o crescente número de atendimento nos serviços de urgência e emergência e em terapia intensiva por intoxicações agudas, sejam elas por produtos químicos, fármacos ou acidentes com animais peçonhentos, tornam-se imprescindíveis a capacitação e o aperfeiçoamento dos profissionais de saúde nestes cenários, o que faz da educação permanente em saúde uma ferramenta de grande valia nestas situações.

Nesta perspectiva, o apoio da equipe de Enfermagem é fundamental na agregação de todos os esforços necessários ao enfrentamento das exposições e intoxicações, seja pelo atendimento assistencial presencial ou pelo atendimento telefônico nos centros de assistência toxicológica, bem como pelo suporte laboratorial e pelas atividades de auditoria e ações de educação em saúde na comunidade científica ou população em geral.

Os enfermeiros, portanto, podem e devem contribuir com sua *expertise* para dar visibilidade a este problema de saúde pública, abrindo portas para que políticas de assistência e informação toxicológica sejam implementadas, viabilizando o reconhecimento, o acolhimento e a integralidade da assistência à população exposta.

REFERÊNCIAS

Andrade Filho A, Campolina D, Dias MB. Toxicologia na prática clínica. 2. ed. Belo Horizonte: Folium; 2013.

Araújo IMM, Oliveira AGRC. Agronegócio e agrotóxicos: impactos à saúde dos trabalhadores agrícolas no nordeste brasileiro. Trab Educ Saúde. 2017;15(1):117-29.

Brasil. Ministério da Saúde. Conselho Nacional de Saúde. Consumo de medicamentos: um autocuidado perigoso. Disponível em http://www.conselho.saude.gov.br/ultimas_noticias/2005/medicamentos.htm [acesso em 19 set 2019].

Brasil. Ministério da Saúde. Manual de diagnóstico e tratamento de acidentes por animais peçonhentos. 2. ed. Brasília: Fundação Nacional de Saúde; 2001.

Brasil. Ministério da Saúde. O SUS de A a Z: garantindo saúde nos municípios. 3. ed. Brasília: Ministério da Saúde, 2011.

Brasil. Ministério da Saúde. Secretaria de Vigilância em Saúde. Guia de Vigilância Epidemiológica. 7. ed. Brasília: Ministério da Saúde; 2010.

Brasil. Ministério da Saúde. Sistema Nacional de Informações Tóxico-Farmacológicas (SINITOX). Evolução dos Casos Registrados de Intoxicação Humana por Agente Tóxico. Brasil, 2017. Disponível em https://sinitox.icict.fiocruz.br/sites/sinitox.icict.fiocruz.br/files//Brasil10.pdf [acesso em 19 set 2019].

Brasil. Presidência da República. Lei n. 7.802, de 11 de julho de 1989. Dispõe sobre a pesquisa, a experimentação, a produção, a embalagem e rotulagem, o transporte, o armazenamento, a comercialização, a propaganda comercial, a utilização, a importação, a exportação, o destino final dos resíduos e embalagens, o registro, a classificação, o controle, a inspeção e a fiscalização de agrotóxicos, seus componentes e afins, e dá outras providências. 1989. Disponível em http://www.planalto.gov.br/ccivil_03/leis/l7802.htm [acesso em 2 set 2019].

Colović MB, Krstić DZ, Lazarević-Pasti TD, et al. Acetylcholinesterase inhibitors: pharmacology and toxicology. Curr Neuropharmacol. 2013;11(3):315-35.

Conselho Federal de Enfermagem (Cofen). Lei n. 7.498/1986, de 25 de junho de 1986. Dispõe sobre a regulamentação do exercício da Enfermagem e dá outras providências. Rio de Janeiro: Cofen; 1986.

Costa AO, Alonzo HGA. Centros de Informação e Assistência Toxicológica no Brasil: descrição preliminar sobre sua organização e funções. Saúde em Debate [online]. 2019;43(120):110-21.

Costa LG. The neurotoxicity of organochlorine and pyrethroid pesticides. Handb Clin Neurol. 2015;131:135-48.

Gangemi S, Miozzi E, Teodoro M, et al. Occupational exposure to pesticides as a possible risk factor for the development of chronic diseases in humans (Review). Mol Med Rep. 2016;14(5):4475-88.

Herdman H, Kamitsuru S. Diagnósticos de enfermagem da NANDA-I: definições e classificação 2018-2020. 11. ed. Porto Alegre: Artmed; 2018.

Hernandez EMM, Rodrigues RMR, Torres TM. Manual de Toxicologia Clínica: Orientações para assistência e vigilância das intoxicações agudas. São Paulo: Secretaria Municipal da Saúde; 2017.

Jung M, Chang SJ, Kim CB, et al. Association Between Chronic Exposure to Pesticide and Suicide. J Occup Environ Med. 2019;61(4):314-7.

Klaassen CD, Watkins JB. Casarett & Doull's: essentials of toxicology. 30. ed. Nova York: Mac Graw Hill Education; 2015.

Leão SC, Araújo JF, Silveira AR, et al. Management of exogenous intoxication by carbamates and organophosphates at an emergency unit. Rev Assoc Med Bras. 2015;61(5):440-5.

Lima EC, Soares GRA, Pinho L. Caracterização de crianças hospitalizadas vítimas de acidentes por animais peçonhentos. Rev Enferm UFSM. 2016;6(2):206-13.

Lopes CVA, Albuquerque GSC. Agrotóxicos e seus impactos na saúde humana e ambiental: uma revisão sistemática. Saúde em Debate [online]. 2018;42(117):518-34.

Mehrpour O, Akbari A, Jahani F, et al. Epidemiological and clinical profiles of acute poisoning in patients admitted to the intensive care unit in eastern Iran (2010 to 2017). BMC Emerg Med. 2018;18(1):30.

Meschial WC, Martins BF, Reis LM, et al. Internações hospitalares de vítimas de acidentes por animais peçonhentos. Rev Rene. 2013;14(2):311-9.

Mohammadi H, Ghassemi-Barghi N, Malakshah O, et al. Pyrethroid exposure and neurotoxicity: a mechanistic approach. Arh Hig Rada Toksikol. 2019;70:74-89.

Olson KR (org). Manual de toxicologia clínica. 6. ed. Porto Alegre: AMGH; 2014.

Organização Mundial da Saúde. 2016. The public health impact of chemicals: knowns and unknowns [Internet]. Geneva: World Health Organization. Disponível em https://apps.who.int/iris/bitstream/handle/10665/206553/WHO_FWC_PHE_EPE_16.01_eng.pdf?sequence=1&isAllowed=y [acesso em 19 set 2019].

Parise EV. Vigilância e monitoramento dos acidentes por animais peçonhentos no município de Palmas, Tocantins, Brasil. Hygeia. 2016;12(22):72-87.

Silva AM, Bernarde PS, Abreu LC. Acidentes com animais peçonhentos no Brasil por sexo e idade. Journal of Human Growth and Development. 2015;25(1):54-62.

Silva JF, Mattos IE, Luz LL, et al. Exposure to pesticides and prostate cancer: systematic review of the literature. Rev Environ Health. 2016;31(3):311-27.

Singh R, Sadiq NM. Cholinesterase Inhibitors. In: StatPearls [Internet]. Treasure Island (FL): StatPearls; 2019.

Teixeira JRB, Ferraz CEO, Couto Filho JCF, et al. Intoxicações por agrotóxicos de uso agrícola em estados do Nordeste brasileiro, 1999-2009. Epidemiol Serv Saúde. 2014;23(3):497-508.

Investigação clínica no *post-mortem*: expandindo a atuação do enfermeiro de prática forense

Renata Eloah de Lucena Ferretti-Rebustini
Magnólia Moreira da Silva
Daniele Vieira da Silva
Eliza Guccione Cifarelli
Daniela de Souza Farias-Itao

INTRODUÇÃO

A autópsia é, ainda, atualmente, o método padrão-ouro para diagnosticar a causa de óbito de um indivíduo. Além de conferir maior acurácia aos atestados de óbito e às estatísticas de mortalidade, a autópsia é fundamental para elucidar causas de morte não explicadas, é útil para pesquisas científicas em diversas áreas, pode ser usada como uma fonte indireta de controle de qualidade hospitalar e pode servir de ferramenta de ensino (Ferreira et al., 2018).

O diagnóstico da causa de óbito (imediata, associada e básica) é emitido por um médico patologista imediatamente após a realização do exame de autópsia (macroscópico e microscópico). Informações clínicas *ante-mortem* podem complementar o processo de elucidação diagnóstica, quando disponíveis. Usualmente, nos serviços de verificação de óbito, o familiar ou responsável legal fornece informações sociodemográficas e clínicas básicas ao reclamar o corpo. Em alguns serviços, o patologista pode ter acesso ao prontuário médico do indivíduo recém-falecido antes da realização do exame, contudo, nem sempre o prontuário está disponível.

A investigação clínica no *post-mortem* consiste na obtenção de informações relacionadas ao histórico de saúde do indivíduo recém-falecido, com o objetivo de caracterizar os antecedentes de saúde e de doença para o estabelecimento de um diagnóstico clínico-funcional que apoie o estabelecimento do diagnóstico anatomopatológico. Trata-se de um procedimento de anamnese compreensiva em que, por meio de uma entrevista clínica realizada com um informante após o óbito, são coletados dados com referência ao período anterior ao óbito.

REALIZAÇÃO DA INVESTIGAÇÃO CLÍNICA NO *POST-MORTEM* POR ENFERMEIROS: A EXPERIÊNCIA NO BIOBANCO PARA ESTUDOS NO ENVELHECIMENTO

O Biobanco para Estudos no Envelhecimento (BEE) da Faculdade de Medicina da Universidade de São Paulo (FMUSP) surgiu em 2004, com o objetivo de coletar e analisar o tecido encefálico para investigação das condições relacionadas ao envelhecimento cerebral normal e patológico. No BEE, o estudo do encéfalo se dá por meio de um protocolo rigoroso, em que se combinam o estudo anatomopatológico com o perfil clínico-funcional de um grande número de indivíduos submetidos à autópsia no Serviço de Verificação de Óbitos da Capital (SVOC). Todos os procedimentos adotados pelo BEE foram anteriormente descritos (Ferretti et al., 2009; Grinberg et al., 2007) e estão devidamente aprovados pelo Comitê de Ética, seguindo as recomendações nacionais e internacionais para pesquisas envolvendo seres humanos.

Atualmente, o BEE compõe uma amostra heterogênea de mais de 4.700 casos coletados no período de 2004 a 2021, englobando indivíduos adultos e idosos, com e sem doenças crônico-degenerativas. Por meio de suas ações de pesquisa, o BEE se constitui em uma grande plataforma de coleta e análise de tecido encefálico e cardiovascular, cujo objetivo principal é estudar as condições relacionadas ao envelhecimento humano. Integra uma grande rede de pesquisas interdisciplinares e contribui para a formação de massa crítica de pesquisadores em diversos graus de formação, e também de caráter multidisciplinar dedicados ao estudo do envelhecimento.

Da necessidade de investigação clínica dos casos autopsiados e incluídos na casuística do BEE, surgiu a estruturação do eixo clínico do BEE por uma equipe de enfermeiros e alunos de Enfermagem treinados, supervisionados por um enfermeiro gerontólogo com grande experiência em avaliação gerontológica ampla.

Nenhum dos enfermeiros da equipe inicial tinha experiência em Enfermagem Forense, a princípio. As habilidades e competências necessárias para a realização da investigação clínica no *post-mortem* foram sendo desenvolvidas a partir da estruturação e aprimoradas ao longo dos 17 anos de existência do BEE. Já de início, o grande facilitador da estruturação do serviço foi o fato de a equipe ser composta por enfermeiros. Em função das habilidades e competências inerentes à formação do enfermeiro generalista, este foi o profissional que demonstrou melhor engajamento com o tipo de atividade desenvolvida, desde abordagem e acolhimento das famílias até o processo de avaliação do indivíduo, tanto pela inspeção do corpo quanto pela entrevista clínica com o informante.

A seleção e a abordagem dos informantes

A autópsia no Brasil é mandatória para todos os indivíduos que faleceram e não têm a causa do óbito definida em vida. Todo indivíduo que faleceu de causa natural, na região metropolitana da grande São Paulo, é encaminhado ao SVOC para realizar a autópsia. Trata-se de um serviço que, localizado nas adjacências da FMUSP, realiza autópsias desde 1931.

Com a chegada do corpo no SVOC, um familiar ou responsável legal deve comparecer para a reclamação do corpo e sua liberação, para que sejam iniciados os trâmites legais da autópsia. O procedimento de seleção dos casos do BEE se inicia quando o responsável pelo indivíduo recém-falecido comparece ao SVOC para a liberação do corpo. O familiar ou responsável espera cerca de 3 horas para a liberação de documentos e procedimentos de autópsia até a liberação do corpo. Esse é um procedimento de rotina para os cadáveres que chegam ao SVOC.

Em uma sala privada localizada no SVOC, a equipe de enfermeiros do BEE verifica os casos elegíveis para o BEE e, após consentimento informado, incluem no protocolo de investigação os indivíduos cujos informantes aceitaram, voluntariamente, participar e consentiram com a doação do tecido para análise e, para tanto, assinaram o Termo de Consentimento Livre e Esclarecido. Os procedimentos do BEE não interferem no tempo de autópsia ou liberação do corpo.

Todo um protocolo de acolhimento é implementado, e os procedimentos do estudo só são apresentados para os familiares que se encontram em condições emocionais para abordagem e fornecimento das informações clínicas necessárias.

O informante pode ser um familiar, responsável legal ou cuidador, os quais serão incumbidos de fornecer as informações sobre o histórico de saúde do sujeito ao longo da vida. Para que as informações sejam fornecidas com rigor de detalhes, o informante deve ter tido contato próximo com o sujeito recém-falecido por pelo menos 6 meses anteriores ao óbito. As informações fornecidas por informantes têm se mostrado confiáveis quando estes convivam com o sujeito em questão, mesmo quando este último tinha algum nível de comprometimento cognitivo (Jorm e Korten, 1988; Rockwood et al., 1998).

A realização da entrevista clínica no *post-mortem* pelo enfermeiro

A investigação clínica no *post-mortem* é feita por um enfermeiro que, por sua vez, usa um instrumento de investigação clínica chamado de entrevista clínica (EC). A EC semiestruturada consiste na investigação da história clínica ao longo da vida e a avaliação clínico-funcional, cognitiva e comportamental. É composta por questões iniciais de identificação do falecido e do informante, como ocorreu o óbito e em qual local. Os dados de causa do óbito são obtidos por meio da declaração de óbito, preenchida pelo médico patologista imediatamente após a autópsia.

A EC é composta por duas partes. A primeira parte é composta pelo histórico de saúde do indivíduo. Contém dados sociodemográficos, antecedentes pessoais do indivíduo, fatores de risco em vida, tratamentos (clínico e cirúrgico) aos quais o indivíduo foi submetido ao longo da vida, padrões funcionais de saúde e antecedentes familiares. Todos os dados são coletados com referência ao período de 3 meses anteriores ao óbito. A segunda parte da EC é composta por instrumentos de avaliação validados e amplamente utilizados mundialmente, com o objetivo de caracterizar o estado cognitivo, funcional e comportamental do indivíduo. Para tanto, diversos instrumentos são utilizados.

Ao término da EC, o enfermeiro entrevistador discute o caso com o enfermeiro responsável para o fechamento do caso, momento em que é analisada a consistência das informações fornecidas pelos informantes, bem como a qualidade dos dados obtidos em todos os itens.

Ressalta-se que o procedimento de investigação clínica no *post-mortem* realizado por enfermeiros foi validado, tendo demonstrado ótimas evidências de validade de critério concorrente e preditivo em comparação com o diagnóstico médico, considerado como padrão de referência (Ferrctti et al., 2010).

O consenso clínico

Na medida em que não se tem disponível o prontuário médico do indivíduo recém-falecido, a realização de um consenso clínico para fins diagnósticos é fundamental. O consenso clínico é realizado após o fechamento do caso pela equipe de enfermeiros. Este tem por objetivo definir o diagnóstico clínico de cada um dos casos para posterior complementação do resultado obtido pelo estudo anatomopatológico.

O consenso clínico é um procedimento interdisciplinar e interprofissional. Sua equipe é composta pelos enfermeiros entrevistadores, pelo enfermeiro supervisor, por um médico geriatra e um médico neurologista. Utilizando-se da técnica de Best Estimated Diagnosis, a equipe do consenso analisa todas as informações clínicas (sem acesso ao resultado da autópsia) e formula, para cada caso, a melhor hipótese diagnóstica com base nas informações disponíveis no formulário da EC.

Durante a entrevista clínica, o entrevistador deve descrever todas as observações relevantes que julgar importantes para complementar os itens investigados nos instrumentos. Estas anotações são de grande valia para o estabelecimento do melhor raciocínio clínico no consenso clínico. A impressão clínica do enfermeiro entrevistador tem grande valor durante a discussão clínica. Os casos inconsistentes, duvidosos ou que geram divergência diagnóstica são excluídos do estudo.

A interface da prática com o ensino e com a pesquisa

Apesar de toda a estrutura ter sido montada para a captação de casos para as pesquisas realizadas no BEE, ela permite a atuação de Enfermagem no local junto às famílias dos indivíduos recém-falecidos e contribui para a formação inicial e continuada de Enfermagem, desde a graduação até a pós-graduação.

Até o momento, vários alunos de Enfermagem fizeram estágios de pesquisa junto à equipe de EC do BEE, e realizaram trabalhos de iniciação científica e dissertações de mestrado e doutorado com dados obtidos no laboratório de pesquisa do BEE. A estrutura permite a formação de recursos humanos qualificados para o estudo da Enfermagem Forense com ênfase para gerontologia.

Com relação à atuação prática desses enfermeiros, todos eles são instrumentalizados não só para a realização de anamnese compreensiva por informantes em momentos de luto e perda, mas também para a aplicação de baterias das avaliações clínica, cognitiva, funcional e comportamental. Além disso, todos desenvolvem habilidades de abordagem e relacionamento interpessoal e terapêutico em momentos de crise, resultando no seu aprimoramento profissional e contribuindo para a humanização da assistência prestada nesses ambientes.

POSSIBILIDADES E DESAFIOS

A Enfermagem Forense tem se estabelecido no mundo todo como uma especialidade da Enfermagem (Clement e Sekula, 2005), abrindo para os enfermeiros um campo de atuação inovador e com várias possibilidades de atuação (Peternlj, 2019; ANA, 2019).

Embora grande parte da produção da área esteja direcionada para a atuação e divulgação de resultados relacionados a condições criminalísticas, existe uma possibilidade de expansão da atuação do enfermeiro forense em situações de morte não violentas, não acidentais, não traumáticas, ou seja, as mortes naturais.

A realização da investigação clínica no *post-mortem* por enfermeiros é um exemplo de uma prática forense de enfermagem, visto que tem como objetivo auxiliar no processo de elucidação diagnóstica das condições relacionadas ao óbito, nesse caso, natural.

A incorporação de enfermeiros na equipe de saúde de serviços de verificação de óbitos no país poderia beneficiar não só sua atividade-fim como também ampliar o atendimento humanizado às famílias dos indivíduos recém-falecidos autopsiados nesses locais.

Várias intervenções de Enfermagem são passíveis de implementação nesses locais, dentre as quais destacam-se: 1) oferecimento de atendimento humanizado e de acolhimento às famílias recebidas nos serviços de verificação de óbito em momento de luto; 2) realização de anamnese compreensiva para a obtenção de dados que caracterizem o estado de saúde e de doença ao longo da vida, contribuindo para o diagnóstico do estado de morbidade do indivíduo; 3) realização de anamnese direcionada para a obtenção de dados que caracterizem as condições relacionadas ao óbito para apoiar o diagnóstico anatomopatológico feito pelo médico; 4) orientação educacional de famílias de indivíduos autopsiados voltadas para o esclarecimento das condições relacionadas ao óbito; 5) elaboração de relatórios técnicos com indicadores de morbidade e mortalidade que auxiliem na formulação de ações locais ou de saúde pública direcionadas ao alcance de melhor condição de saúde da população.

Alguns estudos têm sido publicados sobre o tema autópsia verbal (AV) (PAHO, 2019). Trata-se de um procedimento que tem como objetivo auxiliar na elucidação de mortes por causas mal definidas, sobretudo em áreas onde há uma limitação do sistema de informação de mortalidade ou inexistência de serviços de verificação de óbitos (PAHO, 2019). A AV é uma forma de investigação clínica no *post-mortem*, porém, menos compreensiva, ou seja, mais direcionada para a condição que levou ao óbito. Durante sua realização, o entrevistador obtém informações relacionadas à identificação do indivíduo falecido, os antecedentes pessoais e os sinais e sintomas da doença que levaram à morte. É utilizada uma entrevista padronizada para tal fim (PAHO, 2019).

O treinamento de enfermeiros para a atuação em procedimentos de AV pode ser interessante, visto que esses profissionais têm habilidades e competências necessárias para essa atuação. A incorporação da realização da entrevista de AV no escopo de atuação do enfermeiro forense pode trazer uma grande contribuição para a saúde pública no país, especialmente no que se refere ao incremento das informações de mortalidade.

A incorporação de conteúdos relacionados à investigação clínica no *post-mortem* nos currículos de formação de enfermeiros, tanto em nível de graduação quanto em nível de pós-graduação, apesar de ser uma possibilidade, é ainda um desafio, já que a prática de Enfermagem Forense em nosso meio ainda é limitada e entendida como aquela unicamente relacionada a condições violentas, traumáticas, acidentais, criminalizáveis ou não. Em nosso meio, há necessidade de definir quais seriam as habilidades e competências trabalhadas em um currículo de formação básica em Enfermagem Forense, a exemplo do que foi proposto por Du Mont et al., em 2016, no que diz respeito à prática de enfermagem gerontológica forense (Du Mont et al., 2016).

A atuação do enfermeiro forense expandida para a prática voltada para a investigação de mortes de causa natural favorece também sua inserção em investigações feitas com material de autópsia contribuindo para a pesquisa translacional. Por exemplo, Silva, em 2017, realizou a validação clinicopatológica do diagnóstico de enfermagem Confusão Crônica por meio de autópsias encefálicas. Do mesmo modo, os achados da autópsia encefálica também foram estudados por Silva (2018) e por Machado (2018), no estabelecimento de fatores determinantes de demência vascular definitiva em idosos, agregando grande contribuição ao conhecimento translacional de Enfermagem.

CONSIDERAÇÕES FINAIS

A força da Enfermagem Forense está na sua diversidade (Peternlj, 2019). A investigação clínica no *post-mortem* é uma das várias maneiras pelas quais a Enfermagem Forense pode se apresentar, porque abre um espaço de atuação profissional para o enfermeiro que vai além da investigação direcionada para situações criminalísticas, mas também para as condições de morbidade e mortalidade, com grande potencial de contribuição para a saúde pública.

REFERÊNCIAS

American Nurses Association and International Association of Forensic Nurses. Forensic Nursing: Scope and Standards of Practice. 2015. Disponível em https://cdn.ymaws.com/www.forensicnurses.org/resource/resmgr/Docs/SS_Public_Comment_Draft_1505.pdf?hhSearchTerms=%222015protect%20$elax%20pm%20$andprotect%20$elax%20pm%20$draft%22 [acesso em 13 mai 2019].

Associação Brasileira de Empresas de Pesquisa. ABEP; 2013. Disponível em http://www.abep.org [acesso em 01 nov 2014].

Clement P, Sekula LK. Toward advancement and evolution of forensic nursing: the interfaces and interplay of research, theories and practice. J Forensic Nur. 2005;1(1):35-6.

Cummings JL. The Neuropsychiatric Inventory: assessing psychopathology in dementia patients. Neurology. 1997;48(5)Suppl6:10-6.

Du MJ, Kosa D, Macdonald S, Elliot S, Yaffe M. Development of skills-based competences for forensic nurse examiners providing elder abuse care. BMJ Open. 2016;6:e009690.

Ferreira MVPF, Mendes VHS, Camurça TB, Lemos LQ, Silva OG, Costa CT, et al. Necrópsia: valor diagnóstico. Revista de Medicina da UFC. 2018;58(2):31-5.

Ferretti REL, Damin AE, Brucki SMD, Morillo LS, Perroco TR, Campora F, et al. Post-mortem diagnosis of dementia by informant interview. Dementia & Neuropsychologia. 2010;4(2): 138-44.

Ferretti REL, Grinberg LT, Leite REP, Farfel JM, Pasqualucci CAG, Nitrini R, et al. Banco de encéfalos humanos: uma ferramenta importante para o estudo do envelhecimento cerebral. Mundo da Saúde. 2009;33(1):89-98.

Grinberg LT, Ferretti REL, Farfel JM, Leite R, Pasqualucci CA, Rosemberg S, et al. Brain bank of the Brazilian aging brain study group – a milestone reached and more than 1,600 collected brains. Cell and Tissue Banking. 2007;8(2):151-62.

Jorm AF. Assessment of cognitive impairment and dementia using informant reports. Clinical Psychology Review. 1996;16(1):51-73.

Jorm AF, Korten AE. Assessment of cognitive decline in the elderly by informant interview. The British Journal of Psychiatry: the Journal of Mental Science. 1988;152(2):209-13.

Katz S, Ford AB, Moskowitz RW, Jackson BA, Jaffe MW. Studies of illness in the aged. The index of ADL: a standardized measure of biological and psychosocial function. JAMA. 1963;185(12): 914-9.

Lawton MP, Brody EM. Assessment of older people: self-maintaining and instrumental activities of daily living. The Gerontologist. 1969;9(3):179-86.

Machado SP. Associação entre Doença Arterial Coronariana e Demência Vascular definitiva [dissertação]. São Paulo: Escola de Enfermagem, Universidade de São Paulo; 2018.

Morris JC. The Clinical Dementia Rating (CDR): current version and scoring rules. Neurology. 1993;43(11):2412-4.

Organização Pan-Americana da Saúde Brasil. Autópsia Verbal para o aprimoramento da notificação da causa básica de morte no Brasil. Disponível em https://www.paho.org/bra.../index.php?option=com_content&view=article&id=3251:autopsia-verbal-para-o-aprimoramento-da-notificacao-da-causa-basica-de-morte-no-brasil&Itemid=685 [acesso em 13 mai 2019].

Peternlj TC. Advancing forensic nursing through diversity in scholarship. Journal of Forensic Nursing. 2019;15(1):1-3.

Rockwood K, Howard K, Thomas VS, Mallery L, MacKnight C, Sangalang V, et al. Retrospective diagnosis of dementia using an informant interview based on the Brief Cognitive Rating Scale. Int Psychogeriatr. 1998;11(2):114.

Silva DV. Validação do diagnóstico de enfermagem confusão crônica: um estudo clinicopatológico. [dissertação]. 2017.

Silva MM. Associação entre fatores de risco cardiovasculares e demência vascular definitiva [dissertação]. São Paulo: Escola de Enfermagem, Universidade de São Paulo; 2017.

Spitzer RL, Williams JB, Gibbon M, First MB. The Structured Clinical Interview for DSM III-R (SCID). I: History, rationale, and description. Arch Gen Psychiatry. 1992;49(8):624-9.

Tanner CM, Gilley DD, Goetz CG. A brief screening questionnaire for parkinsonism. Annals of neurology. 1990;28(2):267-8.

CAPÍTULO

17

Reflexões sobre a pandemia da Covid-19 e impactos da violência no ambiente de trabalho em saúde

Ellen Maria Hagopian
Genival Fernandes de Freitas

INTRODUÇÃO

Em 31 de dezembro de 2019, casos de pneumonia de etiologia desconhecida foram diagnosticados na cidade de Wuhan, província de Hubei, China. Em 7 de janeiro de 2020, foi isolado um novo tipo de coronavírus – Covid19 – e, desde então, espalhou-se rapidamente pelo mundo. A Organização Mundial da Saúde (OMS) declarou uma emergência de saúde pública de interesse internacional em 30 de janeiro de 2020 e, depois disso, em virtude de sua ameaça emergente, a definiu como uma pandemia. Globalmente, houve mais de 177.040.182 milhões de casos confirmados, incluindo 3.832.997 mortes (até 18 de junho de 2021). No Brasil, o primeiro caso foi registrado em 26 de fevereiro, e 20.245.085 casos foram confirmados até 15 de agosto 2021, com um total de quase 565.748 mortos por conta dessa patologia (OPAS, 2020).

Importante ressaltar que os coronavírus são uma grande família de vírus que causam doenças que variam do resfriado comum a doenças mais graves, como a síndrome respiratória do Oriente Médio (MERS-CoV) e a síndrome respiratória aguda grave (SARS-CoV). A Covid-19 é a doença do coronavírus trazida pela nova cepa descoberta então em 2019, e não havia sido apontada previamente. Os sinais e sintomas que uma pessoa infectada com o vírus da Covid-19 pode apresentar variam de leves a graves (Ena, Enzel, 2020).

Os sinais leves da infecção incluem febre e tosse seca e, em menor proporção, sintomas respiratórios, dores no corpo, cansaço, incômodo na garganta, diarreia, secreção ou congestão nasal. Os sintomas graves ou de alerta são febre alta associada a tosse e falta de ar ou dificuldade para respirar, dores no peito e tom azulado da face ou nos lábios (Iser et al., 2020).

A transmissão se dá pelo contato com gotículas de uma pessoa infectada, seja por meio da tosse, do espirro ou até mesmo da fala. Uma pessoa saudável pode respirar as gotículas infectadas e assim se infectar ou, depois de tocar superfícies infectadas, levar suas mãos aos olhos, nariz e boca, se contaminando. A pessoa infectada pode levar até 14 dias para apresentar sintomas e, mesmo sem apresentá-los, pode transmitir a doença. As principais recomendações para impedir a propagação do vírus incluem lavar regularmente as mãos; usar máscara para cobrir boca e nariz; e evitar contato próximo com pessoas que apresentem sintomas gripais (Iser et al., 2020).

A fácil transmissibilidade – conciliada com as características dos sintomas que são equivalentes aos de um resfriado comum a um vírus desconhecido e "violento" – facilitou a propagação rápida dos casos, fato que repercutiu não só no transbordamento do sistema de saúde, mas também em caráter social, econômico e político.

QUESTÕES DA LINHA DE FRENTE NA PANDEMIA DA COVID-19

No Brasil, a sobrecarga do Sistema Único de Saúde (SUS) tem sido uma realidade, afetando o atendimento dos pacientes e famílias, o que reflete, certamente, um dos maiores desafios para as instituições e o atendimento frente às ameaças da Covid-19. Todavia, em países com estruturas sociais e, especialmente, de saúde mais fragilizadas, decorrentes da falta de investimentos econômicos na área da saúde, o agravamento das condições de atendimento da população afetada por essa pandemia reflete a sobrecarga de trabalho dos profissionais da área da saúde e a estrutura de saúde, por vezes fragilizada, tanto pela carência de recursos humanos quanto pela insuficiência de recursos materiais, de modo particular na rede hospitalar. Com isso, o atendimento aos pacientes, enquanto perdura essa grave pandemia, tem-se mostrado um dos maiores desafios sanitários dos últimos tempos, se não o maior.

Profissionais de saúde têm enfrentado a pandemia expondo a própria integridade física e psicológica, sua segurança e a de seus familiares. Diante do cenário temeroso e de incertezas sobre os impactos da pandemia nas vidas das pessoas e das empresas, a sociedade mundial de forma unânime outorgou o título de herói aos profissionais da área da saúde. A visibilidade foi posta em capas de revistas, matérias na mídia e redes sociais, grafites e projeções foram estampados por artistas em faixadas de prédios, que relacionam a imagem do profissional tanto a cansaço e esgotamento físico/emocional quanto a coragem, garra e determinação.

A Enfermagem, uma das categorias profissionais da área da saúde que protagonizou a luta de muitos seres humanos em sobreviver, por vezes com desfechos tristes como o final da vida e o luto de muitos familiares, também ocupou o assento de "heróis/heroínas" no imaginário social por se posicionar na linha de frente deste enfrentamento da Covid-19.

Vale relembrar as distintas definições de herói conforme o dicionário da língua portuguesa (DICIO, 2021):

> *Nome dado pelos gregos aos grandes homens divinizados.*
>
> *Aquele que se distingue por seu valor ou por suas ações extraordinárias, principalmente por feitos brilhantes durante a guerra.*
>
> *Principal personagem de uma obra literária ou cinematográfica; protagonista.*
>
> *Principal personagem de uma aventura, de um acontecimento.*
>
> *Quem é filho de um deus e um humano; semideus.*
>
> *Pessoa que se destaca em relação aos demais.*
>
> *Aquele que é condecorado por suas ações corajosas, pelo seu caráter magnânimo, por comportamentos altruístas.*
>
> *Quem é capaz de suportar situações adversas sem se abater.*

As mudanças de rotina dos profissionais de saúde, tendo em vista o novo, o desconhecido e o medo aliados à força e à coragem em atuar no cuidado aos pacientes que contraíram o vírus, bem como o ato de deixar em casa seus familiares e muitas vezes, deles se afastar para protegê-los, justificariam a titulação de heróis, que lhes é de certa forma atribuída por parte dos concidadãos?

Apesar da euforia em parabenizar os trabalhadores da então "linha de frente" pela sociedade através, principalmente, da mídia, uma complexa relação em torno desse reconhecimento social se concretizou. Obviamente, não basta dito reconhecimento, é imprescindível que esses profissionais de saúde, que tanto se doam no seu trabalho cotidiano para salvar vidas, sejam reconhecidos e remunerados de forma justa, além de serem respeitados no direito a condições de trabalho condizentes com a sua segurança e a das pessoas por eles assistidas e de seus familiares e amigos.

A priori, é necessário entender o real significado da expressão linha de frente. A linha de frente é um termo versado pelos serviços das forças armadas no mundo e retrata uma medida de controle de espaço no combate durante um conflito armado ou guerra comumente sinalizada por trincheiras.

A partir dessa compreensão, é possível discutir melhor a relação dos profissionais da enfermagem com o título de herói e o posicionamento na linha de frente. Entendendo que a figura do herói se refere a um personagem estimado por seus admiradores, e a linha de frente retrata o poder em manter o controle da situação, surge a indagação sobre a indiferença de parte da população e de representantes políticos em acolher as orientações de prevenção da Covid-19, no contexto atual, tão imprescindíveis, como o distanciamento social, o uso de máscaras e a higienização das mãos. Ora, se são heróis e estão na linha de frente ou nas trincheiras contra o vírus da Covid-19, o respeito a esses profissionais seria pelo cumprimento das ações de prevenção direcionadas pela OMS e reiteradamente enfatizadas pela comunidade científica.

DESDOBRAMENTOS DA PANDEMIA NA SAÚDE DO TRABALHADOR DE SAÚDE

A tensão diária ao lidar com pacientes suspeitos de Covid-19 trouxe repercussões na vida dos trabalhadores de Enfermagem que ainda não são completamente mensuráveis. Assim, relatos de medo, choro e ansiedade são frequentes entre enfermeiros, técnicos e auxiliares de enfermagem.

Destaca-se pesquisa realizada por Hagopian et al. (2021), que trata das vivências dos profissionais de enfermagem no enfrentamento da pandemia da Covid-19 e seus principais desafios. A referida pesquisa possibilitou a exteriorização dos sentimentos e preocupações desses profissionais, a saber:

> *[...] como é uma situação nova, eu entro com medo e cautela, até mesmo por envolver pessoas de risco, amigos e familiares, já não se pode mais ter contatos com eles [...].*

[...] no começo foi bastante estressante porque foi uma coisa bastante nova para gente, inclusive para a equipe. Então a gente teve um pouco de receio, de medo de contaminação.

[...] no início, foi um choque, porque é tudo novo, e a gente está acostumada com os protocolos, com os direcionamentos, e se vê em uma situação em que era tudo novo, foi muito rápido [...] eu fiquei afastada no início, quando eu estava trabalhando, tinham dois pacientes com suspeita, aí eu fiquei afastada uns cinco dias, e quando eu voltei, já tinha a UTI inteira, então aquilo, para mim, foi um choque, e [...] lidar com essa situação toda, muito óbito, aquela coisa toda, todo mundo desesperado, foi difícil, foi bem assustador.

[...] os principais desafios que eu acho que os profissionais da saúde têm é o seguinte: [...] é ele trabalhar, não se contaminar e saber que não está contaminando o próximo, ou seja, os seus familiares. Eu acho que as instituições de saúde deveriam fazer testes nos funcionários para saber, porque, muitas vezes, esses funcionários não sabem. Ele está indo para casa, indo para o seu aconchego com a sua família, e, ao mesmo tempo, ele não está sabendo e está contaminando os familiares dele.

[...] foi um desafio muito grande, porque encarar uma coisa assim assustou no primeiro momento e, depois, a gente conseguir conviver com isso, com esse anseio, esse medo de a gente realmente levar para casa, passar para os nossos, realmente, foi o maior desafio enquanto a gente estava trabalhando aqui.

[...] eu acho que é o psicológico. Porque, além de a gente estar trabalhando com isso, [...] a gente tem as coisas nossas fora, o isolamento, a quarentena. Eu, por exemplo, sou sozinha, então eu me vejo cada vez mais só, então... é difícil [...] é uma angústia, uma ansiedade, uma tristeza, [não saber quando vai acabar]. Isso que eu falei esses dias, porque você fala: "olha, é até agosto, é até setembro, é até sei lá [...] outubro", a gente não tem esse fim [...] então é um desespero que bate, é uma angústia muito grande.

[...] eu acho que o principal desafio é conciliar com equilíbrio o fato de trabalhar em um lugar em que você tem o risco aumentado e ir para casa e não contaminar os seus parentes.

[...] essa imagem de herói (risos) ela me preocupa um pouco, porque eu não sou um herói, sou um profissional que tem uma família, que exerço um papel na socie-

dade e eu acho que ser reconhecido pelo meu papel como enfermeiro na sociedade é muito mais relevante do que ser reconhecido como um herói.

[...] inicialmente medo, medo, medo, muito medo.

Os relatos apresentados evidenciam fortemente a questão do medo vivenciado e exteriorizado pelos profissionais de enfermagem de modo particular: o receio de se contaminar e transportar a doença para o lar e seus familiares, bem como o medo de cuidar do "novo", as complicações dos pacientes e o tratamento inicialmente desconhecido, o medo em não ter orientação adequada e equipamentos de proteção individual disponíveis conforme a necessidade, e o medo da rejeição pela sociedade por ser um profissional que está em contato direto com pacientes contaminados, o que os tornaria potencialmente transmissores da doença.

Ainda na pesquisa realizada por Hagopian et al. (2021), observam-se relatos de profissionais que foram recusados por motoristas de aplicativo; rejeitados por terem como vestimenta o uniforme que demonstra que trabalha em instituição hospitalar; discriminados em seus prédios, nos elevadores ou em locais de área comum aos moradores, e até casos de profissionais agredidos, o que denota a falta de respeito e infere-se, inclusive, na questão da violência contra esses profissionais, seja física, moral ou institucional.

ENFOQUES DA VIOLÊNCIA NO CONTEXTO PANDÊMICO DA COVID-19

A vulnerabilidade social e a desestabilização no ambiente de trabalho comprometem a estrutura social no cotidiano da equipe de enfermagem. Ressoa, assim, uma série de malefícios do trabalho precário, em especial na vida profissional e social do trabalhador, que se vê cada vez mais desprotegido do ponto de vista social com relação aos seus direitos. Em tempos de pandemia, o cenário de precarização é potencializado, uma vez que se trata da disseminação mundial de uma nova doença.

Antes da Covid-19, a pandemia mais recente havia sido em 2009, com a chamada gripe suína, causada pelo vírus H1N1. A OMS, na ocasião, designou como pandemia após a doença contabilizar 36 mil casos em 75 países. No total, 187 países registraram casos, e quase 300 mil pessoas morreram.

Dada a proporção quantitativa da pandemia da Covid-19, a escassez de recursos como materiais básicos para o trabalho seguro (luvas de procedimentos, aventais de proteção individual, óculos e máscaras de proteção) e a falta de recursos humanos qualificados foram alguns desafios que se sobressaíram frente ao cenário dos trabalhadores de saúde.

Por outro lado, o despreparo de muitos governos para o enfrentamento da pandemia, a falta de informações e a intensificação da disseminação de informações pela mídia fizeram eclodir cenários de pânico social, tendo como efeito a ressonância na vida profissional e pessoal dos ditos "heróis" da saúde. Vale destacar que a Enfermagem representa 60% da força de trabalho total na área da saúde, porcentagem que, no Brasil, corresponde a aproximadamente 1.800.000 trabalhadores.

Compreende-se, assim, que o contexto mundial da pandemia da Covid-19 trouxe um cenário que também se traduz em situações de violência no ambiente de trabalho, que expõe os trabalhadores a circunstâncias degradantes, fragilizando-os tanto em suas vidas pessoais quanto profissionais, especialmente quando não é garantido o direito à proteção individual e coletiva no ambiente de trabalho.

Os conceitos sobre a violência no trabalho são mostrados para uma ampla gama de situações. Nessa perspectiva, a Occupational, Health and Security Administration (OSHA, Administração de Segurança e Saúde Ocupacional, 2016), define como violência no trabalho:

> "[...] qualquer ato ou ameaça de violência física, assédio, intimidação ou outro comportamento disruptivo ameaçador que ocorra no local de trabalho. Varia de ameaças e abuso verbal a agressões físicas e até homicídio. Pode afetar e envolver funcionários, pacientes, clientes e visitantes."

A OMS defende que relações de poder proporcionam, por meio de ameaças e intimidações, uma amplitude de atos violentos utilizando como instrumentos também formas de negligência ou atos de omissão. A referida OMS reflete um reconhecimento cada vez maior por parte dos pesquisadores e profissionais acerca da necessidade de incluir a violência que não resulta necessariamente em lesões ou morte, mas que, contudo, oprime as pessoas, as famílias, as comunidades e os sistemas de assistência à saúde no mundo todo. Com isso, a definição de violência defendida pela OMS (2002, pág. 5) contempla:

> "O uso intencional da força física ou do poder, real ou em ameaça, contra si próprio, contra outra pessoa, ou contra um grupo ou uma comunidade, que resulte ou tenha grande possibilidade de resultar em lesão, morte, dano psicológico, deficiência de desenvolvimento ou privação."

Obviamente que "estudar e pensar a violência implica estudar e pensar a sociedade" (Baierl & Almendra, 2002, p. 62), o que denota o forte entrelaçamento entre as questões da violência com o contexto social, político e econômico, no qual estamos inseridos e vivemos. Contudo, tal afirmativa tangencia o fato de que a violência é um fenômeno social, enredado nas relações sociais, sobre o complexo e dinâmico fenômeno biopsicossocial, com seu espaço de criação e desenvolvimento na vida em sociedade.

As tipologias da violência, assim como suas conceituações, abrangem mais de uma referência. Segundo o caderno de monitoramento epidemiológico e ambiental da fundação Oswaldo Cruz, a violência pode ser dividida e subdividida em: violência criminal, coletiva, institucional, interpessoal, autoaflingida, cultural, física, verbal, sexual e psicológica (Souza et al., 2013).

A pandemia da Covid-19 teve como efeito a potencialização de atos violentos da sociedade contra os profissionais da saúde, de nações contra nações e entre governantes, e depreendem-se, assim, tipos de violências distintos que envolvem a pandemia e seu percurso. Como exemplo, temos a violência institucional, a qual ocorre dentro das instituições por meio de regras, normas de funcionamento e relações burocráticas, reproduzindo as injustiças da estrutura social. Tais manifestações da violência acontecem quando são negados ou negligenciados e na forma como são oferecidos os serviços públicos ou privados, sejam eles de saúde, de assistência social, de segurança pública ou até mesmo nos bancos (Souza et al., 2013).

Esse tipo de violência pode ocorrer também nas relações de trabalho; por exemplo, quando o profissional está submetido a extensas jornadas e/ou a precárias condições laborais, destacando-se a falta de equipamentos de proteção individual (EPIs), baixa remuneração e falta de respeito e de valorização por parte dos gestores e dos usuários.

Outra tipologia importante refere-se à violência coletiva, que se caracteriza por qualquer distinção, exclusão ou restrição baseada em atributos como etnia, classe social e crença religiosa que anulem ou prejudiquem o exercício dos direitos humanos e liberdades fundamentais nos campos político, econômico, social, cultural ou em qualquer outro domínio da vida pública (Souza et al., 2013).

Faz parte desse tipo, ainda, a violência estrutural ou social que se refere à manutenção das desigualdades sociais, culturais, de gênero, etárias e étnicas que (re)produzem a miséria, a fome e várias formas de submissão e exploração de umas pessoas pelas outras.

Há também a violência interpessoal, que é uma forma de relação com o outro baseada em prepotência, discriminação, intimidação, raiva, vingança e inveja, que costuma produzir danos morais, físicos e psicológicos (Souza et al., 2013).

Outros tipos de violência que podemos inserir neste contexto são as violências físicas, verbais e psicológicas:

- **Violência física**: é o uso intencional de força física ou poder, ameaçados ou reais, contra si mesmo, contra outra pessoa ou contra um grupo ou comunidade, que resultem ou tenham grande probabilidade de resultar em ferimento, morte, dano psicológico, mau desenvolvimento ou privação (Souza et al., 2013).
- **Violência verbal**: a agressão verbal é entendida como a transgressão das regras verbais que humilha, degrada ou indica falta de respeito para com a dignidade e o valor do indivíduo (Souza et al., 2013).
- **Violência psicológica**: refere-se a agressões verbais ou gestuais com objetivo de aterrorizar, humilhar, amedrontar a vítima, restringir sua liberdade ou isolá-la do convívio social (Souza et al., 2013).

Minayo e Souza (1998), ao discutir a violência sob a perspectiva da saúde pública, propõem uma classificação da violência em três tipos:

- **Violência estrutural**: gerada por estruturas organizadas e institucionalizadas, naturalizada e oculta em estruturas sociais, que se expressa na injustiça e na exploração e que conduz à opressão indivíduos, grupos, classes e nações, aos quais são negadas conquistas da sociedade, tornando-os mais vulneráveis ao sofrimento e à morte.
- **Violência da resistência ou violência do comportamento**: constitui-se das diferentes formas de resposta de grupos, classes, nações e indivíduos oprimidos à violência estrutural.
- **Violência da delinquência**: é aquela que se revela nas ações fora da lei socialmente reconhecida.

Essas múltiplas manifestações da violência no contexto da pandemia da Covid-19 têm sido, certamente, um dos maiores desafios para as instituições sociais e de saúde, bem como para os profissionais que atuam nessa importante área. O contexto estrutural da violência reflete, por vezes, visões de mundo e de ciência ou de forma contraditória, através da negação do valor e das contribuições da ciência no enfrentamento da pandemia da Covid-19. Com isso, acirram-se os ânimos, polarizações e incertezas, refletindo, inclusive, no contexto laboral dos profissionais de saúde.

CONSIDERAÇÕES FINAIS

A pandemia da Covid-19 provocou graves impactos sobre a violência no ambiente de trabalho dos profissionais de saúde, especialmente os de Enfermagem. Isso diz respeito à saúde dos trabalhadores dessa área, às condições de trabalho a que estes se veem expostos, seja pela sobrecarga de atividades, pela escassez de recursos humanos e/ou materiais para garantir uma assistência de enfermagem e de saúde segura para si e para os outros.

Diante desse cenário atual, os profissionais de enfermagem continuam compondo o contingente mais expressivo, quantitativamente, dos trabalhadores da linha de frente da Covid-19 e anseiam por mudanças políticas na forma de enfrentamento dessa pandemia. Mais do que heróis, esses trabalhadores da saúde desejam ser vistos e reconhecidos/valorizados com condições de trabalho e de remuneração condizentes com a dignidade e o valor do trabalho que exercem em prol da coletividade social.

Um dos maiores desejos dos profissionais da área da saúde, na atualidade, talvez seja o de que haja maior sensibilidade por parte dos governantes, dos gestores em saúde e de toda a coletividade social, no sentido de valorizar e investir na ciência, na saúde e na vida, criando e inovando políticas defensoras da vida das pessoas.

As experiências acumuladas de todos devem nos tornar melhores como profissionais da saúde e também como usuários dos serviços de saúde, pois se há algo que pandemia da Covid-19 nos ensina diuturnamente é que atitudes egoístas de grupos sociais não devem prosperar, visto que somente por meio dos esforços coletivos, envolvendo os diversos setores e atores sociais, seremos guiados na defesa da vida e da saúde humana no planeta.

REFERÊNCIAS

Baierl LF, Almendra CAC. A dinâmica perversa do medo e da violência urbana. Serv soc & socied. São Paulo. 2002;23(70):59-74.

Ena J, Wenzel RP. A novel coronavirus emerges. Rev Clin Esp (Barc). 2020;220:115-6.

Hagopian EM, Melo FS, et al. Identidades profissionais em construção: conjecturas sobre a enfermagem no pós-pandemia de Covid-19. Rev baiana enferm. 2021;35:e42883.

Herói. In: Dicio, Dicionário Online de Português. Porto: 7 Graus, 2021. Disponível em https://www.dicio.com.br/herói/. [acesso em 25 jun 2021].

Iser BPM, Sliva I, Raymundo VT, et al. Definição de caso suspeito da Covid-19: uma revisão narrativa dos sinais e sintomas mais frequentes entre os casos confirmados. Epidemiol Serv Saúde. 2020;29(3):e2020233.

Minayo MCS, Souza ER. Violência para todos. Cad saúde pública. 1993;9(1):65-78.

OMS. Organização Mundial da Saúde. Relatório mundial sobre violência e saúde. Genebra, 2002. 360 pp.

Organização Pan-Americana de Saúde. Folha Informativa sobre Covid-19 [Internet]. Brasília: OPAS/OMS; 2020. Disponível em https://www.paho.org/bra/index.php?option=com_content&view=article&id=6101:covid19&Itemid=875. [acesso em 25 jun 2021].

OSHA. Occupational Safety and Health Administration. Guidelines for Preventing workplace Violence for Healthcare and Social Service Workers. Us: Department of Labor, 2016. Disponível em https://www.osha.gov/ publications/osha3148.pdf. [acesso em 25 jun 2021].

Sousa ER, Ribeiro AP, Valadares FC, et al. Violência: orientação para os profissionais da atenção básica de saúde. Toledo LM, Sabroza PC (orgs). Caderno n. 3. ENSP/FIOCRUZ. 2013, 36 pp.

Índice remissivo